박정희 시리즈 ①

박정희 쿠데타 개론

I WAS BORN INTO THIS LAND, CHARGED WITH THE HISTORIC MISSION OF STAGING
MILITARY COUPS

나는 **군사 쿠데타**의 역사적 사명을 띠고 이 땅에 태어났다

박정희 쿠데타 개론

초판 발행   2020년 10월 16일

지은이   송철원
펴낸이   이정열
편 집   온현정

펴낸곳   도서출판 **현기연**
등록   2020년 9월 2일 제2020-000115호
주소   서울특별시 종로구 경교장1길 13 2층(교남동)
전화   02-735-3577
팩스   02-720-1133

ⓒ 송철원, 2020

ISBN 979-11-971731-0-3   03300

이 도서의 국립중앙도서관 출판예정도서목록(CIP)은 서지정보유통지원시스템 홈페이지(http://seoji.nl.go.kr)와
국가자료공동목록시스템(http://www.nl.go.kr/kolisnet)에서 이용하실 수 있습니다.(CIP제어번호: CIP2020039556)

박정희 시리즈 ①

박정희 쿠데타 개론

송철원 지음

도서출판 현기연

책을 펴내며

　박정희에 대한 책을 쓰겠다는 마음을 먹은 지 참 오랜 시간이 지났다. 인터넷 '글방'에 글을 올렸던 것이 2009년 4월 30일부터였고, 그 후에도 박정희를 주제로 글을 쓰기는 했으나 상당한 시간을 자료 수집에 썼으니 참으로 길게 뜸을 들인 셈이다. 이처럼 관찰하는 데 긴 시간을 보낸 것은 박정희에 대한 필자의 부정적 시각의 타당성을 확인하기 위해서였다.

　그렇게 하여 2020년 2월부터 『박정희 쿠데타 개론』을 쓰기 시작했다. 박정희에 대한 부정적인 입장에서였다. 그것은 필자가 이제까지 살아 온 삶을 돌이켜볼 때 박정희를 도저히 긍정할 수 없었기 때문이었을 수도 있다. 그러나 비판은 하되 객관적 근거를 찾아 제시하려는 노력은 아끼지 않았다.

　이에 따라 필자는 판단의 객관성을 확보하기 위해 될 수 있는 대로 많은 자료를 수집하고 참고했다. 그리고 참고한 자료는 일일이 각주를 붙여 출처를 명시했다. 그런 의미에서 이 책은 많은 연구자들의 노력의 소산이라 해도 과언은 아닐 것이다. 촘촘하게 각주를 붙인 또 다른 까닭은 독자들의 정보 접근을 도우려는 의도와 주요 등장인물이 살아 온 궤적을 조금이나마 파악했으면 하는 바람에서다.

　책의 제목이 『박정희 쿠데타 개론』인데 왜 이승만과 전두환까지 포함시켰느냐는 의문을 제기할 수도 있다. 이들을 포함시킨 것은 박정희가 한국 쿠데타의 중심이자 최정점에 있기 때문이다. 즉 박정희는 이승만을 타도하려는 쿠데타 시도에 가담해 처음으로 쿠데타를 학습했고 그 후 학습한 대로 몇 차례 쿠데타를 시도한 결과 마침내 성공했으며, 전두환 역시 박정희를 학습하고 계승하여 쿠데타를 성공시켰으니 박정희만을 따로 떼어놓고 한국의 쿠데타를 논의할 수 없기 때문이다.

이승만을 보자. 그는 1952년 부산정치파동 당시 그가 선포한 비상계엄령은 사실상 국가권력을 탈취한 쿠데타였다. 이런 이승만을 무너뜨리려는 이용문의 쿠데타 시도에 박정희가 가담했으며, 그가 비행기 사고로 사망한 후에도 박정희 쿠데타는 씨앗을 키워 갔다. 그 후 박정희가 1960년 5월 8일 시도했던 이승만 타도 쿠데타 계획은 학생들에 의한 4·19 혁명이 먼저 일어나 무산됐고, 다시 1961년 4·19 혁명 1주년 기념일에 폭동을 일으켜 감행하려던 쿠데타 계획도 학생들의 차분한 '침묵시위'로 무산됐다. 박정희는 여기서 멈추지 않았다. 다시 1961년 5월 12일로 미룬 쿠데타 계획이 비밀 누설로 중단됐지만, 결국 나흘 후에 5·16쿠데타를 성공시켰다. 이처럼 박정희 쿠데타의 뿌리는 이승만까지 거슬러 올라간다.

전두환은 어떠한가? 전두환 쿠데타는 18년 동안 박정희 측근에서 관찰하고 학습한 소산이었다. 전두환은 1961년 5·16 쿠데타 다음 날 박정희를 만나 재빠른 두뇌 회전으로 사태 판단을 정확히 하여, 5월 18일 육군사관학교 생도들의 5·16 쿠데타 지지 시위를 성사시킴으로써 박정희의 측근이 된 인물이다. 그러니 1979년 12월 12일과 1980년 5월 17일에 전두환의 신군부가 일으킨 쿠데타는 박정희의 유신 쿠데타를 계승한 신유신 쿠데타였다.

이처럼 해방 이후 한국 현대사의 초반은 이승만·박정희·전두환의 쿠데타 놀이로 얼룩졌다. 이들이 누린 권력은 정당한 방법이 아니라 쿠데타라는 불법적인 행위를 통해 연장되거나 탄생된 것이니, 이들은 사실상 가짜 집권자였다. 상전이 가짜였으니 각 방면에 걸쳐 가짜 아랫것들이 등장한 것은 당연한 이치였다. 대표적인 예가 박정희 시대에 그의 딸 박근혜와 놀아났던 가짜 목사 최태민으로, 이 가짜 목사가 만들어 낸 권력의 주변에 가짜뿐만 아니라 진짜인지 가짜인지 구분되지 않는 자들이 부나방처럼 모여들어 세상을 어지럽혔고 그 여파는 박근혜 탄핵으로까지 이어졌다.

한국 현대사에서 가짜들의 원조는 친일파이다. 나라를 판 대가로 호의호식하다 일제가 패망하고 미군이 상륙하자, 어느새 모습을 바꿔 반공을 외치며 가짜 애국자로 둔갑한 군상들. 이들이 일제로부터 해방된 나라의 중심이었고, 점차로 기득권 세력을 형성하며 우리 사회를 주물러 온 것이다. 이 역시 근원을 거슬러 올라가면 박정희가 나타난다. 이것이 『박정희 쿠데타 개론』 다음으로 준비하는 책의 제목이 『박정희와 일본』인 이유이다.

이 책은 세 개의 부(部)로 구성되어 있다. 제1부는 박정희가 태어나 일제의 식민지 교육을 통해 일본화되는 과정과 자신에게 체질화한 식민사관을 부끄러움도 없이 자랑하고 국민에게 강요한 내용을 다룬다. 제2부는 박정희가 교사를 그만두고 만주로 가서 일본군으로 변신했으나, 일본이 패망하자 귀국해 한국군으로 다시 옷을 갈아입은 후 남로당 비밀당원이 됐다가 전향하기까지 네 번 변신하는 과정을 서술한다. 마지막 제3부는 한국의 쿠데타를 개괄한 후 이승만, 박정희, 전두환 순으로 이들에 의한 쿠데타를 살펴본다. 특히 박정희에 대해서는 몰락 과정까지 상세히 검토한다.

또한 독자들이 책의 내용 가운데 관심을 갖고 있는 부분을 먼저 읽어도 무방하도록 설명이 중복되더라도 되풀이했다. 그러니 독자들은 목차의 순서와 상관없이 각자 흥미를 갖고 있는 부분이나 필요한 부분부터 읽어도 무방하리라 여겨진다.

  이러한 내용을 담은 필자의 저작이 가짜를 가차 없이 몰아내 진짜가 위세를 떨치는 세상을 만드는 데 조금이라도 도움이 되기를 바랄 뿐이다. 이 점에 대한 독자들의 판단을 기대한다.

2020년 9월 3일
송철원

차례

책을 펴내며 • 5

제1부 박정희의 형성과 배경

제1장 박정희의 형성 ·· 15
　1. 구미공립보통학교→대구사범학교→만주국 군관학교→일본 육군사관학교 • 15
　2. 조선인 청소년이 그들의 역사·전통문화를 모르게 하라 • 19
　3. 일본 역사에 나오는 위인들 • 22

제2장 식민주의 역사관 ·· 27
　1. 식민사관의 형성 • 27
　　식민사관이란 무엇인가 27/ 조선사편수회 30
　2. 을사오적과 박영효 • 33
　　친일 매국노 '3관왕' 이완용 33/ 충신 가문의 매국노 권중현 35/ 철종의 사위, 친일파 박영효 36
　3. 단군 지우기 • 39
　4. 일선동조론, 정체성론, 타율성론, 당파성론 • 42
　　일선동조론 또는 동조동근론 44/ 정체성론 46/ 타율성론 47/ 당파성론 47
　5. 붕당 정치 • 48
　6. 세도정치 • 53
　　세도정치란 무엇인가 53/ 세도정치 시기의 일본 55
　7. 조선은 당쟁 때문에 망했는가 • 57
　　정치는 시끄럽기 마련이다 57/ 일제의 침탈 과정 59
　8. '당쟁' 발명가, 시데하라 다이라 • 62
　　『한국정쟁지』 62/ 시데하라의 계승자들 66

제3장 식민사관과 박정희 ·· 69
　1. 박정희 저작물의 출판 배경 • 70
　2. 『지도자도(指導者道)』 • 73
　　지도자도(指導者道)와 피지도자(被指導者) 75/ "타율에 지배받던 습성" 76/ 지도자의 성

격과 자격 78

　3. 『우리 민족의 나갈 길』 • 81

　　　"민족성 개조"와 "민족의 과거 반성" 83/ "병태아(病胎兒)인 제2공화국" 87

　4. 『국가와 혁명과 나』 • 90

　　　『국가와 혁명과 나』의 내용 93/ 박정희의 식민사관과 비전 95

　5. 『국가와 혁명과 나』 그리고 메이지 유신 • 99

제2부 박정희 쿠데타의 배경

제1장 박정희 쿠데타의 뿌리 ·· 107

　1. 박정희 만주로 가다 • 107

　　　박정희에게 만주는 '낙토(樂土)'였다 110

　2. 박정희 쿠데타의 뿌리① • 115

　　　만주국 군관학교 115/ 간도특설대 117

　3. 박정희 쿠데타의 뿌리② • 122

　　　군사영어학교 122/ 조선경비사관학교 126

　4. 박정희 쿠데타의 뿌리③ • 129

　　　육군사관학교 제8기 129

제2장 숙군(肅軍)과 박정희 ·· 135

　1. 여수·순천 사건과 박정희 • 136

　　　박정희의 변신 136/ 제주 4·3 사건과 여순 사건 138/ 진압군 총사령관 고문 하우스만 143/ 하우스만은 누구인가 145/ 하우스만과 작전참모 박정희 147/ 여순 사건 진압 151

　2. 숙군(肅軍) • 155

　　　1963년의 사상논쟁(思想論爭)—"박정희는 빨갱이였다" 155/ 박정희의 거짓말—"나는 관제 빨갱이였다"① 164/ 박정희의 거짓말—"나는 관제 빨갱이였다"② 172/ 남로당 비밀당원 박정희 176/ 박정희는 어떻게 살아남았는가 181/ 왜 박정희만 살아남았는가 186

제3부 박정희와 쿠데타

제1장 한국의 쿠데타 ·· 197

　1. 쿠데타와 혁명 • 197

　　　5·16은 쿠데타인가, 혁명인가 197/ 혁명이란 무엇인가 199/ 한국의 쿠데타 201

2. 쿠데타와 계엄령 • 202

'계엄(戒嚴)'이란 무엇인가 202/ 대한민국 정부 수립 후의 계엄 선포 204/ "선포 없는 계엄 상태" 206/ 박정희의 위수령 발동 209

3. 쿠데타와 국민투표 • 212

대한민국의 헌법 개정 212/ 쿠데타 정당화의 들러리, 국민투표 214/ "국민투표는 결코 만능이 아니다" 216/ "신은 나에게 또다시 무거운 책임을 맡기시다" 219

제2장 이승만 쿠데타 ··· 223

1. 한국전쟁의 발발 • 223

2. 부산정치파동 • 224

직선제 개헌안 부결 224/ 이승만 쿠데타―부산정치파동 227

제3장 박정희 쿠데타 연습 ··· 233

1. 한국전쟁이 길을 열다 • 233

2. 박정희의 쿠데타 연습①_이승만 타도를 위한 쿠데타(1952.5.) 계획의 조역 • 238

3. 박정희의 쿠데타 연습②_제1차 쿠데타(1960.5.8.) 미수 • 248

4. 박정희의 쿠데타 연습③_'정군(整軍)'으로 송요찬·백선엽을 축출하다 • 256

5. 박정희의 쿠데타 연습④_'하극상(下剋上)'으로 쿠데타 음모를 감추다 • 262

6. 박정희의 쿠데타 연습⑤_제2차 쿠데타(1961.4.19.) 미수 • 269

7. 박정희의 쿠데타 연습⑥_제3차 쿠데타(1961.5.12.) 미수 • 277

제4장 5·16 쿠데타 ··· 281

1. '혁명공약'은 실천했는가 • 281

2. '주체세력'에게 대표성은 있었는가 • 291

3. '박정희 독단(獨斷)'의 시대가 열리다① • 301

4. '박정희 독단(獨斷)'의 시대가 열리다② • 312

제5장 유신 쿠데타 ·· 325

1. 국가비상사태 선포 • 325

"꼭 이런 식으로 대통령을 뽑아야 하나"① 329/ '풍년사업'의 시작―"이것이 마지막" 작전 331/ '풍년사업'의 전개―"모든 잡스러운 요소를 제거하라" 335/ 박종홍의 곡학아세(曲學阿世)①―「국민교육헌장」 기초(起草) 341/ 박종홍의 곡학아세(曲學阿世)②―유신 독재의 합리화 347

2. 긴급조치 제1호·제4호 • 355

"꼭 이런 식으로 대통령을 뽑아야 하나?"② 355/ 유신헌법과 긴급조치 357/ "조선인과 명태는 두들겨 패야 한다" 361/ 긴급조치와 1970년대 학생운동 367/ '긴급조치 제1호' 전야제-김대중 납치 사건 371/ 긴급조치 제1호-유신헌법 개헌청원 100만인 서명운동 376/ 긴급조치 제4호①-민청학련 사건 385/ 긴급조치 제4호②-인혁당재건위 사건 393

  3. 유신 폭압의 최절정 1975년 • 404

    육영수와 차지철 404/ 긴급조치 제7호 선포와 박정희의 사법살인 411/ 청년 김상진의 할복 자결 421/ 긴급조치 제9호 선포와 장준하 의문사 428/ 언론자유의 말살 438/ 박정희의 용인술 447

제6장 박정희 유신 왕국의 종말 ·········· 455

  1. 김재규는 왜 박정희를 쏘았는가 • 455

  2. 김재규의 항소심 최후진술 • 462

  3. 박정희의 엽색 행각 • 470

  4. 최태민과 박근혜 • 481

  5. 새마음갖기운동 • 491

제7장 전두환 쿠데타 ·········· 503

  1. 전두환과 하나회 • 503

    박정희와 전두환 503/ 정치장교 비밀결사 '하나회' 509

  2. 전두환 쿠데타 • 517

    전두환, '서울의 봄'을 강탈하다①-12·12 쿠데타 517/ 전두환, '서울의 봄'을 강탈하다②-5·17 쿠데타 524/ 전두환, '서울의 봄'을 강탈하다③-5·18 광주민중항쟁 529

  3. 아름다운 사람들 • 544

    "경찰은 시민을 향해 총을 겨눌 수 없다"-안병하 전라남도 경찰국장 544/ 민주적 신념과 기자 정신-김사복과 힌츠페터 553/ 아아 광주(光州)여! 우리나라의 십자가여! 562

책을 마치며 • 569

제1부
박정희의 형성과 배경

일제강점기에 박정희는 보통학교(초등학교) 졸업 후 대구사범학교를 거쳐 1937년 4월 1일 경북 문경공립보통학교 훈도(교사)로 부임하여 3년간 근무했다. 이 사진은 1939년 봄 학교 맞은편에서 여제자들과 함께 찍은 것이다. 이듬해 박정희는 일본 괴뢰국인 만주국 신징군관학교에 입학했다. _사진출처: 정운현, 「실록 군인 박정희 4」, 《오마이뉴스》 2004.8.12.

제1장
박정희의 형성

1. 구미공립보통학교→대구사범학교→만주국 군관학교→일본 육군 사관학교

　박정희(朴正熙)가 일제강점기인 1940년에 일제(日帝) 괴뢰국 만주국(滿洲國)의 만주군이 되기까지를 간략히 정리하면 이렇다.
　박정희는 제1차 세계대전(1914~1918)이 막바지에 이르렀던 1917년 11월 14일 경상북도 구미시 상모동에서 소작농의 5남 2녀 중 막내로 태어나, 1926년 4월 1일 구미공립보통학교에 입학하여 1932년 3월 1일 우수한 성적으로 졸업했다. 그해 보통학교 동기생 여섯 명과 함께 명문인 대구사범학교에 응시했으나 혼자만 합격하여 4월 8일 4기생으로 입학한다. 입학 성적은 100명 중 51등이었다. 1937년 3월 25일 졸업 후 문경공립보통학교의 훈도(訓導, 교사)로 3년간 근무했다.
　당시 조선에는 전국을 통틀어 사범학교는 3개뿐이었다. 서울의 경성사범, 평양의 평양사범, 대구의 대구사범이 그것이다. 당시 사범학교는 오늘날 교육대학이나 사범대 이상의 위상을 갖고 있었다. 사범학교는 학교 성적은 좋으나 고보(高普, 고등보통학교)에 진학할 형편이 안 되는 수재들을 뽑

구미공립보통학교 시절의 박정희(뒤에서 두 번째 맨 오른쪽)와 급우들_사진출처: 조갑제닷컴

아 '황국신민(皇國臣民)'[1] 정신이 투철한 교사로 양성하기 위해 일제가 세운 관립 교사양성학교였다.[2] 당시 사범학교의 공납금과 수업료는 전액 조선총독부에서 부담했고, 일정 비율을 관비생으로 선발하여 매월 학비보조금을 지급했다.

대구사범학교는 1923년 4월 경북도립사범학교로 설립되어 1929년 4월 대구사범학교로 개칭한 5년제 교육기관이었다. 광복과 동시에 폐교됐다가 1950년 3월 25일 3년제 대구사범학교로 재차 개교했다. 1962년 3월 학제개편으로 인해 고교 과정의 사범학교가 폐지되자 경북대학교 부설 교육대학(2년제)으로 승격했고, 이어서 1982년 3월 4년제 대구교육대학이 되어 오늘에 이르고 있다.[3]

---

1. '황국(皇國)'은 천황의 나라 즉 일본제국을, '신민(臣民)'은 군주국에서의 신하와 인민 즉 국민을 뜻한다.
2. 정운현, 『실록 군인 박정희』, 개마고원, 2004, 38쪽.
3. 안경환, 『황용주: 그와 박정희의 시대』, 까치글방, 2013, 51~52쪽.

박정희가 다녔던 1930년대의 대구사범학교_사진출처: www.knu.ac.kr

일제의 식민지 교육정책은 자라나는 조선 청소년들을 일본인―실제는 반(半)일본인―으로 만든다는 목표를 두고 출발했다. 일제는 1910년 대한제국을 병탄한 후 다시 '조선(朝鮮)'으로 이름을 바꾸고, 이듬해 교육정책의 기본 법령인「조선교육령」을 제정했다. 그 후 식민지 통치정책의 변화에 따라 교육령을 1922년, 1938년, 1943년에 개정됐다. 1922년의 개정은 3·1 운동 이후 소위 문화정치를 실시하기 위함이었고, 1938년에는 대륙 침략이 본격화되면서 소위 내선일체(內鮮一體)[4]를 강화하기 위해, 1943년에는 태평양전쟁에서 일제가 불리해진 상황에서 설정한 강력한 국가적 목적에서 개정된 것이다.

박정희가 보통학교에 입학하여 사범학교를 졸업한 시기가 1926년부터 1937년까지였으니 제2차「조선교육령」(1922~1938)에 의한 학교제도가 시

---

4. 일제강점기에 일제가 조선을 완전히 통합시키기 위하여 내세운 표어로, 내지(內地, 일본)와 조선(朝鮮)은 한 몸이라는 뜻이다. 이것은 조선인의 민족정체성을 없애 일본인으로 만들기 위해 펼친 민족말살정책의 한 방책이었다.

행된 시기였다. 제2차 「조선교육령」으로 보통학교 수업연한이 4년에서 6년으로, 고등보통학교는 4년에서 5년으로, 여자고등보통학교는 3년에서 4년으로 연장되고 사범학교와 대학이 설치됐다. 실업교육, 전문교육, 대학교육은 일본의 제도에 따랐다. 또한 모든 학교에 입학하려면 재산증명서와 가정의 정치적 동향에 대한 교장 및 경찰서의 평가 즉 '평정(評定)'이라는 것이 있어야 했다.

박정희는 1937년 대구사범학교 졸업 후 문경공립보통학교 훈도로 3년간 근무하고 나서, 1940년 4월 만주국 육군군관학교 제2기생으로 입교한다. 이 학교는 일본 육군사관학교 체제를 모방해 1939년 3월에 설립된 장교 양성 학교였다.

그가 만주에서 군인의 길을 시작했다는 것은 중요한 의미를 갖는다. 만주국은 일본 관동군[5]이 독립적으로 만들어 낸 "군대의 나라"였기 때문이다. 훗날 박정희는 국가란 군대처럼 운영되어야 하고, 군대는 나라를 지키는 것뿐만 아니라 국민까지도 통치해야 한다는 생각을 가졌다. 그런 의미에서 관동군은 박정희가 꿈꾸는 군대의 전형, 만주국은 그가 꿈꾸는 국가의 모범이었다. 그가 훗날 실현한 유신체제는 만주 체험으로부터 얻어진 정치화된 군대, 군사화된 국가의 아이디어를 구체화한 것이란 해석이 가능하다.[6]

박정희는 만주군관학교 2년 과정을 성공적으로 마치고, 1942년 10월 일본 육군사관학교 본과 3학년에 유학생대로 편입하여 일본 육사생도들과

---

5. 관동군(關東軍)은 만리장성 동쪽 끝의 관문인 산해관(山海關)의 동쪽 지역에 주둔하고 있는 일본군이라고 해서 붙여진 이름이다.
6. 전인권, 『박정희 평전』, 이학사, 2006, 83~84쪽.

동등한 대우를 받으며 교육을 받았다. 일본 육사의 교육 내용은 만주 군관학교보다 엘리트주의적이며 무사도와 사생관(死生觀)을 강조했다.[7]

2. 조선인 청소년이 그들의 역사·전통문화를 모르게 하라

일제는 교육을 통해 박정희 같은 조선 청소년들을 어떤 인간으로 만들려 했을까?

제3대(1919~1927)와 제5대(1929~1931) 조선총독을 지낸 사이토 마코토(齋藤實, 1858~1936)의 다음과 같은 발언을 보면 이에 대한 명확한 대답이 나온다.

> 조선인 청소년으로 하여금 그들의 역사, 전통문화를 모르게 하라. 동시에 될 수 있는 대로 그들의 조상과 선인들의 무위무능한 행적, 악행 및 폐풍 등의 사례, 예컨대 외침을 당하여 항복한 수난사, 중국에 조공을 바친 사실, 당파싸움 등을 들추어 가르쳐라. 조선인 청소년들에게 자국의 역사와 조상, 전통문화에 경멸감을 일으키게 하여 자국의 모든 것을 혐오하게 하라. 그때 일본의 역사와 전통, 문화, 인물, 사적(史蹟) 등을 가르치면 자연히 그들이 일본을 흠모하게 되어 그 동화의 효과가 지대할 것이다. 이것이 일본이 조선인을 반(半)일본인으로 만드는 요결인 것이다.[8]

일제강점기 도덕 교과서를 수신 교과서라고 불렀다. '수신(修身)'이란 '수

---

7. 전인권, 『박정희 평전』, 89쪽.
8. 이병담, 『한국근대 아동의 탄생』, 제이앤씨, 2007, 182쪽.

1936년의 사이토 마코토. 해군 대장 출신으로 조선총독을 지냈으며, 내대신(內大臣)이던 1936년 2월 26일 황도파 청년 장교들이 벌인 2·26 쿠데타 미수 사건 때 살해당했다. 박정희는 평소 2·26 사건을 찬양했다._사진출처: 위키백과

신제가치국평천하(修身齊家治國平天下)'에서 나온 말로, 수신 교과서는 일제가 국정교과서 가운데 가장 우위에 둔 교과서였다.

다음은 박정희가 보통학교 5학년 때(1930년) 배운 조선총독부 보통학교 5학년용 수신 교과서에 실린 내용이다. 이를 보면 조선총독부가 식민지 아동들에게 조선의 모습과 국민성을 어떤 모습으로 주입시켰고, 이에 따라 조선 역사에 대한 박정희의 인식이 어떤 방향으로 굳어졌는지를 잘 알 수 있다. 좀 길지만 내용을 들여다보기로 하자.

조선반도는 바다를 사이에 두고 가깝게 내지(內地, (일본))와 마주하고 있기 때문에 내지와 교통이 옛날부터 빈번하게 행해져 밀접한 관계를 맺고 있었습니다. 그러나 조선은 그 지리적 여건으로 인해서 예로부터 대륙의 여러 나라들로부터 압박을 받거나 고통을 당한 경우가 적지 않았습니다. 그 때문에 내지도 종종 피해를 입고, 때로는 외국으로부터 공격당한 적도 있었습니다. 지금으로부터 수 십 년 전, 세계 제국(諸國)이 대거 동양으로 눈길을 돌리게 되었고, 특히 만주나 조선이 그 중심이 되었습니다. 당시 조선은 안으로는 당파 싸움이 있어, 국내가 어지러워 정치가 위력을 발휘하지 못하고, 민심은 크게 피폐되었습니다. 그뿐만 아니라 외교에도 종종 실패해 곤경에 처하기도 하였습니다. 이러한 조선의 외교상의 실패가 이윽고 동양의 평화를 위협하게 되자 결국 일본은 정의를 위해 중국이나 러시아와 싸웠습니다. 메이지 27-28년(1894-1895) 청일전쟁 후, 조선은 중국으로부터 벗어나서 한국이라 칭하고, 정치를 개혁하였으며, 또한 메이지 37-38년(1904-1905) 러일전쟁 후에도 일본의 보호 하에서 다시 정치 개혁을 꾀했습니다. 하지만 다년간 피폐해진 정치에서 완전히 벗어나기는 어려웠고, 민심 또한 좋지 않았습니다. 그런 까닭으로 조선인 중에서도 국리민복을 위해 일본과의 병합을 바라는 자가 속출하였습니다. 그래서 한국 황제는 통치권을 천황에게 양도하고, 제국의 새로운 정치체제(新政)에 입각해서 국민의 행복증진을 원했으며, 천황도 또한 그 필요성을 인정하셨기 때문에, 메이지 43년(1910) 8월 결국 일본과 한국이 병합하게 되었고, 그로 인해 동양 평화의 기초가 굳건해진 것입니다. 그 후 피폐한 정치는 세월과 함께 없어지고, 우리 반도의 국민들은 일본제국의 국민으로서 천황의 은혜를 입어, 세계의 일등 국민으로서 그 문화에 공헌할 수 있게 되었습니다. 우리들은 이것을 행복으로 여김과 동시에, 훌륭한 국민이 되어 대일본제국을 위해 최선을 다하지 않으면 안 됩니다.[9]

이 수신 교과서에는 조선의 지정학적 위치, 당파싸움, 정치적 불안, 동양

---

9. 이병담, 『한국근대 아동의 탄생』, 135~136쪽.

평화의 저해, 한일병탄의 정당성과 천황의 은혜 등 말도 안 되는 내용이 사이토 마코토 조선총독이 주문한 대로 실려 있다. 또한 동양 평화를 위해 일본이 나서서 청일전쟁과 러일전쟁을 했고, 많은 조선인이 바라는 대로 천황의 은혜를 입어 한일병탄이 이루어졌으니 대일본제국을 위해 최선을 다해야 한다고 주장하고 있다. 이런 허황한 내용은 그대로 박정희를 포함한 조선 청소년들의 뇌리에 굳어져 갔다.

3. 일본 역사에 나오는 위인들

박정희는 후일 대통령이 된 후, 보통학교 시절에는 일본 "역사에 나오는 위인들"을 좋아했다고 했다.[10] 당시 그가 배운 『보통학교 국사』(여기서 '국사'는 '일본사')에 등장하는 "일본 역사에 나오는 위인들"이란 어떤 인물이었을까?

박정희가 배운 보통학교용 역사 교과서에 등장한 일본의 위인이란 대부분 진구(神功) 황후, 메이지(明治) 천황 같은 일본 왕실의 인물이거나 칠생보국(七生報國)을 이야기한 구스노키 마사시게(楠木正成), 천황 친정(親政)을 주장하는 국학의 토대를 마련한 모토오리 노리나가(本居宣長)[11] 같은 존황(尊皇)주의자였다. 임진왜란의 주역인 도요토미 히데요시(豊臣秀吉)나 정한론을 주장함

---

10. 김종신, 『박정희 대통령과 주변사람들』, 한국논단, 1997, 268쪽.
11. 모토오리 노리나가(本居宣長, 1730~1801). 일본의 4대 국학자로 꼽히는 인물이다. 그는 일본 국수주의의 원초적 형태라고 할 수 있는 '국학(國學)'을 집대성했고, '황국 우월론'을 주장했다.

일본 도쿄에 있는 구스노키 마사시게(楠木正成, ?~1336.7.4) 동상. 가마쿠라 막부를 타도하고 천황이 친정을 실시한 뒤, 천황을 도와 막부 타도에 동참했던 아시카가 다카우지가 천황을 등지고 다시 막부를 세우려 하자 그와 대립해 끝까지 황실의 편에 서서 싸우다 패하고 '칠생보국(七生報國)' 즉 '일곱 번을 다시 환생한다 해도 천황을 위해 적을 섬멸하여 국가에 보답하겠노라'고 맹세한 뒤 자결한 인물이다. 일본에서는 '충신의 표상'으로 존경받고 있다._사진출처: donga.com

으로써 일제가 한반도를 강점하는 데 이론적 근거를 제시한 사이고 다카모리(西鄕隆盛)[12] 같은 인물들도 존황과 동아일체의 이상적 인물로 그려지고 있었다.[13]

당시 역사 교과서 내용을 보면, 일본 전국(戰國) 시대의 세 영웅인 오다 노부나가(織田信長, 1534~1582), 도요토미 히데요시(豊臣秀吉, 1536~1598), 도쿠가와 이에야스(德川家康, 1542~1616) 등이 등장하고, 도요토미 히데요시가

---

12. 사이고 다카모리(西鄕隆盛, 1828~1877). 무사들의 불만을 해소하기 위해 전쟁을 일으켜 조선을 정벌하자는 정한론(征韓論)을 강력하게 주장한 인물이다. 박정희는 "자손을 위해 좋은 땅을 남기지 않겠다"고 한 사이고의 말을 평생 되뇌었다고 한다.
13. 이준식, 「박정희의 식민지 체험과 박정희시대의 기원」, 《역사비평》 89호, 역사비평사, 2009, 239쪽.

일으킨 임진왜란에 대해서는 "조선은 당파싸움으로 방비가 허술하여 일군(日軍)은 싸우면 이기고 공격하면 함락시키면서 선정(善政)을 통해서 백성들의 민심도 얻었다"고 기재되어 있었다.[14]

이런 교과서 내용을 보면서 소년 박정희가 일본화되어 가는 모습에 대해 조갑제는 다음과 같이 쓰고 있다.

> 전국 시대의 막을 내리게 하는 도쿠가와 이에야스 대 이시다 미쓰나리의 세키가하라 결전의 장면이 장엄하게 묘사되고 있다. 소년 박정희는 이순신과 나폴레옹을 읽기 전에 먼저 일본 역사의 영웅들 이야기를 읽고 큰 감명을 받았다고 한다. 예컨대 이 '국사' 교과서에 나오는 도쿠가와 막부 시대의 무사 오이시 요시오 이야기를 읽고서 가슴이 뛰었을 것이다. 오이시 요시오는 억울하게 배를 갈라 자살한 주군의 원수를 갚기 위해서 46명의 동지들을 규합한다. 이들은 눈 덮인 심야에 주군을 죽게 했던 봉건 영주 요시나카의 집으로 돌입하여 그의 목을 베고 주군의 무덤 앞에 목을 바친 뒤에 자수하여 모두 할복자살한다.[15]

'국사' 교과서는 "조선은 자력으로 독립을 유지하지 못하고 항상 타국의 압박을 받아 동양의 평화를 파괴하는 불씨가 될 우려가 있었기 때문에 일본이 조선을 보호국으로 삼았다가 이토 히로부미가 흉도(凶徒)[16]에게 암살되었으나 한민족 가운데서도 한·일 합병을 원하는 사람들이 많아져 드디어

---

14. 조갑제, 『박정희 1−군인의 길』, 조갑제닷컴, 2007, 84~85쪽.
15. 조갑제, 『박정희 1−군인의 길』, 85쪽.
16. 안중근(安重根, 1879~1910) 의사를 가리킨다.

합병을 보게 되었고 그 뒤 조선은 크게 발전하고 있다"고 끝맺고 있다.

이 '국사' 교과서를 읽은 소년 박정희의 뇌리에는 아마도 무사의 나라 일본 사람들의 의리·상무정신·애국심과 양반의 나라 조선 지배층의 사대성·당파성·문약성이 선명한 대조를 이루면서 깊은 인상을 남겼을 것이다. 그 뒤에 읽은 이광수의 『이순신』은 그 내용으로 보아 왜적에 대한 적개심보다는 애국적 군인을 모함하는 조선의 양반 정치인들에 대한 경멸감을 더 강화했을 것이다.[17]

이처럼 박정희는 감수성이 가장 예민한 청소년기를 공립보통학교 학생과 사범학교 학생으로 보내며 일본에 대한 열등의식에 사로잡혔다. 그리고 공립보통학교 교사, 군관·사관학교 생도, 그리고 일본 천황의 군대 장교로 지낸 경험을 통해 '황국신민' 정신을 체질화했다. 이러한 경험은 박정희의 세계관 형성에 결정적 영향을 미쳐 5·16과 10월 유신 쿠데타로 영구 집권을 기도하는 정신적 토대가 된 것이다.

지금까지 박정희에 대한 호불호(好不好)에 따른 '평가'는 수없이 많았지만, 객관적 기준을 토대로 한 '분석'이라는 면에서는 아쉬움이 없지 않았다. 한 인간의 세계관 형성에는 수많은 변수들이 영향을 미친다. 그리고 이렇게 형성된 세계관은 자신은 물론 자신이 속한 사회에 영향을 미치는 것은 당연하다. 그 인간이 최고 권력자의 지위에 오르는 경우 그 영향은 그야말로 절대적이다.

이제부터 박정희의 국가관 형성에 영향을 미친 변수들 가운데 일제에

---

17. 조갑제, 『박정희 1-군인의 길』, 86쪽.

의해 조작된 식민주의 역사관(식민사관)과 이 같은 역사관이 박정희에게 어떤 영향을 미쳤는지에 대해 소상히 들여다보기로 한다.

제2장
식민주의 역사관

1. 식민사관의 형성

식민사관이란 무엇인가

'식민(植民, Colonization)'은 "다른 나라에 자국민을 이주시켜 경제적 개발과 정치적 지배를 행함"이란 뜻이다. 식민주의(植民主義, Colonialism)란 어떤 국가나 민족이 다른 국가나 민족을 지배하는 정책이나 방식을 말하며, 그 핵심은 다른 국가나 민족에 대한 영토적 지배에 있다. 반면에 제국주의(帝國主義, Imperialism)는 반드시 영토의 점령을 수반하지는 않으며 다른 국가와 민족에 대한 정치적·경제적 통제권의 획득이 핵심이다. 제국주의적 통제권의 행사는 직접 영토를 점령하지 않은 상태에서도 가능하기 때문에 식민주의는 제국주의의 여러 단계 가운데 하나라고 할 수 있다. 일본이 한반도에 대해 취한 입장은 '식민주의적 제국주의'였다.

제국주의자들은 다윈(Charles R. Darwin)의 진화론을 사회진화론으로 발전시켜 제국주의 시대 약육강식의 세계질서를 합리화했다. 이에 따르면 강자인 제국주의 국가가 약자인 후진국을 침략·합병하는 것은 자연의 이치이

  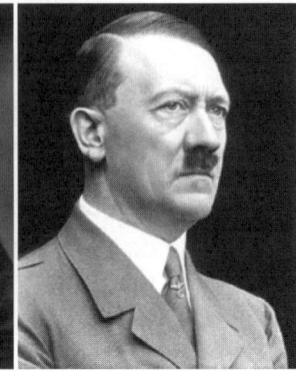

왼쪽부터 찰스 다윈, 허버트 스펜서, 아돌프 히틀러. 스펜서(Herbert Spencer, 1820~1906)의 사회진화론은 약육강식, 적자생존, 자연도태, 우승열패 같은 논리에 바탕을 둔 다윈의 생물진화론을 개인과 집단에 적용시킨 사회 이론이다. 사회진화론은 유럽을 유전적으로 우등하고 선한 존재로 규정한 반면, 비유럽 국가들을 열등하고 악한 존재로 인식하게 하는 이론적 토대가 됐다. 이 같은 논리는 히틀러의 인종청소로 이어지게 된다._사진출처: wiki commons

며, 그 자체가 역사발전의 한 과정이라는 것이다. 일본 또한 서구를 본받아 메이지 시대 이후 문명 개화가 곧 서구화라고 긍정했다. 이에 따라 문명의 이름 아래 아시아에 대한 침략을 정당화했다.[1]

일제는 한반도를 침탈하여 식민지로 만든 행위를 정당화할 필요에 의해 침탈 이전부터 명분 찾기에 혈안이 되어 있었다. 이에 따라 한반도의 식민지배를 역사적으로 정당화하고 조선인에 대한 통치를 용이하게 할 목적으로 정책적·조직적으로 조작한 역사관을 식민주의 역사관 즉 식민사관(植民史觀)이라고 한다. 식민사관은 일제강점기에 교육받은 사람들에게는 학교 수업을 통해 민족문화 전반에 대한 열등의식을 주입시켰다. 일제강점기 이후의 세대들도 극복 논리의 개발 없이 방치됐고, 식민사관에 대해 무지한

---

1. 송찬섭, 「일제의 식민사학」, 조동걸 등, 『한국의 역사가와 역사학(하)』, 창작과 비평사, 1994, 304~305쪽.

상태에서 한민족에 대한 막연한 열등의식만을 유전처럼 계승받고 있는 경우가 많다. 이런 흔적은 지금까지도 자주 발견된다.

식민사관 형성의 뿌리는 깊다. 일본은 1868년 메이지 왕정복고 쿠데타로 새로운 질서를 만들고 본격적으로 서구 문물을 받아들인다.[2] 그 후 조선 침략론인 정한론이 대두되고 그 필요성에 따라 연구가 진행됐다. 1885년에 설립된 도쿄 제국대학 사학과에서 일본사 및 조선사에 대한 연구가 시작되어 도쿄 제국대학 교수들의 공동 집필로 1890년 『국사안(國史眼)』을 발간했다. 『일본서기』의 황당한 내용을 토대로 한 『국사안』의 내용은 이렇다.

제국대학 교수들이 쓴 『국사안』은 전 국민적인 영향력을 지니고 있던 교과서로서, 이 책은 『일본서기』의 내용을 그대로 신빙하고, 이를 확대 해석하여 다음과 같은 새로운 주장을 폈다. 첫째, 일본은 삼신(三神)의 하나인 스사노오노미코토(素盞嗚尊)는 단군의 아버지로서 조선을 지배하다가 일본으로 건너왔다고 주장했는데, 이는 한국과 일본이 조상이 같다는 동조동근론(同祖同根論)의 토대가 되었다. 둘째, 일본인 도빙명(稻氷命)이 신라의 왕이 되었고 도빙명의 아들 아마노하호코(天日槍)는 기원전 27년에 일본으로 귀화했으며, 셋째 기원후 209년에 일본의 진구황후(神功皇后)는 신라를 정복했고, 넷째 4세기 이후에는 일본이 임나일본부(任那日本府)를 세워 가야 지방을 통치했다는 주장이 제기되었다.[3]

---

2. 이러한 변혁 과정을 '메이지 유신(明治維新)'이라고 하며, 박정희는 이를 본떠 1972년 10월 17일 장기집권과 지배체제 강화를 위해 이른바 '10월 유신'이라는 이름의 쿠데타를 일으켰다.
3. 한영우, 『역사학의 역사』, 지식산업사, 2002, 227쪽.

이 같은 영향을 받아 이 대학 졸업생인 하야시 다이스케(林泰輔, 1854~1922)는 1892년 우리나라의 본격적 통사인 『조선사(朝鮮史)』를 발간했다. 하야시는 『조선사』에서 단군 신화를 부정하고 조선사는 고대사부터 식민지였다는 타율성론을 주장했다. 고대에 한반도 북부는 중국의 식민지, 남부는 일본의 식민지인 임나일본부였으므로 한국은 처음부터 식민지로 출발한 역사를 지니고 있다는 것이다. 그는 한국사의 주체적 발전을 부정했다. 즉 반도적 성격으로 말미암아 숙명적으로 주변의 지배를 받았으며, 이러한 점이 조선인의 일상적 행동과 사고에도 영향을 끼쳐 사대주의라는 조선인의 민족성이 형성됐다는 것이다.[4]

조선사편수회

조선사편수회(朝鮮史編修會)는 일제가 식민지 통치에 활용할 목적으로 조선 역사를 편찬하기 위해 설치한 한국사 연구기관이다. 일제는 1922년 역사 교육을 통해 일본 민족의 우위성을 입증하고 한국인의 민족의식을 말살하고자 조선사편찬위원회를 설치했다가, 이를 보다 권위 있는 기구로 만들기 위해 1925년 조선사편수회로 확대·개편했다. 회장, 고문, 위원, 간사, 수사관(修史官) 3명, 수사관보 4명, 서기 2명을 두었다. 1932년부터 1938년 사이에 『조선사(朝鮮史)』 37책, 『조선사료총간(朝鮮史料叢刊)』 20종, 『조선사료집진(朝鮮史料集眞)』 3책 등을 간행했다. 이 책들은 모두 이른바 식민주의 역사학(식민사관)에 기초를 둔 것으로서, 일제의 식민주의 역사학은 한국 역

---

4. 이배용·신형식, 『한국사의 새로운 이해』, 이화여자대학교출판부, 1997, 283쪽.

조선사편수회가 펴낸 『조선사』_사진출처: 나무위키 미러

사학에 큰 영향을 끼쳤다.[5]

조선사편수회는 고문에 이완용·이윤용·권중현·박영효 같은 한국인 매국적(賣國賊)들과 일본의 구로이타 가쓰미(黑板勝美) 등 5명이 위촉됐고, 실무진에 이진호·유맹·어윤적·이능화·이병소·윤영구·김동준·홍희·현양섭 등의 한국인과 이마니시 류(今西龍), 스에마쓰 야스카즈(末松保和), 이나바 이와키치(稲葉岩吉) 같은 20여 명의 일본인이 포함됐다. 이런 일본인 학자의 수하에 이병도(李丙燾)와 신석호(申奭鎬) 같은 한국인 역사학자들이 나중에 가세하는데, 이병도는 1927년, 신석호는 그 이듬해에 수사관으로 추가 임명됐다.

그런데 조선사편수회에 소속된 일본인 학자들의 수족 노릇을 하던 이병도와 신석호가 해방 후 한국의 역사학계를 장악하면서 한국 역사학의 비극

---

5. 『한국근현대사사전』, 가람기획, 2005, 252~253쪽.

식민사관 전파에 앞장선 조선사편수회, 기생·게이샤 끼고 봄나들이 즐기다._사진출처: 허동현, 〈그때 오늘〉, 《중앙일보》 2009.4.3.

이 지금까지 계속되고 있다. 이병도는 해방 후 서울대를 장악하고, 신석호는 고려대 및 성균관대, 그리고 현재의 국사편찬위원회의 전신인 국사관을 장악하면서 식민사학이 해방 후 현재까지 주류로 행세하게 된 것이다.

서울대는 이병도를, 고려대와 성균관대는 신석호를 보호하기 위해 서로를 비판하지 않는 미덕(?), 제대로 말하면 '간통'을 저지르면서 식민사학을 지금까지 주류 사학으로 유지시켜 왔다. 연세대는 서울대나 고려대·성균관대보다는 약간 낫지만 정인보(鄭寅普) 선생의 역사관을 버리고 백낙준(白樂濬)을 연세대의 상징으로 내세우면서 식민사학 카르텔에 암묵적으로 동조하고 있다.[6]

조선총독부가 조선사편수회 고문에 위촉한 이완용··이윤용·권중현은 을사오적(乙巳五賊)에 속한 인물이고, 철종(哲宗)의 사위인 박영효는 개화파로

---

6. 황순종, 『식민사관의 감춰진 맨얼굴』, 도서출판 만권당, 2014, 33~34쪽. 이병도·신석호·백낙준은 『친일인명사전』(민족문제연구소)에 등재되어 있다.

갑신정변을 일으키기도 했으나, 후일 철저한 친일파로 돌아선 인물이다. 이 네 사람이 어떤 인물이었는지 들여다보기로 하자.

2. 을사오적과 박영효

친일 매국노 '3관왕' 이완용

이토 히로부미(伊藤博文, 1841~1909)는 주조선 일본군 사령관 하세가와 요시미치(長谷川好道)를 대동하고 헌병의 호위를 받으며, 어전회의에 참석한 각료들을 강압적으로 압박하여 을사조약에 찬성할 것을 강요했다. 고종이 건강상 이유로 참석하지 못한 상태에서 이토의 강압에 못 이겨 일부 대신들이 찬성을 했다. 참정대신 한규설은 반대하고 임금께 고하러 가다가 졸도까지 했다. 당시 총 9명의 대신 가운데 5명의 대신은 약간의 내용 수정을 한 다음에 최종 찬성하고 서명했다. 그들은 박제순(朴齊純, 외부대신), 이지용(李址鎔, 내부대신), 이근택(李根澤, 군부대신), 이완용(李完用, 학부대신), 권중현(權重顯, 농상부대신)으로서, 조국을 왜적에게 팔아먹은 매국노라 하여 역사상 '을사오적신(乙巳五賊臣)'이라 칭한다.[7]

'을사오적' 가운데 이완용(1858~1926)은 '정미칠적(丁未七賊)'과 '경술국적

---

7. '을사오적', 『두산백과』. 9명의 대신 중 한규설(참정대신)과 민영기(탁지부대신)는 적극 반대했고 이하영(법부대신)은 소극적으로 반대했다. 그러나 민영기와 이하영은 한일병탄 이후 일제로부터 작위를 받고 친일 변절자가 되었고, 왕실 종친이었던 궁내부대신 이재극은 궁내의 동정을 탐지하여 보고하는 등 일제에 적극 협조하여 일제로부터 작위를 받았다. 이 세 사람을 '을사삼흉(乙巳三兇)'이라 한다.

을사오적. 이완용, 이근택, 이지용, 박제순, 권중현(왼쪽부터)

(庚戌國賊)[8]에도 포함되니 친일 매국노로 치면 3관왕이다. '매국노' 하면 이완용이 떠오르는 것은 나라를 팔아먹는 일에 수괴로 가담했기 때문만은 아니다. 1919년의 3·1 운동에 대해 그가 쓴 "황당한 유언(流言)에 미혹치 말라"는 제목의 '황당한' 글을 보면 과연 이완용은 영원한 매국노로구나 하는 확신을 가지게 되기 때문이다.

다음이 1919년 3월 8일자 《매일신보》에 실린 이완용이 쓴 바로 그 글의 일부다.

> 이번에 조선독립운동이라 칭하여 경성(서울) 기타에서 행한 운동이라는 것은 사리를 불변(不辨)하고 국정(國情)을 알지 못하는 자의 경거망동으로 내선동화의 실(實)을 상해하는 것이라 말하지 아니치 못할지라, 그 운동의 원인 이유라 하는 것을 보건대 조선인으로 다년 해외에 있으면서 현재 조선의 상

---

8. '정미칠적(丁未七賊)'이란 1907년 제3차 한일협약 조인에 찬성한 이완용(총리대신), 송병준(농상부대신), 이병무(군부대신), 고영희(탁지부대신), 조중응(법부대신), 이재곤(학부대신), 임선준(내무대신) 등 7명의 친일파를 말한다. '경술국적(庚戌國賊)'은 1910년 한일병탄 조약에 찬성한 이완용(총리대신), 윤덕영(시종원경), 민병석(궁내부대신), 고영희(탁지부대신), 박제순(외무대신), 조중응(법부대신), 이병무(친위부장관 겸 시종무관장), 조민희(승녕부총관) 등 8명의 친일파를 가리킨다.

태를 알지 못하는 도배(徒輩)가 우연히 파리의 강화회의에 제출 토의된 민족자결주의를 방패와 난간(欄干)으로 삼아서 조선의 독립을 기도하여…9

여기서 끝나는 게 아니다. 자신만이 아니라 서형(庶兄) 즉 배다른 형인 이윤용(李允用, 1855~1938)도 매국에 가담했다. 이윤용 사망 후 조선총독부 정무총감 오노 로쿠이치로(大野綠一郎)가 1938년 9월 10일자 《매일신보》에 쓴 다음과 같은 글을 보면 형제가 합심하여 매국에 나선 것을 잘 알 수 있다.

이윤용 남작은 구정(舊政) 시대에 궁내부대신, 농상공부대신, 군부대신 등의 현관을 역임하신 분으로 일한병합 당시는 궁중 고문으로 영제(令弟) 이완용 후작과 함께 당시 한정(韓廷) 내외에서 일한합병에 관하여 중외(中外) 소란했으나, 씨는 그 사이에 있어서 시대의 대세와 내외의 객관 형세를 통찰하여 황실과 각신(閣臣) 간의 절충을 맡아 노력한 바 크며, 합병의 대업은 이에 평화하게 완성되었다.10

충신 가문의 매국노 권중현

권중현(權重顯, 1854~1934)은 매국노 급수로 보면 이완용보다 다소 처지기는 해도, 역사에 남을 전공을 세운 조상 덕분에 출세했으니 절대 매국의 길에 들어서면 안 될 인물이었다. 그의 아버지는 임진왜란 때 팔도 도원수를 지낸 충장공(忠莊公) 권율(權慄, 1537~1599) 장군의 9대손이었고, 어머니

---

9. 임종국, 『친일논설선집』, 실천문학사, 1987, 50쪽.
10. '이윤용', 『친일인명사전 3』, 민족문제연구소, 2009, 75쪽.

는 충무공(忠武公) 이순신(李舜臣, 1545~1598) 장군의 9대손이었으니, 친가와 외가 전부 나라에 공을 세운 충신 가문에서 매국노가 나왔으니 그러하다.

그가 관직 생활을 시작한 것은, 나라에 공을 세운 신하나 지위가 높은 관리의 자손을 과거시험을 통하지 않고 관리로 채용하던 '음서(蔭敍)'라는 제도 덕분이었다. 이 덕분에 1883년 11월 부산감리서 서기관에 임명된 것을 시작으로 출셋길에 들어섰고, 일찍부터 일본어를 익혀서 개화파에 가담하면서 친일 개화 관료의 길을 걸었다. 그에 대한 평가는 이렇다.

권중현은 조선 말기에는 국가개혁을 위해 모인 개화파라고 자부하였고, 대한제국 기에는 부강한 나라를 건설하기 위해 고종이 황제의 지위에 올라야 한다고 상소한 주창자이면서 이번에는 또 '을사보호조약'(을사늑약)에 도장을 찍었다. '보호조약'이 대한제국의 영화를 가져올 것이라 믿었다고 강변한다면 어쩔 수 없지만, 그의 평생은 처음부터 끝까지 대세에 영합하고 특히나 일본을 따른 일생이었으며, 일평생 출세가도를 달릴 수 있었던 것도 바로 이런 연유에서였다.[11]

철종의 사위, 친일파 박영효

이번에는 박영효(朴泳孝, 1861~1939)[12]를 보자. 그는 1812년 철종의 딸 영혜옹주와 결혼하여 금릉위(錦陵尉)라는 작위를 받았지만 3개월 만에 사별했다. 개화(開化)의 선각자였던 박규수(朴珪壽, 1807~1876)의 영향으로 개화사

---
11. 반민족문제연구소, 『친일파 99인(1)』, 돌베개, 1993, 66쪽.
12. 『두산백과』의 '박영효' 항목의 내용을 중심으로 정리했다.

갑신정변의 주역들. 박영효, 서광범, 서재필, 김옥균(왼쪽부터)_사진출처: 『한국민족문화대백과』

상에 접하고 김옥균(金玉均, 1851~1894), 홍영식(洪英植, 1855~1884), 서광범(徐光範, 1859~1897), 서재필(徐載弼, 1864~1951) 등과 함께 개화파를 형성했다. 이들도 박영효와 마찬가지로 고위 양반 가문 출신이었다.

1882년 6월 9일 구식 군대가 불만을 품고 일으킨 임오군란(壬午軍亂)이 일어나 1873년 권력에서 물러났던 흥선대원군이 잠시 복귀했으나, 청나라가 민씨 일파의 청원을 받아들여 재빨리 군대를 파견했고 대원군을 청나라로 연행하여 유폐시켰다. 임오군란은 결과적으로 청나라와 일본의 조선에 대한 간섭을 확대시켰다.

임오군란 이후 청나라의 내정간섭이 심해지자 박영효 등 개화파는 일본의 힘을 빌려 청나라와 수구파인 민씨 세력을 몰아내고자 했다. 1884년 10월 17일 우정국(郵政局) 개설 축하연을 이용해 정변을 일으켜, 궁궐로 들어가 국왕의 거처를 경우궁(景祐宮)으로 옮기고 민씨 일파 및 수구파를 제거하고 정권을 장악한 것이다.

이러한 갑신정변(甲申政變)을 통해 박영효는 군사와 경찰의 실권을 장악했으나 그것은 불과 3일 동안에 불과했다. 쿠데타 자금조차 마련하지 않은 채 벌인 엉터리 쿠데타인데다 믿었던 일본이 슬그머니 발을 빼고 청나라가 군대를 출동시키자 물거품이 되어 버린 것이다.

결국 역적으로 몰린 박영효는 김옥균·서광범·서재필 등과 함께 일본 공사를 따라 일본으로 망명했고, 10년 후인 1894년 8월 6일 일본 공사의 알선으로 귀국하여 제2차 김홍집(金弘集) 내각에서 김홍집·박영효의 연립정부를 수립하기에 이르렀다. 박영효는 일본의 힘을 빌려 정계에 복귀했지만 이후 일본에 역이용 당했다.

박영효는 내무대신으로 있으면서 자주적 개혁을 꾀했으나 1895년 반역음모 사건으로 재차 일본에 망명했다. 1898년 중추원 회의에서 그를 정부 요직에 다시 기용하자는 건의가 나올 정도로 영향력이 컸고 이런 움직임을 반대파에서는 박영효 대통령설을 유포시켜 독립협회를 해산시키는 데 이용했다. 그러나 국내에서의 정치적 변동은 친일 세력에게 유리하게 전개됐다.

1907년 약 13년간의 오랜 망명생활 끝에 다시 귀국, 이완용(李完用) 내각의 궁내부대신에 임명됐다가 고종의 양위에 앞장선 대신들을 암살하려 했다는 혐의를 받아 1년간 제주도에 유배되기도 했다. 한일병탄 후 일제의 조선인 회유정책으로 주어진 후작(侯爵)을 받았으며 1918년에 조선식산은행(朝鮮殖産銀行) 이사에 취임했다. 1920년 동아일보사 초대 사장, 1926년 중추원의장, 1932년 일본 귀족원 의원을 지냈으며, 1939년 중추원 부의장에 있을 때 죽었다.

그는 시대가 만들어 놓은 인물로, 때로는 역사의 주역으로, 때로는 일제의 꼭두각시로 일생을 마쳤다. 일본처럼 개화하는 것이 조선이 강해지는 것이라 믿었던 박영효. 하지만 지나치게 일본에 기댄 나머지 친일의 덫에 빠지고 말았다.

을사오적 중 이완용과 이윤용, 권중현 그리고 박영효, 이 네 사람을 특별히 언급한 것은, 이들이 조선사편수회의 조선인 고문으로 취임했기 때문이다. 1922년 12월 28일 취임 당시 이완용과 박영효는 각각 중추원(中樞院, 조선총독부 자문기관) 부의장과 고문이었고, 권중현은 일제로부터 자작(子爵) 작위를 받았다. 중추원 고문이었던 이윤용은 1934년 4월 17일 조선사편수회 고문으로 뒤늦게 합류했다. 이런 사람들이 조선사를 총 정리하는 조선사편수회에 가담했으니 내용이 어찌되었는지는 불 보듯 뻔한 일이었다.

3. 단군 지우기

식민주의라는 약육강식의 약탈적 이데올로기를 합리화하기 위해 나선 것은 학자들만이 아니었다. 조선총독부가 발 벗고 나서 단군(檀君) 지우기에 들어간 것이다.

조선총독부 초대 총독 데라우치 마사다케(寺內正毅, 1852~1919)는 취임하자마자 1910년 11월부터 전국의 경찰을 동원하여 1911년 12월 말까지 1년 2개월 동안 계속된 제1차 전국 서적 색출에서 단군조선 관계 고사서 등 51종 20여만 권의 사서를 수거하여 불태웠다. 일제는 그 뒤 1937년까지 한반도뿐만 아니라 일본, 중국, 만주 등의 관련 자료도 모두 찾아내어 불태웠

데라우치 마사타케. 1910년에 제3대 조선통감으로 헌병·경찰을 동원한 삼엄한 분위기 속에서 한일합방을 성사시켰다. 이어 초대 조선총독이 되어 언론을 탄압하고 강력한 무단적(武斷的) 식민정책을 펼쳐 한민족을 고통 속으로 몰아넣은 인물이다._사진출처: 위키백과

다. 효율적인 식민 통치를 위해 만든 일제의 식민사관과 열등민족론을 조선인에게 주입시키기 위한 예비 작업이었다.[13]

데라우치의 이러한 처사는 중국 진나라 시황제가 모든 사상 서적을 불태우고 유학자를 생매장한 '분서갱유(焚書坑儒)'와 다를 바 없었다. 이런 일본판 '분서갱유'를 자행한 정신적 기조는 황국사관(皇國史觀)이라는 것으로, 일본 천황의 통치는 무오류의 절대적 정통성과 영속성을 지니고 있어서 모든 일본 국민은 천황의 뜻을 받들고 충성과 효도의 미덕을 발휘해야 한다는 가족국가관이다. 식민사관이란 일본 체제에 새로 편입된 조선의 역사를 황국사관의 틀에 맞추는 것이라 할 수 있다.

데라우치가 역사책을 불태우는 몰상식한 짓을 저지른 것도 황국사관을 지키기 위한 것이었다. 조선의 건국 시조인 단군과 단군조선을 인정하면

---

13. 이병담, 『한국근대 아동의 탄생』, 제이앤씨, 2007, 63~64쪽.

식민지 조선의 역사가 일본보다 더 길어지기 때문이다. 일제는 이렇게 단군을 없애 버려 조선의 기원은 삼국시대, 그것도 서기 4세기경이라고 주장했고 일제의 관변학자들도 이에 가세했다.

일본인 역사학자들은 단군의 존재를 부정하고, 전설이나 설화로 격하시키려고 하였다. 나카 미치요(那珂通世)는 1894년에 『조선고사고』에서 단군 전설은 불교가 전래된 이후 승려의 망설(妄說)을 역사상의 사실로 삼은 것이라 단언하였다. 시라토리 구라키치(白鳥庫吉)는 『단군고』에서 태백산을 묘향산이라 칭하는 것은 이곳에서 향나무가 나기 때문인데, 그 향나무를 인도의 우두전단에 비추어, 이 나무에 내려온 것을 구실로 단군이라는 가공의 인물을 안출(案出)하였다고 하였다.[14]

데라우치는 일본화 교육을 통해 조선민족을 이른바 황국신민으로 동화시키기 위해 많은 학교를 설립했다. 이것이 조선의 문맹 퇴치와 교육 수준 향상에 일정하게 기여한 것도 사실이지만, 근본적인 목적은 조선인을 위함이 아니라 일본의 식민 통치를 효율적으로 하기 위한 것이었다. 데라우치는 헌병이 경찰 역할을 겸임하는 헌병경찰 제도를 창시해 조선의 치안을 유지했다. 이는 후에 무단정치(武斷政治)로 평가됐다.

데라우치는 토지조사사업을 통해 조선의 토지 소유 제도를 근대화시키려고 했으나, 이것 또한 식민 통치를 효율적으로 하기 위한 목적이었다. 특히 기한 내에 신고하지 않거나 대대로 소유했으나 증명 문서가 없던 많은

---

14. 최광식, 『삼국유사의 신화 이야기: 신화인가? 역사인가?』, 세창출판사, 2018, 47~48쪽.

토지를 총독부가 몰수하여 동양척식주식회사(東洋拓殖株式會社)[15]에 넘겨 친일파나 일본인 지주들에게 헐값으로 불하하여, 기존의 지주와 소작인들에게 커다란 고통을 주고 일본의 식민 지배를 더욱 용이하게 했다.

데라우치가 다음과 같은 총독 취임사에서 말한 "순한 백성"을 만드는 것이야말로 일제의 가장 시급한 과업이었다.

> 본관이 이번에 성지(聖旨)를 받들어 이 땅에 부임한 것은 한결같이 치하(治下)의 생민(生民)의 안녕과 행복을 증진코자 하려는 것 외에 다른 생각이 없다. 이에 정성스럽게 따르기에 적합한 바를 유시하는 까닭이다. 함부로 망상을 다하여 정무를 시행하는 것을 방해하는 자가 있으면 결단코 용서하지 않을 것이다. 충성스런 몸가짐으로 삼가 법을 지키는 어진 선비와 순한 백성에 있어서는 반드시 황화(皇化)의 혜택을 입어 그 자손 또한 영구히 은혜를 입을 것이니, 그대들은 삼가 새로운 정치의 큰 계책을 받들어 진정 어긋남이 없게 할지어다.[16]

4. 일선동조론, 정체성론, 타율성론, 당파성론

일본은 사진까지 정치적 수단으로 이용하고자 했다. 다음의 사진 중 일본인이 촬영한 오른쪽의 고종 사진은, 조선이 미개한 문명을 지녔고 이 나라의 통치자로부터는 어떠한 발전도 기대할 수 없기 때문에 서양 문물을

---

15. 1908년 일제가 조선의 토지와 자원을 빼앗을 목적으로 설치한 기관.
16. '데라우치 마사타케', 『위키백과』.

조선 제26대 왕 고종의 모습을 담은 사진. 동일한 인물인데도, 각기 느껴지는 인상과 분위기는 사뭇 다르다. 1884년 퍼시벌 로웰이 촬영한 왼쪽 사진에서 고종은 옷의 부피로 짐작할 수 있듯 풍채가 좋아 보이며 살짝 미소를 머금고 있는 표정 역시 자애로워 보인다. 반면 러시아 군복을 입고 찍은 오른쪽 사진의 고종은 시선 처리가 불분명하며 왜소한 몸이 부각되어 보인다. 한 나라를 책임지고 있는 통치자로서의 존엄은 격하된 것만 같다. 사진의 촬영자는 일본인이었다._출처: ZUM허브줌, 2020.4.27.

일찍이 받아들인 우월한 일본이 조선을 구원해 줘야 한다는 의미를 암묵적으로 내포하고 있다. 두 사진의 차이를 통해 알 수 있듯이 고의적으로 사진을 선동의 도구로 사용함으로써 조선에 대한 식민지 지배는 정당하다는 메시지를 납득시키고자 했다.[17]

사진까지 동원했던 일본은 조선을 침탈하기 위해 왜곡된 연구를 토대로 식민사관을 체계화했다. 식민사관을 통해 조선이 독립국가로서의 권리를 누릴 자격이 없으니 일본의 지배를 받는 것이 당연하다는 것을 논리적으로

---

17. 우제영, 「셔터의 권력, 사진은 진실을 말하지 않는다」, ZUM허브줌, 2020.4.27.

밑받침하려 했고, 그 목적은 한민족의 자존심을 무너뜨리고 침략을 정당화하기 위한 것이었다.

일제의 식민사관 논리는 '일선동조론(日鮮同祖論)', '정체성론(停滯性論)', '타율성론(他律性論)', '당파성론(黨派性論)' 등으로 정리할 수 있는데, 이를 간단히 설명하면 다음과 같다.

일선동조론 또는 동조동근론(同祖同根論)

앞에서 소개한 『국사안(國史眼)』의 주장을 토대로 하여 일본인과 조선인은 같은 조상으로부터 갈려 나온 친족이며, 언어와 풍속·신앙 등 문화도 본래 같았다고 주장하는 이론이다. 이처럼 표면적으로는 근친성을 강조하지만 실제로는 한국인의 후진성, 일본어의 우수성, 고대 일본의 한국 지배 등을 내세워 일본이 조선을 보호하고 도와야 한다며 일본의 침략을 정당화하려는 논리이다.

'일선동조론'은 일제의 강제 병합 전후로 일본인들, 병합 이후에는 친일 조선인들에게 확산됐다. 1929년 『일선동조론』을 출간한 일본인 언어학자 가나자와 쇼자부로(金澤庄三郎, 1872~1967)는 "한국의 언어는 우리의 사투리에 지나지 않는다. 한·일 두 국민이 서로의 그 국어를 이해해 마침내 고대와 마찬가지로 동화에 이른다면 실로 천하의 경사가 아닐 수 없다"고 주장했다.[18]

조선의 대표적 지식인이었던 최남선(崔南善, 1890~1957) 역시 1937년에 쓴

---

18. 다테노 아키라 편, 『그때 그 일본인들(한국 현대사에 그들은 무엇이었나)』, 오정환·이정환 옮김, 한길사, 2006, 164쪽.

일제강점기 대표적인 조선 지식인이었던 최남선(왼쪽)과 이광수의 옥중 사진. 최남선은 3·1 독립선언서를, 이광수는 2·8 독립선언문을 기초한 인물이었다. 그러나 최남선은 1927년 조선사편수회에 참여하면서, 이광수는 1937년 수양동우회 사건으로 투옥된 후 친일로 변절하여 조선 젊은이들의 정신세계에 엄청난 악영향을 미쳤다._사진출처:《연합뉴스》

「조선문화 당면의 과제」에서 다음과 같이 주장했다.

일본과 조선은 원래 같은 문화 원천인 2개의 지류로서, 일본의 깊고 깊은 강이 만세에 흘러서 여일(如一)한데, 조선은 불행하게도 절단되는 운명에 놓여 그 의식도 흐려졌던 것이다. 그러나 이제 시운을 만나서 이제야 분류가 재회하여 같은 원류를 가진 파도에서 춤추게 약속받게 되었다.[19]

---

19. 박성수, 「최남선-반민특위 법정에 선 독립선언서 기초자」, 반민족문제연구소 엮음, 『친일파 99인(2)』, 돌베개, 1993, 255~256쪽에서 재인용.

정체성론

조선이 역사적으로 많은 사회적·정치적 변동을 겪었음에도 사회질서나 경제가 능동적으로 발전하지 못했으며, 이에 따라 근대 사회로 이행하는 데 필수적인 봉건 사회가 형성되지 못하여 근대 초기에 이르기까지 10세기 말의 고대 일본과 비슷한 수준에 머물러 있다는 주장이다. 이러한 논리에 따라 조선의 근대화를 위해서는 일본의 식민 지배가 꼭 필요하다는 침략 미화론으로 이어졌다. 그러나 다음과 같은 지적은 이 논리에 대한 반론으로 충분하다.

중국이 서구식 '봉건제도'를 거치지 아니하였다는 것은 주지의 사실이지만, 그렇다고 해서 중국 사회가 발전이 없는 정체적 상태에 항구적으로 고정되어 있었던 것은 결코 아니다. 중국이 송대(宋代)에 이르러 산업·상업이 도약적인 대발전을 이룩하고, 그 결과 실현된 상품·화폐경제의 발달이 재래의 사회를 크게 변질케 하여 이른바 '송대근대설(宋代近代說)'까지 대두하고 있는 사실은 우리가 익히 알고 있는 바이지만, 이러한 중국 사회의 진보·발전은 봉건제도의 유무와는 하등의 관련이 없는 것이다. 이러한 논리는 한국 사회에서도 그대로 적용된다.[20]

---

20. 강진철, 「정체성이론 비판」, 《한국사 시민강좌》 창간호 제1집, 1987, 49쪽.

타율성론

　조선이 역사를 스스로의 주체적인 역량으로 전개시키지 못하고 중국이나 몽골, 만주, 일본 등 주변 외세의 간섭과 힘에 좌우되어 왔다는 논리이다. 즉 조선의 역사는 형성에서부터 중국 등의 타율적·종속적 식민 지배에서 출발했다고 주장하여, 한민족의 적극적이고 자율적인 성향을 부정함으로써 일본의 조선 식민 지배가 부당한 것이 아니라는 주장이다.

　이러한 논리에서 파생된 이론이 '반도적 성격론'으로, 그 이론적 근거는 지리적 결정론이었다. 즉 대륙에 붙어 있는 반도라는 지리적 조건 때문에 숙명적으로 대륙의 지배를 받게 되었고, 조선인의 의식구조에 사대주의(事大主義)가 고착되어 민족성이 됐다는 것이다. 한반도와 똑같은 지리적 조건을 갖고 있는 이탈리아 반도에서 거대한 로마제국이 탄생한 것은 어떻게 설명할까?

당파성론

　조선 시대 정치사의 특징으로 거론됐다. 조선인은 항상 분열하여 당파를 만들고 서로 싸운다는 이론으로, 한민족은 낮은 문화수준 때문에 분열성이 강한 민족성을 지니게 되어 항상 자신의 이익을 위하여 파벌을 만들어 싸웠다는 주장이다. 조선 시대의 당쟁과 사화를 그 예로 들었다.

　일제 학자들은 식민 통치를 정당화하기 위해 조선인들이 단결력이 부족하다는 사실을 특히 부각시켰다. 일본인은 진흙과 같고 조선인은 모래와 같아서 하나하나의 낱알을 보면 진흙보다 모래가 낫지만, 진흙은 잘 뭉쳐지는 데 반해 모래는 잘 뭉쳐지지 않는다는 논리이다. 그러나 일제 학자들이 강조하는 조선인의 단결력 부족 또는 당파성은 과거 시험으로 관리를 뽑았던 조선 시대의 능력주의로 인한 역사적 소산인 것이다.[21]

일제는 식민사관에 입각한 교육을 통해 망국의 필연성이라는 열등의식을 조선인의 뇌리에 각인시켰다. 그런데 여기에 그치지 않고 일제가 패망한 후에도 식민사관의 잔재가 청산되지 않아 그대로 남아 한국 현대사를 먹칠했다는 데 문제의 심각성이 있다. 지금까지도 남아 있는 심각성의 중심에는 당파성론, 사대주의 민족성론 등이 도사리고 있어 오늘날까지도 상식처럼 되어 있다.

이 가운데 우리의 정체성에 해독을 끼치는 대표적 존재인 당파성론의 정체를 철저히 밝혀 보기로 한다.

5. 붕당 정치

오늘날까지도 많은 사람들은 조선이 당파 싸움 즉 '당쟁(黨爭)' 때문에 망했다고들 믿고 있다. 임진왜란 직전 일본의 정세를 알아보기 위해 파견되었던 사신들 중에서 서인 황윤길은 "쳐들어 올 것이다"라고 선조에게 보고한 반면 동인 김성일은 "쳐들어오지 않을 것이다"라는 완전히 상반된 보고를 올려 전란을 자초했던 파쟁의 역사는 조선 망국의 이유를 당파 싸움

---

21. 이성무,『조선시대 당쟁사 1』, 아름다운날, 2007, 21쪽.

에서 찾는 일부의 견해에 신빙성을 더해 준다.[22]

'당쟁'이라는 말은 실상 조선 왕조 때부터 본래 있었던 것이 아니다. 한말(韓末)·일제하(日帝下)에서 조선 왕조의 정치와 역사를 부정적으로 평가하려는 의도 아래 새로이 만들어진 말이다. 조선 왕조 당대에서는 붕당(朋黨)이란 말이 주로 쓰였는데, 한말 이래 대개 일본인 학자들이 그 파쟁성을 부각시켜 '붕당 간의 싸움'이란 뜻으로 당쟁이란 용어를 새로이 만들어 쓰기 시작했던 것이다.[23]

이른바 '당쟁'이 조선에서 전개된 과정을 요약하면 이렇다.

태조 이성계(李成桂, 1335~1408)는 1392년 7월 17일 왕위에 올라 이듬해 3월 15일부터 조선(朝鮮)이라는 국호를 쓰기 시작했다. 그로부터 500여 년이 지난 1897년 10월 12일 제26대 고종이 황제에 즉위함으로써 대한제국(大韓帝國)으로 국호가 바뀌었다. 그러나 조선 왕조 518년, 대한제국 13년 만인 1910년 8월 29일 일제에 강제 합병되어 다시 이름이 조선으로 바뀌고 이후 35년간 일제 식민 통치를 받게 된다. 518년이라는 긴 세월 동안 버텨 온 나라가 망한 것이다.

거기까지 이른 과정을 간단히 살펴보자. 조선 건국 후 제4대 세종(世宗, 재위 1418~1450)은 훈민정음 창제라는 위대한 업적을 이룩했을 뿐만 아니라 정치, 사회, 경제, 문화, 과학, 음악 등 전 분야를 발전시켜 일찌감치 조선의 황금시대를 열었다. 제9대 성종(成宗, 재위 1469~1494) 대에 이르러서는 조선의 기본 법전인 『경국대전(經國大典)』을 완성하는 등 조선 전기의 문물·제도를 완성시켜 15세기의 조선은 때 이른 절정기를 맞이했다.

---

22. 이덕일, 『당쟁으로 보는 조선 역사』, 석필, 1997, 454쪽.
23. 이태진, 「당파성론 비판」, 《한국사 시민강좌》 창간호 제1집, 1987, 53쪽.

또한 성종 대에 훈구파(勳舊派)와 사림파(士林派)의 갈등이 싹트기 시작했다. 훈구파란 제7대 세조(世祖, 재위 1455~1468) 이후 공신세력을 중심으로 형성된 관료집단을 말한다. 사림이란 '선비(士)'의 복수 개념으로, 사림파는 성리학적 명분론에 입각한 정치 이념과 사상을 신봉한 집단이다. 성종이 비대해진 훈구세력을 견제하여 왕권을 강화하기 위해 김종직(金宗直, 1431~1492) 등 사림파를 중앙 관직에 진출시키면서 이들의 대립이 시작됐다.

이런 상황에서 제10대 연산군(燕山君, 재위 1494~1506) 대에 훈구파에 의해 사림파가 화(禍)를 당하는 무오사화(戊午士禍, 1498)와 갑자사화(甲子士禍, 1504), 제11대 중종(中宗, 재위 1506~1544) 대의 기묘사화(己卯士禍, 1519), 제13대 명종(明宗, 재위 1545~1567) 원년의 을사사화(乙巳士禍, 1545) 등 '4대 사화'가 일어났다.

사림파는 사화를 당할 때마다 엄청난 피해를 입었으나 조선의 제14대 선조 때에 이르러 훈구파를 축출하고 마침내 정권을 장악했다. 이처럼 사림파가 수차에 걸친 탄압을 극복하고 재기할 수 있었던 것은 이들이 성리학이라는 확고한 정치 이념과 공통의 스승을 모시는 학통(學統)으로 연결된 조직을 가진 정치세력이었기 때문이다. 그들은 같은 이념과 학통을 공유하는 하나의 정파였다. 사상과 조직을 가진 세력은 쉽사리 사라지지 않는 법이다. 이러한 이념과 조직이 네 차례의 사화를 당하고도 재기할 수 있게 해 준 원동력이었다.

사림파는 훈구파의 탄압에 맞서 싸울 때는 하나의 정치세력이자 동지였지만 집권당이 되자 갈라지기 시작했다. 이처럼 집권이 분열로 이어지는 것은 정치사에서 흔히 볼 수 있는 현상이다. 사림도 이런 과정을 거쳐 동인과 서인으로 나뉘었고, 이후 집권세력은 여러 갈래로 분열되기에 이른다.[24]

조선 시대의 붕당 분포도

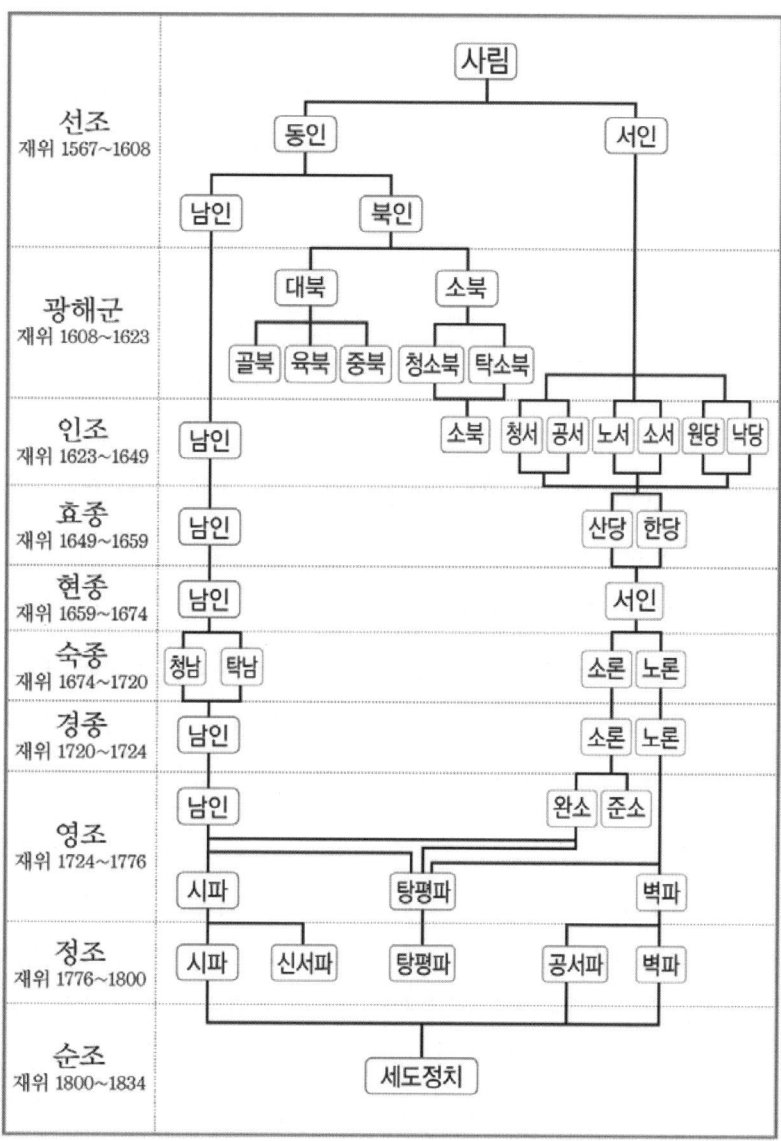

출처: 이덕일, 『당쟁으로 보는 조선 역사』, 석필, 1997, 36쪽.

---

24. 이덕일, 『당쟁으로 보는 조선 역사』, 44~45쪽.

붕당이 처음으로 형성된 것은 선조 8년(1575)이었다. 김효원(金孝元)이 문관의 인사권을 쥐고 있는 이조정랑(吏曹正郎)에 임명되자 심의겸(沈義謙)이 이의를 제기한 데서 비롯됐다. 그리하여 사림은 심의겸과 김효원을 중심으로 선·후배로 갈려 당파가 나누어졌다. 이때 김효원의 집은 한양 동쪽의 건천방(乾川坊, 현재 중구 인현동 인근)에 있었고, 심의겸의 집은 서쪽인 정릉동(貞陵洞, 구 러시아 공사관 자리)에 있었다. 이에 김효원을 따르는 이들에게는 동인, 심의겸을 따르는 이들에게는 서인이란 명칭이 붙었다.[25]

앞의 '조선 시대의 붕당 분포도'를 보면 선조로부터 정조에 이르는 동안 수많은 붕당 즉 정파들이 생긴 것을 알 수 있다. 이를 보고 일제가 조선 망국의 원인이라고 주장한 당파성론이라는 것이 일리 있는 것이구나 하는 생각을 가질 수도 있다. 실제로 붕당정치가 조선 사회가 건강하게 발전하는 데 큰 폐해를 끼친 면이 없지는 않았다.

그러나 '붕당정치'라는 말에 오늘날의 '정당정치'를 대입해 보면 일제의 당파성론이 부당하다는 것을 쉽게 알 수 있다. 정당정치란 정당이 정치적 실권을 가지는 정치로, 복수 정당제를 전제로 하는 것이 일반적이다. 따라서 정치권력을 획득하기 위해 경쟁을 피할 수 없기 때문에 시끄럽기 마련이다. 반면에 일당 독재의 정치 형태는 소란을 피할 수는 있겠지만 결코 사회가 건강하게 발전할 수는 없다. 그 폐해는 북한이 잘 보여 주고 있다.

---

25. 이성무, 『조선시대 당쟁사 1』, 117쪽.

6. 세도정치

세도정치란 무엇인가

'세도(世道)'란 원래 '유교 정치 이념에 입각하여 세상을 다스리는 도리'이며, '세도'를 근심하는 주체는 사대부이다. 그러나 19세기 말 박제형(朴齊炯)이 저술한 『근세조선정감(近世朝鮮政鑑)』에서 '세도'를 부정적으로 사용하기 시작했다. 그리고 1920년대 안확(安廓)의 『조선문명사(朝鮮文明史)』에서 '世道' 대신 '勢道'라는 용어를 통해 왕권을 능가하는 척신(戚臣)들의 권력을 표현했다. 이때부터 '세도정치(勢道政治)'는 19세기 조선 정치사의 파행적 행태를 설명하는 개념으로 등장했다.[26]

어떻게 해서 '세도(世道)'가 한 명 또는 극소수의 권세가가 독점하는 권력 즉 '세도(勢道)'로 바뀌게 되었을까?

1800년 정조가 사망한 후 순조(純祖, 재위 1800~1834)가 12세 나이로 즉위하자 외척인 안동 김씨에 의한 세도정치가 시작되어 중앙의 요직은 이들 일족이 독점했다. 오늘날의 일당 독재와 같은 상황이 시작된 것이다. 이번에는 순조가 죽고 헌종(憲宗, 재위 1834~1849)이 즉위하자 외척인 풍양 조씨에 의한 세도정치가 15년 가까이 계속되다가, 그 뒤를 이은 철종(哲宗, 재위 1849~1863) 때에는 다시 안동 김씨 외척에 의한 세도정치로 이어졌다.

세도정치의 폐해를 정리하면 이렇다.

---

26. 「세도 정치」, 우리역사넷, 국사편찬위원회.

세도정치의 전개

순조 (재위 1800~1834)	⇒	헌종 (재위 1834~1849)	⇒	철종 (재위 1849~1863)
안동 김씨 순원왕후 (김조순의 딸)		풍양 조씨 신정왕후 (헌종의 어머니, 조만영의 딸)		안동 김씨 명순왕후 (김문근의 딸)

조선은 중앙집권적인 정치 체제가 정비되었고, 왕권과 신권의 세력 균형으로 비교적 정국이 안정적으로 유지되어 왔다. 하지만 19세기 전반기 세도 정치가 시작되면서 조선 왕조 지배 체제에 균열이 일어나기 시작했다. 순조, 헌종, 철종 3대, 60여 년에 걸친 세도 정치로 외척들의 전횡이 극심했다. 이는 중앙뿐만 아니라 지방에도 영향을 미쳤다. 중앙의 지방 관리가 소홀한 틈을 이용해 매관매직이 성행했고, 그 비용을 만회하고자 지방관들은 백성에게 가혹한 세금을 징수하고 수탈을 자행했다. 백성들은 최소한의 생존권마저 위협받는 지경에 이르자 민란을 일으켜 수령이나 향리들을 징치하곤 했다. 결국 조선 왕조는 지배 체제를 유지할 수 없을 정도로 심각한 위기를 맞게 되었다.[27]

외척에 의한 권력 독점 상황은 흥선대원군 이하응(李昰應, 1820~1898)의 아들 고종이 즉위하던 1863년까지 계속되어 조선이 쇠퇴하는 근본적 요인으로 작용했다. 문제는 대원군 집권 시기에도 외척 세력이 싹트기 시작했다는 점이었다. 고종의 비인 민비(閔妃)가 대원군과 사이가 벌어지면서 자

---
27. 이계형, 『한국근대사』, 청아출판사, 2018, 21~22쪽.

신의 친정 식구들을 불러들이자 외척 세력이 형성되기 시작했다. 결국 여흥 민씨와 대원군 사이의 권력투쟁 속에서 국력은 점점 쇠퇴해 갔다.

세도정치에서 비롯된 절대 권력은 절대 부패하며 나아가 부패한 권력은 그 나라를 잡아먹고 그 권력 자체를 잡아먹는다는 진리를 우리는 조선 말의 세도정치에서 다시 한 번 확인할 수 있는 것이다.[28]

세도정치 시기의 일본

이 시기에 일본은 어떠했는가? 허수아비 왕 철종을 에워싸고 외척이 권력을 휘두르던 때로부터 흥선대원군이 집권하여 쇄국 정치를 펼치던 바로 그 시기에 일본은 쇄국을 풀고 왕정복고 쿠데타에서 비롯된 이른바 메이지 유신(明治維新)을 통해 대규모의 정치적·사회적 변혁기에 진입하고 있었다. 그 변혁의 방아쇠를 당긴 것은 당시 일본의 내적 요인이 아니라 외적 요인 즉 미국의 개항 압박이었다.

미국의 동인도함대 사령관이었던 페리(Matthew C. Perry, 1794~1858) 제독은 1853년 7월 8일 4척의 군함을 이끌고 일본의 에도만(현 도쿄만)에 입항하여 미국 대통령의 국서를 전달하며 개항을 요구했고, 일본이 거절할 경우 무력행동을 할 수 있다고 위협했다. 페리는 1년간의 말미를 주고 돌아갔지만 당시 일본 사회가 받은 충격은 상상 이상이었다.

1년이 지난 1854년 2월 13일 7척의 군함을 이끌고 나타나 조약 체결을 요구하자 3월 31일에 미일화친조약을 조인했다. 일본 천황의 칙허를 무시

---

28. 이덕일, 『당쟁으로 보는 조선 역사』, 441쪽.

미국 해군의 페리 제독은 일본 에도 막부를 위협하여 1854년 3월 31일 미일화친조약을 체결했다. 이후 1858년 6월 19일 미일수호통상조약이 체결되어 일본은 본격적으로 개국에 들어갔다._사진출처:《런던타임스》

한 조약 체결은 엄청난 반발을 불러일으켰으며, 이후 일본은 왕정복고 쿠데타를 통해 에도 막부 통치가 종언을 고하고 이른바 메이지 유신의 길에 들어섰다.

일본이 이런 변혁을 겪는 가운데 중국과 한반도의 형편은 여전했다. 중국의 청 왕조와 조선 왕조는 건국 초기의 강건했던 기상과 활력을 잃어버리고 청나라는 중화세계라는 우물에, 조선은 그 안의 또 작은 우물에 빠져 서양세계와 국제정세의 변화를 외면하고 안주해 있었다. 특히 조선은 영조·정조 대의 개혁 정책이 무산된 뒤 국가 통치의 경험도 능력도 전혀 준비되지 않은 어리고 무능한 왕이 연속적으로 즉위함으로써 수십 년 동안 국가의 리더십에 큰 문제를 안고 있었다.

결국 조선은 외세의 침략에 맞서 독립국가로서의 자존을 지킬 수 있는 지배세력도 없었고, 이를 대체할 수 있는 새로운 리더십도 없었다. 이리저리 외세의 개입에 황망하게 휘둘리다가 제대로 된 무기도 제대로 된 훈련

받은 병사도 없이 제대로 된 전투 한 번 치러 보지 못하고 무기력하게 일본의 지배를 받게 되고 말았다.[29]

7. 조선은 당쟁 때문에 망했는가

정치는 시끄럽기 마련이다

정치는 동서양을 막론하고 시끄러운 것이다. 그러나 시끄럽다고 해서 나라가 망하는 것은 아니다. 오히려 정치판이 시끄럽다는 것은 정치가 건강하다는 반증이다. 조선의 붕당정치는 몹시 시끄러운 정치였다. 그에 비해 세도정치 즉 외척 독재의 조정은 조용했다. 한쪽이 독점했으니 소란스러울 이유가 없었던 것이다. 그리고 그 조용한 정치는 곧 나라를 망국으로 이끌었다. 따라서 조선의 역사에서 붕당이 팽팽한 대립을 이루며 치열한 투쟁을 전개하던 붕당의 시대는 곧 조선의 정치가 가장 건강하고 화려한 때였음을 의미한다.[30]

조선은 권력이 왕에 집중된 전제군주국이었다. 따라서 붕당정치가 국민이 대표를 직접 뽑는 오늘날의 대의정치(代議政治)와 거리가 있음은 물론이다. 그러나 복수의 당파가 경쟁하며 다투는 붕당정치를, 당파를 이루어 서로 싸운다는 부정적 의미의 '당쟁'으로 몰아 일제가 조선 침탈을 합리화하기 위한 도구로 삼은 것은 부당하기 짝이 없는 행태였다.

---

29. 성희엽, 『조용한 혁명—메이지유신과 일본의 건국』, 소명출판, 2016, 25~26쪽.
30. 박영규, 『조선붕당실록』, 김영사, 2017, 6~7쪽.

일제는 '당쟁'의 원인을 조선인의 분열적 민족성 즉 단결력의 부족에 돌렸다. 그러나 과거시험으로 관리를 뽑았던 조선 시대의 능력주의로 인한 역사적 소산을 민족성으로 돌리는 것은 어불성설이다.

능력 위주의 경쟁이 심하다 보면 단결이 잘 안 되는 수도 있다. 일본의 경우 상대적으로 단결이 잘 되는 것처럼 보이는데 이는 일본 특유의 무사 제도하에서 굳어진 상명하복(上命下服)의 수직적 명령 체계와 관련이 깊다. 다시 말해서 상관이 지시하면 부하는 꼼짝 못하고 따르는 이런 관습이 단결력으로 비쳐지는 것이다.

능력 위주의 경쟁 사회에서 단결에 장애가 된다는 이유로 능력주의 자체를 문제시할 수는 없다. 땅도 좁고 산물도 넉넉하지 않은 환경에서 한민족이 주변 강대국들의 간섭을 물리치고 민족문화를 꽃피울 수 있었던 것은 바로 이러한 능력주의 덕분이었기 때문이다.[31]

실상 나라가 망할 때는 당쟁이 아니라 몇몇 노론 외척 가문의 세도정치가 시행되고 있었다. 따라서 만일 당쟁의 배경이 되는 사림 정치의 틀이 살아 있어서 비판과 견제가 이루어졌다면 난국 타개에 도움이 되었을 것이다. 망국의 직접적인 책임은 세도정치에 있다고 해도 과언이 아니다.[32]

백배 양보하여 조선이 망한 것이 당쟁 때문이었다고 하자. 역사책을 들여다보면 한 왕조가 쇠퇴하면 다른 왕조가 나타나 이를 대체하는 것이 일반적이다. 신라가 쇠퇴하고 고려가, 고려가 쇠퇴하고 조선으로 왕조가 바뀐 것이다. 일제 말대로 당쟁 등의 이유로 조선이 망할 지경에 이르렀다면, 조선인으로 구성된 다른 왕조나 나라가 대체해야 하는데, 도대체 왜 그 자

---

31. 이성무, 『조선시대 당쟁사 1』, 21~22쪽.
32. 이성무, 『조선시대 당쟁사 1』, 11쪽.

리를 일제가 차지해야 한단 말인가?

일제의 침탈 과정

일제가 내세운 '당쟁 망국론'은 침탈의 명분에 불과했다. 식민사관이라는 것을 꾸며 내기 훨씬 전부터 한반도를 집어삼킬 궁리를 하고 있었으니 그러하다. 1875년 운요호(雲楊號) 사건을 일으켜 1876년 2월 26일 불평등 조약인 강화도조약(조일수호조규)을 체결하는 것으로 시작된 일제의 한반도 침탈 과정을 간략히 정리하면 이렇다.

강화도조약 체결로 초대 주한 일본공사로 부임한 하나부사 요시모토(花房義質, 1842~1917)는 한국에 온 후 전국을 순회하고 나서 일본 외무대신 앞으로 다음과 같은 내용의 비밀문서를 보냈다.

> 장차 조선을 경영(침략)함에 있어서는 정치·경제뿐만 아니라 문화적인 측면에서도 적극성을 띠어야 한다. 그러기 위해서는 먼저 조선을 연구하고 그 새로운 시각을 가져야 한다. 조선을 철저히 알지 못하면 경영에는 큰 장애가 뒤따르리라고 본다. 다시 나아가 자유의 이민(移民)을 허(許)하는 데 이르면 무역의 요(要)도 또한 오늘의 비할 바가 아니다.[33]

조슈번(長州藩, 현 야마구치현) 하급 무사의 아들로 태어나 두 번이나 총리대신을 지낸 야마가타 아리토모(山縣有朋, 1838~1922)의 다음과 같은 발언만

---

33. 이현희, 『정한론의 배경과 영향』, 한국학술정보, 2006, 37쪽.

야마가타 아리토모(왼쪽)와 이토 히로부미. 조슈번 하급 무사 출신인 두 사람은 한일병탄의 주역이었다.

으로도 영토 확장이라는 일제의 속셈이 분명해진다.

일국의 독립을 유지하기 위해서는 주권선을 지키는 것만으로는 결코 충분하다고 말할 수 없으며, 반드시 이익선(조선)을 보호하지 않으면 안 된다(1890년 12월 6일 '시정방침연설'에서).

조선을 일본의 세력구역으로 삼으려면 먼저 러시아와 전쟁할 결심이 없으면 안 된다(1900년 8월 20일 '북청사변 선후책善後策'에서).

이후 1903년 12월 30일 가쓰라 다로(桂太郎, 1848~1913) 내각에서 결정된 '대청한(對淸韓) 방침'의 내용을 보면 일제의 침략 의도가 더욱 분명해진다.

어떠한 경우에 직면할지라도 실력을 행사해서 한국을 일본의 권세하에 두지 않으면 안 된다는 것은 물론이나, 가능하면 대의명분을 얻는 것을 득책

으로 한다.[34]

    일제는 청일전쟁(1894.7.25.~1895.4.17.)의 승리로 조선을 청으로부터 분리시켰고, 1897년 10월 12일 대한제국이 선포된다. 1902년 영일동맹을 체결하여 대한제국에 대한 이익을 인정받고, 러일전쟁(1904.2.8.~1905.9.5.)의 승리로 조선에 대한 지배권을 확보했다.

    러일전쟁을 일으킨 일제는 일본군이 서울을 점령한 상태에서 1904년 2월 23일 중립을 주장한 대한제국을 협박하여 공수동맹(攻守同盟)을 전제로 한 한일의정서를 체결했고, 러일전쟁 중이던 1905년 7월 29일 가쓰라-태프트 밀약을 통해 미국과 일본이 각각 필리핀과 대한제국에 대한 지배권을 인정하는 비밀협약을 맺었다.

    1904년 8월 22일 일제는 일본인 재정고문 1명과 일본이 추천하는 외국인 외교고문 1명을 초빙한다는 제1차 한일협약 체결을 강요하여 대한제국의 재정·외교·군사·경찰·문교 등 중요 정책 결정권을 손아귀에 넣었다. 이후 일제 침탈은 일사천리로 진행됐다. 1905년 11월 17일 이토 히로부미 주도의 회유와 위협을 통해 제2차 한일협약 즉 을사늑약(乙巳勒約)을 체결하여 대한제국으로부터 외교권을 빼앗았다. 이어서 1906년 2월 통감부가 설치되고 이토 히로부미가 초대 통감(統監)에 부임하여 외교뿐만 아니라 내정에 관해서도 대한제국 정부에 직접 명령하는 권한을 행사했다.

    일제는 고종을 퇴위시킨 후 1907년 7월 24일 제3차 한일협약(한일신협약)을 강요하여 을사늑약보다 강력한 통감의 권한과 일본인 관리 채용 등을

---

34. 이규배, 『반일 그 새로운 시작』, 푸른숲, 1997, 36~38쪽.

강요했고 한국의 내정에 관한 모든 권한을 장악했다. 1910년 8월 29일 마침내 "한국 황제 폐하는 한국 정부에 관한 일체의 통치권을 완전, 또 영구히 일본 황제폐하에게 양여한다"는 한일병탄조약(韓日倂呑條約)으로 한반도는 완전히 일제의 손아귀에 들어가고 말았다.

이제까지 살펴본 일제 침탈 과정에서 맺은 수많은 조약·협약·밀약 가운데 당파성·타율성 등이 어디에도 등장한 적이 없었다. 일제는 침탈 과정의 이면에서 논리를 교묘하게 조작하고 있었을 뿐이었다.

8. '당쟁' 발명가, 시데하라 다이라

『한국정쟁지』

'당쟁(黨爭)'이라는 말을 발명한 사람은 누구였을까? 조선 시대의 학자가 아니라 시데하라 다이라(幣原坦, 1870~1953)라는 일본인이다. 시데하라는 1900년에 대한제국의 학부(學部) 고문으로 한국으로 와서 관립중학교의 외국인 교사를 거쳐 1906년까지 학정참여관(學政參與官)으로 근무하며 교육 분야에 상당한 영향력을 발휘했던 인물이다.

일제는 1904년 제1차 한일협약을 체결하고 내정을 개선한다는 명목으로 임명한 고문을 통해 대한제국의 외교와 재정에 대한 권한을 움켜쥐었다. 바로 그해 시데하라는 「한국정쟁지(韓國政爭志)」라는 논문으로 도쿄 제국대학에서 문학박사학위를 받았고 1907년 책으로 출판됐다. 바로 이 『한국정쟁지』[35]에서 '당쟁'이라는 말이 처음 사용된 것이다.

대한제국 말기 '관립중학교' 교관들. 오른쪽에서 네 번째가 일본인 시데하라 다이라(幣原坦) 교관이고, 맨 왼쪽이 미국인 호머 헐버트(Homer B. Hulbert) 교관이다._출처: 이돈수·이순우, 『꼬레아 에 꼬레아니(사진 해설판)』, 도서출판 하늘재, 2009, 154~157쪽.

시데하라는 이 책에서 외교권과 재정권이 일본에 넘어간 "오늘의 상태"의 원인 즉 대한제국이 망국의 길로 접어든 원인을 '당쟁'이라고 단언하고 있다.

> 조선 사람의 오늘의 상태를 이해하려면 그 원인을 과거에서 찾는 것이 옳을 것이다. 그리고 그러한 역사적 사실의 근본 요체(要諦)이며 고질적인 원인은 당쟁이었다고 단언해도 옳을 것이다. 그런데 이 나라의 당쟁은 음험하면서도 비밀스러워 겉으로 보기에는 춘풍(春風)이 부는 것 같아도 갑자기 뼈를 자르고 시체를 매질하는 참화를 연출한다.36

---

35. 이 책의 내용은 크게 세 부분으로 나뉜다. 제1편 「개론」, 제2편 「동서분쟁론」, 제3편 「노소분쟁론」이다. 최혜주, 「시데하라의 고문활동과 한국사연구」,《국사관논총》제79집, 국사편찬위원회, 1988-06-30, 50쪽.
36. 신복룡, 『한국정치사』(제4판), 박영사, 2003, 159~160쪽에서 재인용.

시데하라는 조선 시대 정치에 대한 부정적 평가를 자신이 처음 하는 것이 아니라, 조선인이 이미 했다면서 『당의통략(黨議通略)』의 「원론(原論)」을 그 예증으로 들었다.37 『당의통략』은 조선 말기 이건창(李建昌, 1852~1898)이 지은 붕당 정치사서로 1575년(선조 8년)에서 1755년(영조 31년)까지의 약 180년간을 대상으로 당론(黨論) 전개의 줄기를 잡고, 머리에 「자서(自序)」와 말미에 「원론」을 붙인 책이다. 이건창은 이 책에서 양반 중심 정치가 극복돼야 한다는 관점에서 붕당을 비판했는데, 시데하라가 이것을 당쟁 폐해론을 주장하는 근거로 악용한 것이다.

시데하라는 당쟁의 기원을 종래의 정설보다 앞당겨 올려 잡고 그 여파가 대한제국 말기에 이르기까지 치열하게 계속되었음을 강조했다. 이러한 연구 성과는 이후 오다 쇼고(小田省吾)38와 세노 우마쿠마(瀨野馬熊)39의 당쟁사 연구로 발전했으며, '당파성론'이 학문적으로 정착되어 식민사관 형성의 일익을 담당했다. 시데하라의 조선에 대한 인식은 당쟁으로 점철된 500년의 역사가 일본의 보호를 받을 수밖에 없다는 조선 멸시관을 토대로 한 것이며, 식민 통치를 정당화·합리화하는 데 근거를 제공했다고 할 수 있다.40

이처럼 당쟁 망국론은 일제의 어용학자들이 만들어 낸 것이다. 일제강점기에 일본 어용학자들은 한국(조선)은 자치능력이 없으므로 일본의 식민 통치를 받는 편이 낫다는 논리를 끌어내기 위해 당쟁을 이용했다. 그들은 당

---

37. 이태진, 「당파성론 비판」, 《한국사 시민강좌》 창간호(제1집), 일조각, 1987, 57쪽.
38. 오다 쇼고(小田省吾, 1871~1953). 도쿄 제대 졸업. 조선사편수회 위원으로 식민사학의 완성편인 조선사강좌 시리즈의 실무책임자. 경성제대 사학과 교수로 식민사학자 양성.
39. 세노 우마쿠마(瀨野馬熊, 1874~1935). 와세다 대학 졸업. 조선사편수위원회에서 『조선사』 제5편 인조~영조 부분 담당. 조선사편수회 촉탁.
40. 최혜주, 「시데하라의 고문활동과 한국사연구」, 53쪽.

쟁의 원인은 개인 간의 감정 문제에서 비롯된 것이라 단정하면서 정쟁의 양상을 추악하고 적나라하게 묘사했다. 또한 당쟁은 한국인의 분열적인 민족성 때문에 일어난 것이므로 고칠 수 없는 고질적인 병폐라고 몰아붙였다. 이러한 이론을 보통학교(일제강점기의 초등학교) 역사 교과서에 넣어 교육시킴으로써 일제 교육을 받은 대다수 사람들이 그렇게 생각하도록 만들었다. 일제의 독침이 우리의 뇌리에 깊숙이 박히게 된 것이다.[41]

시데하라는 당쟁이 "참화를 연출"했다고 주장했다. 당쟁의 통사(通史)라 할 수 있는 이건창의 『당의통략』에 등장하는 인물로 따져 보면, 죽은 사람은 총 166명이다. 그중 역모로 죽은 사람이 63명, 임금을 속인 기군망상(欺君罔上)의 죄로 죽은 사람이 2명, 반정(反正) 처리로 죽은 사람이 9명, 장희빈 사건으로 죽은 사람이 13명이다. 따라서 순수하게 당쟁에 연루되어 죽은 사람은 79명이며, 여기에는 당쟁으로 인해 자살한 2명이 포함되어 있다.[42]

참화의 정도로는 서유럽의 정치사가 더 참혹했다. 프랑스 혁명 때인 1792년 8월 10일 하루 동안 1,300여 명이 처형됐다. 1795년 7월 21일에는 왕당파 718명이 처형됐다. 파리코뮌 기간 중 '피의 주간'이었던 1871년 5월 21~28일에는 2만 5,000여 명이 피살됐다. 제정러시아 '피의 일요일'이었던 1905년 1월 22일에는 하루 만에 500여 명이 피살됐다.[43]

일본의 경우는 어떠한가? 1864년 5월 2일 미토번(水戶藩)의 개화파 중 과격파가 반란을 일으켰다. 이것이 '텐구당(天狗黨)의 난'(1864.5~1865.1)으로, 에도 막부 시절 막부의 미일수호통상조약 체결에 반대하는 천황과 막부의

---

41. 이성무, 『단숨에 읽는 당쟁사 이야기』, 아름다운 날, 2014, 10쪽.
42. 신복룡, 『한국정치사(제4판)』, 167쪽.
43. 신복룡, 『한국정치사(제4판)』, 168쪽; 김석근 등, 『한국 문화 대탐사』, 아산서원, 2015, 366쪽.

대립, 번 내 개화파와 보수파의 대립 등 파벌에 얽혀 발생했다. 난이 실패로 끝나자 막부군은 828명의 투항자 중 352명을 참수했다.[44] 일제가 조선의 '참화'를 탓할 게 아니었다.

시데하라의 계승자들

그럼에도 불구하고 시데하라 이후 당쟁 망국론은 일제의 소위 학자란 사람들에 의해 끈질기게 계승·발전됐다. 당쟁 망국론을 뛰어넘어 조선 멸시론까지 발전시킨 사람은 기자 출신 호소이 하지메(細井肇, 1888~1934)이다. 그는 1921년 쓴 81쪽짜리 『붕당·사화의 검토』에서 다음과 같이 당쟁 망국론을 혈액 망국론으로까지 발전시켰다.

> 조선인의 몸에는 특이한 더러운 피가 섞여 있다. 수천 년, 수백 년에 걸쳐 형성된 인격과 국민성은 변경되기 쉬운 일이 아니다. 희대의 영웅이라도 몇백 년 동안 이어져 온 붕당의 악폐는 근절시키기가 어렵다. 비록 그 당파의 형체를 변경시키거나 통일·분립시킬 수는 있더라도 그 피를 어찌할 것인가.[45]

조선 시대 당쟁의 원인에 대한 견해는 두 가지로 나누어 볼 수 있다. 하나는 조선 시대의 당쟁이 한국인의 분열적인 민족성에서 말미암은 것이라는 견해이고, 다른 하나는 조선 시대 정치의 구조적 산물이라는 견해이다. 전자는 일본 학자들의 견해요, 후자는 한국 학자들의 견해이다.[46]

---

44. 「한국 문화 대탐사 ⑧선비〈中〉」,《중앙SUNDAY》364호, 2014.
45. 김석근 등, 『한국 문화 대탐사』, 355쪽에서 재인용.

시대하라의 논리는 끈질기게 계승·발전됐다. 미지나 쇼에이(三品彰英)는 조선인은 반도적 성격에서 연유한 선천적인 당파성을 갖고 있어 정치적 독립이 불가능하다는 논리를 전개했는가 하면, 시카다 히로시(四方博)는 "파벌성이 조선민족의 특성"이라고 전제하고, 당쟁은 주자학의 결벽성을 기계적으로 강조한 데에서 발생했다고 일제 패망 후(1951년)에도 주장했다.[47]

한국 학자로 당쟁 망국론에 정면으로 이의를 제기한 사람은 안확(安廓, 1886~1946)이었다. 그는 『조선문명사』(1923)에서 당쟁은 인민의 정치적 성숙을 의미하며 따라서 근대 정치는 당파로 인해 발전을 이룩했고, 오히려 당파가 진보하지 못하고 두절됨으로써 정치가 쇠퇴했다고 주장했다.[48]

그러나 일제강점기에 식민지 고등교육을 받은 조선의 지식인들일수록 민족적 허무주의와 자멸감에 빠져 독립에 대한 의욕을 잃거나 일제에 협력했다. 그리고 그 해독은 오늘날까지도 일부 지식인들의 체질로 굳어 우리 역사를 자조적으로 보는 악습을 낳았다.

일제강점기에 식민주의 역사학의 영향을 받은 대표적인 지식인으로 최남선(崔南善, 1890~1957)과 이광수(李光洙, 1992~1950)를 들 수 있다.

1919년 「3·1 독립선언서」 초안을 작성했던 최남선은 1928년부터 조선총독부 조선사편수회 위원으로 참여하여 『조선사』 편찬을 도와주면서 국가에 대한 이해가 자조적인 방향으로 변해 갔다. 그는 1928년에 쓴 「역사를 통하여 본 조선인」이라는 글에서 조선인의 나쁜 국민성으로 사대벽(事大癖), 타율성, 조직력 부족, 형식병, 낙천성 등을 거론하며, 결론적으로 한국

---

46. 이성무, 『조선시대 당쟁사 1』, 30쪽.
47. 이성무, 『조선시대 당쟁사 1』, 38~39쪽.
48. 신복룡, 『한국정치사(제4판)』, 173쪽.

최남선(왼쪽)과 이광수(가운데)가 조선인 일본 유학생들에게 학병 참가를 권유하는 강연을 한 뒤 아동문학가 마해송(오른쪽)의 사회로 대담을 하고 있다(1944년 11월)._사진출처:《한겨레》2007.3.2.

사의 성격을 "미지근하고, 탑작지근하고, 하품 나고, 졸음까지 오는 기록의 연속이 조선 역사의 외형이다. … 현실의 조선 및 조선인이 불구미성자(不具未成者)임을 알라"고 규정했다.

　최남선과 더불어 일제강점기의 대표적 지성의 한 사람이었던 이광수도 식민주의 사관과 동일한 주장을 내세웠다. 1922년에 쓴「민족개조론(民族改造論)」이 바로 그것이다. 이 글에서 이광수는 우리 민족의 결점을 철저히 비판하면서 그 원인을 주로 조선 시대의 당파성·비사회성·비실용성·비조직성·편벽성 등에서 찾았다. 말하자면, 일제 식민사관의 논리를 그대로 수용하고 있는 것이다. 이러한 자기비하는 우리 민족의 역사에 대한 허무주의를 조장하여 스스로도 창씨개명(創氏改名)에 앞장서는 친일 행동을 보여주었고, 여타 지식인들에게도 막대한 부정적 영향을 주었던 것이다.[49]

---

49. 한영우,『역사학의 역사』, 311~312쪽.

제3장

식민사관과 박정희

박정희는 집권 기간(1961.5.16.~1979.10.26.) 동안 『지도자도』(1961.6.16.), 『우리 민족의 나갈 길』(1962.3.1.), 『국가와 혁명과 나』(1963.9.1.), 『민족의 저력』(1971.3.1.), 『민족중흥의 길』(1978.9.1.) 등 다섯 권의 책을 남겼다. 이들 책에는 청소년 시절부터 그의 뇌리 깊숙이 박혀 버린 황국사관과 식민사관을 보여 주는 대목이 곳곳에서 보인다. 특히 민정 이양 이전인 1961년·1962년·1963년에 발간된 세 권의 책이 그러하다. 알게 모르게 우리 마음을 지배하고 있는 잘못된 인식이 무엇인지를 박정희가 남긴 책을 통해 음미해 보기로 한다.

박정희의 글을 모아 2005년 동서문화사가 발간한 책 표지

5·16 쿠데타 후 혁명공약을 발표하는 박정희_사진출처:《사건의 내막》

1. 박정희 저작물의 출판 배경

첫 번째 책 『지도자도(指導者道)』는 5·16 쿠데타가 일어나고 나서 정확히 한 달 후 국가재건최고회의가 발간한 소책자이고, 『우리 민족의 나갈 길』은 "참신하고도 양심적인 정치인들에게 언제든지 정권을 이양하고 … 본연의 업무에 복귀"하겠다는 이른바 '혁명공약' 제6항을 지킬 의사가 없음을 분명히 드러낸 책이다. 『국가와 혁명과 나』는 '원대복귀'를 약속한 '혁명공약' 제6항을 파기하고 1963년 10월 15일 시행된 대통령 선거에 스스로 나설 때 뭔가 보여 주기 위해 낸 책이다.

그 후 박정희는 1967년에도 당선되어 두 차례에 걸쳐 대통령을 지냈음에도, 또 다시 대통령을 하겠다며 3선을 위한 개헌을 강행한다. 학생 등 민주화운동 세력의 완강한 반대투쟁에도 불구하고 1969년 9월 14일 3선개헌안을 국회에서 변칙 통과시킨 것이다. 그 후 1971년 4월 27일의 제7대 대통령 선거에 출마하기 직전, 역시 뭔가를 보여주기 위해 낸 책이 『민족의 저력』이다.

1971년 대통령 선거에서 눈물까지 흘려 가며 "이번 출마가 마지막"이라고 국민에게 호소했다. 온갖 수단을 동원한 선거에서 당선되기는 했지만 야당 후보였던 김대중과의 표 차이가 90여만 표 정도밖에 나지 않았고, 서울에서는 패배했다. 이에 불안을 느낀 박정희는 1971년 12월 6일 국가안보상 중대한 시점에 처해 있다며 느닷없이 국가비상사태를 선포했다.

이것은 권력 집착의 서곡에 불과했다. 1972년 10월 17일 비상계엄령을 선포하고 모든 민주주의 제도를 정지시키는 유신 쿠데타를 일으켰다. 이른바 유신헌법이라는 것을 만들어 대통령 직선제를 폐지하고 통일주체국민회의 대의원이 장충체육관에 모여 대통령을 선출하는 이른바 '체육관 선거'로 대체했다. 이에 따라 1972년 12월 23일 실시된 제8대 대통령 선거에 단독 출마한 박정희는 통일주체국민회의 대의원 2,359명 전원이 참석한 가운데 2,357표(무효 2표)를 얻어 득표율 99.99%로 대통령에 당선됐다.

임기 6년에 무제한 연임이 가능한 대통령이 된 박정희는 유신헌법에 따라 국회의원의 3분의 1을 사실상 임명하고 사법부의 법관까지 임명할 권한을 갖게 됨으로써 삼권분립이라는 민주정치의 원리는 다른 나라 일이 되고 말았다. 이에 민주인사들이 유신체제 반대투쟁을 벌이자 1974년 1월 8일의 긴급조치 1호를 시작으로 1975년 5월 13일의 9호에 이르기까지 긴급조치를 남발하여 수많은 사람을 구속·고문·투옥하고 심지어 사법살인을 감행하기까지 했다.

1978년 7월 6일 '체육관 선거'로 치러진 제9대 대통령 선거 역시 박정희가 단독 출마하여 통일주체국민회의 대의원 2,583명 중 2,578명이 참석한 가운데 2,577표(무효 1표)를 얻어 대통령에 다시 당선됐다. 1978년 9월 1일

제9대 대통령 취임식에서의 박정희와 그의 딸 박근혜(1978.12.27.)_사진출처: 나무위키

발간된 『민족중흥의 길』은 득표율 99.999%로 대통령에 당선된 보답(?)으로 낸 책이라고나 할까, 마지막 임기를 기념하여 낸 책이라고나 할까? 1979년 10월 26일 중앙정보부장 김재규가 쏜 총탄으로 세상을 하직했으니 말이다.

이제까지 박정희의 책 다섯 권을 소개했는데, 이 가운데 1963년 10월 15일 대통령 선거에서 당선되기 이전에 발간된 세권의 책은 청소년 시절 일제의 세뇌교육으로 뇌리에 박혀 버린 식민사관과 황국사관에 입각한 논리를 전개하는 공통점이 있다. 황국사관이란 '일본은 신의 나라이며 일본 천황은 하늘의 자손이어서 천황의 말은 무조건적으로 신봉해야 한다'는 논리에 기반을 둔 역사관이다.

이제부터 이 세 권 책의 내용을 중심으로 박정희가 식민사관과 황국사관에 찌들어 펼친 주장을 들추어 검토해 보기로 한다.

2. 『지도자도(指導者道)』

『지도자도』는, 5·16 쿠데타의 얼굴마담으로 내세웠던 장도영(張都暎, 1923~2012) 국가재건최고회의 의장을 '반혁명' 사건으로 몰아내기 전인 1961년 6월 16일자로 국가재건최고회의가 발간한 소책자로 공무원과 일반인에게 무료로 배포됐다.[1] 당시 박정희는 비록 국가재건최고회의 부의장 타이틀을 달고 있었지만, 실제상의 최고 권력자로서 언론을 장악하고 있었기 때문에 이미 발간된 책의 내용을 그대로 신문에 보도하게 했다. 그래서 《조선일보》는 6월 28일부터, 《경향신문》은 6월 29일부터 『지도자도』를 연재했다.

『지도자도』는 1. 서언(序言), 2. 지도자의 성격, 3. 피지도자의 분석, 4. 우리 사회가 요구하는 지도자의 자격, 5. 결어(結語)의 순서로 되어 있다. 문체가 투박하고 조리가 없는 논리 전개로 보아, 『지도자도』는 이후 발간된 네 권의 책과는 달리 전문가의 도움을 받지 않고 스스로 쓴 것 같다. 이러한 점은 1963년에 출간된 박정희의 '저서' 『국가와 혁명과 나』를 대필했던 박상길[2]이 '저서'를 대필하기 전 박정희가 한 말의 내용을 보아도 잘 알 수 있다.

박정희 의장과 조용히 마주앉은 나는 하나하나 설명을 해내려갔다. 저서에 대하여는 그대로 좋다면서 필요한 사항은 수시로 이야기해 가자고 하고 일어서더니 2, 30페이지쯤 될까 말까 한 팜플렛을 한 권 가지고 오더니 "이걸

---

1. 박정희 탄생 100돌 기념사업추진위원회가 영인·발간한 『우리 민족의 나갈 길』(도서출판 기파랑, 2017)의 뒷부분에 『지도자도』 영인본이 실려 있다.
2. 박상길(朴相吉, 1925~2003). 경상남도 함양 출생. 국회의원(제4대), 청와대 대변인 겸 대통령비서실 공보비서관(1964~1965), 총무처 차관(1965~1967), 수협중앙회 회장(1969~1971) 등 역임.

《조선일보》는 박정희의 「지도자도」를 1961년 6월 28일부터 30일까지 연재했다. 위의 내용은 1961년 6월 28일《조선일보》 2면에 실린 것이다.

책이라고…" 하면서 나에게 내미는 것이었다. 보니 『지도자의 도』인가 하는 것이었다.[3]

『지도자도』 이후에도 박정희가 자신의 생각을 밝힌 책이 나오긴 했으나, 이런 책들은 정치 일정을 의식해 전문가들이 대필했거나 윤문을 한 것이라서 저자인 박정희의 생각을 그대로 옮긴 것인지 의심이 들 때가 있다. 이에 반해 박정희 자신이 직접 쓴 『지도자도』는 쿠데타 당시 그의 본마음을 읽을 수 있다는 장점이 있다. 즉 식민사관에 철저히 세뇌된 박정희의 현실 인식, 쿠데타 후 18년간의 통치방식과 장기집권을 이해하는 데 도움이 된다.

이 책에 나타난 박정희의 생각을 요약하면, 한국인의 천성은 타율(他律)에 의해 방종·부패·무질서 등으로 변하여 세상이 온통 썩어 더러워졌으니, 이를 바로잡기 위해서는 강력한 강권발동 즉 독재가 필요하다는 것이다.

---

3. 박상길, 『나와 제3·4공화국』, 한진출판사, 1982, 113쪽.

지도자도(指導者道)와 피지도자(被指導者)

'지도자도'라는 제목부터 이상하다. '일본 천황이 가는 길'이라는 '황도(皇道)'를 흉내 낸 말인가 싶다. 아직 자신을 천황의 반열에 올려놓기가 뭐하니, 자신이 영웅적 지도자라며 '황도'에 '지도자'를 대입하여 '지도자도'라는 말을 만들어 낸 것이 아닐까? 그렇지 않다면 차를 달이거나 마실 때의 방식이나 예의범절을 '다도(茶道)'라고 하거나 '무도(武道)'나 '유도(柔道)'처럼 '도(道)' 자를 붙이기 좋아하는 일본식 습성이 몸에 배어 지도자에 '도(道)' 자를 붙였을 수도 있다.

이제 『지도자도』의 주요 내용을 검토해 보기로 하자.

> 특히 혁명기에 처해 있는 지도자도란 영웅적이라야만 한다. 우리 사회가 불타오르겠다는 기름(油) 바다라면 이 바다에 점화 역할을 해주는 신화적(神話的) 작용이라야 한다. 이를 위해서는 안일주의 이기주의 방관주의 및 숙명론자로부터 탈각(脫却)하여 피지도자(被指導者)(국민)가 부르짖는 것을 성취하도록 이끌어 나가야 한다.[4]

이 글은 '1. 서언'에 나오는 대목으로 문맥이 잘 맞지 않는다. 『지도자도』에서 주목할 점은 박정희가 시종일관 주권자인 '국민' 대신 '지도자에 의해 이끌리는 사람' 즉 '피지도자'라는 사전에도 없는 말을 사용하고 있다는 것이다. 국가를 대표하는 카리스마적 지도자에게 국민이 절대 복종해야 한다

---
4. 박정희, 『지도자도』, 국가재건최고회의, 1961, 10쪽.

는 파시스트적 사고에서 나온 말이 아닐까?

헌법이 개정되기 이전의 일본은 "만세일계[5]의 천황이 통치"하는 나라 즉 천황의 지배를 받는 나라였기 때문에[6] 주권자로서의 '국민'이라는 말 대신 '피지배자'인 '신민(臣民)' 즉 '신하와 백성'이라는 뜻의 말을 썼다. 이처럼 국민이 피지배자라는 개념이 머릿속에 굳게 자리 잡아 '국민'은 곧 지도자인 박정희 자신의 지도를 받는 사람이라는 인식에서 '피지도자'라는 이상한 용어를 발명하게 된 것처럼 보인다.

"타율에 지배받던 습성"

우리 민족은 오랫동안의 일제의 압제와 폭력에서 해방된 후 자유민주사상을 받아들였다. 그러나 우리의 민주주의는 장구한 시일을 두고 자각과 자율과 자유정신이 뿌리를 깊이 박고 피어난 것이 아니라 다른 나라로부터 돌연히 받아들인 것이었기 때문에 자율정신과 자각과 책임감이 따르지 못하였다. 마치 그것은 초석 없이 지은 집과 같은 민주주의였다. 그리하여 급기야는 그 집은 무너지고 말았다. 우리는 집 자체가 나쁘다고 원망할 것이 아니라 초석 없이 지었음을 부끄럽게 생각해야 한다. 이제 우리는 든든한 초석부터 견고하게 박아나가야 할 단계에 도달했다. 여기에 국가재건을 위한 가장 중요한 과업의 하나가 있다.[7]

---

5. 만세일계(萬世一系): 일본 황실의 혈통이 단 한 번도 중단된 적이 없이 2000년 이상 지속됐다는 주장으로, 천황을 절대적인 존재로 부각시킨 천황제 국가 이데올로기의 근간 중 하나이다.
6. 1889년 2월 11일 공포된 대일본제국 헌법 제1조의 내용은 다음과 같다. "대일본제국은 만세일계의 천황이 이를 통치한다."

이 글은 '3. 피지도자의 분석'에 나오는 것으로 논리 전개의 모순이 있다. 이 글의 요지는 한국의 민주주의가 초석 즉 주춧돌이 없어서 무너졌기 때문에 자신이 초석을 박겠다는 것이다. 그러나 한국의 민주주의는 초석이 없어 무너진 것이 아니라 쿠데타를 일으켜 박정희 자신이 무너뜨린 것이었다. 자기가 무너뜨려 놓고 "재건"하는 것을 "중요한 과업"으로 삼는다는 것이야 말로 웃기는 얘기가 아닌가? 탄생한 지 9개월밖에 안 된 장면(張勉) 정권을 무너뜨린 분명한 명분부터 내세워야 하는 것이 아닌가?

> 우리 겨레 중에는 가장 발달된 자유민주주의를 향유(享有)할 수 있을 만큼 자율정신과 책임감이 강한 자가 있다는 것은 물론이다. 그러나 인구 전체의 비례로 볼 때 정도의 차는 있으나 대부분은 강력한 타율에 지배받던 습성이 제이천성으로 변하여 자각, 자율, 책임감은 극도로 위축되어버렸다 그리하여 책임감 없는 자유가 방종과 혼란과 무질서와 파괴를 조장시켰고 인권존중 사상이 토대가 되어야 할 민주주의는 모략(謀略), 중상(中傷), 무고(誣告)로 타락해 버렸다. … 지금 우리 겨레들이 혁명과 새 출발을 강력히 환영하면서도 민족의 고질을 뿌리째 뽑아버리는 데는 오랜 시일과 눈부신 노력이 필요하다.[8]

이 글 역시 '피지도자의 분석'에 나오는 것으로 한국인의 민족성에 대한 박정희의 잘못된 인식이 여실히 드러나 있다. 대부분의 한국인은 타율에 의해 타고난 성품이 책임감이 없는 상태로 변하여 고치기 어려운 병 즉 "민족의 고질"이 됐다는 것이다. 이게 바로 '식민사관'에서 비롯된 생각이 아

---

7. 박정희, 『지도자도』, 15쪽.
8. 박정희, 『지도자도』, 16~17쪽.

닌가?

여기까지는 박정희의 '황군(皇軍)' 의식 때문에 그렇다 치고, 더 큰 문제는 병을 완치하는 데 "오랜 시일과 눈부신 노력"이 필요하다는 대목이다. "오랜 시일"은 오래 걸린다는 뜻이고, "눈부신 노력"이란 또 뭔가? 오래 걸리고 눈부신 노력이 필요한 치료 즉 장기간의 독재이다. 타율에 의해 고질이 된 한민족의 민족성을 개조하기 위해서는 박정희 자신이 오랫동안 독재를 해야 한다는 무서운 말인 것이다.

지도자의 성격과 자격

박정희는 '2. 지도자의 성격'에서 현대적 지도자를 다음과 같이 정의하고 있다.

민주사상이 발달된 현대에 와서는 지도자는 피지도자와 이해관계를 공통으로 가진 평등한 지위에서 일보 앞서 그들과 같은 길을 걷는 동지이다. 즉 피지도자를 호령하는 자가 아니라 피지도자를 가장 잘 대표하는 자이다. … 그 당시 그 대중과 호흡을 같이하며 그들이 가장 절실하게 원하는 것이 무엇인지를 신속 정확하게 파악하여 가장 가능한 방법을 찾을 수 있고 자기가 확신하는 방법과 가장 가능한 방법에 대하여 납득시킬 수 있는 능력을 가지며 협력을 자극하고 이끌고 나갈 용기를 가진 자이다. 완력이 강하다거나 학식이 우수하다고 해서 반드시 지도자가 될 수 있는 것은 아니다.[9]

---

9. 박정희, 『지도자도』, 13~14쪽.

여기에서 박정희는 '현대적 지도자'란 '피지도자'에게 '호령'하거나 '완력'을 행사하는 자가 아니라 '피지도자를 가장 잘 대표'하고 '납득시킬 수 있는 능력'과 '협력을 자극하고 이끌고 나갈 용기를 가진 자'라고 말하고 있다. 그런데 박정희 자신이 보여 준 실제 모습은 스스로 제시한 '현대적 지도자'의 기준에 한참 미달된다.

그는 집권 기간 동안 비상계엄을 네 차례 선포하고, 위수령을 세 차례 발동하고, 국가비상사태와 긴급조치를 9호까지 선포했다. 이렇게 국민에게 여러 차례 '호령'을 함으로써 국민을 '납득시킬 수 있는 능력'이 없음을 스스로 입증했다. 또한 그때마다 국가를 방어할 군대를 동원해 국민을 탄압하는 '완력'을 행사했다. 이에 따라 박정희는 '협력을 자극하고 이끌고 나갈 용기를 가진 자' 즉 '현대적 지도자'가 결코 될 수 없었던 것이다.

이어서 '4. 우리 사회가 요구하는 지도자의 자격'에서는 지도자가 갖추어야 할 품성은 "① 동지 의식, ② 판단과 해결의 능력, ③ 선견지명, ④ 원칙에 충실한 양심적 인물, ⑤ 용단, ⑥ 민주주의에 대한 신념, ⑦ 목표에 대한 확신, ⑧ 지도자단의 단결, ⑨ 성의와 정열, ⑩ 신뢰감"이라며 다음과 같이 말하고 있다.

피지도자인 국민이 원하는 것은 모두 합리적인 것은 아니므로 모순이나 불합리성을 그들이 깨달을 수 있도록 친절히 가르쳐줄 수 있고 이를 피하도록 적극적으로 이끌어나갈 능력이 있어야한다. 즉 그 사회의 어떤 실태가 병적이며 사회의 건전을 해하는 것인가를 판단 할 능력이 있어야 한다. 항상 필요한 사회악의 한계는 어디 있으며 이해관계의 사회적 균형점은 무엇인가를 확실히 알고 있어야 한다.[10]

박정희가 말하는 지도자의 '성격'과 '자격'에서의 차이를 주목할 필요가 있다. '성격'에서는 지도자가 "평등한 지위에서 일보 앞서 그들과 같은 길을 걷는 동지"라고 했다가, '자격'에서는 태도를 바꾸어 피지도자의 비합리성에 대한 권력의 지도력을 강조하고 있다. 즉 엘리트가 일반 대중을 가르쳐서 이끌어야 한다는 '교도민주주의(敎導民主主義)'식 사고방식을 보이고 있다.

기술한 바와 같이 모든 사회가 도적의 소굴이 되고, 무질서와 혼란이 지배하고 있는 이 나라에 옳은 질서를 가져오기 위해서는 광범하게 또한 상당한 기간 동안 강력한 강권발동이 필요하다고 본다. 경제계의 혼란을 제거하고 진정한 민주주의 경제 질서를 확립하기 위해서는 당분간 강력한 계획경제를 가함이 필요할 것이다. … 환자의 고통을 동정하여 회붕대를 시기상조하게 제거함으로써 환자로 하여금 영구히 병신으로 만드는 감정적 의사가 되어서는 안 된다. 자율정신이 대치될 때까지 타율의 강권발동은 불가피한 보호조건이다.[11]

이 글은 앞에서 병을 고치는 데 "오랜 시일과 눈부신 노력"이 필요하다고 말한 것을 솔직히 설명한 대목으로, "광범하게 또한 상당한 기간 동안 강력한 강권발동이 필요하다"고 명시했다. 좋게 말해서 "강권발동"이지 사실은 독재를 뜻한다. 어느 정도로 언제까지 독재를 하겠다는 것은 밝히지 않고 "강권발동이 필요한 양과 정도를 초과해서는 안 될 것이며 최후의 방

---

10. 박정희, 『지도자도』, 19~20쪽.
11. 박정희, 『지도자도』, 29쪽.

법으로만 사용되어야 할 것이다"라는 추상적 기준만 밝히고 있을 뿐이다. 하기야 어느 독재자가 기한을 정해 놓고 독재를 하겠는가?

박정희는 『지도자도』 말미에서 "진정한 '지도자도'를 계승해 주어야 한다"며 "이와 같은 미풍의 전통을 다음 위정자에게 정치가의 의무로서 본보기로 넘겨줄 수 있을 때, 비로소 우리는 이미 자립할 수 있는 민족성의 개조를 포함하는 … 군사혁명과업의 완수를 보게 될 것"[12]이라고 했다. 그러나 이 말과는 달리 박정희 자신은 18여 년간 권력을 혼자 움켜쥐고 있다가 죽음으로 종지부를 찍었다.

3. 『우리 민족의 나갈 길』

이제 1962년에 나온 『우리 민족의 나갈 길』의 내용을 살펴보자. 이 책의 특징은 다음과 같이 요약할 수 있다. 첫째는 내용으로 볼 때 전문가가 도움을 주었거나 대필을 한 것이 분명하다는 것으로, 이러한 점은 이후에 나온 세 권의 책도 마찬가지다. 둘째로는 도움을 주었든지 대필을 했든지 간에 박정희와 마찬가지로 식민사관에 푹 젖어 있는 한국사를 전공한 인물에 의한 것이었으며, 그 결과 책의 성격이 일제 식민사관의 해설판같이 되어 버렸다는 것이다.

구체적으로 말하면 책의 앞부분 100쪽 이상을 식민사관 해설에 할애하고 있다. 머리말에 이어진 책의 주요 목차는 "I 인간개조의 민족적 과제, II

---

12. 박정희, 『지도자도』, 35쪽.

영인본으로 출간된 『우리 민족의 나갈 길』 표지(오른쪽)_사진출처:《이코노미톡뉴스》

우리 민족의 과거를 반성한다, III 한민족의 수난의 역정, IV 제2공화국의 「카오스」, V 후진민주주의와 한국혁명의 성격과 과제, VI 사회재건(국가)의 이념과 철학"이다. 목차를 봐도 알 수 있듯이 총 277쪽인 책 가운데 I~V까지 236쪽을 거의 이전의 역사를 철저히 부정하는 데 할애하고 있다. 이전의 역사란 1392년 건국하여 518년간 지속되다가 1910년 문을 닫은 조선의 역사와 4·19 혁명으로 이승만 정권이 무너진 후 1960년 8월 19일 출범하여 5·16 쿠데타로 무너진 장면 정권까지의 역사를 말한다. 5·16 쿠데타를 '혁명'이라고 우기는 마당에 박정희가 이전의 역사를 철저히 부정하는 것은 당연한 일일지도 모른다.

여기서 이 책의 내용을 전부 검토할 수 없으니, 식민사관에 젖어 논리를 전개한 부분을 중심으로 살펴보기로 한다. 책의 내용에 대해 나름대로 소상히 들여다보는 것은 일부 몰지각한 사람들이 이 책을 '평설(評說)'한다며 별도로 책까지 출판하는 마당에 젊은이들에게 해독을 끼치지나 않을까 하는 노파심 때문이기도 하다.

『우리 민족의 나갈 길』이라는 책 제목부터가 고압적이지 않은가? '나갈 길'은 박정희 자신이 정해 놓고 '우리 민족'에게 그리로 가라고 하니 말이다.

"민족성 개조"와 "민족의 과거 반성"

박정희는 먼저 국민에게 인간성 개조를 지시한다. 먼저 잘못을 '각성(覺醒)'하고 잘못 때문에 무너진 사회를 '재건(再建)'하라고 외친다. 무슨 잘못을 '각성'할 '필요'가 있을까? 민족적 위기를 인식하고, 민족애 결핍, 특권·특수의식과 파당의식을 각성하여 민족적 자아(自我)를 확립할 필요가 있다는 것이다. 이어서 '당파성론(黨派性論)'과 같은 식민사관을 들먹인다.

> 이러한 악질적인 민족의 근성은 사대주의, 반상적서(班常嫡庶)의 계급관, 사색당쟁(四色黨爭) 등과 결코 무관한 것이라고 할 순 없다. 의존사상이나 아부근성, 지배자에 대한 맹종 등도 이조 5백 년의 역사에 그 근원이 있다. 파벌과 배타로 민족분열을 조장하는 특수·특권의식도 과거의 봉건적인 신분제도, 관료제도에 직접적인 연원(淵源)이 있는 것이다. 파당의식도 이조사(李朝史)에 뿌리박고 있다. 사색당쟁의 시초를 고찰해보면 정책상의 싸움이 아니라, 관직 쟁탈을 위한 대립반목(對立反目)에서 발생했다는 사실을 알 수 있을 것이다.[13]

'이조(李朝) 사회사의 반성'이라는 부제가 붙은 '우리 민족의 과거를 반성한다'에서는, 박정희는 일제 교육으로 체질화된 '당파성론'을 동원해 다음

---

13. 박정희, 『우리 민족의 나갈 길—사회재건의 이념』, 동아출판사, 1962, 24쪽.

과 같이 조선 사회를 철저히 까부수고 있다. 이것은 일제가 자신의 통치를 정당화하기 위해 조선 왕조를 필요 이상으로 비하한 것과 다를 바 없다. 또한 일제가 조선이 이씨(李氏) 왕과 그 왕족들만을 위한 체제였다는 인식을 조선인에게 널리 심어 주고자 했다는 점을 염두에 둘 필요가 있다.

이씨 조선 시대를 '5백년'이라고 한다. 근 6세기 동안 한반도의 지배자였던 세습적 이씨 왕권은 그동안 다양적 변천이 있었음에도 불구하고 그 밑바닥을 흐르는 한줄기의 특징적 경향성을 찾아 볼 수 있을 것이며 이조사회가 후대에 미친 영향력 역시 여러 가지 의미에 있어서 큰 것이 있는 것이다. 특히 사색당쟁(四色黨爭)이라는 장기적인 양반계급의 분쟁은 하나의 악습으로 고질화되어 해방 후 한국정치사 상에 연장된 감조차 없지 않다.[14]

이조(李朝) 사회가 후대에 끼친 폐습 중에서 가장 큰 것은 '사화와 당쟁'이라는 말로 요약되거니와 이것은 관인(官人) 지배층 내의 권력쟁탈을 위한 '내분'이다. 이 싸움은 공개적인 '파인 플레이'가 아니라 모략, 음모, 테러와 같은 음성적 잔혹성을 가진 파쟁으로 반대당이나 정적에 대해서는 피도 눈물도 없는 '관용성의 결여'를 나타냈다는 점에서 민족분열을 조장하고 평화로운 통치세력 교체의 가능성을 제거하고 말았다는 점에서 후세 서구 민주정치 수입에 임해 적지 않은 폐해가 되었다.[15]

당쟁은 마침내 우리 역사상 가장 해롭고 치욕스러운 내분습성(內紛習性)을

---

14. 박정희, 『우리 민족의 나갈 길―사회재건의 이념』, 49쪽.
15. 박정희, 『우리 민족의 나갈 길―사회재건의 이념』, 75쪽.

남겼다. 특히 벼슬과 감투욕의 만족을 위해서는 수단방법을 가리지 않는 잔인성과 배타적인 붕당(朋黨) 결합 그리고 타협과 관용을 모르는 작당(作黨) 투쟁사는 후대에 의회민주주의와 정당정치의 가능성을 계속 훼손하고 마침내 해방 후 우리나라 민주주의 17년사를 실패로 돌아가게 한 일대(一大) 요인이라고 해도 과언이 아니다.[16]

이어서 "이조(李朝) 사회의 악유산(惡遺産)"이라며 "① 사대주의, ② 게으름과 불로소득(不勞所得) 관념, ③ 개척정신의 결여, ④ 기업심의 부족, ⑤ 악성적 이기주의, ⑥ 명예관념의 결여, ⑦ 건전한 비판정신의 결여"를 지적하고 있다. 이는 안중근 의사의 총탄에 맞아 죽은 이토 히로부미가 한반도를 집어삼키려고 내세운 명분처럼 들린다. 식민사관을 대변하는 몇 가지 내용을 보기로 하자.

사대주의(事大主義)는 ①우리나라의 지정학 상 위치가 강대국과의 사대외교(事大外交)를 불가피하게 한 일면을 인정할 수 있고 ②역대 왕조가 사대외교를 지양할 만한 실력도 창의도 없었으며 ③고려 이후 선대(先代) 국학적(國學的) 사풍(史風)과 민족고유문화를 말살하고 지나치게 유교 등 외래문화 수입에 경도했으며 ④신라가 통일을 위해 당(唐)의 원병(援兵)을 이용한 이래, 통치세력이 국내문제를 해결하기 곤란한 경우에는 외국의 군사력을 초치한 악습이 생겼다는 점 등을 그 성립근거로 볼 수가 있다.[17]

---

16. 박정희, 『우리 민족의 나갈 길―사회재건의 이념』, 83쪽.
17. 박정희, 『우리 민족의 나갈 길―사회재건의 이념』, 86쪽.

우리 민족은 단결심이 부족하고 당파심이 많다고 한다. 이것은 이조 당쟁사가 잘 말해 준다. 봉건쇄국(封建鎖國)을 견지해온 이조(李朝) 사회는 그 내부가 정체되어 썩기 시작하였으니 '그 소농(小農) 본위(本位)의 분산적 경제조건과 함께 가계(家系) 본위적인 사당적(私黨的) 파쟁(派爭)'이 민족적 단결을 파괴하고 지방주의적인 산만한 파벌의식을 조성했다.[18]

이조 사회의 문화는 마치 희랍(그리스)의 소피스트 시대에 비유할 수 있다. 문제는 출세이고 지식은 출세해서 권세를 잡기 위한 도구였던 것이다. 그러므로 권세를 가진 허위가 오히려 권세 없는 진리를 누르는 것은 마땅한 것으로 된 것이다. 이러한 악화가 양화를 구축하는 경향은 이조 사회 내에 건전한 지도세력을 육성치 못했다.[19]

또한 청일전쟁과 러일전쟁을 각각 '일청전쟁(日清戰爭)'과 '일로전쟁(日露戰爭)'으로 한 일본식 표기도 눈에 거슬린다.

'**일청전쟁**'에 승리한 일본은 민씨(閔氏) 정부를 제거하고 신일(新日) 개화주의자 김홍집 내각을 수립하고 소위 '갑오개혁(甲午改革)'을 일본근대화의 방향에 따라 실시했다.[20]

일본의 전승을 본 노서아(露西亞, 러시아), 불란서, 독일은 한국과 만주에 대

---

18. 박정희, 『우리 민족의 나갈 길―사회재건의 이념』, 92쪽.
19. 박정희, 『우리 민족의 나갈 길―사회재건의 이념』, 96쪽.
20. 박정희, 『우리 민족의 나갈 길―사회재건의 이념』, 115쪽.

한 일본의 독점에 반발하게 되었고 노서아는 만주와 한국에 남하하려고 침략의 마수를 펴온 터라 '**일로전쟁**'을 일으키고 말았다. 1905년 러시아는 신흥 일본군국주의한테 패했다.[21]

"병태아(病胎兒)인 제2공화국"

박정희가 쿠데타로 무너뜨린 것은 민주적 절차에 따라 수립된 장면 정권이었다. 나중에 자세히 언급하겠지만 박정희가 애당초 목표로 했던 것은 장면 정권이 아닌 이승만 정권 타도였다. 자신이 정한 쿠데타 예정 날짜인 1960년 5월 8일에 앞서 학생들의 4·19 혁명으로 이승만 정권이 무너진 까닭에 박정희는 타도의 목표를 장면 정권으로 바꾸었을 뿐이었다. 장면 정권으로서는 엉뚱하게(?) 당했다고나 할까?

어쨌든 박정희로서는 쿠데타 명분을 세워야 했다. 그러기 위해서는 이승만 정권보다는 자신이 무너뜨린 장면 정권의 잘못을 호되게 질책해야 했다. 박정희는 '신구파의 분당과 약체내각의 자결'이라는 부제가 붙은 '제2공화국의「카오스」'에서, 집권 기간이 9개월에 불과한 장면 정권을 무너뜨린 것이 자신임에도 '자결(自決)'이라는 말을 쓰고 있다. 사전을 보니, '자결'의 뜻이 "의분을 참지 못하거나 지조를 지키기 위해 스스로 목숨을 끊음"이라고 되어 있다. 뜻이라도 정확히 알고 쓴 것일까? 어쨌든 박정희가 장면 정권을 몰아붙이는 주요 대목을 짚어보기로 한다.

박정희의 비난은 장면 정권이 4·19 혁명의 성과를 "새치기"했다는 것으로 시작한다.

---

21. 박정희, 『우리 민족의 나갈 길—사회재건의 이념』, 116쪽.

일본 제국주의 식민지지배 36년의 무거운 짐을 겨우 남의 도움을 받아 벗어버린 신생 한국이 두 동강이 난 몸의 상처를 입은 채 이승만 자유당 독재 12년의 실정(失政)으로 기진맥진해져서 맞은 4·19 학생혁명은 결코 한국 민주주의의 완성이 아니었다. 무거운 악유산(惡遺産)을 잔뜩 등에 진 한국 민족의 앞길에는 무수한 난관이 가로놓여 있었으며 4월의 미완성혁명을 옆에서 **'새치기'**한 민주당 정권도 진정한 민족적 주체세력으로서의 역량을 못 가졌음을 만천하에 폭로하고야 말았다.22

박정희가 뒤엎은 것이 집권 12년짜리 이승만 정권이었다면 흠잡을 것이 한두 가지가 아니었을 테지만, 고작 수명이 9개월밖에 안 된 장면 정권 즉 제2공화국을 규정짓기가 뭐했는지, 어머니 뱃속에 있을 적부터 병이 든 '병태아(病胎兒)'라며 독설을 퍼붓고 있다.

요약하면 '병태아'인 장면 정권의 주체인 민주당은 4·19 혁명으로 몰락한 이승만의 자유당과 더불어 한국민주당(한민당)의 쌍생아(雙生兒)로서, 집권은 했지만 신파(新派)와 구파(舊派)로 나뉘어 감투싸움에 몰두한 나머지 약체 내각이 되어 감투 분배에 급급했고, 극도에 달한 사회적 혼란을 수습할 지도력이 부족해 붕괴됐다는 것이다.

여기에서도 예외 없이 '당쟁사(黨爭史)'가 등장한다.

정권을 장악한 민주당 간부들은 혹은 장관실에서 혹은 국장실에서 홍수처럼 밀려드는 선거구민의 내방으로 문전성시를 이루고 크고 작은 이권은

---

22. 박정희, 『우리 민족의 나갈 길—사회재건의 이념』, 191쪽.

이 상경객들과의 밀통으로 좌우되었으니 지방에서의 민주당원들의 횡포는 극에 달했던 것이다. 이리하여 민주당은 그 동안 2천여 건의 부정정실 인사를 감행했고 그것도 부족하여 '민주당원을 각 관공서에 특채하라는 반(半)협박조의 시달'까지 내렸으니 이조(李朝) 당쟁사의 재판이 아닐 수 없다.[23]

그러고는 자신이 장면 정권을 넘어뜨린 것은 민주주의의 구명 작업이라고 주장하며 이른바 '혁명공약' 제6항에 나온 '원대복귀'에 대해 언급한다. 이 문제도 나중에 자세히 검토할 테지만, 여기서는 박정희가 '원대복귀'를 슬그머니 '민정복귀'로 바꾼 점에 주목하자.

군사혁명은 결코 민주주의의 파괴가 아니다. 오히려 한국 민주주의의 구명작업이요 병든 민주정치에 대한 임상수술이다. 수술 받는 조국에 대한 뜨거운 사랑을 품고 손을 깨끗이 소독한 다음 썩은 것을 도려내는 인술(仁術)의 마음씨로 군사혁명을 일으킨 것이다. 의사는 환자가 회복기에 들어서기만 하면 집으로 돌려보내 스스로가 정양하도록 자조자존(自助自存)토록 하는 것이다. 그러므로 우리 혁명군은 '**민정복귀**'를 굳게 약속했다.[24]

이것은 자신이 만든 '혁명공약' 제6항을 훼손·파기한 몰염치한 행동이었다. 5·16 쿠데타 세력이 제시한 '혁명공약' 중 제6항의 내용은 "이와 같은 우리의 과업이 성취되면 참신하고도 양심적인 정치인들에게 언제든지 정권을 이양하고 우리들 본연의 임무에 복귀할 준비를 갖춘다"였다. 이 내용

23. 박정희, 『우리 민족의 나갈 길—사회재건의 이념』, 195쪽.
24. 박정희, 『우리 민족의 나갈 길—사회재건의 이념』, 216쪽.

은 박정희 자신이 스스로 추가한 것이었다.

제6항의 내용 중 "우리들 본연의 임무에 복귀"란 누가 봐도 '원대복귀'가 분명하다. 그것은 이 조항을 추가한 것이 쿠데타의 성공 여부가 불투명할 때 명분으로 내세우기 위해서였기 때문에 더욱 그렇다. 그런데도 슬그머니 이를 '민정복귀'로 바꾼 것이다.

왜 그랬을까? '민정(民政)'이라는 것은 '민간인에 의한 정치'라는 뜻이니, 박정희도 군복만 벗으면 민간인으로 둔갑하여 "참신하고도 양심적인 정치인"으로 정치에 참여할 수 있었기 때문이다. 결국 5·16 쿠데타의 진짜 목적은 정권 탈취였다.

4. 『국가와 혁명과 나』

『국가와 혁명과 나』는 1963년 10월 15일 실시된 제5대 대통령 선거에 출마를 위해 펴낸 책으로, 특별히 몇 가지 눈여겨볼 대목이 있다.

첫째, 박정희의 다섯 권 책 가운데 대필한 사람과 교열한 사람이 분명히 밝혀진 유일한 책이라는 점이다. 글을 쓴 사람이 박상길(朴相吉)이라는 것은 이미 앞에서 밝혔고, 교열을 본 사람은 김기진(金基鎭)[25]이다.[26]

다음으로 눈여겨볼 점은 책의 제목이다. '반공'을 부르짖으며 쿠데타를 일

---

25. 김기진(金基鎭, 1903~1985). 충청북도 청주 출생. 호는 팔봉(八峰). 시인, 소설가, 평론가. 일본에 유학하면서 사회주의 사상과 문학에 관심을 갖게 되어 귀국 후 카프(KAPF, 조선프롤레타리아예술가동맹) 창립 회원으로 참가했다. 그 후 기자로 활동하던 중 카프 검거 사건을 계기로 친일로 돌아섰다. 『친일인명사전』(민족문제연구소)에 등재됨.
26. 박상길, 『나와 제3·4공화국』, 한진출판사, 1982, 116쪽.

1963년 10월 15일 실시된 제5대 대통령 선거에 출마한 박정희 후보의 신문 광고(《동아일보》 1963.10.5. 1면). 이 선거에서 박정희는 한국 대통령 선거사상 가장 근소한 표차인 15만 6,026표 차이로 윤보선에게 간신히 승리했다.

으킨 박정희가 왜 하필이면 러시아 혁명의 주도자인 공산주의자 레닌의 저서 『국가와 혁명』(1917)에 두 글자를 더한 『국가와 혁명과 나』라고 책 제목을 붙였나 하는 것이다. 박상길도 이 점을 속 시원히 밝히지 않고 있다.

> 〈우리는 어떻게 할 것인가〉라는 가제하에 써내려간 이 책이 나중 출판 단계에 가서 『국가와 혁명과 나』로 개제, 간행을 서두르게 된 데에는 한두 가지 뜻이 있었다. 하나는 그때의 상황으로 박정희 의장의 본뜻을 급히 알릴 필요가 있었으며, 다른 한 가지는 이심전심으로 닥쳐올 대통령 선거에 대비하기 위해서였다.[27]

이 책 발간이 가져다준 에피소드도 있다. 이 책은 대통령 선거에 대비해 만들어졌기 때문에 책에 정가가 붙어 있었다. 그러나 대학가를 중심으로 무료로 무차별 살포되어 지갑이 얄팍한 학생들에게 막걸리를 마실 수 있

---

27. 박상길, 『나와 제3·4공화국』, 114쪽.

1962년 초 박정희 당시 국가재건최고회의 의장이 김기진의 서울 수유동 집을 찾아가 대화를 나누는 모습. 두 사람 다 『친일인명사전』에 등재되어 있다._사진출처:《조선일보》 2010. 5.7.

는 도구가 되기도 했다고 한다. 당시 대학가에서는 현금이 없는 경우 시계 같은 것을 맡기고 외상으로 술을 마시는 것이 예사로운 일이었는데, 죄다 맡겨버려 막막하던 때 『국가와 혁명과 나』가 손에 들어왔다는 것이다.

누군가가 꾀를 내어 학교 부근에 있던 식당 여주인에게 책을 보여 주며 대통령 사진이 나오는 중요한 책[28]을 맡길 테니 외상술을 달라고 하자, 빙그레 웃으며 방으로 들어가라고 했다 한다. 방에 들어가 술을 마시다 벽장을 열어 보니, 학생들이 외상술을 먹기 위해 맡긴 시계, 학생증, 안경, 책가방 등이 널려 있고 그 사이에 『국가와 혁명과 나』 여러 권이 쌓여 있더라는 것이다. 이것이 여주인이 뻔히 알면서도 속아 준 훈훈한 이야기로, 데모하는 학생들을 '정치학생'이라고 비난했던 박정희가 책으로 학생들을 도와주었다(?)는 에피소드이다.

마지막으로 『국가와 혁명과 나』의 원고 작성 경위와 책 내용의 정확성에

---

28. 당시 대통령이었던 윤보선의 사임으로 박정희는 '대통령 권한대행'을 맡고 있었다.

대한 박상길의 기록이다.

    50장에서 100장 정도의 원고가 되면 (박정희) 의장 공관으로 직행하여 읽어보고 의견을 말하곤 하였는데, 바로 이 전후가 격동의 절정기였는지라 좀처럼 차분하게 담론할 수가 없었다. 가다가는 돌발적인 사태, 정치적인 난제 등이 주제로 등장하여 진지, 혹은 흥분, 혹은 격정적이 되는 등 의외의 경우가 많았다.
    이런 중에서 어느 사이 내 스스로도 그분의 일부 의논상대가 되어버리기는 하였으나, 무엇보다도 그분의 책을 저술함에 있어 최대한 정확을 기하는 데에 기본적인 도움이 되었었다.
    나는 영원히 확신하고 있다. 이 이후 이분의 이름으로 몇 권의 책이 나온 바 있지만 이분의 철학·사상·정치·경제·문화·외교·사회관은 물론 하나의 인간으로서의 인생관에 이르기까지 이만큼 정확한 바는 없었다고 단언할 수 있다.[29]

『국가와 혁명과 나』의 내용

    박상길은 자신이 박정희를 방문하여 메모한 내용과 박정희의 의견을 중심으로 대충 골간을 잡아 당초 세운 논술 구성 방향에 따라 글을 썼다며 책의 내용을 다음과 같이 정리하고 있다.

---

29. 박상길, 『나와 제3·4공화국』, 116쪽.

이 책의 제1장은 1960년대의 국내정세 개관에서 ① 30억 불 수원(受援)의 내역과 그 전말 ② 파탄에 직면하였던 민족 경제 ③ 4·19혁명의 유산(流産)과 민주당 정권 ④ 폐허의 한국 사회상을 되도록 사실과 계수를 다루어 5·16혁명이 일어나지 않을 수 없는 불가피성, 필연성을 지적하였다.

제2장에서는 ① 구악의 청소와 환경정리 ② 혁명 2년간의 경제,

제3장은 혁명의 중간결산으로서 ① 혁명과 자신 ② 자아비판과 반성 ③ 자신의 심경을 허심탄회하게 서술하고 결론적으로 혁명의 본질과 반동요소, 진정한 국민층을 바탕으로 이 혁명은 꼭 성취되어야 한다고 기술하였다.

제4장은 ① 중국의 근대화와 손일선(孫逸仙) 혁명 ② 명치유신과 일본의 근대화 ③ 게말파샤와 터어키 국민혁명 ④ 나세르와 이집트 혁명, 그리고 중근동(中近東)과 중남미의 혁명사태 등을 개관하여 이에 대한 소감과 참고할 바를 지적하고,

제5장에서는 특히 이분(박정희)의 강렬한 집념이었던 조국 근대화와 경제건설에 있어 그 상념의 지표이던 독일에 대하여 ① 지상최대의 비극과 패전국 독일 ② 라인강의 기적 ③ 이 기적의 요인 ④ 100억 불의 미국 원조와 한국동란의 영향 등으로 비교적 심층분석을 하여, 이 한 장을 라인강의 기적과 불사조의 독일 민족으로 정리하였다.

제6장은 ① 한미간의 관계 ② 한일간의 관계에 대한 소신,

제7장은 ① 민족의 비극 38선 ② 분단에 몸부림친 18년사 ③ 통일을 위한 우리의 각오,

제8장에서는 ① 5천년의 역사는 개신되어야 한다. ② 신정치풍토의 마련 ③ 자립경제의 건설과 산업혁명 ④ 이상혁명과 민주적 현실 ⑤ 조국의 미래상 ⑥ 친애하는 동포에게의 순서로 우리는 무엇을 어떻게 할 것인가를 설파

하였다.[30]

이 내용을 보면 알 수 있지만, 이 책의 저술 방향은 앞의 두 책과는 정반대이다. 앞의 두 책은 쿠데타 후 얼마 안 되는 시기에 나온 것이라서, 조선을 포함한 이전의 정권을 호되게 몰아붙여 쿠데타의 명분을 만드는 것이 책을 발간한 주요 목적이었다. 그러니 이 두 책의 내용은 이전 권력에 대한 공격 일변도일 수밖에 없었다.

그러나 『국가와 혁명과 나』는 쿠데타 후 2년이 지나 박정희 자신의 통치 공과(功過)가 이미 드러난 상태에서 대통령 선거라는 실로 중차대한 행사에 대비하여 발간한 것이니 방어적인 내용을 많이 담고 있다. 당연히 군정(軍政) 기간 동안 무엇 무엇을 잘했다는 업적에 대한 자찬과 함께, 저지른 잘못에 대한 '자아비판' 및 변명이 그것이다. 마지막으로 외교, 통일, 자립경제 등에 대한 자신의 비전을 제시하고 있다.

물론 박정희에게 체질화된 식민사관에 입각한 논리 전개와 자신에게 큰 영향을 미친 일본 메이지 유신에 대한 이야기는 당연히 나온다. 이 문제부터 시작하여 책에 나오는 주요 내용을 검토하기로 한다.

박정희의 식민사관과 비전

『국가와 혁명과 나』 역시 박정희의 뇌리에 뿌리박힌 식민사관의 테두리를 벗어나지 못하고 있다. 마지막 장인 제8장의 제목이 '우리는 어떻게 무

---

30. 박상길, 『나와 제3·4공화국』, 115쪽.

엇을 할 것인가'인데, 자신이 대통령에 당선되면 이런 일을 해서 대한민국의 모습을 이렇게 바꿔 놓겠다는 비전을 제시해야 하는 마당에 "5천 년의 역사는 개신(改新)되어야 한다"며 자신에게 뿌리박힌 식민사관에 입각해 우리나라의 '5천년 역사'를 "퇴영(退嬰)과 조잡(粗雜)과 침체(沈滯)의 연쇄사(連鎖史)"로 규정하는 것으로 시작하고 있다. 풀어 말하면 "활기나 진취적 기상이 없고, 거칠고 잡스러워 품위가 없으며, 전진하지 못하고 제자리에 머물러 있는 상태가 연속적으로 이어진 역사"가 한국사라고 자학하고 있는 것이다. 이어진 한국사에 대한 그의 비판은 일제의 식민사관보다 더 지독하다.

어느 한 시대에 변경을 넘어 타(他)를 지배하였으며, 그 어디에 해외의 문물을 광구(廣求)하여 민족사회의 개혁을 시도한 일이 있었으며, 통일천하의 위세로서 민족국가의 위세를 밖으로 과시한 적이 있고, 특유한 산업과 문화로서 독자적인 자주성을 발양(發揚)한 바가 있었던가. 언제나 강대국에 밀리고, 맹목적인 외래문화에 동화되거나, 원시적인 산업의 범위 내에서 단 한치도 나아가지 못하였으며, 기껏하여 동포(同胞) 상잔(相殘)에 영일이 없었을 뿐, 고식(姑息), 나태(懶怠), 안일(安逸), 무사주의(無事主義)로 표현되는 소아병적(小兒病的)인 봉건사회의 한 축도판(縮圖版)에 불과하였다.[31]

그리고 이러한 "우리 역사를 차분히 해부하여 보기로 하자"며 식민사관을 설파하고 있다. 이를 요약하면 다음과 같다.

---

31. 박정희, 『국가와 혁명과 나』, 향문사, 1963, 245쪽.

첫째, 스스로를 약자시(弱者視)하고 남을 강대시(强大視)하는 비겁하고도 사대적인 사상, 이 고질, 이 악유산(惡遺産)을 거부하고 발본(拔本)하지 않고서는, 자주나 발전은 기대할 수 없을 것이다.

둘째, 우리의 당파(黨派) 상쟁(相爭)에 관한 것이다. 이조(李朝)는 결국 이 당파 싸움에서 날이 새고 지다가 망국의 비운을 맛보게 된 것이었다.

셋째, 우리는 자주, 주체의식이 부족하였다.

넷째, 경제 향상에 조금도 창의적인 의욕이 없었다는 것이다.[32]

이에 따라 자신의 첫 번째 비전으로 다음과 같이 제시하고 있다.

이 모든 악(惡)의 창고 같은 우리의 역사는 차라리 불살라 버려야 옳은 것이다.[33]

이어서 "신(新)정치풍토의 마련"을 자신의 두 번째 비전으로 제시한다. 다음이 그 구체적 내용이다.

첫째, 과거의 '사람 중심'을 '이념 중심'으로 키를 돌려 잡으려는 것이다.

둘째, 한국적인 신(新)지도이념의 확립이다.

셋째로는 세대교체에 관한 것이다.[34]

---

32. 박정희, 『국가와 혁명과 나』, 246~248쪽.
33. 박정희, 『국가와 혁명과 나』, 249쪽.
34. 박정희, 『국가와 혁명과 나』, 251~256쪽.

첫째로, '사람 중심'의 '붕당'을 '이념 중심'의 '공당(公黨)'으로 바꾸겠다는 것인데, '붕당'[35]이라는 말을 당쟁의 주체로 파악하는 식민사관의 냄새를 풍기는 게 문제이다. 박정희가 말은 이렇게 했지만, 실제 18년여의 집권 기간 동안 박정희 한 사람 중심의 당만 존재했지 결코 '이념 중심의 공당'을 만들려고 한 적도 허용한 적도 없었다.

두 번째로, 박정희가 '신지도이념'이라고 제시하고 있는 것은 '교도민주주의'·'규범민주주의'[36]로, 민주주의 앞에 수식어를 붙이는 것이 독재를 감추기 위한 사이비 민주주의라는 것은 잘 알려진 사실이다. 실제로 박정희가 군정 기간에는 '행정적 민주주의', 제3공화국에서는 '민족적 민주주의', 유신 후에는 '한국적 민주주의'라는 말을 바꿔 사용하며 독재 통치를 호도하려고 했지만, 그의 집권 기간 중 진짜 민주주의가 실현된 적이 있었던가?

마지막으로 세대 교체에 대하여는, "새로운 정치풍토의 확립을 위하여서는 국민의 중견층과 서민의 대표 세력이 하나의 시대적인 신흥세력으로 진출하여 이념상, 정책상, 사회 운용상에 전기를 마련하는 주인공으로 각광받아야 할 것이다"[37]라고 했는데, 박정희 시대의 집권세력을 분석하면 이른바 '혁명주체'라는 군인들을 중심으로 테크노크라트로 불리는 고위 공무원과 그가 구악(舊惡)으로 지칭하던 구정치인 등으로 이루어졌으니, 결국 세대 교체는 '박정희 일파(一派)'로만 교체된 것이다.

세 번째로, "자립경제의 건설과 산업혁명의 성취"를 제시하고 있다. 4·19, 5·16이라는 "2차에 걸친 혁명을 겪은 까닭"은 경제적 빈곤에서 온 것이라

---

35. 조선 시대에 정치적 이념과 주장 또는 이해관계에 따라 결합한 사림(士林)의 집단을 이르던 말.
36. 박정희, 『국가와 혁명과 나』, 254쪽.
37. 박정희, 『국가와 혁명과 나』, 255쪽.

고 단정하고, "5·16혁명이 국민혁명으로, 국민혁명이 민족의 산업혁명으로 진전"되게 해야 한다며, 군정 기간(1961~1962) 동안 이룩한 17.8%의 경제성장을 들어 "앞날의 발전을 예고"하는 것이라고 주장했다. 또한 자립경제를 이룩하기 위해서는 "전 국민의 총명과 피·땀·인내"를 필요로 한다고 주장했다.

5. 『국가와 혁명과 나』 그리고 메이지 유신

1961년 5월 16일 쿠데타가 일어난 후 그해 말까지 박정희에게 있었던 일을 간단히 정리하면 이렇다.

5월 16일 쿠데타와 더불어 조직된 '군사혁명위원회'는, 5월 18일 잠적해 있던 장면 총리가 등장해 내각 총사퇴를 발표하자 '국가재건최고회의'로 이름이 바뀌고 의장은 장도영, 부의장은 박정희가 맡았다. 6월 10일 '중앙정보부'가 창설되고, 7월 9일 박정희는 장도영을 '반혁명'으로 몰아 제거하고 자신이 국가재건최고회의 의장이 된다.

5·16 후 박정희를 만나 '독재를 하지 말고 부정부패를 없애라'고 충고했고 관제 국민운동에 참여하기를 거절했던 강원용[38] 목사는 이 무렵의 박정희에 대해 이렇게 쓰고 있다.

---

38. 강원용(姜元龍, 1917~2006). 함경남도 이원 출생. 종교인, 교육자, 사회운동가. 1940년 일본 메이지 대학을 졸업하고 1948년 한신대학을 졸업한 후 경동교회 목사로 부임했다. 1959년 크리스천 아카데미를 설립하여 강의, 세미나, 학술대회 등을 주관했다.

1961년 6월 12일 서울운동장에서 열린 국가재건범국민운동 촉진대회에서 박정희(가운데)의 선창에 따라 대통령 윤보선(오른쪽)과 국가재건최고회의 의장 장도영(왼쪽)이 만세삼창을 하는 장면이다. 마치 윤보선·장도영 두 사람이 권총을 차고 있는 박정희에게 항복의 표시로 손을 들고 있는 것처럼 보이기도 하는데, 실제 그렇게 되었기 때문이다. 박정희는 7월 9일 장도영을 축출하고 그 자리에 앉았고, 1962년 3월 22일 윤보선이 대통령직을 사임하자 대통령 권한대행 자리를 차지했다. _사진출처: 국가기록원

박 장군은 최고회의 의장이 된 후 거처를 신당동 집에서 우리 교회 가까이 있는 장충동의 국회의장 공관 자리로 옮겼다. 그러면서 그 일대에 사는 사람들의 신원 조사가 철저하게 실시된 것까지는 그렇다 쳐도 그가 나고들 때마다 길을 막고 사람들의 통행을 통제하는 것은 지나친 일이 아닐 수 없었다. 그 때문에 그가 자주 지나가는 우리 교회 앞길은 수시로 통행이 금지되어 사람들에게 많은 불편을 끼쳤다.

한번은 그가 차를 타고 지나가기에 유심히 내다봤더니 어느 새 차도 지프에서 고급 외제차로 바뀌어 있었다. 원래 권력과 멀던 사람이 한번 권력에 맛을 들이면 아주 쉽게 부패하는 법이다. 그런 것은 돈이나 성(性), 쾌락에 대해서도 마찬가지인데, 굶주림은 탐욕을 낳는 것과도 같다. 특히 권력의 맛은 무엇보다 마성이 강하여 한 번 맛을 들이면 아편처럼 끊기 힘든 것이기도 하다.[39]

1961년 7월 일본 정계의 실력자인 기시 노부스케(岸信介)⁴⁰가 한일 국교 정상화 가능성을 타진하는 편지를 보내자, 8월 박정희는 "한일 국교 정상화 교섭에 있어서 각별한 협력을 바란다"는 답장을 보냈다. 그리고 8월 11일 자신의 계급을 육군 소장에서 중장으로 스스로 승진시켰다.

한일 국교 정상화는 미국의 뜻이기도 했다. 그것도 아주 강력한 뜻이었다. 11월 4일 미 국무장관 딘 러스크가 한국을 방문했고 박정희-케네디 정상회담이 11월 14일로 잡혔다. 그러자 당시 대통령이던 윤보선을 찾아가 "미국에 대해서 권위를 보이기 위해" 자신의 계급을 중장에서 대장으로 승진시켜야 한다며 대통령이 직접 계급장을 달아 줄 것을 요청했다. 7개월 만에 소장에서 대장으로 2계급 '셀프 승진'한 것이다.⁴¹

이렇게 해서 별 네 개를 단 박정희는 케네디를 만나러 미국으로 가는 도중 일본에 들러 '메이지 유신'을 들먹이며 물 만난 물고기처럼 맹활약을 펼쳤다. 1961년 11월 11일 오후 일본을 방문한 박정희 당시 국가재건최고회의 의장은 이케다 하야토(池田勇人) 일본 총리가 마련한 환영 만찬에서 이렇게 말했다.

한일 양국은 과거에 이롭지 못한 역사를 가지고 있습니다. 그러나 그러한 명예롭지 못한 과거를 들춰내는 것은 현명한 일이 아닙니다. 차라리 새로운

---

39. 강원용, 『역사의 언덕에서 2-전쟁의 땅 혁명의 땅』, 한길사, 2003, 384쪽.
40. 기시 노부스케(岸信介, 1896~1987). 일본 야마구치 현 출신. 1920년 도쿄 제국대학 법학과 수석 졸업. 1937년 만주국 산업부 차장, 1939년 총무청 차장에 취임. 그 후 일본으로 돌아와 1939년 상공성 차관, 1941년 상공대신, 1943년 군수대신을 지냈다. 일본 패전 후 A급 전범으로 재판을 받았으나 사형은 면했다. 1957년 일본 자유민주당(자민당) 총재 겸 총리가 됐다. 제90·96·97·98대 총리 아베 신조(安倍晋三)는 그의 외손자이다.
41. 강준만, 『한국 현대사 산책: 1960년대 편 2권』, 인물과사상사, 2004, 86~87쪽.

1961년 11월 11일 저녁 일본 총리관저에서 열린 환영만찬에서 이케다 하야토 총리와 환담하고 있는 박정희 국가재건최고회의 의장_사진출처: 국가기록원

역사적 시점에서 공동의 이념과 목표를 위해 친선관계를 가져야 할 것입니다.[42]

그러나 이케다와의 정상회담이 끝나기가 무섭게 어느덧 자신만의 '과거사'로 회귀하고 있었다.

11월 12일 낮 기시 노부스케(岸信介) 전 총리 및 이시이 미쓰지로(石井光次郎) 전 부총리가 주최한 환영회에서 박정희는 "일본에서 젊은 우리가 하고 있는 것을 보면 미숙한 부분도 있을 것이다. 그러나 젊은 육군 군인들이 군사혁명을 일으킨 것은 구국의 념(念)에 불탔기 때문으로, 나도 메이지(明治) 유신 때 지사(志士)의 마음으로 해볼 것이다"라고 유창한 일본어로 말했다. 이어 박정희는 기시의 고향 출신으로 메이지 유신의 정신적 지주인 요시다 쇼인(吉田松

---

42. 이동준, 『불편한 회고: 외교사료로 보는 한일관계 70년』, 도서출판 삼인, 2016, 112쪽.

陰)을 존경한다면서, 국가 건설과 한일관계 정상화를 위해 도와달라고 호소했다.[43]

요시다 쇼인을 존경한다? 당시 총칼로 언로(言路)를 틀어막고 있어서 망정이지, 오늘날 최고 지도자가 이런 말을 할리도 없지만 만일에 했다면 당장 탄핵하라며 국민이 들고 일어날 일이었다. 요시다 쇼인은 에도 막부 시절 조슈번의 하급 무사 출신으로 정한론을 주장하는 등 일본의 제국주의적 팽창에 큰 영향을 미친 인물이기 때문이다.

요시다 쇼인이 어떤 인물인지는 그가 자기 형에게 보낸 다음과 같은 편지 내용만 보아도 쉽게 알 수 있다.

진구(神功) 황후의 정한도(征韓圖)(삼한정복도)를 보내드렸다. … 진구 황후의 웅략(雄略)을 받들고 … 절제의 병법을 배운다면 천하무적이 될 것이다. (1853년 9월 15일자)

지금 군함을 많이 만들어 북쪽은 북해도를, 서쪽은 조선을 정복하여 당당하게 진취의 기세를 보여준다면 이적(夷狄)들(서양 열강들)이 스스로 물러날 것이다.(1854년 12월 12일자)

침략하기 쉬운 조선, 만주, 중국을 침략, 지배해서 (불평등조약에 의한) 교역으로 러시아에 빼앗긴 부분을 땅으로 즉 조선과 만주로 보상받아야 할 것이다.(1855년 4월 24일자)[44]

---

43. 이동준, 『불편한 회고: 외교사료로 보는 한일관계 70년』, 118쪽.
44. 吉田常吉 等, 『吉田松陰』, 岩波書店, 1978, 119, 171, 193쪽.

1961년 11월 박정희가 일본인들 앞에서는 일본말로 메이지 유신이 어쩌고 했지만, 2년 후 대통령이 되려고 펴낸 『국가와 혁명과 나』에서는 절대 그럴 수 없는 일이었다. 그래서 자신의 쿠데타가 '혁명'이라는 점을 각인시키기 위해 "세계사에 부각된 혁명"이라는 별도의 장(章)을 설정했는데, 여기에 「메이지 유신과 일본의 근대화」라는 제목으로 메이지 유신을 '혁명'에 포함시켜 '메이지 유신의 배경'과 '메이지 유신의 성취 경과'에 대해 설명한 후 다음과 같이 결론을 내리고 있다.

이들은 자신의 확고한 주체성 위에 정치적인 개혁과 경제적인 향상, 사회적인 개혁을 수행해 왔기 때문에 구미체제(歐美體制)에의 편승을 극복할 수 있었고, 서서히 여유 있는 진행을 보게 된 것이다. 기타 폐번치현(廢藩置縣)이나 무사단(武士團)의 해체, 토지 개혁, 헌법의 공포, 국회의 개원, 통화 개혁 등 제 시책은 차항(此項)에서 언급할 것이 아니므로 생략한다.
하여간, 시대나 사람의 사고방식이 그 당시와 지금이 같을 수는 없지만, 일본의 메이지(明治) 혁명인의 경우는 금후 우리의 혁명 수행에 많은 참고가 될 것은, 부정할 수 없을 것이기 때문에, 본인은 이 방면에 앞으로도 관심을 계속하여 나갈 것이다.[45]

이후 박정희는 메이지 유신을 '참고'하고 '관심'을 기울여 나가다, 1972년 10월 17일 이른바 '10월 유신'을 선포하여 실천에 옮겼다.

---

45. 박정희, 『국가와 혁명과 나』, 171~172쪽.

제2부
박정희 쿠데타의 배경

1961년 5월 20일, 5·16 쿠데타 4일 만에 대한민국 지배계층의 복장이 온통 군복으로 변했다. 민간인 복장을 한 김동하는 예비역 소장이었고, 예비역 중령인 김종필은 중앙정보부 창설로 최고위원을 맡지 않아 사진에 없다. 앞줄 왼쪽부터 배덕진 체신부장관(준장), 고원증 법무부장관(준장), 이주일 최고위원(소장), 김홍일 외무부장관(예비역 중장), 박정희 최고회의 부의장(소장), 장도영 최고회의 의장(중장), 김종오 합참의장(중장), 김동하 최고위원(예비역 해병 소장), 박임항 최고위원(중장), 김신 공군참모총장(공군 중장), 김성은 해병대사령관(해병 중장), 정래혁 상공장관(소장)_사진출처: 《중앙일보》

제1장

박정희 쿠데타의 뿌리

1. 박정희 만주로 가다

혈서(血書) 군관 지원

반도의 젊은 훈도(訓導)로부터

29일 치안부(治安部) 군정사(軍政司) 징모과(徵募課)로 조선 경상북도 문경 서부 공립소학교 훈도(訓導) 박정희(朴正熙, 23) 군의 열렬한 군관 지원 편지가 호적등본, 이력서, 교련검정합격 증명서와 함께 "한 번 죽음으로써 충성함 박정희(一死以テ御奉公 朴正熙)"라고 피로 쓴 반지(半紙)가 봉입(封入)된 등기로 송부되어 관계자(係員)를 깊이 감격시켰다. 동봉된 편지에는

"(전략) 일계(日系) 군관모집요강을 받들어 읽은 소생은 일반적인 조건에 부적합한 것 같습니다. 심히 분수에 넘치고 송구하지만 무리가 있더라도 아무쪼록 국군에 채용시켜 주실 수 없겠습니까.

(중략) 일본인으로서 수치스럽지 않을 만큼의 정신과 기백으로써 일사봉공(一死奉公)의 굳건한 결심입니다. 확실히 하겠습니다. 목숨을 다해 충성을 다할 각오입니다.

(중략) 한 명의 만주국 군으로서 만주국을 위해, 나아가 조국을 위해 어떠

1939년 3월 31일자《만주신문》기사

한 일신의 영달을 바라지 않겠습니다. 멸사봉공(滅私奉公), 견마(犬馬)의 충성을 다할 결심입니다. (후략)"

라고 펜으로 쓴 달필로 보이는 동군(同君)의 군관 지원 편지는 이것으로 두 번째이지만 군관이 되기에는 군적에 있는 자로 한정되어 있고 군관학교에 들어가기에는 자격 연령 16세 이상 19세이기 때문에 23세로는 나이가 너무 많아 동군에게는 안타까운 일이지만 정중히 사절하게 되었다.[1]

이 기사는 일본 국회도서관에 보관되어 있는 1939년 3월 31일자《만주신문》원본을 민족문제연구소가 발견하여 우리말로 옮겨 놓은 것이다. 여기서의 '소학교'는 초등학교를, '훈도'는 교사를, '국군'은 만주국 군을, '조국'은 일본을 가리킨다.

만주국(滿洲國)은 일본 관동군[2]이 1931년 만주사변을 일으켜 중국 북동부를 점거한 뒤 1932년 3월 1일 괴뢰국으로 세운 나라로, 청의 마지막 황제 푸이(溥儀)를 국가 원수에 앉히고 신징(新京, 현재의 창춘長春)을 수도로 삼았다. 일본이 만주국을 세운 것은 대륙 침략을 위한 병참기지를 만들기 위해서였다.

1.《만주신문》, 1939.3.31. 7면.
2. 관동군(關東軍): 1905년 러일전쟁 승리로 일제는 조차지인 요동반도를 인수하여 이 일대를 관동주(關東州)라 부르고 1919년 4월 관동군사령부를 창설했다. 관동군은 일제의 중국 침략과 소련 견제의 전위부대였다.

박정희(뒷줄 오른쪽)가 대구사범학교 졸업 후 문경공립보통학교 훈도로 부임해 동료들과 함께 찍은 사진이다. 박정희는 3년간의 의무 복무를 마친 후 만주로 가서 군인이 된다._사진 출처: pub.chosun.com

박정희가 '혈서'에다, 만주국, 나아가 조국(일본)을 위해 개와 말(犬馬)처럼 충성을 맹세해가며 들어가려 했던 신징군관학교는 어떤 학교였나?

신징 군관학교는 일본 육군사관학교 체제를 모방해 1939년 3월에 설립된 4년제 장교 양성 학교로 정식 명칭은 만주국 신징 육군군관학교였다. 교육 과정은 예과 2년, 본과 2년으로 나뉘어 실시됐다. 신징 군관학교 생도는 만계(滿系, 중국인)와 일본계로 구분됐으며 교육도 엄격히 나누어 실시됐다. 조선인은 몽골인, 타이완인 등과 함께 비일본인 범주로 분류됐다. 만계 예과 졸업생 중 성적 우수자는 일본 육사 본과 편입의 기회가 주어졌다.[3]

---

3. 김효순, 『간도특설대』, 서해문집, 2014, 164~165쪽.

《만주신문》의 보도대로라면 박정희는 만주국 신징 군관학교에 가기 위해 두 번이나 편지를 보냈지만 나이가 많아 입학이 불가능했다. 그러나 대구사범 재학 시절 교련 주임이었던 아리카와 게이이치(有川圭一)[4] 등의 도움으로 1940년 2월 17일 다카키 마사오(高木正雄)라는 일본식 이름으로 바꾼 후, 그해 4월 4일 만주국 육군군관학교(신징 군관학교)에 2기로 입학하여 예과를 마치게 된다. 그 후 성적 우수자에게 주어지는 특전으로 1942년 일본 육군사관학교 유학생대에 편입되어 1944년 4월 졸업했다. 1944년 7월 1일 만주군 소위로 임관, 관동군에 배치되었고, 다음 해 중위로 진급한 지 한 달 만에 일본이 패망했다.

박정희는 왜 만주로 갔을까?

박정희에게 만주는 '낙토(樂土)'였다

만주의 '일본족·조선족·만주족·몽골족·한족이 서로 협력하고 화합하여 구미 제국주의를 막아내고 아시아인의 번영을 이루자'는 오족협화(五族協和)는 만주국의 건국이념이자 정치 슬로건이었다. 오족협화는 일제의 식민지 정책에 따른 슬로건에 불과했지만, 만주국 개국 이후 궁핍에서 벗어나려는 농민이나 새로운 희망을 찾아보려는 도시인의 이주가 그 어느 시기보다도 많았다. 1930년에 60만 명 정도였던 조선인의 수가 1940년 총인구조사에서는 145만 명, 1944년에는 대략 160만~170만으로 증가했다.[5]

---

4. 아리카와 게이이치는 당시 관동군 대좌(대령)로 만주 신징 교외 제3독립수비대 대장으로 근무 중이었다. 아리카와는 1945년 6월 오키나와에서 전사했다.

5. 고구려연구재단 편, 『만주―그 땅·사람 그리고 역사』, 고구려연구재단, 2005, 194쪽.

만주국의 건국이념인 '오족협화(五族協和)'를 선전하는 그림엽서. 중앙의 일본인을 중심으로 오족이 춤추는 모습이다._사진출처: 「중앙은행 오디세이」, www.bok.or.kr

만주의 도시에 진출한 조선인들은 어떤 직업에 종사했을까? 1937년 7월 만주국 행정 개혁 당시 조선인으로는 간임관 4명, 천임관 21명으로 증가하여 조선인 상층 관리를 형성했고, 1937년 12월 조선총독부의 관원 2,127명을 만주국 정부 관원으로 채용해 조선인 하층 관리를 형성했다. 1940년에 이르면 만주국의 조선인 경찰관은 2,801명에 달했다. 또한 일제의 기관에 취직한 만철 직원, 교육기관 교원과 직원, 은행 직원 등만 해도 1934년 6월 말 기준으로 약 3,400여 명에 이르렀다.[6]

만주국 건국 10주년을 기념하여 발간된 『반도사화(半島史話) 낙토만주(樂土滿洲)』에 실린 윤해영[7]의 「낙토만주(樂土滿洲)」라는 다음과 같은 시는 박정희 같은 조선 젊은이들의 만주에 대한 호기심을 자극하기에 충분했다.

---

6. 김태국, 「만주지역 한인의 도시 거주지 형성 과정」, 『근대 만주 도시 역사지리 연구』, 동북아역사재단, 2007, 182쪽.
7. 윤해영(尹海榮, 1909~1956?). 시인. 작곡가 조두남은 윤해영의 시 「용정의 노래」 내용을 일부 바꾸고 제목도 '선구자'로 바꿔 곡을 만들었다.

1. 오색기(五色旗) 너울너울 낙토만주(樂土滿洲) 부른다/ 백만의 척사(拓士)들이 너도나도 모였네/ 우리는 이 나라의 복을 받은 백성들/ 희망이 넘치누나 넓은 땅에 살으리

2. 송화강 천리언덕 아지랑이 행화촌(杏花村)/ 강남의 제비들도 봄을 따라 왔는데/ 우리는 이나라의 흙을 맡은 일꾼들/ 황무지 언덕우에 힘찬 광이 두르자

3. 끝없는 지평선에 오곡금파(五穀金波) 굼실렁/ 노래가 들리누나 아리랑도 흥겨워/ 우리는 이 나라에 터를 닦는 선구자/ 한 천년 세월 후에 영화만세(榮華萬歲) 빛나리[8]

당시 많은 조선의 젊은이들이 일본 주류 사회에서 만주 인맥이 부상하고 만주 동포들이 성공하는 사례를 보고 '낙토(樂土)' 즉 '늘 즐겁고 행복하게 살 수 있는 좋은 땅' 만주로 갈 결심을 한다. 그들 중에는 의사, 변호사, 교사뿐만 아니라 최규하[9]·강영훈[10]처럼 관료를, 정일권·백선엽·박정희처럼 군관을 꿈꾸는 사람도 있었다. 비좁은 조선을 벗어나 광활한 만주로 향했다는 점에서 그들의 꿈은 호연지기였으나, 체제에 순응했다는 점에서는 지극히 소시민적이었다.

---

8. 김태국,「만주지역 한인의 도시 거주지 형성 과정」, 184쪽에서 재인용.

9. 최규하(崔圭夏, 1919~2006). 강원도 원주 출생. 경성제일공립고등보통학교 졸업(1937), 일본 도쿄고등사범학교 영문과 졸업(1941). 만주 국립대동학원 정치행정반 수료(1943) 후 만주국 수습관료. 해방 후 외무부 통상국장(1951), 외무부 장관(1967), 국무총리(1976), 제10대 대한민국 대통령(1979~1980)을 역임.

10. 강영훈(姜英勳, 1922~2016). 평안북도 창성군 출생. 영변고등농림학교 졸업(1937), 일본 히로시마 다카다중학교 졸업(1939), 만주국 건국대학 입학(1941) 후 일본 학도병으로 일본군에 징집. 해방 후 군사영어학교 졸업(1946), 육군 제1사단 제12연대장(1949), 국방부 차관(1953), 육군 제6군단장(1959), 육군사관학교 교장(1960), 국무총리(1988) 등 역임.

박정희의 만주 신징 군관학교 동기인 이한림은 당시 만주의 분위기를 다음과 같이 기록하고 있다.

만주의 무한한 개척의 여지와 야성적인 풍광, 대륙성 기후, 뚜렷하게 중국적인 것만도 아닌 혼합민족적 요소는 묘한 매력으로 작용하고 있었다. 국가 행정이나 법이나 질서가 미치지 못하는 무한히 넓은 공지(空地)는 그 속의 사람들을 이상하게 활달하게 만들었던 것 같다. 야생적이고 야만적인 면이 있지만, 텍사스적인 열기, 짙은 투전판의 분위기, 겨울밤의 눈보라와 눈썰매, 독한 고량주, 일본어 한국어 러시아어 중국어의 혼합, 우글거리는 강도단, 비적 마적단의 횡행 등 강렬한 남성적 약동성이 살아 있었던 것이다.[11]

박정희가 만주로 간 데 대해서 불행한 결혼생활 등 여러 가지 동기가 제시되고 있지만, 그보다는 "긴 칼을 차고 싶어" 군인이 되고자 했던 소망을 '낙토' 만주에서 실현시키겠다는 결심이 가장 큰 동기였을 것이다.[12]

박정희가 만주에서 군인의 길에 들어섰다는 것은 중요한 의미를 갖는다. 만주국은 일본 관동군이 독립적으로 만들어 낸 '군대의 나라'였기 때문이다. 이에 영향을 받아 훗날 박정희는 국가란 군대처럼 운영되어야 하고, 군대는 나라를 지키는 것뿐만 아니라 국민조차 통치해야 한다는 생각을 하게 된다.

그가 실현한 유신체제는 만주 체험으로부터 얻어진 정치화된 군대, 군사화된 국가의 아이디어를 구체화한 것이라고 해석할 수 있다. 실제로 일본

---

11. 이한림, 『이한림 회상록: 세기의 격랑』, 도서출판 팔복원, 1994, 19쪽.
12. 조갑제, 『박정희 1―군인의 길』, 조갑제닷컴, 2007, 197쪽.

신징에 있던 관동군사령부 건물_사진출처: 나무위키

관동군의 군령권은 내각에 속하지 않고 천황에 직속되어 있었다. 일본 군부의 지도부는 이 같은 사실을 이용해 만주→중국 본토→태평양으로 이어지는 전선을 확대할 수 있었다.[13]

박정희는 낙토만주(樂土滿洲)로 가서 만주군관학교 예과를 마치고 일본 육군사관학교에서 일본 국비로 교육을 받았다. 그 후 우여곡절 끝에 대한민국 국군으로 별을 달고 대통령이 됐다는 것은 박정희로서는 큰 행운이었다. 그러나 그의 큰 행운이 한국 현대사에 어떤 자취를 남겼는가에 대해서는 곱씹어볼 일이다.

---

13. 전인권, 『박정희 평전』, 이학사, 2006, 84쪽.

2. 박정희 쿠데타의 뿌리 ①

만주국 군관학교

장교를 양성하는 만주국 군관학교에 지원한 사람은 박정희뿐만이 아니었다. 5·16 군사 쿠데타를 주도하거나 추종한 사람들 가운데 상당수가 신징 군관학교 출신이거나, 신징 군관학교 전신인 펑톈(奉天) 군관학교 출신이라는 점은 주목할 만하다. 이들은 일본 천황에 충성을 맹세했지만, 패전으로 무장 해제된 후 미군정(美軍政)과 이승만의 '반공' 덕분에 살아남아 다시 총을 메고 출세한 사람들이다. 이들이 바로 5·16 쿠데타의 뿌리인 셈이다. 다음은 신징 군관학교와 펑톈 군관학교 출신 가운데 한국군에서 활약한 중요 인사들의 명단이다(괄호 안은 한국군 최종 계급).

- 만주국 육군군관학교(신징 군관학교) — 1939년 신징에 설치된 4년제 군관학교로 조선인 임관자는 48명이었다.
    - *1기: 김동하(해병 중장), 박임항(육군 중장), 방원철(육군 대령), 윤태일(육군 중장), 이기건(육군 준장), 이주일(육군 대장), 최창언(육군 중장) 등 13명
    - *2기: 박정희(육군 대장), 이한림(육군 중장) 등 11명
    - *3기: 최주종(육군 소장) 등 2명
    - *4기: 장은산(육군 대령) 등 2명
    - *5기: 강문봉(육군 중장) 등 5명
    - *6기: 김윤근(해병 중장) 등 11명
    - *7기: 김광식 등 4명

1958년 여름 서울 화계사에서 야유회를 갖고 가족들과 기념 촬영한 만주 신징 군관학교 출신들_사진출처: 정운현, 『실록 군인 박정희』, 개마고원, 2004, 206쪽.
①박임항 ②김동하의 처 ③윤태일의 처 ④윤태일 ⑤이주일의 자 ⑥이주일 ⑦박근영 ⑧박정희 ⑨김동하의 자 ⑩방원철 ⑪김동하 ⑫최창언의 자 ⑬최창언의 처 ⑭김동하의 자 ⑮박임항의 자 ⑯박근혜 ⑰박임항의 자 ⑱이주일의 자 ⑲방원철의 처 ⑳육영수 ㉑박임항의 처 ㉒최창언 ㉓최창언의 자 ㉔윤태일의 자 ㉕방원철의 자[14]

- 만주국 중앙육군훈련처(펑톈 군관학교)—1932년 펑톈(奉天, 현재 선양瀋陽)에 설치된 2년제 군관학교로 신징군관학교의 전신이라 할 수 있다. 조선인 군관 후보생은 37명이었다.

  *4기: 김웅조(육군 준장) 등 5명

  *5기: 김백일(육군 중장), 김석범(해병 중장), 김일환(육군 중장), 송석하(육군 소장), 신현준(해병 중장), 정일권(육군 대장) 등 17명

---

14. 김상구, 『5.16청문회』, 도서출판 책과나무, 2017, 178쪽에서 재인용.

*6기: 양국진(육군 중장) 등 2명

*7기: 최남근(육군 중령) 등 7명

*8기: 석주암(육군 소장) 등 3명

*9기: 백선엽(육군 대장) 등 3명

• 만주국 육군훈련학교−신징 군관학교가 출범함에 따라 1940년 12월 펑톈 군관학교를 개편한 것으로 하사관 중에서 소위 후보자를 선발, 단기교육으로 초급 장교를 양성했다. 조선인은 2기와 4기에서 각각 1명, 5기와 6기에서 각각 3명이었고, 7기로 임관된 13명은 전원 간도특설대 출신이었다.

간도특설대

간도(間島)는 두만강 북부의 땅으로 예전에는 우리 영토였다. 지금까지도 '조선인'이 많이 거주하고 있어서 중국의 연변조선족자치구가 여기에 해당된다. 일제강점기 이 지역으로 조선인이 많이 이주했으니 조선 독립운동의 전초기지가 된 것은 당연한 일이었다. 그러자 일제는 조선독립군은 조선인으로 잡자는 이른바 '이이제이(以夷制夷)' 전략으로 간도특설대를 조직했다. 간도특설대 조직을 제안한 사람은 당시 만주국 간도성(間島省) 성장(省長)이었던 친일파 이범익[15]이었다.

1938년 9월 이범익은 간도 일대의 조선인 항일부대를 섬멸하기 위해 만주

---

15. 이범익(李範益, 1883~?). 충청북도 단양 출생. 관립한성외국어학교 일어과 졸업(1902). 한일합병 후 춘천군수(1912)를 시작으로 강원도 지사(1929), 충청남도 지사(1935), 만주국 간도성장(1937) 등 역임. 1950년 8월 한국전쟁 때 납북.

간도특설대 초기의 지휘부_사진출처: 김효순, 『간도특설대』(서해문집, 2014)

국군 내에 조선인으로 구성된 특수부대를 조직할 것을 건의했다. 이 건의를 받아들여 일본인 군관 7명, 조선인 위관 9명과 조선인 사관 9명을 먼저 선발하여 12월 15일 제1기 지원병 입대식을 열었다. 모두 7기까지 모집한 간도특설대는 총인원 740여 명 중에서 하사관과 사병 전원, 그리고 군관 절반 이상이 조선인이었다. 간도특설대는 일제의 패망으로 해산할 때까지 동북항일연군과 팔로군을 모두 108차례 공격했다. 이들에게 살해된 항일 무장세력과 민간인은 172명에 달했으며, 그 밖에 많은 사람이 체포되거나 강간·약탈·고문을 당했다.[16]

동북항일연군(東北抗日聯軍)은 만주에서 활동하고 있는 조선인과 중국인 유격부대를 1936년 중국공산당 주도로 통합한 군사조직으로 한국 독립운동사에서 큰 비중을 차지한다. 팔로군(八路軍)은 1937~1945년에 걸쳐 일본군과 싸운 중국공산당의 주력 부대 가운데 하나였다. 간도특설대의 작전 대상은 주로 이들 군사조직이었는데, 그들이 저지른 만행의 구체적인 예를

---

16. '이범익', 친일인명사전편찬위원회, 『친일인명사전 2』, 민족문제연구소, 2009, 868쪽.

들어 보면 다음과 같다.

1939년 7월 특설대는 '천보산 금광'이 동북항일연군에게 습격당했다는 소식을 듣고 안도현에서 항일연군을 추격하던 중 항일연군 병사의 시신을 발견하고 그 간을 도려냈다. 당시 일본군은 항일 병사를 잡으면 의료용 메스로 산 채로 배를 갈라 생간을 꺼내는 '전문병사'가 있을 정도였다. 특설대에도 이런 문화가 이식된 것으로 보인다.[17]

1944년 9월 김동근, 김태복 등은 서갑진 서북에 위치한 마을에서 팔로군 한 명을 체포하여 고춧물로 고문을 한 후 가죽띠로 구타하여 살해했다. 또 같은 달 김동근은 김길룡·이풍근 등과 함께 팔로군 관계자 2명을 고문한 뒤 살해했다. 1944년 간도특설대 중사 김헌삼은 오경수·최홍준과 함께 부녀자를 윤간하고, 그 남편을 살해하였다.[18]

간도특설대의 조선인 장교는 펑톈 군관학교 출신, 신징 군관학교 출신, 그리고 특설대에 사병이나 하사관으로 입대해 단기교육을 마치고 장교가 된 육군훈련학교 출신이다. 간도특설대 출신으로 한국군 장성이 된 주요 인물을 정리하면 다음과 같다. 게릴라전에 대비해 조직되어 독립군을 토벌했다는 오명 때문에 간도특설대 출신은 장교는 물론 사병까지 전원 민족문제연구소가 발간한 『친일인명사전』에 등재되어 있다.

---

17. 임종금, 『대한민국 악인열전』, 도서출판 피플파워, 2016, 212쪽.
18. 김주용, 『만주지역 친일단체: 친일, 비겁한 변명』, 역사공간, 2014, 179~180쪽.

장교 출신: 김동하(해병 중장), 신현준(해병 중장, 초대 해병대사령관), 김백일(육군 중장, 제1군단장), 김석범(해병 중장, 2대 해병대사령관), 송석하(육군 소장, 육군본부 작전참모부장), 백선엽(육군 대장, 합참의장) 등

하사관 출신: 김대식(해병 중장, 3대 해병대 사령관), 김충남(해군 소장, 해군 참모차장), 박창암(육군 준장, 혁명검찰부장), 박춘식(육군 소장, 3군단장), 이동화(육군 중장, 철도청장), 이백일(육군 준장, 국회의원), 이용(육군 소장, 강원도지사), 임충식(육군 대장, 국방부 장관) 등

간도특설대 출신인 백선엽[19]은 자신의 회고록 『군과 나』에서 간도특설대의 복무 경력에 대해 다음과 같이 간략히 기록하고 있다.

평톈(奉天) 만주군관학교를 마치고 1942년 봄 임관하여 자므스(佳木斯) 부대에서 1년간 복무한 후 간도 특설부대 한일부대로 전출, 3년을 근무하던 중 해방을 맞았다. 그동안 만리장성 부근 열하성과 북경 부근에서 팔로군(八路軍)과 전투를 치르기도 했다.[20]

그러나 1993년 일본어로 발간된 『대게릴라전—미국은 왜 졌는가』의 「간도특설대의 비밀」에서는 다음과 같이 밝히고 있다.

---

19. 백선엽(白善燁, 1920~2020). 평안남도 강서군 출생. 평양사범학교 졸업(1939), 만주국 평톈 군관학교 졸업(1942), 만주국군 소위 임관(1943) 후 간도특설대 근무. 해방 후 월남하여 군사영어학교 졸업(1946) 후 육군본부 정보국장(1948, 대령), 제1사단장(1950, 준장), 제2군단장(1952, 중장), 육군참모총장(1952), 한국 최초의 육군대장(1953), 연합참모본부의장(1959), 교통부 장관(1969) 등 역임. 『친일인명사전』(민족문제연구소)에 등재됨.
20. 백선엽, 『군과 나』(개정판), 도서출판 시대정신, 2016, 131~132쪽.

1950년 10월 백선엽 1사단장이 미 1군단장 밀번(Frank W. Milburn) 소장에게 평양 탈환 작전 상황을 보고하고 있다._사진출처: 중앙일보

왜 외국인 부대가 편성됐는가? '이이제이(以夷制夷)'의 발상으로 처음부터 게릴라 토벌을 위한 것이라고 말하는 사람도 있다. 그렇지 않다고 잘라 말할 수도 없지만 내가 알기론 일본과 소련 사이에 전쟁이 벌어지면 소련 영내에 들어가 교량이나 통신 시설 등 중요 목표를 폭파하는 것이다.(중략)

우리들이 쫓아다닌 게릴라 가운데 조선인이 많이 섞여 있었다. 주의·주장이 차이가 있다고 해도, 한국인이 독립을 요구하며 싸우고 있는 한국인을 토벌한 것이기 때문에 오랑캐로 오랑캐를 제압하려는 일본의 책략에 그대로 끼인 모양이 된다. 그러나 우리가 진지하게 토벌했기 때문에 한국의 독립이 늦어진 것도 아닐 것이고, 우리들이 역으로 게릴라가 되어 싸웠으면 독립이 빨라졌으리라는 것도 있을 수 없다. 그래도 동포에게 총을 겨눈 것은 사실이고 비판받아도 할 수 없다. 그러나 게릴라전이 전개된 지역의 참상을 알게 되면 문제가 그렇게 단순하지 않다는 것이 이해될 것이다.[21]

---

21. 김효순, 『간도특설대』, 13~14쪽에서 재인용.

3. 박정희 쿠데타의 뿌리②

군사영어학교

1941년 12월 7일 일본의 진주만 기습공격으로 시작된 태평양전쟁은 미국이 1945년 8월 6일과 8월 9일 일본 히로시마와 나가사키에 원자폭탄을 투하함으로써 종착역에 다가가고 있었다. 한편 대한민국 임시정부는 민족주의 진영과 사회주의 진영 간에 정치적 합의에 도달하고, 미국 OSS(Office of Strategic Services: CIA 전신)의 지원을 받아 한반도에 침투할 준비를 완료하고 때를 기다렸다.

그러나 1945년 8월 15일, 함석헌(咸錫憲)[22] 선생의 말처럼 "해방은 도둑같이 뜻밖에 왔다." 다시 말해 우리 스스로가 쟁취한 해방이 아니었다. 8월 18일 연합군 군사사절단의 일원으로 이범석(李範奭)[23] 등이 미군기를 타고 여의도에 착륙했지만 일본군의 거부로 하루 만에 다시 중국으로 되돌아가는 황당한 일이 벌어진 해방이었다.

한반도는 남북으로 분단되고 남한에 1945년 9월 9일 미육군사령부 군정청(軍政廳, 미군정청)이 설치됐다. 미군정청은 이듬해 1월 15일 창설될 '남조

---

22. 함석헌(咸錫憲, 1901~1989). 사상가, 민권운동가 겸 문필가. 평안북도 용천군 출생. 양시공립보통학교 졸업(1916), 1919년 평양고등보통학교 3학년 재학 중 3·1 운동에 가담하여 퇴학당하고 오산학교(1923), 일본 동경고등사범학교(1928) 졸업. 귀국 후 계우회사건(1941), 성서조선사건(1942)으로 일제에 의해 투옥되었고, 해방 후 신의주학생의거(1949) 배후인물로 지목되어 투옥된 후 1947년 월남. 이승만과 박정희 독재정권과 투쟁함.

23. 이범석(李範奭, 1900~1972). 독립운동가, 군인, 정치인. 서울 출생. 경성고등보통학교 재학 중(1915) 중국으로 망명, 중국육군강무학교 기병과 졸업(1919). 청산리전투 참가(1920), 소련 혁명전 참가(1922), 중국 제3로군 사령관(1936), 한국광복군 참모장(1941) 역임. 해방 후 조선민족청년단 창설(1946), 초대 국무총리 겸 국방장관(1948), 참의원(1960) 등 역임.

1945년 9월 9일 재조선 미군사령관 하지(John R. Hodge) 중장은 아베 노부유키(阿部信行) 조선총독으로부터 항복문서를 받았다. 그날 조선총독부 건물에서 일장기가 내려가고, 태극기가 아닌 성조기가 올라갔다. 그리고 미군정이 선포됐다._사진출처: 나무위키

'선국방경비대'의 지휘관 양성을 위해 1945년 12월 5일 군사영어학교(Military Language School)[24]를 개교했고 이를 통해 110명이 임관했다. 출신별로 보면 일본 육사 출신 13명, 일본 학도병 출신 68명, 일본 지원병 출신 6명, 만주군 출신 21명, 광복군 출신은 단 2명으로 사실상 일본군의 부활이었다.

군사영어학교 출신 임관자들 가운데 주요 인사는 다음과 같다.

이형근(李亨根, 일본 육사 56기), 채병덕(蔡秉德, 일본 육사 49기), 유재흥(劉載興, 일본 육사 55기), 장석윤(張錫倫, 일본 육사 27기), 정일권(丁一權, 일본 육사 55기, 만주군), 양국진(楊國鎭, 만주군), 최주종(崔周鍾, 일본 육사 58기, 만주군), 최경록(崔慶祿, 일본 지원병), 장창국(張昌國, 일본 육사 59기), 강문봉(姜文奉, 일본 육사 59기, 만

---

[24] 미군정이 군사영어학교를 설립한 첫째 목적은 미국 지휘관의 통역관을 양성이었고, 두 번째 목적은 난립하고 있는 사설 군사단체들을 통제하기 위해서였다. 이기윤, 『별: 대한민국 육군사관학교 60년』, 북앳북스, 2006, 135쪽.

1953년 10월 5군단 창설식에 참석한 야전군단장들. 왼쪽부터 이형근 1군단장, 정일권 2군단장, 강문봉 3군단장, 최영희 5군단장. 모두 일본군 출신으로 군사영어학교 출신 임관자였다._출처: pub.chosun.com

주군), 민기식(閔機植, 일본 학도병), 박병권(朴炳權, 일본 학도병), 백인엽(白仁燁, 일본 학도병), 김종오(金鍾五, 일본 학도병), 김계원(金桂元, 일본 학도병), 이성가(李成佳, 중국 육사), 함병선(咸炳善, 일본 지원병), 정래혁(丁來赫, 일본 육사 58기), 원용덕(元容德, 만주군 군의관), 최홍희(崔弘熙, 일본 학도병), 김형일(金炯一, 일본 학도병), 최영희(崔榮喜, 일본 학도병), 백선엽(白善燁, 만주군), 김백일(金白一, 만주군), 이한림(李翰林, 일본 육사 57기), 신상철(申尙澈, 일본 육사 58기), 오덕준(吳德俊, 일본 학도병), 백남권(白南權, 일본 학도병), 김용배(金容培, 일본 학도병), 이후락(李厚洛, 일본 학도병), 장도영(張都暎, 일본 학도병), 김일환(金一煥, 만주군 경리학교), 최창언(崔昌彦, 일본 육사 56기, 만주군), 박진경(朴珍景, 일본 학도병), 송요찬(宋堯讚, 일본 지원병), 장은산(張銀山, 만주군), 강영훈(姜英勳, 일본 학도병), 박경원(朴璟遠, 일본 학도병), 이응준(李應俊, 일본 육사 26기)

군사영어학교는 1946년 1월 15일 처음으로 장교를 배출했다. 이형근·채병덕·유재홍·장석윤·정일권(군번 1번에서 5번까지)을 대위로 임관시키는 등 모두 21명이 이날 임관했다. 이형근 대위 등 군번 12번까지는 실제 교육을 받지 않고 군번을 받았다. 오덕준, 박진경, 송요찬 등은 사병으로 입대해 서류상의 추천만으로 임관했다. 웃기는 것은 원용덕은 군사영어학교의 부교장이었는데 군번 41번을 받아 졸업한 것으로 되어 있다는 점이다.

이처럼 장교를 급조한 군사영어학교는 여러 가지 문제점을 발생시켰다. 앞서 말했듯이 군사영어학교는 일본군 부활 학교가 되어 버렸다. 군사영어학교의 공식적인 폐교일이 4월 30일이었는데, 군번 94번부터 109번까지는 같은 해 5월 1일 임관한 것으로 되어 있고, 이응준은 6월 12일에 임관했는데도 서류상으로는 군사영어학교 졸업자로 되어 있다는 것은 군사영어학교가 원래의 목적을 벗어나 일본군과 만주군 출신들의 전력을 은폐하는 곳으로 전락해 버렸다는 사실을 말해 주고 있다.[25] 이들은 후일 박정희가 숙군(肅軍) 과정에서 사지(死地)를 벗어나는 데 결정적인 도움을 준다.

다음의 문제점은 미군정청이 파벌 형성을 막는다며 소장(少壯) 군사 경력자 위주로 군사영어학교에 입교시킨 데서 발생했다. 그 결과 임관한 110명의 나이를 보면 23~30세가 97명, 23세 이하가 7명, 30세 이상은 6명이었다. 1950년 6월 25일 한국전쟁의 발발로 이들은 대부분 20대 후반에서 30대 초에 장군으로 승진해 군의 리더십 문제와 인사 정체 문제를 동시에 일으켜 군부 정치 개입 즉 5·16 쿠데타의 주요 요인이 되기도 했다.

세 번째의 문제점은 출생지별 파벌 대립이다. 군사영어학교 출신을 출생지별로 보면 함경도 20명, 충청도 17명, 평안도 16명, 서울·경기도 15명, 경상도 14명 순이었다. 이들은 이승만 대통령의 분리 지배 통치술에 따라 정

---

25. 이기윤, 『별: 대한민국 육군사관학교 60년』, 139쪽.

일권(함경도 출신) 중심의 '동북파', 백선엽(평안도 출신) 중심의 '서북파', 이형근(충청도 출신) 중심의 '중남부파'로 나뉘어 파벌을 형성하고 경쟁하는 가운데 서로 대립했다. 그러나 이들의 대립은 이로부터 소외된 박정희 등이 김종필 등의 정군파(整軍派)와 함께 쿠데타 세력을 형성하는 요인이 됐다.[26]

이러한 성격의 군사영어학교가 결코 오늘날 육군사관학교의 전신(前身)이라고 할 수 없다는 다음과 같은 주장은 충분히 설득력이 있어 보인다.

> 군사영어학교는 그 설립 목적이 통역관의 양성에 있었을 뿐 아니라, 그 졸업생들이 국방경비대 창설요원으로 활약했다는 점을 감안한다 하더라도 파행적인 교육과 운영, 그리고 군 경력자들이 학생이었다는 점에서 실제적인 간부 양성 기관으로는 보기 어렵다고 할 수 있다. 따라서 군사영어학교가 육군사관학교의 전신이라고 정의하고 있는 것은 사실의 오해에서 비롯된 역사적 오류라고 할 것이다.[27]

조선경비사관학교

미군정청은 군사영어학교 폐교 후 1946년 1월 15일 '남조선국방경비대'를, 5월 1일에는 '남조선국방경비사관학교'를 창설했다. 그러나 미소공동위원회[28]에서 소련이 '국방'이라는 용어에 대해 항의하자, 6월 15일 '남조선국

---

26. 한용원, 『한국의 군부정치』, 대왕사, 1993, 113쪽.
27. 이기윤, 『별: 대한민국 육군사관학교 60년』, 139~140쪽.
28. 1945년 12월 16일의 모스크바 3상회의(三相會議) 결정에 따라 한국의 임시정부 수립을 지원할 목적으로 설치된 미국과 소련의 대표자 회의. 1946년 3월 20일 서울에서 제1차 미소공동위원회, 1947년 5월 21일 제2차 미소공동위원회가 서울과 평양을 오가며 회의를 열

1946년 1월 15일 미군정청이 창설한 '남조선국방경비대'는, 6월 15일 '남조선경비대'로 명칭이 바뀌고 1948년 8월 15일 대한민국 정부가 수립된 후 국군으로 개편됐다._사진출처: 「사진으로 보는 역사」, 육군사관학교 홈페이지.

방경비대'가 '남조선경비대'로, 6월 16일 사관학교 이름도 '남조선경비사관학교(경비사)'[29]로 바뀌어 1기에서 6기까지 입교했다. 교육기간은 1개월 반에서 6개월이었고 5기의 6개월이 가장 길었다. 대한민국 정부 수립 전까지 1,254명의 장교를 배출했다.

'경비사' 1~4기는 반 이상이 일본군 출신이어서 체질 개선이 불가능했다. 반면에 5기는 5년제 중학교 졸업 이상의 학력을 가진 민간인 가운데서 선발했고 3분의 2 정도가 북한 출신이었다. 그러나 장성 승진 비율에서 군 경력이 있는 군사영어학교 출신이나 선배 기들에 비해 현저히 떨어지는 등 진급에서 뒤처져 불만이 많았다.

'경비사' 출신 임관자들 가운데 주요 인사(소장 이상 또는 5·16 쿠데타 참여)는 다음과 같다.[30]

었으나 합의에 도달하지 못하고 결렬됐다.
29. 경비사 2기 졸업증서에는 '남'자를 떼어낸 '조선경비사관학교' 또는 '육군사관학교'라는 학교 명칭을 사용하고 있다. 이기윤, 『별 : 대한민국 육군사관학교 60년』, 145~146쪽.
30. 한용원, 『한국의 군부정치』, 114~121쪽.

- 경비사 1기(입교 1946.5.1./ 교육기간 1개월 반)

    서종철(徐鍾喆, 대장, 국방부장관), 임충식(任忠植, 대장, 국방부장관), 김점곤(金點坤, 소장, 국방부 차관보)

- 경비사 2기(입교 1946.9.23./ 교육기간 3개월 이내)

    박정희(朴正熙, 대장, 대통령), 문형태(文亨泰, 대장, 합참의장), 심흥선(沈興善, 대장, 합참의장, 5·16 공보부장관), 이세호(李世鎬, 대장, 육군참모총장), 한신(韓信, 대장, 합참의장, 5·16 내무부장관), 김재규(金載圭, 중장, 중앙정보부장), 김희덕(金熙德, 중장, 5·16 농림부장관), 유근창(柳根昌, 중장, 국방부차관), 송호성(宋虎聲, 남조선경비대 총사령관), 이철희(李哲熙, 소장, 중앙정보부 차장), 한웅진(韓雄震, 소장, 사단장)

- 경비사 3기(입교 1947.1.13./ 교육기간 3개월 이상)

    노재현(盧載鉉, 대장, 국방부장관), 김용순(金容珣, 중장, 중앙정보부장), 최덕신(崔德新, 중장, 천도교 교령), 김진위(金振暐, 소장, 수도경비사령관), 양찬우(楊燦宇, 소장, 내무부장관), 송호림(宋虎林, 중장, 5·16 전남지사)

- 경비사 4기(입교 1947.5.16./ 교육기간 4개월 이내)

    김종환(金鍾煥, 대장, 합참의장), 조시형(趙始衡, 소장, 농림부장관), 황인성(黃寅性, 소장, 국무총리)

- 경비사 5기(입교 1947.10.23./ 교육기간 6개월 이내)

    정승화(鄭昇和, 대장, 육군참모총장), 채명신(蔡命新, 중장, 주베트남 한국군사령관), 김재춘(金在春, 소장, 중앙정보부장), 박원석(朴元石, 중장, 공군참모총장), 장지량(張志良, 중장, 공군참모총장)

- 경비사 6기(입교 1948.5.5./ 교육기간 3개월 이내)

    박태준(朴泰俊, 소장, 포항제철 회장), 박현식(朴賢植, 소장, 5·16 서울시 교육감),

박태원(朴泰元, 소장, 5·16 치안국장)

박정희는 1946년 12월 14일 경비사 2기를 졸업한 후 춘천에 있던 8연대에 근무하다 소위에서 건너뛰어 대위로 진급했다. 1947년 9월 27일 조선경비사관학교 중대장으로 자리를 옮겨 그해 10월 23일 입교한 경비사 5기생들을 가르쳤다. 당시 교장은 김백일(金白一) 중령, 생도대장은 최창언(崔昌彦) 소령, 행정처장은 장도영 중령이었고 박정희는 제1중대장이었다. 이때 김재춘(金在春), 채명신(蔡命新), 박춘식(朴春植), 박치옥(朴致玉), 문재준(文在駿), 이원엽(李元燁), 박기석(朴基錫) 등과 같은 5·16 쿠데타 경비사 5기 인맥이 만들어졌다.

4. 박정희 쿠데타의 뿌리③

육군사관학교 제8기

1945년 8월 15일 대한민국 정부가 수립되자 조선경비대와 조선해양경비대가 각각 대한민국 육군과 해군으로 정식 발족했다. 이와 함께 '경비사'는 육군사관학교(육사)로 이름이 바뀌고 경비사 1기를 육사 1기로 하여 기수를 셈하게 됐다. 이후 교육기간이 다소 연장되어 육사 7기는 3개월, 8기, 9기는 6개월, 10기는 1년의 교육을 각각 받았다. 육군사관학교가 교육 과정을 4년으로 하여 본격적으로 정규 장교를 육성한 것은 전두환(全斗煥), 노태우(盧泰愚) 등이 속한 11기부터였다.

육사 7~10기 출신 임관자들 가운데 주요 인사(소장 이상)는 다음과 같다.[31]

- 육사 7기(입교 1948.8.9.~1948.11.12./ 교육기간 1~3개월 이상)
  김영선(金永先, 중장, 안기부 차장), 김용휴(金容烋, 중장, 국방부차관), 박찬긍(朴贊兢, 중장, 국방부차관)

- 육사 8기(입교 1948.12.7.~1949.2.21./ 교육기간 3주~6개월 미만)
  이희성(李熺性, 대장, 육군참모총장), 유학성(兪學聖, 대장, 안기부장), 진종채(陳鍾埰, 대장, 군사령관), 차규헌(車圭憲, 대장, 교통부장관), 강창성(姜昌成, 소장, 보안사령관), 윤필용(尹必鏞, 소장, 수도경비사령관)

- 육사 9기(입교 1949.7.15./ 교육기간 6개월)
  윤성민(尹誠敏, 대장, 국방부장관), 이병문(李丙文, 대장, 해병대사령관), 장병주(張炳宙, 소장, 특전사령관)

- 육사 10기(입교 1949.7.15./ 교육기간 1년)
  황영시(黃永時, 대장, 육군참모총장), 김윤호(金潤鎬, 대장, 합참의장), 소준렬(蘇俊烈, 대장, 재향군인회장)

대한민국 정부 수립 후 그때까지 조선경비대에 입대하지 않았던 사람들은 다음과 같이 몇 가지 방식으로 입대했다.

일본 육사 출신들을 보면, 이종찬(李鍾贊)·신태영(申泰英)·김형석(金炯錫)은 대령으로, 이용문(李龍文)·신응균(申應均)은 소령으로 특별 임관했고, 김석원(金錫源)·백홍석(白洪錫)·유승렬(劉升烈)·안병범(安秉範)은 육사 8기 특기 수

---

31. 한용원, 『한국의 군부정치』, 128, 131~137쪽.

육사 8기는 단기사관 기수(경비사 1기~육사 10기) 가운데 가장 많은 사람이 입학해 가장 많은 1,264명이 임관했고 402명이 전사하여 전사자 수도 가장 많았다. 사진은 8기생들이 1949년 5월 23일의 임관을 앞두고 태릉 육사 교정에서 찍은 것이다._사진출처:《중앙일보》

료 후 대령으로 임관했다.

광복군 출신들의 경우 김홍일(金弘壹)·김동수(金東洙)는 특별 임관했고, 김관오(金冠五)·김국주(金國柱)·장흥(張興)은 육사 7기 특기로, 안춘생(安椿生)·박준식(朴俊植)·오광선(吳光鮮)은 육사 8기 특기로 임관했다. 만주군 출신 이주일(李周一)·윤태일(尹泰日) 등은 육사 7기 특기 수료 후 대위로 임관됐다.

군사영어학교 출신 장교들의 수에 더하여 특기 수료자가 늘어난 것 역시 군의 신진대사를 늦추는 데 기여했다. 특히 1960년대에 접어들면서 군사영어학교 출신 장교들의 평균연령이 40세에 불과하여 경비사 5기 출신은 7~8년간 진급이 되지 않아 대령에 머물러 있었다. 특히 1,264명이나 임관한 '육사' 8기의 경우 군사영어학교 출신과 나이 차이는 2~3년밖에 되지 않는데도 중령으로 진급하는 데 8년이나 걸렸다. 이처럼 경비사 5기, 육사 8기를 중심으로 진급 불만이 쌓여 폭발은 시간 문제였고 마침내 이들이 5·16 쿠데타의 전면에 나선다.

이 얘기는 잠시 접고, 박정희와 육사 8기의 만남에 대해 살펴보자. 만남의 연결고리는 박정희의 조카사위 김종필임은 물론이다. 박정희와 김종필, 이 두 사람은 언제 어떻게 만나 인연을 맺게 되었는가?

남조선노동당(남로당) 군사부 책임자 이재복(李在福)을 수사하는 과정에서 박정희는 남로당원임이 드러나 1948년 11월 11일 체포되어 무기징역을 선고받았지만, 요행수로 처벌을 면해 1948년 12월 10일 서대문 형무소에서 출감한다. 군에서 파면된 박정희는 군인이 아닌 육군본부 비공식 문관으로 근무하게 됐는데, 직제에도 없는 '상황실장'이란 문관 자리를 만들어준 사람은 육군본부 정보국장이었던 백선엽 대령이었다.

세상의 모든 일이 아무 인연 없이 그대로 이어루지는 법이란 없다. 1949년 5월 23일 임관한 육사 8기생 15명이 박정희가 일하던 육군본부 정보국 전투정보과에 배속됐고 그중 한 명이 김종필 소위였다. 김종필, 최영택, 전재구, 이영근, 석정선 등 육사 8기와의 만남이 이렇게 시작되었고, 1951년 1월 김종필은 박정희의 조카사위가 된다. 전투정보과의 선임 장교였던 유양수(柳陽洙, 육사 7기 특별반)는 육사 8기생들을 정보국으로 데려온 사정을 이렇게 설명했다.

> 1949년 접어들어 공비 침투의 증가로 업무가 폭주했어요.… 제가 육사에 가서 1000명이 넘는 졸업예정자 가운데 성적 1~25등인 생도들만 뽑아서 모두 면담을 했어요. 그 가운데서 15명을 추려내 임관과 동시에 데리고 온 겁니다.… 이런 체계화 과정에서 박정희 소령, 그분은 민간인이었지만 제가 생도일 때 중대장이셨기 때문에 소령님이라 불렀어요. 그분은 육사 8기생들에게는 가정교사처럼 일을 가르쳐 주셨고 간부들에겐 상담역 역할을 했습니다.[32]

1950년 육군본부 정보국 전투정보과 시절 육사 8기생들. 앞줄 왼쪽부터 서정순(훗날 정보부 차장), 석정선(정보부 차장), 전재덕(정보부 차장), 뒷줄 왼쪽부터 이영근(유정회 국회의원), 고재훈(정보부 국장), 안영원(경제과학심의회의 부이사관)_사진출처:《중앙일보》

이렇게 시작된 인연은 김종필, 고동철(高東哲), 길재호(吉在號), 김동환(金東煥), 김성룡(金性龍), 김용건(金用鍵), 김재후(金載厚), 김형욱(金炯旭), 박배근(朴培根), 박원빈(朴圓彬), 방성출(方性出), 서상린(徐相潾), 석정선(石正善), 신용관(申用寬), 신윤창(申允昌), 심이섭(沈怡燮), 안태갑(安泰甲), 엄병길(嚴秉吉), 오치성(吳致成), 오학진(吳學鎭), 옥창호(玉昌鎬), 이낙선(李洛善), 이석제(李錫濟), 이영근(李永根), 이지찬(李志燦), 임광섭(任光燮), 장동운(張東雲), 정문순(鄭文淳), 조창대(曺昌大), 최홍순(崔弘淳), 홍종철(洪鍾哲) 등의 '육사 8기 출신 5·16 쿠데타 주체(主體)' 명단을 만들어 낸다.

육사 8기의 전체적인 인상은 군인보다는 정치인으로 국민의 뇌리에 더 분명하게 박혀 있다. 우리 사회의 어느 집단, 어느 동기 치고 8기만큼 많은 국회의원·장관·대사·국영기업체장 등 요직을 배출한 예가 없다. 8기생 가운데 소장 이상으로 예편한 사람들은 5·16에 가담하지 않았거나 관련 있어

---

32. 조갑제, 『이용문(李龍文)-젊은 거인의 초상』, 조갑제닷컴, 2016, 145쪽.

도 다시 군에 돌아갔던 사람들이다. 정계·관계로 진출했던 사람들은 준장이나 대령 급이 주를 이룬다. 5·16 후 민정 이양 때 전역한 사람들을 제외하고는 1965년부터 별을 달기 시작했다. 8기생 중 장성은 총 110명이다.[33]

---

33. 장창국, 『육사 졸업생』, 중앙일보사, 1984, 228쪽.

제2장
숙군(肅軍)과 박정희

총살형(1명) 무기(4명)

군법회의서 73명에 언도

 건전한 국군을 건설하고자 국방부에서는 특히 작년 10월 반란 사건 이래 장교를 비롯하여 병사에 이르기까지 1천여 명을 검거하여 취조 중에 있던 중 조사가 끝난 자들은 2월 8일부터 군법회의에 회부 중이었는데 13일까지 판결 언도를 받은 자는 73명에 달하고 있는바, 그중 전 마산(馬山) 15연대장 최남근(崔楠根)은 총살 언도를 받았으며, 그 외 김학림(金學林), 조병건(趙炳乾), 박정희(朴正熙), 백명종(白明鍾) 등은 무기징역 언도를 받고, 기타는 15년부터 5년까지 징역 판결이 있었다 한다. 그런데 최남근은 남로당 군 세포책임자로서 전번 체포된 이재복(李在福)의 사상에 감명을 받아 남로당에 가입한 후 정부를 전복할 목적으로 동지를 규합 중 반란 사건 중에는 반군 진압 작전 업무를 수행치 않고 적의 탈주로를 열어주는 등 물질적으로도 국군에게 막대한 피해를 입게 하고 38 이북으로 도주하려다가 체포된 것이라 한다. _《경향신문》 1949.2.17. 4면(맞춤법 바로잡음).

박정희의 무기징역 선고 기사(《경향신문》 1949.2.17. 4면)

1. 여수·순천 사건과 박정희

박정희의 변신

박정희의 젊은 시절 삶에는 네 번의 결정적 변신이 있었다. 첫 번째는 보통학교(초등학교) 교사를 하다가 만주 군관학교에 입학한 것이고, 두 번째는 해방 직후 광복군에 가담한 것, 세 번째는 남로당에 가담한 것, 마지막으로는 여순 사건 이후 단행된 숙군 과정에서 다시 한 번 극적인 변신을 해 살아남은 것이다.

우리 현대사에 곡절이 많다지만 박정희만큼 변신을 자주 한 이도 찾아보기 힘들다. 세상이 급히 변하다 보니 그 속에 살고 있는 사람들도 시류에 휩싸여 변할 수 있다. 세상이 변하는데 옛 방식만을 고집하는 것은 미덕이 아니다. 그러나 박정희의 변신은 횟수도 그렇지만 남다른 데가 있었다. 앞의 세 번의 변신은 불행한 기회주의자의 막차를 탄 변신이었다.[1]

박정희가 만주 군관학교에 간 첫 번째 변신에 대해서는 이미 살펴본 바 있고, 두 번째 변신인 '광복군 가담'이란 일본 패망 후 보신책으로 '해방 후 광복군'에 들어간 것을 말한다. 1945년 8월 16일, 일본의 패망 소식을 들은 박정희는 신현준[2]·이주일[3]과 함께 소속 부대인 만주군 보병 제8단에서 이

---

1. 한홍구, 『대한민국史 02: 아리랑 김산에서 월남 김 상사까지』, 한겨레신문사, 2003, 65쪽.
2. 신현준(申鉉俊, 1915~2007). 경상북도 김천 출생. 부모를 따라 만주 이주. 하얼빈보통학교 고등과를 중퇴(1932). 만주군 통역 근무 후 만주국 평톈 군관학교 제5기 졸업(1937), 보병 소위 임관. 간도특설대 창설 요원. 해방 후 조선해양경비대 인천기지 사령관, 초대 해병대 사령관 등 역임. 『친일인명사전』(민족문제연구소)에 등재됨.
3. 이주일(李周一, 1918~2002). 함경북도 경성 출생. 만주 용정(龍井) 광명중학교 졸업(1937). 만주국 신징 군관학교 제1기 졸업(1941), 일본 육군사관학교 제56기 졸업(1942), 만주국군 육

만주군 장교 시절의 박정희와 광복군 장교 시절의 장준하(오른쪽). 같은 시대를 산 두 사람의 삶의 궤적은 정반대였다.

탈하여 베이징(北京)으로 갔다. 거기서 이들은 광복군에 가담하여 3지대 평진(平津) 대대에 배속된다. 이들이 가담한 광복군이란 무엇인가?

일본이 항복하자 충칭(重慶) 대한민국 임시정부는 일본군에 복무 중인 조선인 군인들을 모아 10만에 달하는 병력을 편성해 '국군' 자격으로 보란 듯이 귀국할 계획을 하고 있었다. 이에 따라 기존의 3개 광복군 지대(支隊) 외에 '잠정적으로 편성한 지대'가 '잠편지대(暫編支隊)' 즉 '해방 후 광복군'이다. 그러나 당시의 여건이 임시정부의 뜻대로 되지 않아 1946년 1월 '잠편지대'는 사실상 해체됐고, 결국 박정희는 1946년 5월 6일 일행과 함께 텐진에서 미군 LST선을 타고 5월 8일 부산에 도착했다.

군 중위. 해방 후 육군사관학교 제7기 특별반 졸업 후 대위 임관. 1961년 제2군사령부 참모장으로 5·16 쿠데타에 참여, 국가재건최고회의 부의장, 감사원장 등 역임. 『친일인명사전』에 등재됨.

그 후 1946년 9월 23일 박정희는 남조선경비사관학교 2기로 입학해 약 3개월간의 교육을 받은 후 1946년 12월 14일 육군 소위로 임관, 춘천 8연대에 부임했다. 이때 남조선노동당(남로당)에 비밀리에 가입해 세 번째 변신을 한다. 공산주의자가 된 것이다. 공산주의 세상이 됐다면 그 길로 갔을 테지만 뜻대로 되지 않았다.

박정희가 남로당 비밀당원이라는 사실이 여수·순천 사건(여순 사건) 후의 숙군(肅軍) 과정에서 드러나고 만다. 그러자 군부 내 남로당원의 명단과 정보를 모두 군 수사기관에 제공하고 사형을 면하고 살아남았다. 이것이 공산주의로부터 전향한 네 번째 변신이다. 남로당 관련 변신에 대한 자세한 이야기는 잠시 후에 계속된다.

이 같은 박정희의 네 차례에 걸친 변신은 모두 극단에서 극단으로 움직였다는 점에서 주목할 만하다. 평범한 교사에서 '친일(親日)'을 맹세하고 만주군 장교가 된 것, 사실상 일본군인 만주군 장교에서 일본군과 싸우던 광복군에 들어간 것, 대한민국 국군이 되고 나서 남로당 비밀당원 즉 공산주의자가 된 것, 남로당에 대한 정보를 제공하고 좌익에서 우익으로 전향하여 살아남은 것, 이것이 박정희가 변신해 간 모습이다.

이처럼 박정희는 '군의 숙청' 즉 숙군 과정에서 전향해 극적으로 살아남았다. 지금부터 숙군의 계기가 된 여순사건에서부터 박정희가 살아남기까지의 전 과정을 들여다보기로 하자.

제주 4·3 사건과 여순 사건

심훈(沈熏)은 시 「그날이 오면」에서 "삼각산이 일어나 더덩실 춤이라도 추고 한강물이 뒤집혀 용솟음칠 그날이" 오면 "두개골은 깨어져 산산조각이 나도 기뻐서 죽사오매 오히려 무슨 한이 남으오리까"라고 노래했지만, '그날'은 여간해서 올 기미를 보이지 않았다. 결국 심훈의 생전에 '그날'은 오지 않았다.

그러다 1945년 8월 15일, 심훈이 그토록 바라던 '그날'이 마침내 왔다. 그러나 심훈의 말처럼 더덩실 춤춘 것은 한 순간일 뿐, 패전국 일본은 멀쩡한 반면 해방된 우리나라는 남북으로 두 토막이 나 버렸다. 이에 따라 순식간에 좌·우익 양편으로 이념이 갈라져 상대방을 절대로 용납하지 않는 '전투적 극단주의'가 만연하기 시작했다. 이러한 좌·우익의 극단적 충돌로 가장 큰 희생을 강요당한 사람은 일반 민중이었고, 민중이 희생당한 대표적 사례가 '제주4·3 사건'과 '여수·순천 사건'이었다.

「제주 4·3 사건 진상규명 및 희생자 명예회복에 관한 특별법」에 의하면 "제주 4·3 사건은 1947년 3월 1일 경찰의 발포 사건을 기점으로 하여 1948년 4월 3일 발생한 봉기 사태와 그로부터 1954년 9월 21일까지 제주도에서 발생한 무력충돌과 진압 과정에서 양민들이 희생당한 사건"이다. 이 사건은 미군정 시절에 시작되어 1948년 8월 15일 대한민국 정부 수립 후에도 이어지다가 7년 6개월여 만에 종결됐다.

사건 경위를 간단히 요약하면 이렇다. 남한만의 단독 정부 수립을 반대하던 남조선노동당(남로당) 제주도당이 1948년 4월 3일 무장대를 조직해 민간인들을 괴롭히던 경찰과 우익 청년단체를 공격했다. 이에 5월 3일 미군정이 무장대를 총공격하라고 명령함으로써 토벌이 시작되어 애꿎은 민간인들이 희생당했고 이승만 정부 수립 후에도 토벌대에 의한 민간인 희생이 계속됐다. 이 과정에서 희생당한 사람의 수는 얼마나 되었을까?

제주 4·3 사건 당시 군인과 경찰들이 사살한 시신을 확인하고 있다._사진출처: 제주4·3평화기념관

제주4·3위원회에서 2007년까지 희생자로 확정한 인원은 1만 3천 564명이었다. 이 중 여자가 21.2%로 2천 872명이나 된다. 연령별로 보면 10대와 그 이하가 3천 2명, 50대가 928명, 60대 이상이 885명이다. 이는 남녀노소를 가리지 않고 무차별적으로 집단학살을 자행했음을 보여준다. 희생자 확정자 중 마을별 희생자를 보면 제주도 163개 마을에서 100명 이상 희생된 마을이 44개로 거의 30%에 육박했다. 신고하여 심사를 거쳐 확정된 인원만 가지고도 이 정도니까 실제 마을에서 희생된 인원은 그보다 훨씬 많을 것으로 추정된다. 가해자별로 보면 토벌대에 의한 것이 84.4%, 무장대에 의한 것이 12.3%이며 기타가 3.3%이다.[4]

여수·순천 사건(여순 사건, 1948.10.19.~1948.10.27.)은 '제주 4.3 사건'의 연장선상에서 일어났다. 즉 전라남도 여수에 주둔하고 있던 국군 제14연대의

---

4. 『제주4·3 70년 어둠에서 빛으로』, 제주4·3평화재단, 2017, 67쪽.

남로당 세포 조직이 제주 4·3 사건 진압을 위한 출동을 거부하며 반란을 일으키자, 좌익 계열 시민들이 이에 호응하여 봉기했고 진압군이 이를 유혈 진압한 사건이다.

제14연대의 남로당 세포원들이 봉기를 결정한 것은 제주 4·3 사건 진압 때문만은 아니었다. 또 다른 이유는 숙군에 대한 두려움 때문이었다. 연대 본부의 인사 담당 선임하사관이었던 지창수(池昌洙) 상사는 연대 내 세포를 통해 자세한 정보를 얻고 있었다. 10월 11일 14연대의 남로당 세포원이 체포되어 긴장하고 있던 차에 10월 18일 아침 10시 지창수는 정보과 소속인 세포원으로부터 "오늘 저녁에 지창수 이하 좌익 세포원들을 체포할 것"이라는 정보를 입수했다. 지창수는 남로당 전남도당과 연락이 닿지 않은 상태에서 급히 회의를 소집해 무장 봉기하기로 결정했다.

무장 봉기에서 핵심적인 역할을 맡은 것은 지창수를 중심으로 하는 하사관 그룹이었다. 주로 사병들로 조직되어 있었던 제14연대 남로당 세포는 전남도당이 관리하고 있었다. 제14연대 당부의 유일한 장교 당원이었던 홍순석(洪淳錫) 중위는 순천으로 파견 나가 있었고, 중앙당에서 관리하고 있던 장교인 김지회(金智會)는 제14연대의 봉기를 전혀 알지 못했다. 지창수 그룹도 김지회가 남로당원임을 알지 못하고 있었다.

지창수는 먼저 예광탄 3발을 신호로 반란을 시작하기로 하고, 예광탄이 오르면 즉시 병기고와 탄약고를 점령하기로 했다. 제14연대의 무기고에는 제주도 진압을 위해 지급받은 미군의 신식 무기인 M-1 소총과 60㎜ 박격포, 탄약, 폭탄 등이 보관되어 있었다. 또 무기고에는 아직 반납하지 않은 일제 99식 소총 등 3천여 정의 무기가 정렬된 채 그대로 남아 있었다. 이 무기들은 장병들과 여순 시민을 무장시키는 데 사용하기로 했다.[5]

반란군은 10월 20일 10시경 읍사무소 자리에 보안서를 설치하고 여수 인민위원회를 구성했다. 10월 23일 여수 인민위원회는 발표를 통해 서울에는 새 인민공화국이 들어섰다고 하면서 인공기와 인민증을 나누어 주고, 인민증을 가진 사람들에게 1인당 3홉씩의 쌀을 배급했다. 14시경 최고심사위원회에서 '요처단 반역자'로 결정된 우익 인사의 사형이 보안서 앞에서 시행됐다. 이날 처형된 사람의 명단은 다음과 같다.

> 김영준(천일고무 사장, 한민당 여수지부장), 박귀환(대동청년단장), 연창회(경찰서 후원장), 차활인(한민당 간부), 김창업(대한노총지부장), 이광선(미 방첩대 요원), 김수곤·최인태(우익계 인사), 박찬길·박귀역(사찰계 형사)[6]

이처럼 여순 사건 당시의 인민위원회 활동에서 가장 중요한 것이 우익 인사 숙청이었던 것에서 드러나듯, 분단 정권의 수립이 기정사실화된 상태에서 좌·우익 간의 투쟁은 이제 폭력과 테러의 유혈적 단계로 들어서고 있었다. 이런 정치적 상황이야말로 우익 세력에 대한 학살이 이루어지는 배경이 됐다.

여수 인민위원회의 경우 보안서가 대상 인물을 선별해 처벌하긴 했지만, 대부분은 우익 인사와 경찰에 대한 무분별한 학살이었다. 이런 측면에서 여순 사건 당시의 좌익들은 이승만 정권에 대한 반발과 함께 좌익 운동이 지향하는 정책적 대안들을 보여 주기는 했지만, 기존의 우익 세력의 정치와는 근본적으로 차별화된 좌파 정치의 비전을 분명히 하지는 못했다.[7]

---

5. 김득중, 『'빨갱이'의 탄생-여순사건과 반공 국가의 형성』, 선인, 2009, 71~76쪽.
6. 진보네트워크(www.jinbo.net).

반란군은 여수를 점령한 후 순천으로 이동해 홍순석 중위가 지휘하는 제14연대 2개 중대 병력과 합세해 순천을 장악했고, 10월 21일에는 벌교·보성·고흥·광양·구례를 거쳐 10월 22일에는 곡성까지 점령했다.

진압군 총사령관 고문 하우스만

여수의 제14연대 봉기 소식을 들은 서울의 미 임시군사고문단 수뇌부는 1948년 10월 20일 오전 관계자 회의를 열어 대책을 논의했다. 미 임시군사고문단장 로버츠(William H. S. Roberts)가 소집한 이 회의에는 미군 측에서 경비대 고문 하우스만(James H. Hausman), G-2 소속의 존 리드(John P. Reed), 전 5여단 고문인 트레드웰(J. .H. W. Treadwell) 대위, 현 5여단 고문 프라이(Robert F. Frey) 대위가 참석했고, 육군에서는 채병덕 참모총장, 정일권 육군본부 작전참모부장, 백선엽 정보국장, 고정훈 정보장교가 참석했다. 이 자리에서는 여수 진압 작전을 지휘하기 위해 일단 광주에 반란군 토벌 전투사령부를 만들기로 결정했다.[8]

반란군 토벌 전투사령부는 전라남도 광주 제5여단 사령부에 설치됐고 총사령관에 국방경비대 사령관 송호성[9] 준장이 임명됐다. 로버츠 고문단장은 미 임시고문단을 대표하는 작전책임자 및 총사령관 고문으로 하우스만

---

7. 김득중, 『'빨갱이'의 탄생—여순사건과 반공 국가의 형성』, 170~171쪽.
8. 김득중, 『'빨갱이'의 탄생—여순사건과 반공 국가의 형성』, 225쪽.
9. 송호성(宋虎聲, 1889~1959). 함경남도 함주 출생. 광복군 훈련처장, 지대장 역임. 광복 후 귀국해 조선경비사관학교 2기 수료 후 조선경비대 제2대 총사령, 육군총사령관, 여순 사건 때 반란군 토벌 전투사령관에 임명됨. 한국전쟁 때 한강교 폭파로 남하하지 못하고 북한군에 납북됨.

1949년 9월 채병덕 육군참모총장의 연설을 듣고 있는 하우스만(오른쪽). 하우스만은 이승만 대통령부터 노태우 대통령에 이르기까지 역대 한국 대통령과 긴밀한 관계를 유지해 온 인물이다. 한국과 미국의 중요 현안들을 막후에서 조정하는 역할을 했다._사진출처:《중앙일보》

을 임명했다. 하우스만이 계급은 대위에 불과했지만 한국군 즉 국방경비대의 사정을 꿰뚫고 있었기 때문이다.

반란군 토벌 전투사령부에서 백선엽 정보국장은 참모장을, 김점곤 정보과장은 작전·정보·병참 업무를 담당했다. 박정희는 현장에 파견되어 김점곤을 보좌하는 작전참모로 참여했다. 또한 미 군사고문관 하우스만 대위와 2명의 미 고문관, 나중에 5여단 고문인 모어(Gordon Mohr), 제14연대 고문인 그린봄(Stewart Greenbaum) 외 5명이 참여해 총 8명의 미 임시군사고문단원이 여순 사건 진압에 참여했다.

여순 사건 진압의 실제 지휘관은 미군 대위 하우스만이었다고 해도 과언이 아니다. 이것은 로버츠 고문단장이 하우스만에게 하달한 다음과 같은 공식 명령의 내용만 보아도 잘 알 수 있다.

첫째, 한국군 사령부가 사태 진압에 적절한 대처를 하지 못하면 즉각 작전 통제권을 직접 관장할 것

둘째, 기동작전사령부를 구성하고 적절한 감독 행위를 할 것

셋째, 결과를 신속히 고문단 본부에 보고할 것

넷째, 면밀한 작전 계획을 세워 이를 성공적으로 이행할 것[10]

하우스만은 누구인가

제임스 하우스만(1918~1996)은 미국 뉴저지에서 태어났다. 그는 16세 때 형의 이름으로 입대해 군인이 된 기이한 경력의 소유자로 1941년 소위가 됐고, 1946년 7월 26일 28세 때 한국에 파견되어 남조선경비대 창설을 지원하는 임무를 맡았다. 춘천에 있던 제8연대에 배치되어 연대를 조직하고 훈련시켰고, 남조선경비대 총사령관 배로스(Russel D. Barros) 대령의 보좌관 역할을 수행했다.

당시 남조선경비대는 일본군이나 만주군 출신이 대부분이었고 광복군 출신은 극소수였다. 그것은 하우스만이 광복군 출신을 경시했기 때문인데, 그는 광복군 출신이 일본군 출신에 비해 반공의식이 부족하다고 여겼다.

하우스만은 배로스 대령이 제주도사(濟州島司)[11]로 발령 난 후, 사실상 남조선경비대 총사령관 역할을 수행했다. 그는 전국을 순회하면서 한국에 대해 알고 싶은 사람이면 누구나 그에게 조언을 구하는 '한국통'이 되어 갔다.

---

10. 짐 하우스만/정일화(공저), 『한국 대통령을 움직인 미군대위』, 한국문원, 1995, 172쪽.
11. 조선총독부는 1915년 5월 1일 총독부령 제44호로 '도(島)'의 명칭·위치·관할구역'을 공포하고 제주군을 '제주도(濟州島)'로 개편해 종래의 군수 대신에 주임관인 '도사(島司)'를 두었고, 이 말을 미군정에서도 그대로 사용했다. '제주도사'란 오늘날 '제주도지사'를 뜻한다.

"1946년 미군정 소속 정보장교로 한국에 부임, 35년간 줄곧 주한미군 소속 군사 전문가로 활동했던 미 예비역 육군대령 제임스 하우스만이 5일(현지시간) 텍사스 주 오스틴 시 자택에서 심장질환으로 사망했다. 향년 79세." 《동아일보》 1996.10.7.)

그의 마음에 들면 승진할 수 있었지만, 마음에 들지 않으면 생명도 내놓아야 했다. 하우스만의 마음에 차고 안 차고의 가장 중요한 기준은 그가 공산주의 이념을 가지고 있는가 아닌가였다. 하우스만이 좋아했다 해도 공산주의자로 밝혀지면 형장의 이슬로 사라졌다.

1948년 정부가 수립되고 하우스만은 대통령, 국방장관, 육군참모총장, 미고문단장 등이 참여하는 군사안전위원회에 참여했다. 미군이 남한에서 철수하면서 임시군사고문단이 만들어지자 군사고문단장과 국군 참모총장 사이의 연락 임무를 맡았고 대통령인 이승만을 면담하는 일도 잦아졌다. 이승만은 "군대에서 당신 명령을 수행하지 않는 자가 있으면 나에게 알려달라. 그를 교체하겠다"라고까지 하며 하우스만을 신임했다.

하우스만은 한 사람의 키 큰 미군 대위에 불과했지만, 한국 정치의 배후무대에서 정력적으로 활약했다. 일국의 대통령을 움직일 수 있었고, 남한 '국군의 아버지'로 자칭했다. 군사 쿠데타 세력들 정착에도 관여한 인물, 친일파 장교들을 유독 선호하고 그 출세를 도운 인물, 이승만의 동족 대학살 현장 어디든지 나타나 진두지휘한 인물 제임스 하우스만. 박정희 쿠데타를

미국에 가서 설득한 인물, 전두환 쿠데타를 미국에 이해시킨 인물, 그가 바로 제임스 하우스만이다.[12]

하우스만과 작전참모 박정희

여순 사건은 하우스만이 박정희를 처음 만나는 계기를 마련해 준다. 하우스만은 여순 사건 다음 날인 10월 20일 오후 정일권과 함께 비행기로 광주로 향했다. 광주에서의 진압 작전 과정에서 하우스만은 작전참모 "박정희와 상당히 깊게 얘기할 기회"를 갖게 된다. 이것이 숙군 과정에서 박정희가 살아남아 5·16 쿠데타를 성공으로 이끄는 결정적 계기가 되리라는 것을 아무도 생각하지 못했다.

이때 하우스만이 박정희가 남로당 비밀당원이라는 것을 알지 못했음은 물론이다. 박정희는 시침 뚝 따고 작전참모로서의 역할을 하는가 하면 기자회견까지 하며 열을 올리고 있었다. 당시 언론 보도를 보자.

호남지구 작전은 일단락, 박정희 작전참모 기자에 언명
호남지구 작전참모 박정희 소령은 11월 5일 기자단 회견 석상에서 다음과 같은 요지의 담화를 발표하였다. 금번 반란사건에 대하여서는 순전히 국군의 독자적 작전이다. 항간에는 배후 지휘를 미군이 하고 있다고 유포되고 있으나 이것은 허설이다. 그리고 호남지구 작전은 이로 일단락되었으며 현재는 구례동북지구 지리산록에 약 백오십 명가량의 무장폭도가 잔재하고 있을

---

12. 「김관후의 4·3칼럼(38)—국무회의에 참석할 수 있는 유일한 미국인」, 《제주의 소리》, 2014.12.26.

(왼쪽부터)반란군 토벌 전투사령부 작전참모 박정희 소령, 총사령관 송호성 준장, 미군 임시 군사고문 헐리 풀러(Hurley Fuller) 대령 등

뿐이다. 앞으로 호남방면 군의 방침은 좌기 2항에 중점을 둔다.

1. 무장폭도의 조속 숙청.
2. 작전 중요지구 치안행정과 교육, 생산 등의 각 기관 복구지도.[13]

박정희는 이날 기자회견에서 여순 사건 진압에 미군이 관여하지 않고 있으며, 국군의 독자적 작전이라는 것을 밝혔다. 그러나 여순 사건 진압의 실제 지휘 체계는 미군에 있었고 무기 등도 미군이 지원했다. 여하튼 언론 보도처럼 박정희는 호남지구 작전참모였다. 정확하게 말하면 호남지구전투사령부 남부지구(제5여단장, 김백일 중령)에 속해 있었다.[14]

하우스만은 여순 사건을 계기로 박정희를 만나게 되는데 그 과정은 이렇다. 하우스만이 한국에 온 것이 1946년 7월이었으나, 말이 통하지 않아 통역이 필요했다. 그래서 육군사관학교 7기 특별반으로 훈련 중인 고정훈[15]

---

13. 《평화신문》1948.11.10.
14. 주철희, 「역사별곡-24: 여순사건과 박정희의 관계는?」, 《순천광장신문》 96호.

여순 사건 진압 후 제14연대에 가장 먼저 들어간 것은 미 임시고문단이었다. 헐리 풀러 대령(오른쪽)이 제14연대 깃발을 들고 있다. _사진출처:《순천광장신문》

과 이수영[16]을 부랴부랴 소위로 임관시켜 통역으로 광주까지 동행했다. 다음은 하우스만의 증언이다.

내가 박정희를 처음 만난 곳은 전남 광주에서였다. 1948년 10월 여순 반란 사건이 났을 때 나는 주한 미군 고문단장 특사 자격으로, 그리고 육군으로 이름이 바뀐 국방경비대 고문 자격으로 중대한 사명을 띠고 광주에 급히 설치된 여순 반란 진압사령부에 파견됐었다. 사령부에는 백선엽(白善燁)·김점곤(金點坤)을 비롯한 육군본부 정보 담당관들이 지휘를 맡고 있었다. 박정희는 육군사관학교 중대장으로 근무하다가 그의 정보 수집 능력, 치밀한 작전 계획 능력을 잘 아는 김점곤 소령이 특별히 육군본부에 부탁하여 현장에 파견돼

---

15. 고정훈(高貞勳, 1920~1988). 평안남도 진남포 출생. 아오야마(靑山)학원대학에서 영문학을, 만주의 북만(北滿)학원대학에서 러시아어를 공부. 후일《코리안 리퍼블릭》편집국장, 《조선일보》논설위원을 역임하고 혁신계 정치인으로 활동함.
16. 이수영(李壽榮, 1921~1972). 평안북도 철산 출생. 일본 와세다대학을 졸업. 해방 후 육군에 입대, 후일 프랑스 대사를 지내는 등 외교관으로 활동함.

왔었다.[17]

고정훈은 박정희를 잘 알고 있었다. 그리고 하우스만은 박정희를 소개받아 고정훈의 통역으로 "박정희와 상당히 깊게 얘기할 기회"를 가지게 된 것이다. 하우스만이 한국에 와서 최초로 맡은 직책이 춘천 제8연대 창설 연대장이었고, 박정희는 하우스만이 전근한 후 바로 그 제8연대에 소대장으로 배속됐기 때문에 얘깃거리가 많았을 것이다. 하우스만은 자신의 후임으로 제8연대장에 부임한 원용덕[18]으로부터 박정희에 대한 얘기를 들었다고 한다. 다음은 하우스만의 증언이다.

그는 8연대 소대장으로 부임해 연대의 미군 고문관과 한바탕 언쟁을 한 바 있었으며 원(元) 연대장이 장교들에게 훈시하는 가운데 "한국군 장교들은 영어를 좀 배워야 한다"고 말하자 박(朴) 소대장이 가슴을 앞으로 쑥 내밀면서 발뒤꿈치를 잔뜩 세우고는 "이것이 미국 군대입니까, 한국 군대입니까"라고 치받았다는 것이다. 이 말은 내 머리에 남아 있는 인상 깊은 말이다. 그리고 그것은 박정희가 숙군 작업 때에 적색(赤色) 조직책으로 걸려들었을 때 나의 판단을 올바르게 하기도 했다.[19]

---

17. 짐 하우스만/정일화(공저), 『한국 대통령을 움직인 미군대위』, 29쪽.
18. 원용덕(元容德, 1908~1968). 서울 출생. 세브란스의학전문학교 졸업(1931) 후 강원도 강릉에서 병원 개업. 만주국군 군의(軍醫) 특임으로 임관(1933), 만주국군 상위(上尉, 1936), 해방 당시 만주국군 중령. 1945년 11월 월남, 군사영어학교 부교장(1945), 부산정치파동 당시 계엄사령관 등 역임. 『친일인명사전』에 등재됨.
19. 짐 하우스만/정일화(공저), 『한국 대통령을 움직인 미군대위』, 31~32쪽.

여순 사건 진압

정부는 송호성 준장을 진압군 사령관으로 임명해 1948년 10월 21일 광주로 급파하고 10개 대대를 진압군으로 편성했다. 진압군은 10월 23일 가까스로 순천을 탈환했으나 23~24일의 여수 공격은 실패했다. 이 과정에서 송호성 사령관이 부상당하고 취재하던 AP통신 기자가 목숨을 잃었다.

새로 부임한 원용덕 진압군 사령관이 대대적으로 여수 탈환 작전에 나선 것은 10월 26일이었다. 진압군은 여수반도를 육지에서 포위한 뒤 바다에 정박 중인 경비정에서 박격포로 포격을 퍼부었다. 여수 진압 작전으로 반란군은 무력화됐으나 여수는 불바다로 변하고 무고한 시민들이 목숨을 잃었다. 진압군은 27일에야 잿더미가 된 여수를 장악했다. 이로써 여수 제14연대 반란 사건은 9일 만에 막을 내렸다. 그러나 이어진 부역자 색출로 좌익은 물론 무고한 민간인까지 피해를 입은 경우가 많아 냉전의 깊은 상처를 남겼다. 반란군 중 생존자는 지리산 일대로 들어가 빨치산 투쟁을 전개했다.[20]

무고한 민간인이 목숨을 잃는 등 피해를 입은 끔찍한 장면 가운데 몇 장면을 들여다보기로 하자. 먼저 당시 여순 사건을 취재했던 《타임-라이프(Time-Life)》 기자 칼 마이던스(Carl Mydans)가 자신의 회고록에 기록한 순천에서 일어난 일이다.

> 4일 후 내가 다른 3명의 특파원과 함께 시내에 들어갔을 때, 전 시민이 학

---

20. 김정형, 『20세기 이야기_1940년대』, 답다출판, 2014, 510~511쪽.

여수 탈환 작전 중인 진압군_사진출처:《서울신문》

교 운동장에 모여 앉혀 있었다. 이곳에서 반란을 진압했던 정부군이 반란자들의 잔학 행위와 똑같은 야수성과 정의를 무시한 태도로 보복을 하고 있었다. 운동장에 흩어진 작은 집단 속에서 군인과 경찰들은 총대와 곤봉으로, 무릎 꿇려진 사람들에게 자백을 끌어내려 하고 있었다.

살아남은 경찰관 중의 한 사람은 어깨에 총을 늘어뜨리고 일본군 헬멧을 쓴 채 희생자들의 주위를 돌며 환상적으로 왔다갔다 춤추며, 그 사내가 기진맥진하여 드디어 자백을 받아낼 때까지 그 사내의 얼굴을 개머리판으로 때렸다가, 또 동물과 같은 짓으로 헬멧 쓴 머리를 얼굴에 부딪치게 했다. 그러고 나자 자백을 한 다른 전부와 마찬가지로 운동장 저쪽에 있는 호 속에 쳐 넣어지고 그곳에서 총살되었다. 이름도 죄명도, 누가 심문하고 누가 사형을 집행했는가도 기록되지 않고 그렇게 소멸되었다.[21]

이러한 상황은 여수에서도 똑같이 벌어졌다. 10월 26일 여수에서 진압군

---

21. 김득중, 『'빨갱이'의 탄생—여순사건과 반공 국가의 형성』, 298~299쪽에서 재인용.

여순 사건 관련 사진. 왼쪽 상단이 여수 서국민학교 운동장에 모인 주민들의 모습이다._사진 출처: 《한겨레》

은 시민들에게 확성기로 초등학교에 모이라고 방송했다. 시민들은 나오지 않으면 봉기군으로 간주된다는 말을 듣고는 죽을 수도 있다는 공포를 느꼈고, 실제로 국군이 젊은 사람들에게 총을 쏘는 장면을 보았기 때문에 대부분 모이라는 장소에 나왔다. 무장 군인들은 총을 들고 길거리에서 이탈자를 감시했다. 줄에서 이탈하면 봉기군으로 간주됐다. 진압군은 서국민학교에 본부를 설치하고 동정 공설운동장, 진남관, 중앙국민학교(현 종산초등학교), 동국민학교, 서국민학교 등 다섯 군데에 시민들을 모두 모았다.[22] 이들은 어떻게 되었을까?

무슨 영문인지 모르고 끌려왔던 시민들은 곧 '심사'라는 것을 받게 되었다. 그제서야 여기 끌려온 이유를 알 수 있었다. 이 심사라는 것은 14연대나 가담

---

22. 김득중, 『'빨갱이'의 탄생—여순사건과 반공 국가의 형성』, 299쪽.

자들로부터 피해를 입었거나 피해를 입으려다가 구출되었거나, 또 수배대상에 올랐던 사람들이 이번에는 거꾸로 현장에서 가담자를 가려내는 것이었다. 생존 경찰관을 선두로 우익진영 요인들과 진압군 병사로 구성된 5~6명의 시민들을 줄줄이 앉혀놓고 사람들의 얼굴을 쑥 훑고 다니다가 '저 사람'하고 손가락질만 하면 바로 그 자리에서 교사 뒤에 파놓은 구덩이 앞으로 끌려가 불문곡직하고 즉결처분(총살)되어 버렸다. 그 자리에는 일체 말이 필요 없었다. 모든 것이 무언인 가운데 이루어졌다. 사람을 잘못 봤더라도 한번 찍혀버리면 모든 것이 끝장이었다.[23]

자칭 "백두산 호랑이" 김종원.[24] 이승만 대통령 시대를 살았던 사람들의 기억 속에 아직도 남아 있는 악명 높던 김종원. 이 자도 여수 바로 그곳에서 악명을 떨쳤다. 오죽했으면 『대한민국 악인열전』이라는 책에 제1번 타자로 등장할까?[25]

당시 국군 5연대 1대대장이었던 김종원은 경남 마산에 주둔하고 있었고, 14연대에 장악당한 여수를 탈환하기 위한 작전을 펼친다. 그러나 김종원은 해상으로 무모하게 상륙하려다 많은 부하를 잃었다. 미국 군사고문단은 그의 작전능력을 형편없다고 평가했다.

---

23. 김계유, 「1948년 여순봉기」, 《역사비평》 15호(1991 겨울), 역사비평사, 283~284쪽.
24. 김종원(金宗元, 1922~1964). 경상북도 경산 출생. 일본군 하사관 자원 입대하여 파푸아뉴기니와 필리핀 전투에 참여(1940~1945). 헌병부사령관 겸 경남지구 계엄사령관(1950), 경남·경북·전남경찰국장(1953~1955), 치안국장(1956~1957) 등 역임. 치안국장 재임 시 당시 장면 부통령 암살 미수 사건 배후 인물로 지목되어 4·19 혁명 후 구속·복역하다 사망.
25. 임종금, 『대한민국 악인열전』, 도서출판 피플파워, 2016, 15~35쪽.

당시 여수 중앙초등학교 운동장에 시민들을 모아놓고 부역자를 색출하는 작업이 이뤄지고 있었다. 이때 젊은 남성 가운데 손바닥이 투박하거나 군용 팬티를 입고 있거나 머리가 짧은 사람은 부역자로 몰려 죽었다. 학교 운동장 한편 버드나무 밑에서 김종원은 시내에서 따로 끌고 온 사람들을 일본도로 목을 베고, 베다 지치면 소총으로 시험사격을 하듯 죽였다.

당시 증언자의 말에 따르면 '인간으로서는 차마 할 수 없는' 짓을 하고 있었다. 이뿐만 아니라 어느 골목에서 마주한 청년들을 모두 현장에서 일본도로 베는 등 마치 분풀이 하듯 사람들을 죽였다.

여수 남면 안도(安島)에서는 무고로 인해 학살이 저질러졌다. 정치망 어장을 놓고 갈등 중이던 주민이 안도에 좌익이 많다고 허위로 고발한 것이다. 김종원은 주민들을 분류한 다음 인민군을 찾아내라며 패기 시작했고 이 과정에서 24세 한종일 씨 목을 직접 벴다. 이후 초등학교 교사인 이종섭과 김기정을 우체국 옆에서 사살하고 주민 40여 명을 안도 선창으로 끌고 갔으며 이 가운데 11명을 학살했다.[26]

2. 숙군(肅軍)

1963년의 사상논쟁(思想論爭)-"박정희는 빨갱이였다"

박정희가 남조선노동당(남로당) 비밀당원이었다는 사실 즉 그가 한때 공

---

26. 임종금, 『대한민국 악인열전』, 17~18쪽.

"여순 사건 자료를 공개", "박정희 씨에 무기 언도"를 보도한 《동아일보》 1963.1.13. 호외

산주의자였다는 사실이 처음으로 세상에 알려져 큰 충격을 주었다. 1963년 10월 15일에 치러진 제5대 대통령 선거 운동 과정에서였다.

제5대 대통령 선거는 어느 선거보다도 국민적 관심이 높았다. 4·19로 탄생한 민주당 세력과 이를 5·16 쿠데타로 무너뜨린 민주공화당(공화당) 세력 간의 한판 대결이었다. '혁명'의 목적이 달성되면 원대 복귀하겠다던 박정희는 군복을 벗고 사실상 여당인 공화당 후보로 나왔다. 이에 맞서 야당인 민정당에서는 그에게 대통령 자리를 빼앗긴 윤보선 전 대통령이 범민간 세력의 대표로 나섰다.

그런데 선거를 불과 이틀 앞둔 1963년 10월 13일 오후 야당인 민정당은, 박정희 공화당 후보가 "여순 반란 사건 이래 진행된 숙군 당시 1949년 2월 12일 군법회의에서 김학림, 조병건, 배명종 등과 같이 무기징역 언도를 받았다"는 요지의 1949년 2월 17일자 《경향신문》 기사와 2월 18일자 《서울신문》 기사 그리고 자체적으로 입수한 문건을 들이대며 공격을 시작했다.[27]

이에 대한 《동아일보》의 다음과 같은 보도 내용은 박정희가 "자백자수(自白自首)"했다는 등의 몇 대목을 제외하면 사건의 전모를 비교적 정확하게 밝히고 있기 때문에 기사 전문(全文)을 소개하기로 한다.

민정당은 10월 13일 박정희 공화당 후보에 대한 이른바 '사상논쟁'의 매듭을 짓기 위해 〈여수·순천 반란 사건 조사자료〉를 공개하여, 박정희 후보는 당시 육군 소령으로서 "이중업(李重業) 당시 남로당 조직책 지령에 따라 이재복(李在福) 군부연락책에 의하여 육군 군부 내 조직을 담당하고 전 군부조직을 통할(統轄)한 사람이었으며 군법회의에서 무기징역을 선고받았다"고 폭로함과 아울러 박 후보가 여순 사건 이래 진행된 숙군 당시 1949년 2월 13일 군법회의에서 무기징역 언도를 받았다는 요지의 내용이 실린 서울신문 및 경향신문 기사를 증거물로 같이 발표했다.

김영삼(金泳三) 임시 대변인에 의하여 발표된 이 자료의 〈박정희의 임무〉라는 항목에는 "박정희 소령은 육군사관학교 생도대장으로 근무하면서 남로당 세포조직을 하였고 그 후임인 오일근(吳一根) 소령에게 세포책을 인계하고 제4연대로 이임, 그리고 육본 정보국에 전임했다"고 지적하고 이어 "육군본부 내 조직책을 담당했으며 전 군부조직을 통할(統轄)했다"고 지적했다.

이 자료는 이어 "국방장관 이범석(李範奭) 장군의 명령으로 군부 내 공산당 세포 적발 제1차 숙군이 하명되고 최남근(崔楠根)·오동기(吳東起)·이재복(李在福) 등이 체포되자 박정희 소령은 자신의 신변이 위험해짐을 느끼고 자신의 신상을 신임하는 상관인 정보국장 백선엽(白善燁) 중령에게 자백자수(自白自

---

27. 정운현, 『실록 군인 박정희』, 도서출판 개마고원, 2004, 138쪽.

首)하여 동(同) 국(局) 소속 김안일(金安一) 소령의 협심(協心)을 받아 불구속 입건되었다"고 말했다.

"백선엽·김안일은 박정희의 구명을 위해 전 군부(軍部) 내의 공산당원 명단을 제공, 자수한 자이므로 공산당 숙군에 공로가 크고 아울러 박정희 소령 없이는 정보부 운영이 곤란하다고 구명 운동을 했다"고 말하고 "박정희 소령은 국방경비법 18조와 33조의 적용을 받아 사형 구형에 무기징역 언도를 받았다"고 지적했다.

"그는 뒤에 군법회의설치장관(軍法會議設置長官)의 조치로 징역형은 집행정지되고 파면형은 승인 확인되었는데 6·25 직전 장도영(張都暎), 정일권(丁一權), 이기건(李奇建) 씨 등 주로 만주군 출신의 도움으로 정보국 비공식 문관으로 고용되었다가 6·25 발발 직후 육군 소령으로 복직되었다"고 이 자료는 지적하고 있다.

이날 민정당이 공개한 서울신문 및 경향신문의 관계 기사 골자는 각각 다음과 같다.

◇경향신문(1949년 2월 17일자)=국방부에서는 작년 10월 반란사건 이래 장교를 비롯하여 병사에 이르기까지 1천여 명을 검거하여 취조 중에 있던 중, 조사가 지난 자들은 지난 2월 8일부터 군법회의에 회부 중이었는데 지난 13일까지 판결 언도를 받은 자는 73명에 달하고 있는바, 그중 전 마산15연대장 최남근은 총살 언도를 받았으며 그 외 김학림, 조병건, 박정희, 배명종 등은 무기징역 언도를 받고 기타는 15년부터 5년까지의 징역 판결이 있었다 한다.

◇서울신문(1949년 2월 17일자)=건전한 국군을 건설하고자 국방부에서는 특히 엄격한 숙군(肅軍)이 시행되었거니와 이에 관련된 제16연대장 육군 중

령 최남근(崔楠根) 일파에 대한 공판은 지난 8일부터 13일까지 6일간에 걸쳐 서울고등군법회의에서 집행되었다. 즉 심판관 김완룡(金完龍) 중령 이하 6명, 검찰관 이찬형(李贊衡) 중령 이하 1명이 참석한 가운데 심리한 결과 각각 다음과 같은 판결이 언도되었다 한다.

▲총살=중령 최남근(崔楠根)(연대장) ▲무기징역=소령 김학림(金鶴林), 동 조병건(趙炳乾), 동 박정희(朴正熙), 중령 배명종(裵明鍾) ▲15년 징역=18명 ▲10년 징역=24명 ▲5년 징역= 23명 ▲무죄=대위 정진(鄭震), 중위 한동석(韓東錫), 동 박병순(朴炳順), 동 서정학(徐廷學)[28]

민정당 후보 윤보선은 대통령 선거 전략의 일환으로 정책 대결이 아닌 이른바 '사상논쟁(思想論爭)'에 몰두했는데, 국민에게 큰 충격을 주었다는 자기만족을 느낀 것 이외에는 결과적으로 대실패였다. 그것은 앞에서 살펴본 바와 같이 여수·순천 사건(여순 사건)에서 일반 시민이 반란군보다는 진압군으로부터 훨씬 더 큰 피해를 당했음에도 이를 인식하지 못하고, 여순 사건을 단순히 '빨갱이들'에 의한 '반란' 사건으로만 인식한 보수 정치인의 한계 때문이었다.

이러한 점은 '여순사건'을 흔히 '여순반란사건'이라고 불렀던 데에서도 나타난다. 제14연대 남로당 군인들에 의한 반란은 몇몇 남로당 세포원들에 의해 우발적으로 벌어진 사건으로 여수와 순천의 일반 시민과는 전혀 관련이 없었음에도, '여순 반란 사건'이라고 하면 마치 여수와 순천의 전 시민이 반란에 가담한 것 같은 인상을 풍기기 때문에 '반란'이라는 말은 피했

28.《동아일보》1963.10.14. 2면.

1963년 10월 5일 윤보선 후보가 남산 야외음악당에서 선거 유세를 하고 있다._사진출처: 〈대한민국 정책브리핑〉(www.korea.kr)

어야 했다.

윤보선 후보와 민정당은 이런 점을 전혀 인식하지 못하고 있었다. 그는 9월 24일 전주 유세에 앞서 기자회견을 갖고 "어제 여수에서 강연회를 할 때 여수순천 반란 사건의 관련자가 정부에 있다는 사실을 상기하였다"고 하며 박정희를 여순 사건 관련자로 몰아붙였다. 또한 여순 반란 사건은 그 때 정부와 애국하는 여수 시민이 진압했기 때문에 오늘날 군정(軍政)하라도 부족한 점을 느끼면서 사는 것이라고 말했다.[29] 시민들 특히 전라남도 시민들이 이 말을 듣고 억장이 무너졌던 것은 당연했다.

앞에서 살펴본 것처럼 박정희는 남로당 비밀당원이기는 했지만 여순 사건과는 전혀 관련이 없었다. 오히려 사건 당시 시침을 뚝 따고 진압군 작전 참모 역할을 하고 있지 않았던가? 그러니 공연히 '여순 반란 사건'을 들먹이지 말아야 했다. 여기다 찬조 연사로 나선 사람이 "부산·대구에는 빨갱

---

29. 《동아일보》 1963.9.24. 1면.

이가 많다"는 발언을 함으로써 경상도 지역을 발칵 뒤집어 놓아 오히려 박정희를 돕는 역효과를 내고 말았다.[30]

이처럼 길게 말하는 것은 이른바 '사상논쟁'의 결과가 다음과 같이 '표'로 나타났기 때문이다. 제5대 대통령 선거에서 박정희는 근소한 표 차이로 승리했다. 총 1,100만여 표 중에서 박정희 후보는 총 유효 투표의 46.65%인 470만 2,642표를, 윤보선 후보는 총 유효 투표의 45.1%인 454만 6,614표를 얻어 표 차이는 15만 6,028표에 불과했다.[31]

그런데 여수와 순천이 속한 전라남도는 어떻게 되었을까? 박정희 76만 5,712표, 윤보선 48만 800표로 박정희가 윤보선보다 28만 2,912표 앞섰으니[32] 결과적으로 전라남도에서 승부가 나 버린 것이다.

이런 판단은 리영희[33]도 동의한다. 그는 대담집인 『대화』에서 다음과 같이 주장했다.

윤보선이 박정희의 과거 행적을 놓고 그를 극렬하게 친공분자로 위험시하자 지배계층, 부유층, 극우 반공 성분의 유권자들은 윤보선을 지지했어. 반대로 방금 얘기한 좌익세력과 변화를 원하는 하층 민중들은 박정희 쪽으로 기울었어요. 그런 이유로 박정희 쪽으로 기울었던 과거 남로당 계열이나 사

---

30. 강준만, 『한국 현대사 산책-1960년대편 2권』, 인물과사상사, 2004, 230쪽.
31. 임영태, 『대한민국사: 1945~2008』, 도서출판 들녘, 2008, 313쪽.
32. 「대한민국 제5대 대통령 선거」, 위키백과.
33. 리영희(李泳禧, 1929~2010). 평안북도 운산 출생. 언론인, 교수, 사회운동가. 한국해양대학교 항해학과 졸업(1950) 후 통역장교로 지원 입대하여 육군 소위 임관(1950), 육군 소령 예편(1957). 합동통신 외신부 기자(1957~1964), 조선일보 정치부·외신부장(1964~1969/강제해직), 합동통신 외신부장(1970~1971/강제해직), 한양대학교 교수(1972~1995) 등 역임. 한양대학교 교수 재직 중 4번 해직, 5번 구속됨.

회주의자 내지 진보세력들은 결과적으로 완전히 오판을 한 셈이지. 왜냐하면 박정희는 애당초 무자비한 반공주의 정권을 천명하고 집권한 자인데다가, 그런 좌익적 인사들에게는 가장 소중한 인간적 가치인 성실성과 이념적 일관성을 배반한 자이니까.[34]

당시 박정희의 대통령 당선을 위해 온갖 공작을 펼쳤던 김형욱의 중앙정보부도 같은 판단을 하고 있었다. 김형욱의 회고를 보자.

1963년 10월 16일 아침이 밝아오고 있었다. 오후로 접어들자 박정희의 근소한 우세가 다소 안정세를 보였다. 박정희는 15만여 표 차로 근소하게 윤보선을 이겼다. 전라도 지방에서 박정희가 윤보선을 무려 28만여 표차로 압승한 것이 박정희의 당선에 결정적인 요인이 되었다. 다른 지방에서는 비교적 예상대로 표가 나왔다. 자유당 시절 대통령 선거 때 조봉암이 이승만을 눌러 이겼던 지역에서는 예외 없이 박정희가 윤보선을 눌러 이겼다. 좌익세력이 박정희를 지지할 것이라는 김영민[35]의 주장은 사실로서 입증되었다.[36]

선거를 코앞에 두고 윤보선이 박정희를 공격하자 공화당 대변인이 반격에 나섰는데, 공화당 대변인이 내세운 반박 논리 역시 숙군 사건의 진상을 잘못 짚기는 마찬가지였다. 거기까지는 그렇다 치고 박정희가 김창룡에 의해 "관제 공산당"으로 몰렸다는 거짓 주장을 했다. 먼저 공화당 대변인의

---

34. 리영희, 『대화』, 대담 임헌영, 도서출판 한길사, 2005, 287쪽.
35. 김영민(金永旼). 육군사관학교 8기. 육군본부 정보국 공작처장, 중앙정보부 제3국장 역임.
36. 김형욱·박사월, 『김형욱 회고록: 제2부—한국중앙정보부』, 도서출판 아침, 2005, 83~84쪽.

반격에 대한 《동아일보》 기사부터 보자.

　　민정당이 10월 13일 아침 여순반란사건 조사 자료를 폭로, 박정희 공화당 후보의 관련 사실을 드러내자 공화당 서인석(徐仁錫) 대변인은 이날 "조작폭로 전술로서 악랄한 인신공격"이라고 응수하고 "이는 최후의 순간에서 공화당에 해명의 시간적 여유를 주지 않음으로써 국민의 이목을 현혹시키려는 것"이라고 비난하면서 다음과 같이 해명했다.
　　①본당(本黨) 대통령 후보 박정희 후보는 여순반란사건에 관련되어 재판을 받은 사실이 없다. ②본당이 누차 해명한 바와 같이 박정희 총재는 고 김창룡 장군에 의해 관제 공산당원으로 몰린 사실이 있으나 그것은 여순반란사건과 관련시켰던 것은 아니었고 공정한 재판에 의해 억울함이 밝혀졌다.
　　(이하 생략)[37]

　　공화당 대변인의 반박 내용을 보면 ①의 내용은 사실과 일치하지만, ②의 내용처럼 박정희는 "관제 공산당"으로 몰리지도 않았고 "공정한 재판에 의해 억울함이 밝혀"진 것도 아니었다. 박정희는 스스로 공산당원이 되었고, 이 사실이 밝혀지자 정보를 제공하고 주변의 도움으로 살아남았을 뿐이었다. 오히려 5·16 쿠데타 후 "관제 공산당"으로 몰아 사람을 죽인 것이 박정희였다.
　　그런데 도무지 이해할 수 없는 일이 벌어진다. 대변인이 나서서 엉터리 반박을 한 것은 선거 전이니까 그렇다 치더라도, 선거가 끝나 대통령에 당

---

37. 《동아일보》 1963.10.13. 호외(2).

선된 당사자인 박정희 스스로가 자신이 "관제 빨갱이"로 몰렸었다는 거짓 주장을 한 것이다. 이 같은 박정희의 거짓말을 자세히 들여다보자.

박정희의 거짓말-"나는 관제 빨갱이였다"①

박정희가 대통령에 당선되어 취임식이 거행된 것은 1963년 12월 17일이었다. 그러니까 대통령 취임 한 달쯤 전인 11월 19일자 《경향신문》에 다음과 같은 기사가 실렸다.

"관제 빨갱이로 언도만" 박정희 씨 여순사건 해명

박정희 씨는 과거 여순반란사건 때 관제 빨갱이로 몰렸으나 "공판은 한 번도 받지 않고 마지막 언도만 받았다"고 처음으로 밝혔다. 그 언도가 어떤 종류의 것인지는 알리지 않았다. 또 박 씨는 그의 형이 대구 10·1 폭동 때 판단을 잘못한 경찰의 무차별 사격 유탄에 맞아 작고했으며 그의 장례식에는 관민이 다 참석하여 애석해 했다고 회고했다. 박정희 씨는 《여원(女苑)》 창간 100호 기념호(12월호)에 붙인 한 기고에서 "나의 형이 횡사한 사건을 좋은 구실로 삼아 나를 그럴듯한 연극(숙군)에 강제로 출연시켰다"고 말했다.[38]

도대체 어찌된 영문일까? 당시 여성 전문 월간지 《여원(女苑)》 1963년 12월호에는 두 가지 제목의 기사가 실린다. 정충량[39] 당시 이화여대 교수의

---

38. 《경향신문》 1963.11.19. 1면.
39. 정충량(鄭忠良, 1916~1991). 함경북도 고원 출생. 숙명여자고등보통학교(1935), 이화여자전문학교 졸업(1939) 후 영어 교사로 재직. 해방 후 경향신문 문화부 기자, 서울일일신문 조사부장, 한국 최초 여성 논설위원으로 활약. 1963년부터 1977년까지 이화여자대학교

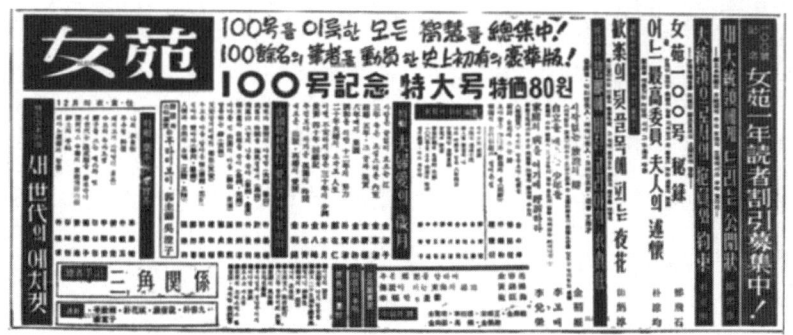

1963년 11월 19일자《경향신문》1면에 실린 월간잡지《여원(女苑)》1963년 12월호 광고. 박정희는 이 잡지에 실린「대통령으로서의 포부와 약속」이라는 기고문에서 자신이 "관제 빨갱이"로 몰렸다는 거짓말을 했다.

「새 대통령에게 주는 주부의 공개장」과 이에 대한 답변으로 박정희가 쓴 「대통령으로서의 포부와 약속」이라는 제목의 기고문이 그것이다.

정충량은 박정희에게 보낸「새 대통령에게 주는 주부의 공개장」에서 다음과 같은 여섯 가지 사항에 대해 밝혀 줄 것을 요구했다.

1. 사상논쟁에 대해서 시원한 공적 해명을, 2. 정치적 인(人)의 장막을 제거하고 공정한 행정을, 3. 농촌과 도시의 영세민을 위한 대책은?, 4. 교육제도의 정립과 자주경제의 확립, 5. 거국적 인재등용의 구체적 방안은?, 6. 여덟 가지의 공약을 실천해 주시오.[40]

이에 대해 박정희는「대통령으로서의 포부와 약속」이라는 기고문 형식으로 답변한다. 이 답변 가운데 '1. 사상논쟁에 대한 시원한 해명을 바란다

신문방송학과 교수로 재직하면서 이대학보사 주간 및 출판부장직 역임.
40. 정충량,「새 대통령에게 주는 주부의 공개장」,《女苑》1963년 12월호.

는 질문에 대하여'라는 글에서 박정희는 문자 그대로 새빨간 거짓말을 하며 그 거짓말에 대한 엉터리 근거를 대고 있다.

지금부터 자신이 '관제 빨갱이'였다는 박정희의 주장과 그가 내세웠던 이른바 '민족적 민주주의'에 대해 자세히 들여다보기로 한다. 박정희의 글은 다음과 같이 시작된다.

> 도대체 문제가 될 수 없던 일이 문제가 되어 왈가왈부하던 속셈은 여러분께서도 이미 다 짐작하셨을 줄 믿습니다. 이 문제는 ① 본인의 과거 행적(行蹟)에 불미스러운 것이 있다는 것과 ② 본인의 정치 노선이 민주주의가 아니다라는 요점을 포함한 것이었습니다. 현명하신 여러분께서는 ②의 정치노선 문제에 대한 이질적인 민주주의인가 아닌가 하는 문제는 이미 본인이 주장한「민족정신을 바탕으로 한 우리 체질에 알맞은 자유민주주의」가 단연 승리한 것으로 믿습니다.[41]

박정희는 기고문에서 "본인은 정직, 강직, 솔직의 3직(直)을 생활신조로 삼고 있으며, 이것은 또한 본인의 정치노선을 주름잡을 명맥(命脈)"[42]이라고 주장했다. 박정희는 과연 그런 사람인가?

박정희는 "사상논쟁에 대한 시원한 해명을 바란다"는 정충량의 요구에 대해 박정희는 '정직'하지도 '솔직'하지도 '시원'하지도 않은 뻔뻔한 태도를 보였다.

---

41. 박정희,「대통령으로서의 포부와 약속」,《女苑》1963년 12월호, 122쪽.
42. 박정희,「대통령으로서의 포부와 약속」, 127쪽.

사실 본인에 있어서도 이 문제에 대해서만치 분하고 억울함이 없었으며 그 말시비에 말려들어서는 안 될 시기적(時期的) 그리고 정치적 고려 때문에 무척 속을 태웠습니다. 그리고 또 선거가 끝나자 「명랑한 정치풍토」를 만들기 위하여 승자로서의 아량을 보이려고 했고 또 본인에 있어서도 자랑감이 될 수 없는 상처를 또다시 터뜨릴 필요가 있을까 하여 주춤하고 있던 차였습니다. 어떻든 그 「응어리」를 녹이도록 재촉하여 주신 정(鄭) 여사에게 감사를 드리는 바입니다.[43]

이어서 박정희는 전혀 '강직'하지 않은 그야말로 '비겁'한 태도를 보였다. 자신이 하는 거짓말의 근거를 대기 위해 자신의 형인 박상희[44]를 끌어들인 것이다. 그의 말을 요약하면 이렇다. 자기 형인 박상희는 민족주의자로서 대구 10·1 사건 때 난동을 무마하여 그 공로로 경찰이 베푼 주연에 참석했는데, 경찰 토벌대가 오인하고 무차별 사격을 가하여 사망했다. 그런데 군 내부의 파벌 싸움이 벌어지자 자기 형의 죽음을 빌미로 자신을 희생시켰다는 것이다. 즉 자기 형이 빨갱이였다고 모함해 자기가 당했다는 것이다.

이 대목에 대해 박정희가 스스로 쓴 글을 보자.

이 사건이 발생한 몇 개월 후 군 내부에서는 소위 숙군(肅軍) 문제가 일어나자 이것을 구실로 창군 당시 군 내부에 엉켜 있던 파벌 간의 주도권 쟁탈

---

43. 박정희,「대통령으로서의 포부와 약속」, 129쪽.
44. 박상희(朴相熙, 1906~1946). 경상북도 칠곡 출생. 박정희의 형. 구미보통학교 졸업(1925) 후 신간회 간부(1927), 조선중앙일보 대구지국장(1934), 동아일보 구미지국장 겸 주재기자(1935), 해방 후 건국준비위원회 구미지부 창설(1945), 민주주의민족전선 선산군지부 사무국장(1946). 1946년 대구 10·1 사건 발생 후인 10월 6일 경찰의 발포로 사망.

박정희의 형이자 김종필의 장인인 박상희. 박정희는 그를 인간적으로 존경했고, 그가 경찰에 의해 살해당하자 남로당에 입당했다는 주장도 있다._사진출처: 위키백과

전이 벌어져 모(某) 군계(軍系)를 거세(去勢)하기 위하여 본인이 우선 희생대에 올랐던 것입니다. 형의 횡사(橫死) 사건으로 좋은 구실이 생겼던 터였으므로 그럴듯한 연극에 강제출연을 당한 셈입니다. 물론 조사를 받은 것은 사실이나 공판도 한 번 받지 않고 마지막 언도만 받았습니다만 본인에게 주어진 모든 죄과는 허위임이 또한 사실이었기 때문에 다시 군에 복직되었습니다. 이러한 본인의 사실에 대해서는 지금도 증인이 될 수 있는 사람이 허다합니다. 당시의 수사와 재판이 어떠한 것인가는 이미 여러분께서 다 아실 문제입니다. 그러기에 본인은 공산분자에 대한 증오와 아울러 관제(官製) 빨갱이를 만들어 훈장을 타던 옛 버릇을 몹시 미워합니다. 얼마나 많은 선량한 백성들이 이러한 연고로 고생과 박해를 당하여왔습니까?[45]

이 글에서 "이 사건"이란 형 박상희의 죽음을 말한다. 앞서 말한 것처럼 "형의 횡사(橫死) 사건으로 좋은 구실이 생겼던 터였으므로 그럴듯한 연극

---

45. 박정희, 「대통령으로서의 포부와 약속」, 123쪽.

에 강제출연을 당한 셈"이라는 거짓 근거를 대고 있다.

대통령까지 된 사람이 이래도 되는 것인가? 박정희의 주장 가운데 "조사를 받았다는 것은 사실"이었다는 대목 이외에는 모두가 거짓말이니 말이다. 숙군 과정에서 다른 혐의자들과 함께 공판을 받은 사실이 언론에 보도됐는데도 "공판도 한 번 받지 않고 마지막 언도만" 받았다고 주장하는가 하면, "모든 죄과는 허위임이 사실이었기 때문에 다시 군에 복직"됐고, "이러한 사실에 대해서는 지금도 증인이 될 수 있는 사람이 허다하다"는 주장은 뻔뻔하다고밖에 달리 말할 도리가 없다.

박정희가 기적적으로 살아나 '민간인' 신분으로 군에 복직할 수 있었던 것은 죄가 없어서가 아니라 하우스만과 백선엽 등 만주군이나 일본군 출신들의 도움 때문이었고, 박정희가 남로당 비밀당원 즉 빨갱이였다는 사실을 아는 사람은 손으로 꼽을 수 없을 만큼 많다. 자신의 조카사위인 김종필까지도 박정희의 빨갱이 전력을 잘 알고 있는데도 거짓말을 하고 있는 것이다.

가증스러운 것은 관제 빨갱이가 되어 고생과 박해를 당한 사람이 많다고 한탄하고 있는 대목이다. 자신이 이미 1년 전에 《민족일보》 사장이던 조용수[46]를 관제 빨갱이로 몰아 죽였는데도 말이다. 그리고 이후에도 얼마나 많은 사람들을 빨갱이로 몰아 죽였는가?

다음으로 박정희는 자신이 주창한 이른바 '민족적 민주주의'라는 것에 대해 다음과 같이 말하고 있다.

---

46. 조용수(趙鏞壽, 1930~1961). 경상남도 진주 출생. 대구 대륜고등학교 졸업 일본 메이지대학 졸업 후 한국거류민단 중앙총본부 차장, 재일한국인 북송반대 도치키현 위원장 등 역임. 4·19 혁명 후 귀국, 1961년 2월 《민족일보》 사장에 취임했으나 5·16 쿠데타 직후 특수범죄처벌에 관한 특별법으로 구속되어 12월 21일 사형당했고, 2008년 1월 16일 법원 재심 결과 무죄와 국가 배상 판결을 받아 명예를 회복했다.

정치노선 문제에 대한 이질적인 민주주의인가 아닌가 하는 문제는 이미 본인이 주장한「민족정신을 바탕으로 한 우리 체질에 알맞은 자유민주주의」가 단연 승리한 것으로 믿습니다.[47]

여기서 그가 승리했다고 말한 것은 대통령 선거에서 '민족적 민주주의'를 내세웠는데, 자신이 선거에서 승리했으니 자신이 주창한 '민족적 민주주의'도 승리했다는 것이다. '민족적 민주주의'라는 것은 박정희가 발명한 민주주의 레퍼토리(행정적 민주주의→민족적 민주주의→한국적 민주주의) 가운데 두 번째에 자리한다.

'민주주의'에 무슨 수식어가 붙으면 일단 일당 독재나 특정 계층의 이익을 옹호하기 위해 '민주주의'라는 말을 이용한다고 보면 대체로 옳다. 예를 들어 '인민민주주의(people's democracy)'는 민주주의라는 말이 붙었지만 프롤레타리아 독재의 한 형태로 공산당이 절대적 지위를 확보하는 일당 독재를 실현하기 위한 방편에 불과하다. 또한 인도네시아의 종신 국가 원수였던 수카르노(Achmed Sukarno)가 주창한 '교도민주주의(guided democracy)'는 서구식 민주주의가 분열을 조장한다며 정치 엘리트의 지도적인 역할을 강조했지만, 이 역시 자신의 독재를 합리화하기 위한 논리에 불과했다.

그렇다면 박정희는 어떠했나? 박정희는 18년여 년의 집권 기간 동안 한국 실정에 맞는 민주주의라며 세 번에 걸쳐 정체불명의 민주주의를 발명해냈다. 최초의 발명품은 5·16쿠데타 후 군정(軍政) 기간인 1962년에 나왔다. 그것은 '행정적 민주주의'라는 것으로 친절하게 'administrative democracy'

---

47. 박정희,「대통령으로서의 포부와 약속」, 122쪽.

라고 영어 번역까지 제시하며 설명하고 있다. 혁명 기간에 지향하는 민주주의는 서구식 민주주의가 아닌 우리의 현실에 알맞은 '행정적 민주주의'를 해야 한다는 것이다. 간단히 말해 독재를 하겠다는 것인데, 박정희가 다음과 같이 에둘러댄 설명은 도무지 무슨 말인지 이해할 수가 없다.

> 우리들이 기왕의 부패를 일소하고 국민들의 자치능력을 강화하여 사회정의를 구현하는 것이 당면의 목표라면 그 방법으로서 민주주의를 정치적으로 당장 달성할 것이 아니라 어디까지나 과도기적인 단계에 있어서는 행정적으로 구현해야 될 것이요, 그 방법으로서 민주주의를 「위에서」 내리 닥치는 민주주의가 아니라 어디까지나 「아래서」 올라오는 민주주의, 아래서 깨달은 민주주의, 국민 스스로가 자기의 과거의 타성을 바로잡고 새로이 출발하여 발전하는 민주주의가 되어야 하기 때문이다.[48]

1963년 박정희는 대통령 선거를 앞두고 '민족적 민주주의'라는 것을 들고 나왔다. 이는 박정희가 자신에게 부족한 민주적 정통성을 민족주의로 합리화시킨 것에 지나지 않는다. 1962년에 주장한 '행정적 민주주의'와 마찬가지로 그 의미가 분명하지 못할 뿐만 아니라 상대 후보인 윤보선 측을 수구 사대세력으로 매도하고 자신은 민족주의 세력을 대표한다는 주장으로 활용하기 위한 방편이었다. 1964년 5월 학생들은 박정희의 '민족적 민주주의'를 '비민족적'·'비민주적' 민주주의로 비판하고 관에 넣어 '민족적 민주주의 장례식'을 거행했다.

---

48. 박정희, 『우리 민족의 나갈 길』, 동아출판사, 1962, 229쪽.

1964년 5월 20일 학생들은 박정희가 내세운 민족적 민주주의를 비판하는 '민족적 민주주의 장례식'을 치르고 민족적 민주주의가 담긴 관을 메고 시위에 들어갔다._사진출처: 동아DB

마지막 발명품은 '한국적 민주주의'라는 것이다. '한국적 민주주의'는 1972년 10월 17일 이른바 유신 쿠데타와 더불어 탄생했기 때문에 셋 중 내용이 가장 명확하다. 즉 '한국적 민주주의'란 박정희가 죽을 때까지 대통령을 하는 민주주의, 그런데 일반적인 민주주의가 아니라 한국에만 있는 이상한 민주주의라는 뜻이기 때문이다.

박정희의 거짓말-"나는 관제 빨갱이였다"②

다음은 월간지 《여원》에 실린 박정희의 「대통령으로서의 포부와 약속」 가운데 사상논쟁에 대한 부분이다. 참고가 될 만한 자료라 여겨 전문(全文)을 소개한다.

사상논쟁에 대한 시원한 해명을 바란다는 질문에 대하여

도대체 문제가 될 수 없던 일이 문제가 되어 왈가왈부하던 속셈은 여러분

《여원(女苑)》(1963년 12월호)에 실린 박정희의「대통령으로서의 포부와 약속」

께서도 이미 다 짐작하셨을 줄 믿습니다. 이 문제는 ① 본인의 과거 행적(行蹟)에 불미스러운 것이 있다는 것과 ② 본인의 정치 노선이 민주주의가 아니다라는 요점을 포함한 것이었습니다. 현명하신 여러분께서는 ②의 정치노선 문제에 대한 이질적인 민주주의인가 아닌가 하는 문제는 이미 본인이 주장한「민족정신을 바탕으로 한 우리 체질에 알맞은 자유민주주의」가 단연 승리한 것으로 믿습니다.

① 본인의 과거 행적이 어떻다는 모략과 그것을 정면으로 해명하지 않는 것에서 여러분은 무언가 석연치 않게 가슴에 풀어지지 않는 응어리가 남겨진다는 것일 것입니다.

사실 본인에 있어서도 이 문제에 대해서만치 분하고 억울함이 없었으며 그 말시비에 말려들어서는 안 될 시기적(時期的) 그리고 정치적 고려 때문에 무척 속을 태웠습니다. 그리고 또 선거가 끝나자「명랑한 정치풍토」를 만들기 위하여 승자로서의 아량을 보이려고 했고 또 본인에 있어서도 자랑감이 될 수 없는 상처를 또다시 터뜨릴 필요가 있을까 하여 주춤하고 있던 차였습니다. 어떻든 그 응어리를 녹이도록 재촉하여 주신 정(鄭) 여사에게 감사를 드리는 바입니다.

본인은 국민학교를 졸업하고는 줄곧 고향을 떠나 객지에서 살았으며 형제간에 있어서 잦은 접촉이나 사상 상에 영향을 미칠 정도로 깊은 소통이 있는 처지가 못 됩니다. 그런데 본인의 형으로서 선산(善山) 동아일보 지국장을 지내던 분이 10·1 폭동 사건 무렵 선산에서 경찰의 유탄에 맞아 애석하게도 작고하셨습니다. 형은 항일(抗日) 투쟁을 표방한 민족주의자로서 그 당시 좌익단체(左翼團體)의 난동에 대하여 그들을 설득 무마시킴으로써 그 지방의 질서를 유지시켜 아무 일이 없도록 하였습니다.

당시 경찰도 이 공을 인정하여 그날 밤 경찰서에서 주연을 베풀었던 것인데, 때마침 그릇된 정보에 의하여 출동한 경찰 토벌대는 선산에 닿자 난동자가 경찰서를 점령하고 있는 것으로 오인하고 무차별 사격을 가하여 불의(不意)의 희생을 당하였던 것입니다. 혼란과 무법의 공포 속에서 경찰 측의 과민(過敏)한 무차별사격 탓이었다는 것이 밝혀진 그 분의 장례식은 경찰 측과 우익단체(右翼團體)에 의하여 엄수되었는데 이 사실이 객지에서는 그릇되게 전해진 것이 문제의 실마리입니다.

본인은 일찍 군에 있었던 탓으로 통 고향 쪽의 실정에는 어두웠고 소위 여수순천 반란사건 당시 본인은 서울 태릉에서 육군사관학교에 근무 중이었으며 이윽고 토벌부대의 참모로서 출동하였습니다.

이 사건이 발생한 몇 개월 후 군 내부에서는 소위 숙군(肅軍) 문제가 일어나자 이것을 구실로 창군 당시 군 내부에 엉켜 있던 파벌간의 주도권 쟁탈전이 벌어져 모(某) 군계(軍系)를 거세(去勢)하기 위하여 본인이 우선 희생대에 올랐던 것입니다. 형의 횡사(橫死) 사건으로 좋은 구실이 생겼던 터였으므로 그럴듯한 연극에 강제출연을 당한 셈입니다. 물론 조사를 받은 것은 사실이나 공판도 한 번 받지 않고 마지막 언도만 받았습니다만 본인에게 주어진 모든 죄과는 또한 허위임이 또한 사실이었기 때문에 다시 군에 복직되었습니다. 이러한 본인의 사실에 대해서는 지금도 증인이 될 수 있는 사람이 허다합니다. 당시의 수사와 재판이 어떠한 것인가는 이미 여러분께서 다 아실 문제입니다. 그러기에 본인은 공산분자에 대한 증오와 아울러 관제(官製) 빨갱이를 만들어 훈장을 타던 옛 버릇을 몹시 미워합니다. 얼마나 많은 선량한 백성들이 이러한 연고로 고생과 박해를 당하여왔습니까? 한때는 미국의 루스벨트 대통령마저도 빨갱이라 규정지어졌고 또 매카시는 아이젠하워 행정부를 빨갱이 소굴이라 혹평도 하였습니다.

　우리나라만 하더라도 여러분이 신익희(申翼熙) 선생을 빨갱이로 몰아붙인 소위 뉴델리 사건이 있지 않았습니까? 아주 젊어서는 팔로군(八路軍)과 싸우고 좀 나이 들어서는 인민군, 중공군과 싸워온 이 사람을 반공전사(反共戰士)라고 하지는 못할지라도 이렇게 잡아 공산당으로 몰아치울 수야 있겠습니까?

　선서가 끝나자 이런 어처구니없는 중상을 일삼던 분께서 스스로「너무 큰 대적(大敵)과 맞붙어 힘겨워서 대중 앞에 서니 지나치게 흥분된 탓」이라고 말씀하시며 깨우침과 뉘우침을 보여주셨기에 이 이상 대꾸할 필요가 없어졌다고 느꼈습니다. 사실 그런 전력이 있었다고 의심스러웠다면 이승만, 김창룡씨에 의하여 벌써 거세된 것은 물론 국군 자체로서도 소장(少將)이라는 별과 사단장, 야전군참모장, 기지사령관, 육군본부 작전참모부장이라는 군의 요직에는 결코 앉힐 수 없었을 것이며 5·16 반공 정부도 나타나지 않았을 것입니다. 10여 년 전에 벌써 무효(無效)임이 선언된 재판기록에 대하여 본인은 지면

관계상 이 이상 부연치 않겠습니다.⁴⁹

남로당 비밀당원 박정희

한 나라의 최고 지도자가 된 사람은 자신의 신상에 관련한 일에 대해서는 그 유불리(有不利)를 떠나 정확한 기록을 남길 필요가 있다. 그렇지 않으면 후대에 역사를 기록할 때 정확한 사료(史料)가 없으니 주변의 정황에 따른 판단에 의존하지 않을 수 없게 되고, 결국 역사 기록이란 것이 문자 그대로 중구난방(衆口難防)이 되기 때문이다.

박정희의 남로당 비밀당원에 대한 기록 역시 그러하다. 박정희가 군인 출신이라 인문학적 소양이 부족해서 그런지는 몰라도, 자신이 스스로 작성한 기록에는 사료가 될 만한 것이 별로 없다. 사료는커녕 남로당 비밀당원이었다는 사실에 대해 자신이 "관제 빨갱이"로 몰렸다는 거짓말까지 했다. 또한 5·16 쿠데타 후에는 자신의 군사재판 관련 자료를 모두 폐기토록 지시하여 공문서 형태로 된 박정희 관련 자료는 남아 있는 것이 거의 없다.⁵⁰

이렇게 된 상황은 이제는 어쩔 수 없으니 박정희 본인 외의 사람들에 의한 '믿을 만한' 기록에 의존하는 도리밖에 없다. 이러한 원칙에 따라 박정희가 남로당 당원이 된 시점부터 숙군에 걸려 생사의 고비를 넘어 회생하기까지의 과정을 정리해 보기로 한다.

남조선노동당(남로당)은 1946년 11월 조선공산당과 남조선신민당 및 조선인민당이 합당해 창당된 공산주의 정당이다. 박정희는 왜 공산주의 정당

---

49. 박정희,「대통령으로서의 포부와 약속」, 122~124쪽.
50. 정운현,『실록 군인 박정희』, 147쪽.

박헌영(朴憲永, 1900~1956)이 1946년 9월 5일 미군정의 체포령을 피해 월북한 후 11월 23일 남조선노동당(남로당)이 창당됐다. 그는 「박헌영 서한」을 보내 남로당을 지도했다(사진은 1946년경의 박헌영)._사진출처: 위키백과

인 남로당에 들어갔을까? 조갑제는 그 해답을 다음과 같이 그의 성격에서 찾고 있다.

　　가난했던 어린 시절, 대구사범 재학 시절, 문경보통학교 교사 시절, 만군 장교 시절, 그리고 해방 뒤인 청년장교 시절에 걸쳐 일관되게 발견되는 박정희의 성격은 현실에의 불만, 기성질서에의 반항, 외세에 대한 거부감, 그리고 사회에 대한 개혁의지 등으로 요약할 수 있다. 그러한 박정희에게 남로당은 하나의 유혹이었다. 진보적 성향, 독립운동의 전통, 그리고 반외세를 상징하고 있던 남로당에 들어간 것은 박정희의 사상적 표현이라기보다는 그의 기질에 맞는 선택이었던 것 같다.[51]

---

51. 조갑제, 『박정희 1: 불만과 불운의 세월(1917~1960)』, 까치, 1992, 167쪽.

남로당과 군은 어떻게 연결되어 있었는가? 1947년 7월 7일, 남로당은 당 중앙에 군사부를 설치하여 남조선경비대에 대한 프랙션[52] 공작을 본격적으로 개시했다. 군 프랙션 공작은 장교와 사병을 구분하여, 장교는 당 중앙 군사부가 담당하고 사병은 원칙적으로 지방 당부가 담당하게 됐다. 당 중앙이 장교를 담당한 것은 장교의 선발과 교육·배치 등의 권한이 중앙 사령부에 있고 근무지 이동이 심했기 때문에 지방당에서 공작하는 것이 곤란했기 때문이다. 또 그것은 프랙션의 비밀을 지키기 위해서이기도 했다.[53]

박정희는 어떻게 남로당에 가입하게 되었을까? 그가 포섭되어 남로당에 가입한 것은 1946년 12월 14일 소위에 임관된 후 처음으로 부임한 춘천 제8연대의 소대장으로 근무하던 때였다. 그리고 박정희를 포섭한 사람은 남로당 군사부 총책 이재복(李在福, 1903~1949)이었다. 목사 출신인 이재복은 박정희의 형 박상희의 친구로 박정희와 최남근은 그가 직접 포섭했다.

그렇다면 이재복은 왜 박정희를 주목했을까? 당시 한국군의 주요 인맥은 일본군과 만주군 출신이었다. 그리고 비주류로 광복군 출신이 있었다. 그런데 박정희는 만주군과 일본군의 인맥에 두루 통할 뿐 아니라 광복군에도 한 자락 걸친 경력이 있었다. 동기생 가운데 나이가 많은 편인 박정희는 위 기수와 잘 연결됐으며, 동기생 사이에 신망이 두터웠고 개인적 능력이 뛰어났다. 그리고 박정희는 이재복과 같은 영남 출신이었다. 만주군 출신들이 대개 이북, 특히 함경도 출신인데 비해 경상도 출신의 박정희는 남로당 군사부가 지역적인 연고가 없는 만주군 인맥에 파고들어가는 데 더없이 귀중한 존재였다. 박정희는 출신 계급도 기본 계급인 빈농이었을 뿐만 아

---

52. 프랙션(fraction): 정당이 대중 단체의 내부에 조직하는 당원 조직.
53. 하성수, 『남로당사』, 도서출판 세계, 1986, 207쪽.

니라 우익 경찰에게 형 박상희를 잃은 '혁명열사 유가족'이 아닌가.

이런 박정희를 남로당 군사부가 주목하지 않았다면 오히려 이상한 일이었을 것이다. 그리고 당시 비록 미군정의 탄압이 시작되기는 했으나 아직도 좌익의 집권이 유력시되던 시점이었다. 만주군으로, 광복군으로 출세를 좇아가던 박정희는 좌익의 손길을 어쩌면 기다리고 있었는지도 모른다.[54]

박정희가 남로당에 가담했다는 사실이 어떻게 드러나게 되었을까? 김안일[55]의 중언을 들어 보자.

군내의 남로당 조직은 약점을 갖고 있었습니다. 당시의 군대 분위기 때문에 경계심이 무디어져 군대는 반(半)공개적으로 활동을 했습니다. 군대는 전출이 잦습니다. 남로당 세포 중에 한 사람이 전출 가 버리면 기능이 마비되기도 했습니다. 숙군 수사가 신속하게 진행될 수 있었던 것은 이재복의 비서가 잡혀 수많은 군내 세포명단을 불었기 때문입니다. 지방 조직까지 불었습니다. 그는 육군 장교였는데, 이 비서를 데리고 전국의 군부대를 돌면서 남로당을 찍으라고 했지요. 그대로 주워 담는 수사였습니다. 사관학교 내 조직이 알려져 박정희가 구속된 것도 이 비서의 제보 때문이었습니다.[56]

이재복의 비서는 누구이며 그를 통해 구체적으로 누구를 검거했는가? 숙군 조사 작업이 진행되는 동안 김창룡(金昌龍)[57] 대위는 남로당 군사책인 이

---

54. 한홍구, 『대한민국史 02: 아리랑 김산에서 월남 김 상사까지』, 73~74쪽.
55. 김안일(金安一, 1917~2014). 전라남도 해남 출생. 군인, 목사. 광주사범학교 졸업(1936) 후 교편을 잡다가 조선경비사관학교(2기)를 졸업하여 박정희와 동기였고, 1949년 육군본부 특무과장(제3과장, 소령)으로 숙군을 담당함. 준장 예편(1963) 후 목사 안수 받음(1975).
56. 조갑제, 「박정희를 살려준 김안일 최후 인터뷰」, 《뉴데일리》 2014.10.19.

재복의 비서 겸 연락책 김영식(金永植)을 서울 삼청동에서 체포했다. 그에게서 많은 비밀서류가 압수됐는데, 그중에 군에 침투한 좌익계 500여 명의 명단이 들어 있었다 한다. 이 명단에는 당시 육사 생도대장으로 있던 오일균(吳一均) 소령, 육사 교수부장 조병건(趙炳乾) 소령, 중대장 김학림(金鶴林) 중령, 제15연대장 최남근(崔楠根) 중령 등 100여 명의 장교도 들어 있었다. 김창룡은 김영식을 체포하고 중요 서류를 압수한 공로로 대위로 진급된 지 70일 만인 1948년 11월 5일 소령으로 특진됐다. 그때까지 제1연대 숙군의 책임자이던 김창룡이 그 후부터는 전군(全軍)에 대한 숙군의 주역으로 자리를 굳히게 됐다. 김창룡은 김영식을 전향시키는 데 성공하여 지하에 숨은 좌익 세포들까지 잡아내는 데 착수했다.

압수된 계보에 의하면, 오일균은 육사 담당 세포 책임자였다. 군내 사병이나 민간인 좌익들을 육사에 입교시키고 입교한 생도들을 포섭하는 것이 그의 임무였다. 김창룡은 오일균을 추적하여 서울 적선동에 있던 어느 세탁소에서 체포했다. 김종석(金鍾碩)도 충무로 3가의 어느 절에 숨어 있다가 김창룡에게 검거됐다. 김창룡은 평양 출신 이재복의 정체도 알아내 1948년 12월 28일 신당동 자택에서 그를 검거하고 그의 부책(副責)인 김용수(金龍洙)도 체포했다.[58]

---

57. 김창룡(金昌龍, 1916~1956). 함경북도 영흥 출생. 4년제 사립 덕성보통학교를 졸업, 영흥 공립농잠실습학교 2년 과정 수료 후 2년간 직공으로 근무. 만주국 신징 관동군 헌병교습소 입소(1940), 관동군 헌병보조원(1941), 오장(伍長) 특진(1943), 다수의 항일 조직 적발. 해방 후 월남하여 남조선경비사관학교 3기 입교·육군 소위 임관(1947), 육군본부 정보국 3과 배속·숙군 작업(1948), 육군 정보국 방첩대 대장, 중령 진급(1949), 육군 특무부대장(1951), 육군 준장(1953)·소장(1955) 진급. 피살(1956.1.30.)·육군 중장 추서. 『친일인명사전』에 등재됨.
58. 장창국, 『육사졸업생』, 중앙일보사, 1984, 218~219쪽.

1951년 말 미국으로 돌아가는 미 군사고문단을 환송하기 위해 대구 육군본부 앞에서 찍은 사진. 오른쪽부터 박정희 대령, 김창룡 대령, 이승철 중령(HID 부대장), 김종평 준장(정보국장), 전재구 대위(행정장교), 한 명 건너 김근화 중령(상황실장), 한 명 건너 박경원 대령(첩보부대장)_사진출처:《월간조선》

박정희는 어떻게 살아남았는가?

위의 사진 속에는 숙군 당시 수사관이었던 김창룡(당시 특무부대장)과 숙군 피의자였던 박정희(당시 육군정보학교장)가 함께 서 있다. 3년 전만 해도 박정희는 김창룡에게 체포되어 고문까지 당했었다. 이 사진을 찍고 나서 5년 후인 1956년 1월 30일 아침, 육군 소장으로 승진해 대한민국을 주름잡던 김창룡 특무부대장이 암살당한다.

김창룡을 암살한 허태영 대령의 말을 빌리면, 김창룡은 이승만 대통령의 총애를 배경으로 "개인의 영달을 위해 무분별하게 사람을 잡아들여 공산당 1명에 양민 10명의 비율로 무고한 사람들이 그의 손에 희생됐다."[59] 역사에

---

59. 임종금, 『대한민국 악인열전』, 184쪽.

는 가정이 없다지만, 권력을 마구 휘두르던 김창룡이 암살당하지 않았으면 박정희도 계속 괴롭힘을 당했을 테니 현대사의 모습이 많이 달라졌을지도 모른다.

실제 박정희도 김창룡의 견제 대상이었다. 1953년 박정희가 미국 유학을 떠나려 할 때 김창룡이 막았다. 당시 미국 유학을 다녀오면 그 이력이 쌓여 군대 내에서 상당한 영향력을 발휘할 수 있었다. 박정희가 남로당에 있을 때 그를 잡아내고 심문한 사람이 바로 김창룡이었다. 김창룡으로서는 박정희의 출세를 막아야 했다.[60]

어쨌든 숙군에서 살아남았기 때문에 김창룡도 박정희를 괴롭힐 수 있었던 게 아닌가? 숙군에서 박정희가 살아남는 장면으로 가기에 앞서 숙군부터 들여다보자. 숙군이란 군 내부에 침투한 공산주의자를 축출하기 위해 실시한 군부 숙청 작업이다. 여순 사건 이후에 벌인 숙군을 정리하면 다음과 같다.

숙군을 주도한 것은 백선엽 중령이 책임자로 있던 육군본부 정보국이었다. 1948년 10월 19일 여수에 주둔한 육군 제14연대가 반란을 일으킨 이후 숙군의 규모는 확대됐다. 토벌군 중에서도 반란군에 동조하는 자가 나타나자 군내 좌익에 대한 육군본부 정보국은 광주에 조사반을 파견해 토벌군에 소속된 좌익 혐의자들을 조사해 토벌군 내에 침투한 남로당 계열을 150명 적발했다.

여순 사건 이후 숙군은 사병뿐만 아니라 간부급으로 확대됐다. 여순 사건을 계기로 숙군이 확대되자 군내의 좌익 세력은 탈영하거나 반란을 일으

---

60. 임종금, 『대한민국 악인열전』, 180쪽.

켜 대항했다. 1948년 11월 3일과 12월 6일, 1949년 1월 30일 등 세 차례에 걸쳐 제6연대의 좌익 동조자들이 반란을 일으켰다. 국군은 제6연대 전체를 대상으로 숙군을 실시한 뒤 1949년 4월 15일 제6연대를 해체하고 제22연대로 재편했다. 여순 사건을 계기로 확대된 숙군은 1949년 3월경 일단락됐으며 숙청된 인원은 1,496명에 달했다.[61]

박정희가 숙군에 걸려 체포되어 재판을 받고 집행 면제가 되기까지의 증언과 기록은 사람마다 차이가 있다. 이를 제대로 정리하는 것은 후일의 과업으로 돌리고, 여기서는 먼저 김정렬[62]의 기록에 따라 박정희가 살아나는 과정부터 살펴보기로 한다. 다음은 김정렬의 회고록에 나오는 내용을 발췌·요약한 것이다.

1949년 2월 육군 항공사관학교가 창설되고 내가 교장으로 부임해서 얼마 되지 않아 직속 부하인 박원석[63] 교수부장이 숙군 수사팀에 체포당했다. 이튿날 수사팀이 있는 명동 수사대 건물로 갔더니 김창룡 소령이 웬만한 사람의 키보다 큰 차트를 펼쳐 보였다. 그것은 남로당 군사조직표였는데, 박원석

---

61. '숙군', 『한국민족문화대백과사전』.
62. 김정렬(金貞烈, 1917~1992). 일본 시고쿠(四國) 출생. 경성제일고등보통학교 졸업(1935), 일본육군사관학교 항공과 54기 졸업(1940). 일본 육군항공사관학교 전투기과에서 비행 훈련을 마치고 일본군 항공 소위 임관(1941) 후 전투기 조종사로 태평양전쟁에 참가. 해방 후 육군 항공사관학교 교장, 초대 공군참모총장(1947), 국방부장관(1957), 주미대사(1963), 국회의원(1967), 국무총리(1987) 등 역임. 『친일인명사전』에 등재됨.
63. 박원석(朴元錫, 1923~2015). 충청남도 대덕 출생. 대전공립중학교 졸업(1941), 일본 육군예과사관학교 58기 수료(1943), 일본 육군항공사관학교 졸업(1945). 일제 패망 후 만주 신징으로 가서 신징보안사령부에 참가했다가 1946년 귀국. 남조선경비사관학교 5기 졸업(1948). 육군 항공사관학교 교수부장(1949), 공군대학 총장(1956), 공군사관학교 교장(1960), 중앙정보부 차장(1963), 제8대 공군참모총장(1964) 등 역임. 『친일인명사전』에 등재됨.

1965년 4월 15일, F5A 전투기 도입 당시 인계·인수서에 서명하는 박원석 공군참모총장(왼쪽). 숙군 당시 박정희와 함께 호된 고초를 겪은 박원석은 후일 박정희에 의해 공군참모총장으로 발탁됐다._사진출처:《중앙일보》

대위는 맨 하단에 이름이 올라 있고 바로 그 위에 박정희 소령의 이름이 적혀 있었다.

나는 김창룡에게 고문하지 말 것을 부탁하고, 구명을 위해 정일권 육군 참모차장과 김창룡의 직속상관인 백선엽 정보국장을 찾아갔지만 두 사람은 김창룡이 자기들도 의심하고 있다며 난색을 표명했다.

궁리 끝에 문득 김창룡의 약점이 떠올랐다. 그는 정규 일본 육사 출신들에게 꿈뻑 죽고 들어가는 성향이 있었다. 그 길로 채병덕(일본 육사 49기) 참모총장 집으로 급히 찾아가서 마치 동생이 형에게 떼쓰듯이 졸라댔더니 채 총장이 김창룡을 자기 집으로 불렀다.

김창룡이 채 총장 집에 도착하자 두 사람은 잠시 얘기를 나눈 후 김창룡이 간 뒤 채 총장이 내게 "박정희가 남로당 프락치인 것은 확실한 것 같은데 풀어 줄 길은 있다고 하는구만.…"이라며 한 가닥 실마리를 암시했다. 그 길이 뭐냐고 물으니 공산주의자를 잡으러 갈 때 열 번만 박정희를 앞세우고 얼굴을 내비치게 하는 것이라고 했다.

그렇게 하면 첫째, 박정희가 공산주의자가 아니라면 아무 거리낌 없이 여기에 협력하여 누명을 벗을 것이요, 둘째, 설사 그가 공산주의자라 하더라도 열 번이나 그들에게 반역을 하게 되면 공산주의자들 세계에서 영원히 추방되고 그 결과 확실하게 전향하게 될 것이기 때문이었다. 박정희가 이 일에만 협력하면 풀어줄 수 있다는 것이었다.

그 후 박정희는 열 번 동안 공산주의자를 체포하는 현장에 나아가 얼굴을 내비치는 데 협조하였다고 한다. 이 일이 끝나자 김창룡은 요식행위이기는 하지만 박정희를 석방하기 위해서는 보증서가 필요하다고 채 총장에게 부탁하였다. 이에 채 총장은 참모들에게 적당히 보증서 문안을 만들고 여기에 서명하도록 했다. 이런 요식행위가 끝나자 마침내 박정희가 풀려났다. 박정희가 풀려나자 당연히 박원석 교수부장도 덩달아 풀려났다.[64]

김정렬의 이 같은 이야기는 개략적이다. 이번에는 조갑제의 기록을 통해 이 사건을 좀 더 자세히 들여다보자.

박정희가 수감되었던 곳은 지금 신라호텔 부근의 남산 기슭에 있던 헌병대 영창이었다. 박정희는 여기서 수사에 협조하기로 결심한다. 그가 수사 팀장인 1연대 정보주임 김창룡 소령에게 써낸 자술서를 읽어본 사람으로서 유일한 생존자는 당시 육군본부 정보국 특무과장 김안일 소령, 박정희와는 경비사관학교 동기였던 그는 이렇게 말했다.

"김창룡한테 들었는데 박 소령은 구속되자마자 이런 때가 올 줄 알았다면

---

64. 김정렬, 『항공의 경종』, 도서출판 대희, 2010, 103~111쪽.

서 자술서를 쭉 써내려갔다고 합니다. 그 내용인즉 대구 폭동에 가담했다가 피살된 박상희 형의 집을 찾아가 보았더니 남로당 군사부 책임자인 이재복이가 유족들을 도와주고 있더랍니다. 이재복은 『공산당 선언』 같은 책자를 가져다주면서 남로당에 가입하라고 꾀었고 형의 원수를 갚으라고 하더랍니다. 박 소령은 이념적 공산주의자가 아니고 인간관계에 얽혀서, 또 복수심 때문에 남로당에 들어간 감상적 공산주의자라는 생각이 들었습니다."[65]

박정희는 자신이 알고 있는 군내(軍內) 남로당 조직원들의 이름들을 많이 털어놓았다. 특히 그가 중대장으로 1년 남짓 근무했던 사관학교 내의 남로당 세포에 대해 많은 정보를 제공했다고 한다. 박정희와 친밀했던 육군본부 정보국 전투정보과 김점곤[66] 과장은 김창룡 소령을 따로 불러 때리지 말고 수사하라고 부탁했다고 한다. 그러나 박정희는 혹독한 고문을 받았다.[67]

왜 박정희만 살아남았는가?

1949년 5월 26일 오후 2시, 다음 페이지의 사진과 똑같은 장면이 연출됐다. 박정희를 남로당에 가입시킨 이재복과 박정희와 함께 재판받은 최남근

---

65. 조갑제, 『박정희 2-전쟁과 사랑』, 조갑제닷컴, 2007, 45~46쪽.
66. 김점곤(金點坤, 1923~2014). 전라남도 광주 출생. 대구사범학교 자퇴 후 일본 와세다대학 재학 중 학도병으로 입대. 중국 화북지방에서 일본군 육군 소위로 복무. 해방 후 남조선경비사관학교 1기 졸업(1947) 후 춘천 제8연대 중대장(중위)으로 복무 당시 박정희 소위가 휘하에 있었던 인연으로 숙군 당시 박정희 구명에 참여. 제1군사령부 참모장(1954), 육군보병학교 교장(1956), 국방부 차관보(1961), 육군 소장 전역(1962) 후 경희대학교 교수 등 역임.
67. 조갑제, 『박정희 2-전쟁과 사랑』, 45~46쪽.

공산주의자 39명에 대한 처형 집행 장면. 이 처형은 서울 동북쪽 약 10마일 떨어진 언덕에서 1950년 4월 14일 오후 3시에 있었다. 처형을 관람한 사람은 약 200명의 한국군 인사들과 미 육군 무관을 포함한 6명의 미군 장교들이었다._사진출처:《오마이뉴스》 2017.10.16.

에 대한 총살형이 수색에서 집행된 것이다. 그러나 박정희는 사형 구형에 무기징역을 선고받고 10년형으로 감형된 후 집행정지로 석방됐다. 당시 중형 선고를 받은 사람 가운데 구제된 것은 박정희가 유일했다. 참으로 불가사의한 일이었다.

박정희가 체포된 후 살아날 때까지의 과정을 정리하면 다음과 같다.

① 12월 20일, 국방부 특명 제5호에 의해 숙군 관련 69명의 재판이 시작됨

② 1949년 1월, 구금에서 풀려나 육군본부 전투정보과 과장으로 근무함

③ 2월 8일, 사형 구형에 무기징역, 파면, 급료 몰수 선고

④ 4월 8일, 고등군법회의 명령 제18호에 의거, 징역 10년으로 감형 및 집행 면제가 되고 파면이 확정됨[68]

---

68. 김상구, 『5·16청문회』, 도서출판 책과나무, 2017, 219쪽.

이처럼 박정희는 사형 구형에 무기징역 선고를 받은 지 두 달 만에 징역 10년으로 감형 및 집행 면제 처분을 받는다. 여기서 의문을 제기하지 않을 수 없는 것은 이재복, 최남근, 김종석, 오일균 등과 마찬가지로 남로당 관련자였는데 다른 사람은 다 처형되고 왜 박정희만 유일하게 살아남았느냐는 것이다. 지금부터 당시 사건 수사 라인에 있었거나 사건에 영향력을 행사할 수 있었던 사람들의 증언을 들어 보기로 한다.

당시 수사 책임자는 당시 육군본부 정보국 특무과장 김안일 소령이었고, 그는 박정희와 경비사관학교 동기(2기)였다. 김안일은 박정희가 살아남은 까닭을 다음과 같이 말하고 있다.

> 박정희 소령이 살 수 있었던 것은 남로당 조직 명단을 털어놓아 수사에 협조한데다가 그의 자세가 의연하여 수사관들을 감복시켰기 때문입니다. 백선엽(白善燁), 김창룡(金昌龍) 그리고 저 세 사람이 연대보증을 서고 석방시켰지요.[69]

박정희가 "남로당 조직 명단을 털어놓아 수사에 협조"했다는 점은 충분히 납득이 간다. 그러나 "자세가 의연하여 수사관들을 감복시켰기 때문"이었다는 증언은 상식적으로 이해가 되지 않는다. 범죄자를 처리할 때 범죄사실이 분명한데도 "자세가 의연"하기만 하면 죽을죄도 면제된단 말인가? 박정희가 쿠데타에 성공한 후 권력을 움켜쥔 후에 나온 발언이라는 데에도 문제가 있다.

---

69. 조갑제, 「박정희를 살려준 김안일 최후 인터뷰」, 《뉴데일리》 2014.10.19.

김안일은 또한 "군내 남로당 조직의 핵심 간부인 오일균 소령도 수사에 협조했으므로 살리려고 했는데 상부를 설득할 수 없었다. 그도 아주 깨끗한 성품의 소유자였다. 그때는 죽이기보다 살리기가 훨씬 어려웠다"고 증언하고 있다. 왜 살리기가 어려웠을까? 속 시원한 대답이 아직까지 없다.

당시 대한민국 군(軍)에 대해 가히 절대적이라고 할 정도의 영향력을 행사하던 하우스만도 다음과 같이 여러 사람이 박정희를 도왔다는 점은 인정하고 있다.

> 이 죽음의 사슬에서 그를 풀어 준 사람 중에는 정일권(丁一權)·백선엽(白善燁)·장도영(張都暎)·김점곤(金點坤)·김안일(金安一) 등 상당수를 헤아린다. 육군 정보국의 직속상관이었던 김점곤은 숙군 작업의 실무를 맡고 있던 김창룡(金昌龍)과 특별한 친분 관계를 맺고 있었기 때문에 박정희의 체포 소식을 김창룡으로부터 일찍 보고받을 수가 있었다. 김점곤은 김창룡에게 '때리지 말 것'과 '먹을 것을 넣어 줄 것'을 우선 부탁해 박정희를 고문에서 살아남게 했다. 김창룡의 직속상관이자 수사 실무 책임자였던 김안일은 숙군 책임자인 백선엽을 만나게 해달라는 박정희의 소청을 받아들여 그를 데리고 백선엽의 방을 방문했었다. 내가 알기로는 백선엽·정일권은 채병덕 총장에게 박(朴)의 사형 집행을 면죄해 줄 것을 공식 건의한 외에 이승만 대통령에게 각각 개인적으로 찾아가 박(朴)의 면죄를 호소한 것으로 안다.[70]

이처럼 만주군과 일본군 같은 인맥이 박정희 구명에 큰 역할을 한 것은

---

70. 짐 하우스만/정일화(공저), 『한국 대통령을 움직인 미군대위』, 33~34쪽.

사실이지만, 그랬다 해도 미국이 아니라고 하면 거기서 끝이었다. 여기서 미국이라 함은 곧 이승만 대통령까지도 쥐락펴락하던 하우스만이었다. 하우스만은 남로당에 가담했던 군인들의 생살여탈권을 쥐고 있는 실세였고 박정희는 그의 눈에 들어 목숨을 건질 수 있었다. 하우스만의 얘기를 다시 들어 보자.

나는 이승만 대통령으로부터 이 숙군 작업이 얼마나 잘 엄중하게 처리되고 있는가에 대해 1일 보고를 하도록 명령받고 있었다. 나는 그때 신성모(申性模) 국방장관, 윌리엄 로버츠 고문단장 등과 함께 수시로 이 대통령을 만나고 있었다. 박정희 피고의 형 집행을 면죄하여 줄 것을 이 대통령에게 보고했다. 그 이유로 나는 그가 일본 육사 출신으로 모스크바 공산주의자는 아니며, 군의 숙군 작업을 위한 군 내부의 적색 침투 정보를 고스란히 제공한 공로를 들었다.[71]

박정희 소령은 "이것이 미국 군대요, 한국 군대요"라고 대든 그 말에 미뤄 보더라도 적어도 모스크바 지령에 따라 움직여 온 공산주의자는 절대 아니었으며, 그가 이재복(李在福)-이중업(李重業) 조직책으로 이어 온 한국군 내부의 거의 모든 적색 조직을 샅샅이 폭로한 것은 확실히 그의 목숨을 건질 만한 가치가 있는 것이었다.[72]

그런데 하우스만이 박정희 구명에 팔을 걷어붙이며 내세운 "이유"라는

---

71. 짐 하우스만/정일화(공저), 『한국 대통령을 움직인 미군대위』, 34쪽.
72. 짐 하우스만/정일화(공저), 『한국 대통령을 움직인 미군대위』, 34~35쪽.

것도 엉성하기 짝이 없다. 박정희가 "군 내부의 적색 침투 정보를 고스란히 제공한 공로"를 세운 것은 박정희 면죄의 충분한 이유가 되겠지만, 마찬가지로 숙군 수사에 협조한 오일균 소령이 총살형을 당한 것을 어떻게 설명할 것인가?

또한 박정희가 "일본 육사 출신으로 모스크바 공산주의자"가 아니라고 판단한 기준이 무엇인지 애매하다. 일본 육사 출신은 박정희(57기)만이 아니었다. 김종석(56기)과 오일균(60기)도 일본 육사 출신이었는데도 사형 당했다. 또한 박정희는 "모스크바 공산주의자"가 아니라고 하우스만이 정확한 판단을 내리기에는 두 사람이 접촉한 시간과 정보가 부족했다는 사실을 지적하지 않을 수 없다. 하우스만이 여순 사건 때 박정희를 처음 만나 고정훈의 통역을 통해 박정희와 나눈 얼마간의 대화가 전부였고, 박정희에 대한 정보는 원용덕으로부터 들은 얘기에 기초하고 있기 때문이다.

이제까지의 내용이 사람들이 일반적으로 주장하는 박정희의 생존 경위이다. 문제는 5·16 쿠데타 성공 후 박정희 측에서 관련 자료들을 모두 없애버려 정확한 경위를 알 수 없다는 데 있다. 이들이 언론 보도까지 없애지는 못했으니 그나마 다행이라고나 할까?

박정희 생존과 김종석·오일균의 죽음에 대해서는 다음과 같은 주장도 있다.

처형된 장교 중 김종석, 오일균, 최남근 등은 일본군 장교 출신이지만, 중간 계열의 상징적 인물이었다. 김종석, 오일균은 미 군사고문관 하우스만이 구명에 앞장설 정도로 유능한 인재였다. 그러나 '진짜 남로당원' 박정희가 일관되게 두 사람을 군내 좌익 책임자로 몰아 구할 수 없었다. 그때 박정희에

숙군 대상에 포함돼 처형된 김종석 중령의 모습. 김종석은 오일균·최남근 등과 함께 일본군 장교 출신이었지만 중간 계열의 상징적 인물로, 하우스만이 구명에 앞장설 정도로 유능한 인재였다._출처:《서울신문》

게 '스네이크(독사) 박'이라는 별명이 붙었다. 14연대장이었던 최남근은 반란군에 잡혀 고초를 겪다가 탈출했지만, 다시 진압작전에 나서라는 요구에 '동족에게 총을 쏠 수 없다'며 거부했다. 이들은 형장에서 '대한민국 만세'를 외치며 죽었다.[73]

박정희의 생존 이유에 대해서는 의문투성이다. 숙군 과정에서 박정희가 제공한 정보가 과연 결정적인 것이었는가에 대해서도 분명히 밝혀진 바가 없고, 그의 구명에 힘쓴 김창룡, 김안일, 김점곤, 백선엽, 하우스만 등은 박정희와 그리 가까운 사이도 아니었고 학연이나 지연 등으로 보아서도 아주

---

73. 곽병찬, 「혁명의용군 조작 사건, 해방 후 친일파 군부 보호의 신호탄이었다」, 《서울신문》 2018.10.8.

밀접하다고는 할 수 없다.

　무엇보다도 빨갱이 잡기의 명수 김창룡이 박정희 구명에 협조했다는 것은 선뜻 이해가 가지 않는다. 같은 고향 출신이며, 생도 시절의 스승이라고 할 수 있는 이병주 소령을 빨갱이로 잡아들인 전력이 있다. 더욱이 그는 채병덕, 정일권, 백선엽, 강문봉, 원용덕 등 육군의 핵심 장교마저 빨갱이로 몰려고 했던 사람이다.[74]

　이처럼 박정희 구명에 대한 진실은 아직까지도 완전히 파헤쳐지지 않고 있다. 이를 분명히 설명해 줄 새로운 자료가 등장하기를 기대한다. 어쨌든 박정희는 살아났고 이듬해 일어난 한국전쟁은 민족적 비극이었지만, 그에게는 역설적으로 '부활'의 기회를 제공하여 5·16 쿠데타의 토대를 마련하는 계기가 된다. 박정희에게 한국전쟁의 발발은 그야말로 '천운(天運)'이었던 것이다.

---

74. 김상구, 『5·16청문회』, 220~221쪽.

제3부
박정희와 쿠데타

1961년 5월 18일 오전, 5·16 쿠데타 지지 '육군사관학교 생도 시위대'를 지켜보고 있는 박종규(소령), 박정희(소장), 차지철(대위)(앞줄 왼쪽부터). 당시 사진 왼쪽에 보이는 지프차 위에서는 5·16 쿠데타의 허수아비 두목으로 내세운 장도영 육군참모총장이 연설하고 있었고 이를 차지철이 쳐다보고 있다. 후일 박종규와 차지철은 대통령 경호실장이 됐는데, 둘 다 무능한 경호실장이었다. 박종규가 경호실장일 때 박정희 부인 육영수가 암살당했고, 차지철이 경호실장일 때 박정희가 살해당했다.

제1장
한국의 쿠데타

1. 쿠데타와 혁명

5·16은 쿠데타인가, 혁명인가

이른바 '5·16 주체세력'이라는 사람들은 장면 정권을 무너뜨린 것이 쿠데타가 아니라 혁명이라고 우긴다. 우기는 것은 자유이지만, 앞에 나온 박정희의 쿠데타 사진과 프랑스 혁명을 상징하는 그림만 보아도 쿠데타와 혁명의 차이를 쉽게 알 수 있다. 박정희의 쿠데타는 지배계급에 속하는 군부의 불만에서 비롯된 것이지만, 프랑스 혁명은 민중의 불만이 폭발해 지배계급을 무너뜨린 것이다. 이 차이를 좀 더 논리적으로 설명해 보자.

쿠데타(coup d'État)란 지배계급 내의 일부 세력이 무력 등의 비합법적인 수단으로 정권을 탈취하는 기습적인 정치활동을 말한다. 쿠데타는 은밀하게 계획되어 기습적으로 감행되는 것이 보통이고, 반대파의 체포·탄압, 정부 요인의 불법 납치·감금·암살, 군사력의 강압 등을 배경으로 하거나, 의회를 강점하고 주요 정부기관이나 언론기관을 탈취·점령하는 등 갖가지 방법이 동원되기도 한다. 혁명과는 달리 민중의 지지를 필요로 하지 않는다.[1]

1789년 7월 14일 바스티유 감옥 습격으로부터 시작된 프랑스 혁명을 기념하여 외젠 들라쿠르아(Eugène Delacroix)가 1830년 그린 〈민중을 이끄는 자유의 여신〉.

    이에 반해 혁명은 '아래로부터의 폭력을 통한 국가-계급 구조의 근본적이고도 급격한 변혁'이다. 이처럼 혁명이 아래로부터의 요구에 기초해 심대한 전환을 의도하는 체제 변동이라고 한다면, 쿠데타는 물리력을 동원한 위로부터의 강제를 통해 현상 유지를 도모하는 정권 변동이다. 혁명은 비인간적인 해악들을 척결하고 사회·경제적 변혁을 통해 인간 해방을 실현한다는 목적론적 정당성을 강조한다. 반면 쿠데타는 아래로부터의 변화 요구를 봉쇄하고 그 대신 통제와 동원을 통해 정치적 현상 유지와 자본주의적 경제 성장을 도모한다는 기능적 효용성을 강조한다.[2]

---

1. 쿠데타라는 말은 영어로 'stroke of state', 'blow of state' 즉 '국가에 대한 일격 또는 강타'라는 뜻으로, 비합법적인 무력 또는 군사적 수단으로 정권을 빼앗는 것을 말한다. 프랑스어인 쿠데타를 사용하는 이유는 그 전형적인 예가 프랑스에서 있었기 때문이다. 1799년 11월 9일 나폴레옹 보나파르트는 디렉투와르(統領政治)를 폐지하기 위해 의회에 대한 쿠데타를 감행했고, 나폴레옹 3세는 1851년 12월 2일 쿠데타를 일으켜 의회를 해산하고 대통령의 임기를 10년으로 연장한 다음 이듬해 황제가 됐다. 두 나폴레옹 모두 인민투표에 의해서 표면상의 합법성을 취득했다.
2. 양길현, 『사건으로 보는 한국의 정치변동』, 살림, 2004, 4~5, 8쪽.

혁명이란 무엇인가

구체적으로 어떤 정치 변동을 혁명이라고 하는가? 이 문제에 대해서는 여러 견해가 있기 때문에 다 소개할 수는 없고, 여기서는 독일의 역사학자 페테 벤데(Peter Wende)의 견해에 따라 혁명의 개념을 정리해 보기로 한다.[3]

- 혁명적 변화의 대상은 정치적으로 조직화되어 있으며 특정한 형태의 체제를 갖춘 사회이다.

혁명은 정치적 통일체 즉 정치권력과 합법성의 총화인 국가를 전제로 한다.[4] 국가 범주에서 일어나는 혁명은 다음과 같은 네 가지 차원에서 혁명적 변화를 일으킨다.

첫째, 혁명은 일반적으로 정부의 인적 구성에 변화를 일으킨다. 즉 혁명은 기존 권력자를 축출하고 새로운 권력자를 합법화시킨다. 물론 혁명은 정치 엘리트나 지도층 인물들의 단순한 교체에 국한되지 않는다. 기존 정부를 단순히 해체하거나 교체하는 것이라면 그것은 쿠데타에 해당된다. 특히 '혁명'이라는 단어가 엄청난 정치적 변화를 정당화시키는 수단으로서 긍정적으로 평가되어 군사 쿠데타로 정권을 잡은 사람들이 자신의 행위를 '혁명'으로 이해한다고 해서 역사가는 그대로 받아들여서는 안 된다.

두 번째 차원의 혁명적 변화는 정부뿐만 아니라 사회의 정치적 조직 형태에 변화를 의미한다. 이처럼 국가 체제 영역에서 극단적 변혁이 일어나

---

3. 페터 벤데, 『혁명의 역사』, 권세훈 옮김, 시아출판사, 2004, 9~11쪽.
4. 이러한 혁명 이외의 것들은 제한된 자격 요건을 필요로 하며, 사회혁명·경제혁명·산업혁명·문화혁명처럼 좁은 범위에서 기술되어야 한다.

새로운 헌법을 입안해 공포하는 경우 혁명은 최소한의 의미를 갖게 된다.

세 번째 차원, 극단적 변화가 기존 소유관계뿐만 아니라 사회 구조들에도 영향을 미치면서 혁명이 기존 사회의 총체적 전복으로 규정될 수 있을 때 비로소 혁명이라는 개념이 적용된다. 이때 혁명은 변화의 네 번째 차원인 사회·정치적 정당화를 위한 이데올로기를 포함하게 된다. 그러한 이데올로기를 통해 새로운 사상이 관철되고 새로운 규범과 이상이 사회적으로나 정치적으로 새로운 질서의 정신적 근간으로 대두된다.

• 혁명은 변화를 관철하는 방식에 의해 규정된다.

즉 혁명은 폭력을 수반한다. 더 정확히 말하면 혁명은 법적으로 동등하지 않은 당파들 사이에서 벌어지는 비합법적 폭력의 사용을 포함한다. 이것은 일반적으로 '밑으로부터' 일어나는 폭력 즉 지배자에 대한 민중의 폭력을 말한다. 이런 관점에서 보면 혁명은 항상 봉기와 반란의 요소들을 포함하고 있다.

폭력 특히 '밑으로부터' 일어나는 폭력을 얼마나 포함하고 있느냐에 따라 혁명은 개혁과 구별된다. 개혁은 혁명과 마찬가지로 극단적 변화를 불러일으킬 수 있지만, 기존 질서의 틀 안에서 일어나거나 최소한 그 안에서 제기된다. 여기에서 행동 주체는 일반적으로 기존 정부이다.

또한 혁명으로 규정되려면 변화가 급격하게 이루어져야 한다. 경제 발전 분야에서는 장기간의 역사 진행 과정인 산업혁명이나 신석기혁명 같은 것이 혁명의 개념으로 설명되고는 있지만, 이런 것들은 정치 변동의 범주에 속하는 급격한 혁명이 아니다.

- 혁명이 역사적 변화의 특별한 형태라고 규정됨에 따라 그 결과도 중요한 변수로 고려된다.

대부분의 경우 혁명의 끝에 가서 이러저러한 형태로 옛 체제가 부활하거나 최소한 혁명 이전 상태로 부분적 복귀가 나타난다. 그럼에도 그 어떤 변화를 기대할 수 없다면 엄청난 규모의 폭력 사건이라 할지라도 혁명이라고 말할 수 없다.

미국 혁명과 특히 혁명의 전형이라고 할 수 있는 프랑스 혁명 이래로 혁명은 미래의 모습에 대한 비전을 포함하고 있다. 새로운 시작에 대한 열정이 강렬할 뿐만 아니라 자유에 대한 비전과 결합된 경우만을 혁명이라고 할 수 있다. 단순한 교체나 변혁의 범주와 마찬가지로 폭력의 범주도 혁명의 현상을 기술하는 데 충분하지 못하다. 교체를 통해서 새로운 시작이 가시화되는 경우, 새로운 국가 형태를 구성하고 새로운 정치 주체에 근거를 제공하기 위해 폭력이 사용되는 경우, 억압 세력에 대한 해방 투쟁이 자유의 확립이라는 의도를 지닌 경우만이 본질적 의미에서 혁명이라고 할 수 있다.

한국의 쿠데타

한국의 현대사에서 쿠데타 내지 '쿠데타적' 정치 변동은, 이승만에 의해 한 번, 박정희에 의해 두 번 그리고 전두환에 의해 한 번(다만 2단계), 모두 네 번 발생했다. 이 가운데 박정희의 5·16과 전두환의 1979년 12·12, 1980년 5·17은 전형적인 군부 쿠데타이다. 또한 1952년 발췌개헌안을 통과시킨 이승만의 '부산정치파동'과 1972년 박정희 종신대통령 체제로 나아간 10월 유신도 쿠데타적 정치 변동이었다. 부산정치파동이나 10월 유신의 경우에는 정치 권력자의 교체가 일어난 것은 아니었지만, 계엄령을 통해 강압적으로 정권 교체의 가능성을 봉쇄함으로써 집권 연장을 도모했다는 점에서 쿠데타나 다름없는 정변이었다.

네 번의 쿠데타 모두 일차적으로는 이승만·박정희·전두환의 권력 창출 내지는 권력 연장을 목표로 한 권력의지의 표출이었다. 이들 네 번의 쿠데타는 한국전쟁의 발발, 1960년의 4·19 의거, 1971~1972년 미-중 화해와 주한미군의 철수, 그리고 1979년의 박정희 암살이라는 각각 극적인 정치적 사건과 사회·경제적 위기 상황 그리고 한국 국민의 안정 희구 심리에 편승하면서 반공·안보 질서의 구축에 목표를 두었다.[5]

2. 쿠데타와 계엄령

'계엄(戒嚴)'이란 무엇인가

한국 현대사에서의 네 번 쿠데타는 모두 계엄 선포를 수반했다. 계엄이란 '군사적 필요나 사회의 안녕과 질서 유지를 위해 일정한 지역의 행정권과 사법권의 전부 또는 일부를 군이 맡아 다스리는 일'로 계엄 선포는 대통령의 고유 권한이다. '계엄령'이란 대통령이 계엄 실시를 선포하는 명령을 말한다. 한국 현대사를 보면 국가비상사태가 아님에도 불구하고 독재 정권

---

5. 양길현, 『사건으로 보는 한국의 정치변동』, 8~9쪽.

유지 또는 군부 세력의 권력 탈취나 유지 등을 위한 수단으로 악용된 경우가 많았다.

'계엄'은 '비상계엄'과 '경비계엄'으로 구분된다. 계엄에 관련한 제반 사항을 규정한 헌법과 계엄법의 조문은 다음과 같다.

- 대한민국 헌법 제77조

① 대통령은 전시·사변 또는 이에 준하는 국가비상사태에 있어서 병력으로써 군사상의 필요에 응하거나 공공의 안녕질서를 유지할 필요가 있을 때에는 법률이 정하는 바에 의하여 계엄을 선포할 수 있다.

② 계엄은 비상계엄과 경비계엄으로 한다.

③ 비상계엄이 선포된 때에는 법률이 정하는 바에 의하여 영장제도, 언론·출판·집회·결사의 자유, 정부나 법원의 권한에 관하여 특별한 조치를 할 수 있다.

④ 계엄을 선포한 때에는 대통령은 지체 없이 국회에 통고하여야 한다.

⑤ 국회가 재적의원 과반수의 찬성으로 계엄의 해제를 요구한 때에는 대통령은 이를 해제하여야 한다.

- 계엄법[6] 제2조(계엄의 종류와 선포)

① 계엄은 비상계엄과 경비계엄으로 한다.

② 비상계엄은 대통령이 전시·사변 또는 이에 준하는 국가비상사태에 있어서 적과 교전상태에 있거나 사회질서가 극도로 교란되어 행정 및 사법기

---

6. 2011년 6월 9일 전문 개정.

능의 수행이 현저히 곤란한 경우에 군사상의 필요에 응하거나 공공의 안녕질서를 유지하기 위하여 선포한다.

③ 경비계엄은 대통령이 전시·사변 또는 이에 준하는 국가비상사태에 있어서 사회질서가 교란되어 일반 행정기관만으로는 치안을 확보할 수 없는 경우에 공공의 안녕질서를 유지하기 위하여 선포한다.

④ 대통령은 계엄의 종류·시행지역 또는 계엄사령관을 변경할 수 있다.

⑤ 대통령이 계엄을 선포하거나 변경하고자 할 때에는 국무회의의 심의를 거쳐야 한다.

⑥ 국방부장관 또는 행정안전부장관은 제2항 또는 제3항에 해당하는 사유가 발생한 경우에는 국무총리를 거쳐 대통령에게 계엄의 선포를 건의할 수 있다.

대한민국 정부 수립 후의 계엄 선포

우리나라의 「계엄법」은 1949년 11월 24일 제정됐으며, 1948년 8월 15일 대한민국 정부 수립 후 11회의 비상계엄이 선포됐다. 정부 수립 후 최초 2회의 비상계엄은 아직 「계엄법」이 제정되기 이전이어서 일본 계엄령[7]의 비상계엄에 해당되는 '합위지경(合圍地境)'을 적용해 1948년 여수·순천 사건 때 해당 지역과 4·3 항쟁이 일어난 제주도에 선포됐다. 한국전쟁 동안의 계엄은 대체로 전시계엄의 성격을 띠는데, 1950년 7월 8일 비상계엄이 선포

---

7. 우리나라의 계엄제도와 계엄법은 일본의 계엄제도를 그대로 본뜬 것이다. '비상계엄'과 '경비계엄'은 구 일본 계엄령(1882.8.5. 태정관 포고 제36호)의 '합위지경(合圍地境)'과 '임전지경(臨戰地境)'에서 따온 것이다.

됐다. 이후 계엄은 권력 탈취 내지 연장의 수단으로 악용되어 이승만의 권력 연장을 위해 한 번, 박정희의 권력 탈취와 연장을 위해 두 번, 전두환의 권력 탈취를 위해 한 번, 도합 네 번 선포됐다.

1950년 5·30 총선에서 야당이 다수를 차지하여 국회의원에 의한 간접선거로는 대통령이 될 수 없게 되자 이승만은 무장공비 사건을 조작해 비상계엄을 선포한 후 야당 의원들을 구속하고 직선제 개헌인 '발췌개헌'을 강행하는 이른바 부산정치파동을 일으켰다. 1961년 박정희의 5·16 쿠데타와 1964년의 6·3 항쟁으로 선포된 비상계엄은 각각 정권 탈취와 정권 유지를 위한 것이었고, 1972년의 10월 유신 쿠데타 때 선포된 비상계엄은 박정희의 종신 집권을 위한 것이었다. 전두환의 신군부가 1979년 12월 12일 대통령의 재가없이 계엄사령관인 정승화 육군참모총장 등을 체포한 것은 군부 권력 장악을 위한 것이었고, 1980년 5월 17일 광주민중항쟁을 부른 비상계엄 전국 확대는 정권 탈취를 위한 쿠데타였다.

대한민국 정부 수립 이후 이제까지 선포된 계엄은 다음과 같다.

① 여수·순천 사건(1948.10.21.~1949.02.05. 합위지경/여수·순천 지역)

② 제주 4·3 항쟁(1948.11.17.~1948.12.31. 합위지경/제주도 지역)

③ 한국전쟁(1950.07.08.~1952.04.21. 비상계엄↔경비계엄/전국↔지역)

④ 부산정치파동(1952.05.25.~1952.07.28. 비상계엄/경남(부산 포함), 전라남북도 일부 지역)

⑤ 공비 토벌(1953.12.01.~1954.04.10. 비상계엄/지리산 일대)

⑥ 4·19 혁명(1960.04.19.~1960.07.16. 경비계엄↔비상계엄/서울·부산·대구·광주·대전)

⑦ 5·16 쿠데타(1961.05.16.~1962.12.05. 비상계엄↔경비계엄/전국)

⑧ 6·3 항쟁(한일회담 반대시위. 1964.06.03.~1964.07.29. 비상계엄/서울 지역)

⑨ 10월 유신 선포(1972.10.17.~1972.12.13. 비상계엄/전국)

⑩ 부마항쟁(1979.10.18. 비상계엄/부산 지역)

⑪ 박정희 살해 사건(1979.10.27. 비상계엄/제주도 제외 전국 확대)→12·12 쿠데타→5·17 쿠데타(1980.05.17.~1981.01.24. 비상계엄/제주도까지 전국 확대)

* ①~⑥은 이승만 집권 시기에, ⑦~⑩은 박정희 집권 시기에, ⑪은 전두환 집권을 위해 계엄이 선포됨. ①·②·③·⑤는 전시계엄, ④와 ⑥~⑪은 평시계엄.

"선포 없는 계엄 상태"

박정희는 집권 기간 동안 권력 탈취와 권력 유지를 위해 비상계엄을 네 차례 선포하고 위수령을 세 차례 발동했으니, 강권 발동 횟수만 일곱 차례였다. 위수령이 최초로 발동된 것은 1965년 8월 26일 학생들이 한일협정 비준 반대운동을 격렬하게 벌이는 것을 저지하기 위해서였다. 박정희는 왜 계엄령 대신 위수령을 발동했을까?

1972년 10월 유신 쿠데타 이후부터 박정희는 권력 유지를 위해 계엄 선포나 위수령 발동 같은 성가신 절차를 따를 필요가 없어졌다. 왜냐하면 자신이 새로 만든 '유신헌법' 제53조 규정에 따라 언제든지 필요하면 "헌법상의 국민의 자유와 권리를 잠정적으로 정지"시킬 수 있는 '긴급조치'를 발령할 수 있었기 때문이다.

그러니 박정희가 계엄을 활용한 기간은 5·16 쿠데타가 일어난 1961년부터 1971년까지 10년 동안이다. 이 기간 동안 계엄령만 1년여마다 한 번꼴로 선포한 셈이니 최고 통치자로서 대외적 체면이 말이 아니었다. 실제로

박정희는 학생들의 한일협정 비준 반대운동이 격렬해지자, 1965년 8월 26일 위수령을 발동하여 "선포 없는 계엄 상태"를 만든 후 고려대, 연세대 등에 병력을 투입, 폭력을 가하며 학생들을 검거했다._출처:《동아일보》1965.8.26.

1964년 6월 3일 '한일회담 반대'와 '박정희 하야'를 외치는 학생 데모를 막기 위해 비상계엄을 선포했으므로 1965년 8월에 또다시 선포한다는 것은 문제가 있었다. 이를 눈치 챈 박정희 주변의 누군가가 꾀를 내어 계엄령 대신 위수령을 발동하게 한 것이다. 그렇게 해도 마구 붙잡아다 폭행하고 고문하는 데는 아무 지장이 없으니 천하의 묘책이 아닌가?

권력이란 참으로 치사하다. 계엄령 대신 위수령을 최초로 써먹은 것이 《동아일보》보도처럼 1965년 8월 26일이었다. 그런데 8월 24일자 《동아일보》가 무장 군인이 최루·연막탄을 발사하고 있는 장면을 사진으로 보도하고 있으니 어찌된 일인가? 위수령 발동이라는 묘책을 찾기 전 급한 김에 '수도경비사령부 설치령'이라는 것을 갖다 붙여 군대를 동원한 것이다.

문제는 위수령 발동이 헌법 위반이라는 데 있었지만, 박정희는 이런 걸 따질 이성을 소유하고 있지도 않았다. 무엇이 문제였는지 따져 보자.

당시 박정희는 1950년 3월 27일 대통령령으로 제정된 위수령을 발동했

8월 24일 오후 1시 반 무장 군인이 최루탄과 연막탄을 발사하는 장면을 보도한 《동아일보》 (1965.8.24.)

고, 군대 동원은 "위수사령관은 재해 또는 비상사태에 제하여 지방장관으로부터 병력의 청구를 받았을 때에는 육군 총참모장에게 상신하여 그 승인을 얻어 이에 응할 수 있다"는 위수령 제12조에 근거하고 있었다. 게다가 수도경비사령부 설치령은 대통령령도 아닌 각령(閣令)이었다.

왜 위헌이었을까? 대한민국 헌법 제12조 1항의 내용부터 보자.

> 모든 국민은 신체의 자유를 가진다. 누구든지 법률에 의하지 아니하고는 체포·구속·압수·수색 또는 심문을 받지 아니하며, 법률과 적법한 절차에 의하지 아니하고는 처벌·보안처분 또는 강제노역을 받지 아니한다.

요약하면 헌법상 신체의 자유 제한은 "법률"에 의하도록 되어 있다는 것이다. 그런데 위수령은 국회에서 제정된 "법률"이 아니라 대통령령이었고 더욱이 당시의 수도경비사령부 설치령은 내각에서 제정한 각령이었다.

또 다른 문제점은 "지방장관으로부터 병력의 청구를 받았을 때" 위수령을 발동해야 함에도 지방장관인 서울특별시장이나 도지사로부터 병력의

1965년 8월 26일 고려대학교 구내에서 무장 군인들에 의해 학생들이 연행되고 있다._사진 출처:《동아일보》DB

청구를 받지도 않은 상태에서 병력을 투입해 학생 데모를 진압한 것이다. 당시 위수령의 발동에 대해 집권당인 민주공화당은 전혀 인지하지 못했고 국무회의에도 보고되지 않았다.

박정희도 이러한 모순점을 알아차리고 계엄령과 유사한 기능을 수행하기 위해 1970년 4월 20일 대통령령 제4949호로 전문 개정하여 이후 두 차례나 계엄령 대신 위수령을 발동했다. 그러다 2018년 7월 국방부에서 지난 30년간 시행 사례가 없고 위헌 소지가 있음을 근거로 폐지령안을 입법예고했으며, 9월 11일 국무회의의 의결을 거쳐 폐지가 확정됐다. 위수령 제정 후 68년 만이었다.

박정희의 위수령 발동

① 한일협정 조인·비준 반대 시위(1965년 8월 26일 발동)
무장 군인이 고려대에 뛰어들고 이어 또 군화가 연세대 안을 휩쓸던 그

1971년 10월 15일 위수령 발동으로 연세대 교정을 점령한 군인들_사진출처:《서울신문》 2017.6.19.

날 8월 26일 상오, 국방부에서는 김성은 국방장관이 기자회견을 갖고 "우려되는 '데모' 사태에 대비, 오늘부터 위수령을 발동, 서울 근교에 있는 야전군 예하 제6사단 일부 병력이 서울에 투입되고 있으며 사태 진전에 따라 병력의 증강이 있을 것"이라고 발표했다.[8]

②교련 철폐/부정부패 규탄 시위(1971년 10월 15일 발동)

교련 반대에서 시작된 학원 동요 사태는 마침내 위수령의 발동으로 이어져 일부 대학에 군인들이 주둔하고 서울대, 고려대, 연세대 등 8개 대학에 무기한 휴업령이 내려지는 데까지 이르렀다. "정부는 최근 학생들의 집단 시위 행동으로 학원의 질서가 정상 수업을 실시할 수 없게 문란해져 학원 스스로가 질서를 바로잡지 못할 긴박한 사태에 도달했다고 판단, 이 같은 강경 자세로 나온 것이다. 민관식 문교부장관은 일부 불순 학생들에게

---

8. 「위수령 발동—을사년 정국의 분기점」,《중앙일보》1965.12.23.

1979년 10월 20일을 기해 위수령이 발동된 마산 시내. M16 소총을 든 군인들이 마산 시청 앞에 진주해 있는 모습. 박정희는 6일 후 중앙정보부장 김재규에게 살해당했다._사진출처: 《동아일보》 2018.3.22.

강점되어 있는 학원을 되찾아 공부하려는 선량한 학생들에게 면학의 분위기를 마련해주자는 것이 이번 정부 조치의 의도라고 밝혔다."[9]

③ 부마항쟁(1979.10.18. 비상계엄, 부산/1979.10.20. 위수령, 마산·창원 지역)

경남 마산 지역 작전사령관 조옥식 소장 명의로 마산시 및 창원 출장소 일원에 대한 위수령이 10월 20일 정오를 기해 발동됐다. 군 당국은 지방장관의 요청에 의해 국방부장관의 승인을 얻어 발동한 위수령의 담화문을 통해 "마산시 일원의 일부 학생과 불순분자들의 난동 소요로 군이 마산시의 안녕과 질서를 유지하기 위해 위수령을 발동했다"고 밝혔다. 군은 위수령 발동과 함께 "일반 시민들이 시위 군중에 휩쓸려 구경할 경우라도 시위 군중으로 판단하고 전원 연행하겠다"고 경고했다.[10]

---

9. 《동아일보》 1971.10.16.
10. 《동아일보》 1979.10.20.

3. 쿠데타와 국민투표

대한민국의 헌법 개정

대한민국 헌법은 1948년 7월 17일 제헌헌법이 공포된 후 다음과 같이 아홉 차례 걸쳐 개정됐다.

* 헌법 제정: 1948년 7월 17일. 대한민국 제헌헌법/ 대통령 간선(국회 선출)
① 제1차 개정(일부 개정): 1952년 7월 7일. 발췌개헌(부산정치파동)/대통령 직선(국민 선출)
② 제2차 개정(일부 개정): 1954년 11월 29일. 사사오입 개헌/초대 대통령에 한해 중임제한 규정 폐지
③ 제3차 개정(일부 개정): 1960년 6월 15일. 4·19혁명/의원내각제로 변경
④ 제4차 개정(일부 개정): 1960년 11월 29일. 3·15 부정선거 관련자 처벌을 위한 소급입법 개헌
⑤ 제5차 개정(전문 개정): 1962년 12월 26일. 5·16 쿠데타/대통령 중심제로 변경
⑥ 제6차 개정(일부 개정): 1969년 10월 21일. 3선 개헌/대통령 3선 금지 조항 철폐
⑦ 제7차 개정(전문 개정): 1972년 12월 27일. 유신 쿠데타/대통령 간선(통일주체국민회의 선출)
⑧ 제8차 개정(전문 개정): 1980년 10월 27일. 10·26 사건과 12·12, 5·17 쿠데타/대통령 간선(선거인단)

박정희 오로지 한 사람의 집권 연장만을 위한 장면. 3선 개헌 반대 시위 중 학생들이 전투경찰에 연행되고 있다._사진 출처: 민주화운동기념사업회 오픈아카이브

⑨ 제9차 개정(전문 개정): 1987년 10월 29일. 6월 민주항쟁/헌정사 최초의 여야 합의 개헌

이와 같은 9차에 걸친 개헌 가운데 4·19 혁명에 따른 개헌(③·④), 6월 민주항쟁에 따른 개헌(⑨)을 제외하면, 나머지 모두는 집권 연장이나 권력 탈취의 합법화 등을 위한 개헌이었고, 이승만에 의해 2회(①·②), 박정희에 의해 3회(⑤·⑥·⑦), 전두환에 의해 1회(⑧) 자행됐다.

고전적(?) 방식으로 독재를 펼친 이승만에 비해, 박정희는 다른 독재자들의 방식을 학습하여 독재 방식의 근대화(?)를 이룩했다. 여기에 나폴레옹이 쿠데타를 합리화할 때 활용했던 국민투표 방식까지 모방하여 헌법 개정과 위기 돌파를 위한 도구로 활용했다. 5·16 쿠데타 초기부터 박정희를 도운 전두환은 18년 동안이나 박정희를 관찰하고 학습했으니 최고 경지에 이르렀음은 두말할 나위도 없었다.

1962년 12월 17일 투표하는 박정희 내외_사진출처: sisa.pyeongtaek.go.kr

쿠데타 정당화의 들러리, 국민투표

국민투표는 대의민주주의 제도의 단점을 보완하기 위해 현대 국가가 채택하고 있는 직접민주주의 정치 제도의 한 형태이며 국정의 중요 사항을 국민의 표결로 결정하는 제도이다. 국가의 의사 형성이나 정책 결정에 대해 국민이 직접 찬성과 반대의 의사를 밝히는 국민투표는 국가적 중요 사항에 국민의 의사를 명확히 반영하기 위한 절차이다. 우리나라에서 이제까지 6차에 걸쳐 실시된 국민투표의 내용은 다음과 같다.

① 제1차 국민투표: 1962년 12월 17일. 제5차 헌법 개정/찬성률 78.8%/제3공화국 출범

② 제2차 국민투표: 1969년 10월 17일. 제6차 헌법 개정/찬성률 65.1%/박정희 3선

③ 제3차 국민투표: 1972년 11월 21일. 제7차 헌법 개정/찬성률 91.5%/제4공화국 출범(유신헌법)

④ 제4차 국민투표: 1975년 2월 12일. 정부 신임/찬성률 73.1%/제4공화국 유신헌법 유지

⑤ 제5차 국민투표: 1980년 10월 22일. 제8차 헌법 개정/찬성률 91.6%/제5공화국 출범

⑥ 제6차 국민투표: 1987년 10월 27일. 제9차 헌법 개정/찬성률 93.1%/제6공화국 출범

이 같은 국민투표가 오히려 민주 정치의 원칙을 침해할 수 있다는 우려도 제기되고 있다. 국민주권의 본질을 왜곡하여 자의적인 통치권 행사를 정당화하고 의회정치의 기본 질서를 파괴하는 수단으로 악용될 수 있기 때문이다. 실제 대한민국에서도 국민투표가 여러 차례 독재와 장기 집권을 허용하고 정당화하는 헌법 개정에 활용됐다.[11]

이러한 점은 우리나라에서 처음 실시된 국민투표(①)가 박정희에 의한 것이었고, 이후 박정희가 자신의 독재 권력 유지를 위해 세 차례(②·③·④)나 국민투표를 활용했다는 사실만 보아도 잘 알 수가 있다. 여기에 전두환까지 가세해 국민투표를 활용했다(⑤).

그러니 국민투표가 국민의 의사를 명확히 반영하기 위한 절차로 활용된 것은 제6차 국민투표⑥ 단 한 차례뿐이었다. 1987년 6월 민주항쟁의 결과 대한민국 헌정사상 최초로 여야 합의에 의한 헌법 개정안이 탄생했고 이를 국민투표를 통해 확정한 것이다.

---

11. '국민투표', 『한국민족문화대백과사전』.

"국민투표는 결코 만능이 아니다"

1961년 5·16 쿠데타 성공으로 권력을 장악한 박정희는 6월 6일 헌법 기능을 정지시키고 국가재건최고회의가 입법·사법·행정 3권을 장악한다는 내용의 「국가재건비상조치법」을 공포했다. 그 후 군복을 벗고 민간인으로 변신하여 '민정 이양'에 참여하기로 하자 자신의 집권 토대가 되는 새로운 헌법 제정이 필요했다.

약 1년 정도의 비밀 작업 후 1962년 7월 11일 '헌법심의위원회'라는 어용기관을 발족시켜 박정희의 의사에 따른 '새 헌법'을 마련했고, '새 헌법'의 합법성 확보를 위해 10월 12일 국민투표법을 제정·공포하여 헌법 개정에 국민투표제를 처음으로 도입했다.[12] 민주적 절차에 따라 헌법을 고쳤다는 것을 과시하기 위한 음모였다.

헌법 제정을 헌법 개정이라고 우기며 애꿎은 국민을 동원하려 하자,《동아일보》가「국민투표는 결코 만능이 아니다」는 제목의 사설을 통해 박정희를 공격했다. 필자인 황산덕[13] 논설위원과 고재욱[14] 주필의 구속까지 몰고 간 이 사설의 내용은 다음과 같은 것이었다.

---

12. 민주화운동기념사업회 연구소 엮음, 『한국민주화운동사 1』, 돌베개, 2008, 374쪽.
13. 황산덕(黃山德, 1917~1989). 평안남도 양덕 출생. 경성제대 법문학부 졸업(1941), 고등문관시험 행정·사법과에 합격(1943). 광복 후 고려대(1948), 서울대 법대 교수(1952~1966) 역임. 동아일보 비상임 논설위원으로 쓴 사설이 문제가 되어 구속되기도 했으나, 이후 법무부 장관(1974), 문교부장관(1976)을 역임하며 박정희와 타협했다.
14. 고재욱(高在旭, 1903~1976). 전라남도 담양 출생. 일본 교토 제국대학 경제학부 졸업(1930) 후 동아일보에 입사(1931), 경제부장, 편집부장 등 역임. 광복 후 동아일보가 복간되며 편집국장을 8회, 주필을 11회, 동아일보사 회장 등 역임.

「국민투표는 결코 만능이 아니다」라는 사설을 실은 《동아일보》 1962.7.28. 1면.

이 사설은 헌법 개정을 위한 국민투표의 문제점을 세 가지 관점에서 제기하고 있다.

첫째, 개헌은 국회에서만 할 수 있다는 법의 일반원칙에 위배된다는 점이다. 사설은 "우리 헌법은 오로지 그 헌법상의 국회에 의하여서만 개정될 것을 원칙으로 하였고 그리고 국민투표의 방법에 의한 개헌절차는 인정하지 않았으므로, 따라서 만일 군정당국에서 헌법 중의 몇 조문을 고친 다음에 국민투표에 부쳐 그것에 대한 국민의 승인을 얻기로 한다면, 그것은 결코 기존헌법이 개정이 되는 것이 아니라 조문내용이 근사한 신헌법의 제정이 된다는 것을 부인할 수가 없는 것이다"라고 지적했다. 그러므로 이 사설은 "국민투표를 주장하는 것은 '개정 형식'을 밟는 것처럼 가장하고서 신헌법을 '제정'해 버리자는 지극히 위험한 사고방식이라고 단정하지 않을 수가 없다"고 목소리를 높였다.

둘째, 국민투표의 형식을 빌린 헌법의 사실상 '제정'은 국가의 정통성을 훼손한다는 점이다. 사설은 "우리의 정부가 1948년에 유엔감시하의 총선거로써 구성된 국회에 의하여 제정된 헌법을 가지고 있고 그 헌법에 의하여 조직된 정부로서 존속하는 한에 있어서 그러한 정부승인을 계속 보유할 수가 있는 것이며, 만일 그 헌법을 일축하고 새로이 헌법을 만드는 경우에는, 비록 그것이 국민투표에서 압도적 다수의 지지를 얻는다고 할지라도 유엔의 승인은 그 효력을 상실하고, 유엔과의 관련의 밑에서 지금까지 이 땅에서 이루어 놓은 위대한 사업을 모두 백지로 환원한다는 무서운 이론적 결과를 가져온다는 것을 우리는 간과해서는 아니 되는 것이다"라고 지적한다.

이어서 이 사설은 "민주반공국가의 국민으로서 이론상 정략상 한가지만을 고수하려고 하는 것은 무엇인가 하면, 헌법의 개정은 우선 제2공화국헌법에 의한 국회를 구성하고 난 다음에라야 비로소 논의될 수가 있다는 것이다"라고 결론지었다. 다시 말하면 군사정권이 국회 아닌 곳에서 헌법 조문을 손질하여 국민투표에 부치는 것은 민주적 헌법질서에 위배된다는 점을 이 사설은 분명히 지적했다. 결국 국민투표는 국민주권을 빙자하여 법을 초월한 힘으로 독재를 구축하려는 수단이라는 사실을 암시하고 있다.[15]

박정희는 결국 1972년 12월 17일 국민투표를 실시하여 '새 헌법'을 제3공화국의 헌법으로 확정했다. 동시에 이 국민투표는 5·16 쿠데타와 군사정부에 대한 신임투표적인 성격도 지니고 있었다.

---

15. 이태호, 「국민투표는 결코 만능이 아니다」, 《일요서울》 2003.10.30.

유신헌법에 대한 찬반 국민투표를 보도한 《동아일보》(1975.1.22.)

"신은 나에게 또다시 무거운 책임을 맡기시다"

1962년의 '새 헌법' 국민투표를 통해 국민투표에 맛들인 박정희는 이후 대한민국 헌법을 자신의 입맛에 맞게 뜯어 고칠 때마다 이를 활용했다. 1969년에는 자신의 대통령 3기 연임을 허용하는 3선 개헌안이 야당과 학생들의 반대에 부딪치자 3선 헌법 개정이 국민투표에서 부결될 경우 자신이 즉각 퇴진하겠다는 으름장을 놓으며 관철시켰다. 1972년의 유신헌법에 대한 국민투표는 으름장을 놓는 대신 국민투표와 관련한 찬반 운동을 전면 금지하고 박정희 혼자만 찬성 발언을 하는 가운데 실시됐다.

1975년 2월 12일 실시된 국민투표는 헌법 개정과 관련이 없이 유신헌법에 대한 찬반을 놓고 벌인 정치 쇼로, 궁지에 몰린 박정희가 위기 돌파용으로 내민 카드였다. 그 배경은 이러했다.

국내의 유신 반대 투쟁이 강화되는 가운데, 박정희 정권에 대한 세계 여론 특히 미국의 언론과 의회 내 여론도 악화일로를 걷고 있었다. 이에 박정희는 유신헌법에 대한 찬반 국민투표라는 새로운 카드를 꺼내 들었다. 1975

년 1월 22일 박정희는 특별담화를 발표했는데, 그 내용은 유신헌법에 대한 찬반 여부, 대통령에 대한 국민의 신임 여부를 묻기 위해 국민투표를 실시한다는 것이었다.[16]

박정희 정부가 국민투표일을 2월 12일이라고 발표한 것은 투표일 불과 1주일 전이었다. 투표 이틀 전인 2월 10일에는 야당 지도자들은 투표 거부를 호소했고 민주회복국민회의를 비롯한 14개 단체가 역시 투표를 거부한다는 공동성명을 냄으로써 투표 보이콧 운동은 절정에 달했다.

그러나 박정희는 반유신세력을 밀어붙이고 국민의 저항을 둔화시킬 명분을 마련하기 위해서, 그리고 해외의 국제 여론을 만회하기 위해 투표율을 높이는 데 전력을 기울였다. 정부 산하 기관에 작전 지시가 하달되기도 했고, 내무장관은 투표 거부를 선동하는 행위를 엄단하겠다고 으름장을 놓았는데, 무슨 근거로 처벌하겠다는 것인지는 분명하지 않았다.

예정된 날짜에 국민투표는 강행됐다. 일방적인 관영 투표였는데도 투표율 79.8%, 찬성 73.1%, 반대 25.1%였다. 유권자 전체의 58.3%만 찬성한 것이다. 자유당 정권 때부터 갖가지 부정선거를 되풀이하여 경험한 대부분의 국민은 그나마 이런 통계 발표조차도 믿으려 하지 않았다.[17]

다음은 국민투표 당시 박정희가 쓴 일기 내용이다.

○ 1975년 2월 13일

이번 국민투표는 공명 제일주의로 깨끗한 국민의 심판을 받겠다는 일념에서 관계 장관과 지방장관들에게도 직접 수차 투·개표 과정에서 절대로 부

---

16. 민주화운동기념사업회 연구소 엮음, 『한국민주화운동사 2』, 돌베개, 2009, 159~160쪽.
17. 한승헌, 『불행한 조국의 임상노트』, 일요신문사, 1997, 213~214쪽.

정행위가 있어서는 용서하지 않겠다고 설명을 하고 확인을 했기 때문에 어느 때보다도 공정하게 실시된 것으로 확신한다.

그러나 전국의 투표구가 1만 6백 77개소, 투표인 수가 1천 3백만 명이나 되기 때문에 말단에서 혹 과잉충성 분자가 비위(非違)를 저지르지나 않을까 염려된다.

오후 3시경에는 국민투표 결과가 거의 확정, 신은 나에게 또다시 무거운 책임을 맡기시다. 신명을 다하여 중책완수에 헌신할 것을 신에게 서약하다.[18]

박정희는 "신은 나에게 또다시 무거운 책임을 맡기시다"라고 했다. 그의 "신"은 누구였을까?

---

18. 정재경, 『위인 박정희』, 집문당, 1992, 193~194쪽에서 재인용.

제2장
이승만 쿠데타

1. 한국전쟁의 발발

1945년 8월 15일 일본의 무조건항복으로 제2차 세계대전이 끝나 마침내 한반도는 일제의 사슬에서 풀려났다. 그러나 독립운동이 전승 연합국 측으로부터 인정받지 못한 까닭에 한반도는 북위 38도선을 기준으로 남북으로 분단되어 각각 미군과 소련군의 점령 상태에 들어갔다. 이에 따라 남한에서는 미군정 체제가, 북한에서는 소군정 체제가 형성됐다.

미군정하에서 1948년 5월 10일 남한 단독으로 시행된 총선거를 통해 임기 2년의 제헌(制憲) 국회의원이 선출됐다. 제헌국회에서의 대한민국 헌법 초안은, 정부 형태는 내각책임제, 국회는 양원제를 골자로 하고 있었으나, 이승만의 압력으로 하루아침에 대통령 중심제와 단원제로 바뀌었다. 7월 17일 공포된 헌법에 따라 7월 20일 제헌 국회의원에 의한 간접선거를 통해 초대 대통령에 이승만[1]이, 부통령에 이시영[2]이 선출됐다.

---

1. 이승만(李承晚, 1875~1965). 정치가·독립운동가, 한국 초대 대통령. 독립협회, 한성임시정부, 상하이 임시정부에서 활동. 광복 후 우익 민주진영 지도자로 1948년 대한민국 초대 대통령에 당선. 4선 후 4·19 혁명으로 사임.

1950년 이승만은 4년 임기의 국회의원을 뽑는 제2대 국회의원 선거가 자신에게 불리하게 전개될 것을 예측하고 선거를 6개월 후인 11월로 연기한다고 발표했으나, 5월로 예정된 선거를 실시하지 않으면 대한(對韓) 군사·경제 원조를 재고하겠다는 미국의 압력으로 연기 결정을 번복했다. 예측대로 1950년 5월 30일 시행된 선거에서 이승만 지지자들이 대거 낙선하고, 이승만에게 비판적인 무소속이 전체 의석의 60%인 126석을 차지하게 되자 권력 유지에 걸림돌이 등장했다.

1950년 6월 25일의 한국전쟁 발발과 더불어 민심은 더욱 멀어져 갔다. 이승만은 6월 27일 새벽 2시 각료들과 함께 대전행 특별열차를 타고 살짝 서울을 빠져나가면서 "국민은 정부를 믿고 동요하지 말라"는 엉터리 방송을 하는가 하면, 6월 28일 예고 없이 한강 다리를 폭파시켜 50대 이상의 차량이 한강에 곤두박질치고 500명 이상의 무고한 시민이 영문도 모른 채 목숨을 잃었다.

2. 부산정치파동

직선제 개헌안 부결

한국전쟁의 발발이라는 동족상잔(同族相殘)의 비극이 이승만에게는 오히

---

2. 이시영(李始榮, 1869~1953). 독립운동가·정치가. 만주 신흥강습소를 설립, 독립군 양성에 힘썼음. 임시정부, 한국독립당에 참여. 1948년 초대 부통령에 당선됐으나 이승만 통치에 반대하고 사임.

1950년 6월 28일 새벽 2시 28분, 한강인도교가 폭파됐다. 6월 25일 새벽 4시에 시작된 한국전쟁 70시간 30여 분 만이었다. 폭파 장면을 목격한 미 군사고문단은 50여 대의 차량이 파괴되고, 500~800명의 인명이 희생됐을 것으로 추정했다. _출처: CBS노컷뉴스

려 위기를 벗어날 기회를 준 행운(?)이었다. 왜 그랬을까?

경제의 난맥상과 5·30 총선에서의 패배로 반(反)이승만 분위기가 고조되고 있었던 1950년 6월 25일의 한국전쟁 발발은, 민주주의보다는 전쟁 수행을 위한 전시 동원 체제를 구축할 필요를 전면에 부각시킴으로써 이승만을 구출해 주었다. 전쟁 중에 발생한 거창 양민학살 사건이라든가 국민방위군 사건 등 정부의 무책임한 실정과 부정부패가 용인될 수 있었던 것은 한국전쟁의 위급함이 워낙 컸기 때문이었다.[3]

한국전쟁으로 수도를 서울에서 대전으로, 다시 대구로 옮겼고, 대구 인근의 낙동강에 전선이 형성되자 1950년 8월 18일부터 10월 27일까지 부산을 임시수도로 삼았다. 이후 인천상륙작전 성공으로 9월 28일 서울을 수복했으나 중국군의 참전으로 인한 2차 서울 철수작전(1·4 후퇴)으로, 부산은

---

3. 양길현, 『사건으로 보는 한국의 정치변동』, 살림출판사, 2004, 41쪽.

1950년 5월 30일의 제2대 국회의원 선거에서 총 210석 중 무소속이 126석을 차지했고, 이승만 지지 세력은 57석 정도에 그쳤다. 6월 17일 국회가 개원했으나 한국전쟁으로 부산으로 피난했다. 사진은 1950년 임시수도 부산에서의 국회 장면이다._사진출처: 국가기록원

1951년 1월 4일부터 1953년 7월 27일 휴전이 이루어져 8월 15일 서울로 환도할 때까지 다시 임시수도가 된다.

초대 대통령 이승만의 임기는 1952년 7월 23일까지였다. 제2대 대통령 선거를 앞두고 국회를 통한 국회의원에 의한 간접선거 방식으로는 재집권이 불투명해지자 이승만은 무슨 수를 써서라도 직선제 개헌을 관철시킬 수밖에 없었다. 직선제로 바뀔 경우 금력과 권력, 지방 행정조직을 총동원하면 충분히 이길 수 있다는 속셈에서였다.

이에 따라 이승만은 1951년 11월 30일 대통령 직선제와 양원제를 골자로 하는 개헌안을 국회에 제출했으나, 1952년 1월 18일 국회 표결 결과 재석의원 163명 중 찬성 19표, 반대 143표, 기권 1표로 부결됐다. 이승만의 참패였다.

이에 대해 야당은 제2차 내각책임제 개헌안을 제출했다.[4] 1952년 4월 17일 개헌에 필요한 재적의원 3분의 2를 1명 초과하는 122명의 연서로 내각책임제 개헌안을 제출한 것이다. 이승만이 이에 맞서 5월 14일 대통령 직선제 개헌안을 또다시 제출함에 따라 두 개의 상반된 내용의 개헌안이 국회에 계류되기에 이른다.

야당이 내각책임제 개헌안을 국회에 제출한 다음 날부터 전국 18개 정당·사회단체가 내각책임제 개헌안 반대투쟁위원회를 결성, 실력으로 저지할 움직임을 보였는가 하면, 5월 19일경부터는 민족자결단·백골단·땃벌떼 등 불량배를 긁어모은 어용 유령단체들이 연일 국회의원 소환, 국회 해산을 요구하는 데모를 벌이고, 그런 문안이 적힌 벽보와 전단이 부산 시내 여기저기에 나붙었다. 5월 23일에는 관제 데모대가 임시 국회의사당으로 사용되던 무덕전(武德殿)을 포위하고 '반민족 국회의원 추방' 데모를 벌였다.[5]

이승만 쿠데타─부산정치파동

5월 26일 예정된 내각제 표결을 앞두고 이상한 일들이 잇따라 일어났다. 5월 21일 헌병사령관 원용덕은 부산 금정산에 무장 공비가 출현하여 미군 2명, 한국군 3명을 사살하고 도주한 사건이 발생했다고 발표했다. 한국전쟁 중이라 사회 분위기는 더욱 살벌해지고 얼어붙었다. 나중에 밝혀졌지만 이것은 조작된 사건이었다.[6]

---

4. 1950년 1월 27일 내각책임제를 골자로 하는 제1차 개헌안이 국회에 제출됐으나, 3월 14일 국회 본회의에서 재석 179인 중 찬성 79, 반대 33, 기권 66, 무효 1표로 부결됐다. 박기출, 『한국정치사』, 이화, 2004, 239; 김현우, 『한국정당통합운동사』, 을유문화사, 2000, 259쪽.
5. 강성재, 『참 군인 이종찬 장군』, 동아일보사, 1986, 73쪽.

1952년 5월 26일 오전 임시수도 부산에서 야당 의원들이 탄 통근버스가 헌병대에 연행되는 장면_사진출처: 우리역사넷, 국사편찬위원회

    이승만은 이 금정산 사건을 빌미삼아 5월 24일 비상국무회의를 소집하고 잔존 공비 소탕이라는 명분을 내세워 5월 25일 0시를 기해 부산 일원과 전라남북도에 비상계엄령을 전격 선포하여 직선제 개헌안 통과를 위해 군을 동원하는 쿠데타를 일으켰다. 이것이 이른바 부산정치파동이다. 그 과정을 정리하면 다음과 같다.

    1952년 5월 26일 아침 임시수도 부산의 동래온천장을 출발한 국회 통근 버스는 47명의 국회의원을 싣고 임시 의사당인 무덕전이 있는 경남도청 정문을 들어서려다 헌병들의 검문을 받았다. 헌병들은 계엄령 아래에선 어떠한 차량이라도 검문을 받아야 한다고 주장했고 국회 버스는 이에 맞서 1시간을 버텼으나 결국 국회의원들이 탑승한 채 군용 크레인에 의해 헌병대로 강제로 끌려갔다. 국회의원들은 이틀간 억류됐고 그중 몇 사람은 국제공산당 음모 사건의 혐의자로 구속됐다.[7]

---

6. 강준만, 『한국 현대사 산책-1950년대 편 1권』, 인물과사상사, 2004, 284쪽.

국회는 5월 28일 비상계엄령 해제 요구에 관한 결의안을 채택했고, 이틀 후에는 국회의원들에 대한 석방을 요구하는 결의안을 채택했다. 그리고 이같은 정국을 통탄하고 정치파동에 대한 책임을 물으면서 부통령 김성수[8]는 29일자로 사임서를 국회에 제출했다. 그는 사임서에서 "그(이승만)가 재선되면 장차 국회는 그의 추종자들 일색으로 구성될 것이며, 이후에 그는 자기의 3선·4선을 가능하게 하도록 자재(自在)로 고칠 수 있을 것"임을 지적했는데, 이승만의 장기 집권에 대한 김성수의 예견은 이후 불행하게도 적중했다. 이로써 이승만 4년 집권 기간 동안 이시영과 김성수, 두 명의 부통령이 사임하는 기록이 수립된다.[9]

그 후 이승만 대통령에게 반기를 들었던 야당의원 30명은 경찰의 지명수배를 받게 됐다. 이로부터 39일 만인 7월 4일 야당의원이 제안한 내각책임제 개헌안과 정부가 제안한 대통령 직선제 개헌안을 혼합 절충한 대통령 직선제가 담긴 '발췌개헌안'이 가결됐다. 이 39일간의 정치적 혼란을 부산 정치파동이라 부른다.[10]

국회에서 '발췌개헌안'을 통과시킨 경위 또한 가관이었다. 7월 1일부터 임시국회를 소집했으나 의결 정족수 123명을 채울 수 없게 되자 국회의원 강제 연행이 시작됐고, 연행된 국회의원들은 정족수가 찰 때까지 기다려야 했다. 국제공산당 음모 사건의 혐의자로 구속된 의원까지 석방·동원시켜

---

7. 김현우, 『한국정당통합운동사』, 275쪽.
8. 김성수(金性洙, 1891~1955). 정치가, 교육자, 언론인. 경성방직회사 창설,《동아일보》창간, 보성학교 인수 등의 활동. 1951년 2대 부통령에 취임했으나 사임.『친일인명사전』(민족문제연구소)에 등재됨.
9. 연시중,『한국 정당정치 실록 2: 6.25전쟁부터 장면 정권까지』, 지와사랑, 2001, 57~58쪽.
10. 김현우,『한국정당통합운동사』, 279쪽.

경찰과 관제 시위대가 완전 포위한 상태에서 7월 4일 밤 9시 30분 '발췌개헌안'에 대한 표결에 들어갔다. 자유로운 의사 표현이 전혀 불가능한 기립 표결이 이루어진 가운데 재석 166명 중 찬성 163표, 기권 3표였고 반대는 단 한 표도 없었다.[11]

이 같은 부산정치파동은 한국의 헌정사에서 집권자가 헌법 개정을 통해 집권 연장을 도모한 최초의 사례로 이후 이승만과 박정희에 의해 반복되는 무분별한 헌법 개정의 시초가 된다. 5·16 쿠데타 후 설치된 박정희의 국가재건최고회의[12]는 부산정치파동을 다음과 같이 평가했다. 이런 걸 두고 사돈이 남 말한다던가?

> 이렇게 해서 한국의 민주주의와 한국의 국회는 이승만의 독재권 앞에 최초의 시련을 당하게 되었고, 행정부가 입법부의 권위를 무시했으며 권력에 대한 병적인 집념에서 타협을 모르는 이승만의 'One man Show'의 무대가 열리게 된 것이다.[13]

부산정치파동을 통한 '발췌개헌'에 대해 헌법학 교과서는 '위헌적'인 것이라고 평가하고 있다.

---

11. 강준만, 『한국 현대사 산책—1950년대 편 1권』, 290쪽.
12. 국가재건최고회의는 1961년 5·16 쿠데타 당시의 군사혁명위원회를 5월 18일 개칭한 군사정부의 최고통치기관으로, 박정희는 1961년 7월 3일 국가재건최고회의 의장에 취임했다.
13. 국가재건최고회의 한국군사혁명사편찬위원회 편, 『한국군사혁명사 제1집(상)』, 1963, 66쪽.

한국 헌법사상 최초의 개헌인 이 발췌개헌은 (ㄱ) 일사부재리(一事不再理)의 원칙에 위배되고, (ㄴ) 공고되지 아니한 개헌안이 의결되었으며, (ㄷ) 토론의 자유가 보장되지 아니하고, (ㄹ) 의결이 강제되었다는 점에서 위헌적인 것이었다.[14]

---

14. 권영성, 『개정판 헌법학원론』, 법문사, 2004, 94~95쪽.

제3장

박정희의 쿠데타 연습

1. 한국전쟁이 길을 열다

박정희가 어떻게 숙군 과정에서 살아남았는가에 대해 속 시원한 해답을 찾을 수는 없지만, 일반적인 견해를 정리하면 이렇다.

한국군의 주류를 이루고 있던 만주군이나 일본군 출신들이 보았을 때, 박정희는 자신들과 비슷한 배경을 가졌을 뿐만 아니라 훌륭하고 유능한 군인이었기 때문에 그처럼 파격적인 구명이 가능했다. 여기에 이승만 대통령을 움직일 수 있는 하우스만까지 가세해 "모스크바 공산주의자"가 아니라고 단정함으로써 살아나게 된 것이다.

박정희가 한 달 만에 풀려나는 데 결정적으로 기여한 사람은 당시 육군본부 정보국장이었던 백선엽 대령이었다. 백선엽은 피의자인 박정희가 출감한 후 정보국 전투정보과 과장으로 발령을 냈다. 그 후 박정희는 고등군법회의에서 사형 구형에 무기징역과 파면, 급료 몰수형을 선고받았고, 육군참모총장 확인 과정에서 징역 10년으로 감형되고 동시에 형의 집행을 면제받았다.

이 시절 박정희에게는 문자 그대로 '화불단행(禍不單行)', 나쁜 일이 연속해서 일어났다. 형 박상희가 경찰에 피살되고, 자신은 숙군에 걸려 간신히 목숨을 건진 판에 모친이 사망했고, 동거녀인 이화여대생 이현란(李現蘭)이 "빨갱이가 싫어 월남했는데 빨갱이 마누라가 됐다"며 가출한 것이다. 이현란이 떠난 뒤 박정희는 매일 밤 과음하며 괴로워했다.

당시 박정희에게는 이미 결혼한 부인이 있었다. 대구사범학교 4학년 때 부친이 손자를 보겠다며 억지로 결혼시킨 것이 김호남[1]이었다. 처음부터 마음에 내키지 않았던 박정희는 1937년 첫딸 박재옥을 낳은 후에도 부인에게 냉랭한 태도를 보였다.

박정희가 육군본부로부터 정식 파면 통보를 받은 것은 1949년 4월 7일이었다. 그 이튿날부터 군복을 벗은 채 1년 3개월 동안 비공식 문관으로 근무해야 했다. 그러나 1949년 하반기부터 더욱 심해진 북한과 빨치산의 군사활동은 박정희에게 새로운 기회를 제공했고, 특히 김종필을 포함한 육사 8기생 엘리트 장교들과의 만남은 새로운 활력을 불어넣었다. 이 8기생들이 5·16 쿠데타의 기획과 실행을 담당하고, 군정이 시작된 후 중앙정보부를 창설하며 제3공화국을 실질적으로 건설한 5·16의 핵심 세력이다.[2]

박정희가 군대에 복귀할 수 있었던 것은 1950년 6월 25일 발발한 한국전쟁(1950.6.25.~1953.7.27.) 덕분이었다. 전쟁이 일어났을 때 그는 고향에서 어머니 제사에 참여하고 있다가 6월 27일 오전 육군본부로 복귀했다. 그러나 이승만 대통령은 6월 27일 새벽 2시 각료들과 함께 대전행 특별열차를 타고 서울을 빠져나가면서 "국민은 정부를 믿고 동요하지 말라"는 엉터리

---

1. 김호남(金浩南, 1920~1990). 박정희는 육영수와 결혼하기 직전인 1950년 11월 1일 김호남과 합의 이혼했다.
2. 전인권, 『박정희 평전』, 이학사, 2006, 109~110쪽.

한강철교 폭파 순간. 1950년 7월 3일 미 공군기가 북한군의 남진을 저지하기 위해 한강철교를 폭격하고 있다. 오른쪽의 이미 폭파된 다리는 한강인도교이다._출처:《월간조선》

방송을 했고, 6월 28일 예고 없이 한강인도교를 폭파시켜 50대 이상의 차량이 한강에 곤두박질치고 500명 이상의 무고한 시민이 영문도 모른 채 목숨을 잃었다.

    더 큰 문제는 한강 북쪽에 남겨진 4만 4천 명에 달하는 3개 사단 장병과 군 장비였다. 이 병력 중 일부가 인민군과 싸우다 장렬히 전사하는 동안 다른 병력은 소총만 휴대한 채 나룻배를 타고 소부대 단위로 강을 건넜다. 박정희도 그 가운데 한 명이었다. 박정희는 홀로 한강을 넘어 남쪽으로 내려갔다. 이로써 1948년 여순 사건 후 낙인처럼 달고 다녀야 했던 빨갱이라는 사상적 의구심을 해소할 수 있었고, 11년 후에는 한강을 반대 방향으로 건넌 군부대를 이끌고 5·16 쿠데타를 일으켜 정권을 장악했다.[3]

    박정희가 홀로 한강을 건넜기 때문에 육군본부 정보국 동료들 가운데 그의 소재를 아는 사람은 아무도 없었다. 박정희가 한강을 건너 인민군과 싸

---

3. 김정형,『20세기 이야기—1950년대』, 답다출판, 2013, 29~30쪽.

우게 되면 빨갱이 의혹은 사라질 것이다. 그렇지 않으면 자신이 빨갱이였다는 사실을 확인해 주는 셈이었다. 이에 대한 장도영[4]의 증언이다.

> 나는 6월 30일 오전 중에야 비로소 수원국민학교에 있는 육군본부 정보국에 들렀다. 그곳에서 박정희 문관과 용산에 잔류하였던 장병 전원이 무사히 합류하여 있는 것을 보게 되었다. 그 반가움은 말로 형언할 수 없었다. 그동안 박정희 문관은 시종 장병들을 직접 지휘 통솔하여 정보 상황도 등 중요 문서들까지도 깨끗이 보존해 가지고 왔다는 것이다. "확실한 근거도 없이 부하를 의심하는 게 아니야. 저렇게 유능하고 믿을 만한 사람이 몇이나 있을까" 하고 생각했다.[5]

박정희가 군에 다시 복귀한 것은 한국전쟁 발발 직후였다. 백선엽은 전쟁 발발 5일 만인 1950년 6월 30일 박정희를 육군 소령으로 복귀시켰고 육군본부 작전정보국 제1과 과장에 배치했다. 이후 박정희는 1950년 9월 15일 인천상륙작전이 감행될 때 중령으로 진급하면서 육군본부의 수송 지휘관을 맡았다. 그리고 10월 15일에는 장도영의 추천을 받아 제9사단 참모장으로 임명됐다.[6]

1950년 12월 12일 박정희는 충청북도 옥천 출신 육영수[7]와 결혼했다. 대

---

4. 장도영(張都暎, 1923~2012). 평안북도 용천 출생. 일본 도요(東洋)대학 재학 중 학도병으로 태평양전쟁에 참전. 해방 후 군사영어학교 졸업(1946), 육군본부 정보국장(1949~1950), 육군 제9사단장(1950), 육군 제2군단장(1954), 육군참모차장(1957~1959), 육군참모총장(1961), 국가재건최고회의 의장, 내각 수반(1961), 미국 웨스턴미시간 대학교 교수(1971~1993) 등 역임.
5. 장도영, 『망향』, 도서출판 숲속의꿈, 2001, 199~200쪽.
6. 김학민·이창훈, 『박정희 장군, 나를 꼭 죽여야겠소』, 도서출판 푸른역사, 2015, 172쪽.

1950년 12월 12일 박정희 중령은 대구 계산동 성당에서 육영수와 결혼했다._사진출처: 정운현

구의 명소로서 전국적으로 알려진 유명한 성당이 예식 장소였으며, 현직 경북도지사가 청첩인의 한 명이었고 현직 대구시장이 주례를 선 결혼이었다. 신랑은 일본 육사 출신의 현역 육군 중령이고 신부는 옥천 갑부 육종관(陸鍾寬, 1894~1965)의 둘째딸로서 화려한 결혼식 장면이 어색하지 않은 신분이었다.[8]

1951년 3월 제9사단 부사단장으로 부임한 이용문[9]과 재회했다. 박정희

---

7. 육영수(陸英修, 1925~1974). 충청북도 옥천 출생. 대지주였던 육종관과 이경령의 1남 3녀 중 둘째딸로 태어나 배화고등여학교 졸업(1942) 후 옥천공립여자전수학교 교사(1945)를 지냄. 아버지 육종관은 박정희와의 결혼에 반대했다.
8. 김상구, 『5·16청문회』, 도서출판 책과나무, 2017, 325쪽.
9. 이용문(李龍文, 1916~1953). 평안남도 평양 출생. 평양고등보통학교를 졸업한 후 일본 육군사관학교에 진학해 제50기생으로 졸업(1937). 일본군 참모본부(1942), 남방전선(1942) 근무. 일본군 소좌 승진(1943). 1947년 귀국 후 육사 제8기 특대생으로 소령 임관(1948), 대령 진급(1949), 육군본부 정보국장(1949), 제9사단 부사단장(1951), 준장 진급 및 육군본부 작전교육국장(1951), 수도사단장(1952) 등 역임. 지리산 공비 토벌 작전 지휘 중 비행기 추락 사고로 사망(1953). 『친일인명사전』(민족문제연구소)에 등재됨.

가 숙군으로 군복을 벗고 육군본부 정보국에 민간인으로 근무하고 있을 때 이용문이 정보국장으로 부임해 왔었고, 이번에는 제9사단에서 다시 만난 것이다. 그해 4월 15일 박정희는 대령으로 승진하여 대구에 있던 육군정보학교 교장으로 자리를 옮겼다. 1951년 12월 10일 박정희 대령은 육군본부 작전교육국 차장으로 자리를 옮겼다. 먼저 작전교육국 국장으로 부임한 이용문 준장이 끌어 준 것이다. 이로써 이용문과 박정희는 그들의 생애에서 세 번째로 콤비가 됐다.

그때 미국 육군성 한국 파견대에서 문관으로 일하고 있던 고정훈에 의하면, 박정희 대령은 이용문 국장에게는 마음으로부터 승복하고 있었다고 한다. 안목·경륜·지식 면에서 이용문은 박정희를 포함한 같은 시대의 군인들을 압도하고 있었다. 고정훈은 "어떤 문제에 부딪쳤을 때 가장 좋은 해결책을 낼 수 있는 이가 이용문이었다. 박정희는 아마도 그의 평생 동안 단 한 사람, 이용문에게만 심복했던 것 같다"고 말했다.[10]

2. 박정희의 쿠데타 연습①
_이승만 타도를 위한 쿠데타(1952.5.) 계획의 조역

박정희의 5·16 쿠데타가 하루아침에 성사된 것이 아님은 물론이다. 쿠데타가 '무력을 통해 정권을 빼앗는 일'이라면, 박정희 쿠데타의 기원은 그가 공산주의를 표방한 남조선노동당(남로당)에 가입하여 비밀당원으로 활

---

10. 조갑제, 『박정희①—불만과 불운의 세월(1917~1960)』, 도서출판 까치, 1992, 197쪽.

동했던 때로 거슬러 올라간다. 당시 남한은 '반공'을 표방한 미군정하에 있었으니 공산주의자가 됐다는 것은 곧 무력으로 체제를 바꾸어 공산 정권을 수립하려는 것이 목표였기 때문이다.

박정희가 5·16 쿠데타 후 1948년 '숙군' 때의 재판 기록을 전부 없앴고, '숙군'에 대해 스스로 구체적으로 언급하지 않았을 뿐만 아니라 1963년 대통령에 당선된 후에는 자기가 "관제 빨갱이였다"는 거짓말까지 한 까닭에 그가 왜 공산주의자가 됐는지는 주변의 정황으로 미루어 짐작할 뿐이다. 조갑제의 주장을 보자.

> 박정희가 남로당원이 된 동기로 제일 먼저 꼽는 것은 진보적이었던 형 박상희가 경찰의 총에 맞아 사망한 사건이다. 그가 남로당에 들어간 다른 이유는 그의 성격에서 찾을 수 있다.…남로당에 들어간 것은 박정희의 사상적 표현이라기보다는 그의 기질에 맞는 선택이었던 것 같다.[11]

조갑제는 박정희가 남로당에 들어가 세상을 뒤엎으려 했던 것을 박정희의 '기질'에 맞는 선택일 것이라고 보았다. 그런데 1951년 말 박정희 대령이 육군본부 작전교육국 차장으로 갔을 때 자신의 '기질'에 꼭 맞는 두 사람과 함께 일하게 된다. 한 사람은 이미 언급한 육군본부 작전교육국장 이용문 준장이고, 다른 한 사람은 육군참모총장 이종찬 소장이었다.

역사에 가정이란 없다지만, 이종찬이 군인으로서 정치에 관심이 컸다면 또는 이용문이 비행기 추락 사고로 일찍 세상을 뜨지 않았으면 대한민국

---

11. 조갑제, 『박정희①―불만과 불운의 세월(1917~1960)』, 167쪽.

이종찬(일본 육사 49기, 1916~1983).
그리고 이용문(일본 육사 50기, 1916~1953)과 박정희(일본 육사 57기, 1917~1979)

현대사는 많이 달라졌을 것이다. 이 두 사람의 말이라면 박정희가 두말없이 따랐을 정도로 그들이 영향력이 컸던 사람이라고 여겨져 한번 상상해본다면 그렇다는 것이다.

박정희와 이 두 사람의 나이 차이는 거의 없으나 일제 치하에서 군관을 양성하는 최고 명문인 일본 육군사관학교의 기수로 보면 엄청난 차이가 나니, 군인 세계에서 대선배로서 우러러보게 되는 것은 당연했을 것이다. 게다가 대쪽 같은 이종찬과 호방한 성격의 이용문은 박정희의 마음속에 정신적 지주로서 굳게 자리 잡고 있었다. 먼저 이종찬이 어떤 인물이었는지부터 살펴보자.

같은 군 출신의 동시대인으로 박정희 장군과 이종찬 장군처럼 지극히 대조적인 생애를 살다 간 사람은 찾아보기 어려울 것 같다. 두 사람은 경력이나 취향 등 여러 가지 면에서 공통점을 갖고 있었지만, 군의 정치적 중립 문제에 대해서는 정반대의 견해를 가지고 있었다. 바로 이 문제에 대한 차이점이 두 장군의 생애를 극적으로 뒤바꾸어 놓은 계기가 된 것이다.[12]

이종찬의 할아버지 이하영(李夏榮)은 일제가 1905년 을사늑약을 강제 체결할 당시 대한제국 법무대신이었다. 을사늑약에 찬성하여 서명한 다섯 대신 즉 '을사오적(乙巳五賊)'은 아니지만 이들에 버금갈 정도의 친일파였다. 이하영은 한일병탄 후 일제로부터 자작(子爵)이라는 귀족 칭호를 받았고 이종찬의 부친은 작위를 승계했다. 그러나 이종찬은 "내 힘으로 살아가겠다"며 작위 물려받기를 거절했을 뿐만 아니라 '창씨개명'도 하지 않았다.

광복 당시 일본군 소좌(소령)였던 이종찬은 자신이 일본군이었던 사실을 부끄럽게 여겨 3년간 "자숙"하는 시간을 갖고 난 후 우여곡절 끝에 1949년 6월 육군 대령으로 임관한다. 일본 육사 후배인 박정희와는 임관 전에도 몇 차례 만나서 아는 사이었다. 박정희와는 달리 '군(軍)의 정치 불관여'를 신조로 삼았던 이종찬은 박정희의 유신 시대에 '유정회' 의원을 지낸 데 대해 임종 전까지 후회했다고 한다.

그렇다면 이용문은 어떠했나?

박정희는 이용문과는 정반대의 인간형이었다. 치밀하고, 내성적이며, 집념이 강하고, 절박한 박정희가 그의 일생 중 진심으로 복속했던 몇 안 되는 사람 중의 하나가 이용문이었다. 이용문의 툭 터진 인간상에서 박정희는 자신의 부족한 점, 그리하여 갈망하는 하나의 이상형을 발견했던 것이다. 더구

---

12. 강성재, 『참 군인 이종찬 장군』, 동아일보사, 1986, 16쪽.

나 이혼, 투옥, 파면, 어머니의 죽음 등으로 그의 일생 중 가장 깊은 골짜기 속으로 떨어져 있을 때 '이용문 형'을 발견한 박정희는 이용문에게서 피난처와 위안처를 함께 구했던 것 같다. 이러한 인간적인 관계하에서 두 사람은 이승만 정권을 뒤엎어 버리려는 계획을 추진하게 된다.[13]

이승만이 일으킨 친위 쿠데타인 부산정치파동 시기에 개성이 강한 세 사람이 함께 근무했으니 분명 이야깃거리를 만들어 냈을 것이다. 이를 들여다보자.

부산정치파동 때 이승만이 직선제 개헌을 위해 각종 불법적 방법을 동원하자 이용문은 쿠데타를 일으켜 이승만을 제거하고 국무총리였던 장면을 추대하기로 마음먹었다. 장면은 1951년 11월 파리에서 개최된 제6차 유엔 총회에 대표단을 이끌고 참석했다가 간염으로 입원했으나 유엔 총회가 끝난 후에도 간염이 악화되어 귀국 후 1951년 4월 19일 사표를 제출한 상태였다.[14]

그해 5월 14일 박정희와 함께 이승만의 난정(亂政)을 개탄하고 있었던 이용문은 장면의 비서실장이자 후배였던 선우종원[15]을 찾아가 "장면 박사를 추대, 무력 혁명을 하자"고 제의했으나 선우종원의 완곡한 거절로 쿠데타 추진은 진척되지 못했다고 한다. 이용문은 "이승만은 어떻게 하느냐"는 물음에 "죽여야지"라고 대답했고, 이어 "이 일은 참모총장도 알고, 밴 플리

---

13. 조갑제, 『젊은 거인의 초상―이용문 장군 평전』, 샘터, 1988, 18쪽.
14. 운석 기념회, 『한 알의 밀알이 죽지 않고는―장면 박사 회고록』(개정판), 가톨릭출판사, 1999, 43~44쪽.
15. 선우종원(鮮于宗源, 1918~2014). 평안남도 대동 출생. 평양고등보통학교 졸업(1936), 경성제국대학 법문학부 법학과 졸업(1942), 고등문관시험 사법과 합격(1943). 서울지방검찰청 검사(1946~1947), 국무총리 비서실장(1950~1951), 한국조폐공사 사장(1960~1963), 국회사무총장(1971~1976), 민주평통자문회의 부의장(1981~1991) 등 역임.

이종찬 육군참모총장(왼쪽)과 밴 플리트 미 8군 사령관(1952년)_사진출처: 강해원, 《연합뉴스》

트16 미 8군 사령관의 묵계도 받아 두었다"는 말을 덧붙였다고 선우종원은 후일 회고했다. 이로부터 9년 이틀 뒤인 1961년 5월 16일 박정희는 군사 쿠데타로 장면을 내쫓았다.17

1952년 5월 25일 이승만은 부산 근교의 금정산에 무장 공비가 출현했다는 이유로 부산, 전라남북도, 경상남도 일원에 비상계엄령을 선포하고 영남 지구 계엄사령관에 원용덕 소장을 임명했다. 이승만이 육군본부와 한마디 상의도 없이 계엄령을 선포하자 이종찬 참모총장 휘하의 육군본부 참모들은 흥분했다.

무장 공비가 출현했다는 것은 김창룡이 벌인 조작극이었다. 김창룡은 대구형무소의 중형수들을 빼내 공비로 위장시켜 금정산에 나타나도록 쇼를

---

16. 밴 플리트(James A. Van Fleet, 1892~1992). 미국 육군사관학교 졸업(1915), 미 육군 3군단장 (1945), 그리스 주재 군사사절단장(1948), 미 제8군 사령관 겸 유엔군 총사령관(1951) 등 역임 후 미 육군 대장으로 퇴역(1953).
17. 강성재, 『참 군인 이종찬 장군』, 91쪽; 선우종원, 『나의 조국 대한민국』, B.G.I., 2010, 256~257쪽.

벌이고 이들을 사살한 뒤, 이를 구실로 5월 25일 0시를 기해 부산 지역 일원에 계엄령을 선포한 것이다. 당시 대구형무소에 수감 중이던 서민호[18]는 김창룡이 대구형무소를 드나드는 것을 여러 차례 목격했고, 함께 있었던 중형수들로부터 직접 거래 조건을 들었던 것이다.[19]

부산의 계엄 당국은 국회의원을 불법 감금하는 등 표면적으로는 기세등등했지만 내부적으로는 심각한 갈등을 겪고 있었다. 그것은 국회와 야당을 제압하기 위해 선포한 비상계엄령을 효과적으로 수행하려면 많은 병력이 필요한데, 이종찬 참모총장이 이승만 대통령과 신태영 국방부 장관의 병력 파견 요청을 군의 정치적 중립을 이유로 단호하게 거부했기 때문이다. 당시 부산에는 2개 중대 규모의 비전투병력밖에 없었다.[20]

이종찬 육군참모총장은 1952년 5월 27일 「육군 장병에게 고함」이라는 문건을 육군본부 훈령 217호로 육군 전체에 하달했다. 이 문건은 5월 26일 이용문 작전교육국장을 대리하여 참모회의에 참석한 박정희 작전교육국 차장이 기초한 것이었다.

육군 장병에게 고함

군(軍)의 본연의 존재이유와 군인의 본분은 엄연히 확립되어 있는 바이므로 지금 새삼스러이 이를 운위할 필요조차 없는 바이나 현하 복잡 미묘한 국

---

18. 서민호(徐珉濠, 1903~1974). 전라남도 고흥 출생. 보성고등보통학교(1921), 일본 와세다대학 정경학부(1923) 졸업, 미국 컬럼비아대학 정치사회학부 석사 취득(1927). 3·1 운동(1919), 조선어학회사건(1942)으로 복역. 자신을 암살하려던 대위 서창선(徐昌善) 살해 사건으로 8년 복역 후 4·19 혁명으로 출옥. 전라남도지사(1946), 국회의원(2·5·6·7대) 등 역임.
19. 조갑제, 『고문과 조작의 기술자들』, 한길사, 1987, 68쪽.
20. 강성재, 『참 군인 이종찬 장군』, 74~75쪽.

내외 정세가 바야흐로 비상 중대화 되어가고 있음에 감(鑑)하여 군의 본질과 군인의 본분에 대하여 투철한 인식을 견지하고 군으로서 그 거취에 있어 소호(小毫)의 유감이 없도록 육군 전 장병의 냉정한 사리판단과 신중한 주의를 환기코자 하는 바이다.

군(軍)은 국가민족의 수호를 유일한 사명으로 하고 있으므로 기관이나 개인에 예속된 것이 아닐 뿐만 아니라 변천 무쌍한 정사(政事)에 좌우될 수도 없는, 국가와 더불어 영구불멸히 존재하여야 할 신성한 국가의 공기(公器)이므로 군인의 본분 역시 이러한 군 본연의 사명에 귀일되어야 할 것이다. 그러므로 군인 된 자 수하(誰何)를 막론하고 국가방위와 민족수호라는 그 본분을 떠나서는 일거수일투족이라 해도 절대로 허용되지 아니함은 재론할 여지가 없는 것이다.

이러한 견지에서 군(軍)이 현하 혼돈한 국내 정세에 처하여 그 권외(圈外)에서 초연하게 본연의 임무에 매진하고 있는 것이고 특히 거변(去番) 발생한 일대 불상사인 서창선(徐昌善) 대위 피살사건에 대하여서도 실로 통분을 금치 못하였으나 역시 법치국가의 군대로서 군(軍)의 본질과 사건의 성질에 비추어 냉정히 사태의 추이를 직시하면서 공평무사한 사직(司直)의 손으로서 법률에 의하여 그 시비곡절이 규명될 것을 소기(所期)하고 있는 것도 군(軍)의 존재이유 면에서 볼 때 당연한 처사인 것이다.

그러므로 밖으로는 호시탐탐 침공의 기회를 노리는 적을 대하고 안으로는 복잡다단한 제반 정세에 처하여 있는 군(軍)에 있어서, 군인 개인으로서나 또는 부대로서나 만약 지엄한 군 통수계통을 문란하게 하는 언동을 하거나 현하와 같은 정치변동기에 승(乘)하여 군(軍)의 본질과 군인의 본분을 망각하고 의식 무의식을 막론하고 정사(政事)에 관여하여 경거망동하는 자가 있다면 건군 역사상 불식할 수 없는 일대 오점을 남기게 됨은 물론 누란의 위기에 있는 국가의 운명이 일조(一朝)에 멸망의 심연에 빠지게 되어 한을 천추에 남기게 될 것이니 국가의 운명을 쌍견(雙肩)에 지고 조국수호의 성전에 멸사헌신(滅私獻身)하는 육군 장병은 몽매간에도 군(軍)의 본연의 사명과 군인의 본분을 념념(念念) 명심하여 그 맡은 바 임무를 완수하여주기를 바라는 바이다.

충용한 국군장병 제군, 거듭 제군의 각성과 자중을 촉구하오니 제군의 일거수일투족은 국가의 운명을 직접 좌우하거늘, 제군은 여하한 사태 하에서라도 신성한 군 통수계통을 준수하고 시종일관 군인의 본분을 사수하여, 오로지 조국과 민족수호에 매진함으로써만이 조국의 앞길에 영광이 있다는 것과, 군은 국가의 공기임을 다시금 명기(銘記)하고 각자 그 소임에 일사불란 헌신하여 주기를 간절히 바라는 바이다.

육군참모총장 육군중장 이종찬[21]

이종찬 참모총장의 명의로 된 이 훈령의 핵심은 "군(軍)은 국가민족의 수호를 유일한 사명으로 하고 있으므로 기관이나 개인에 예속된 것이 아닐 뿐만 아니라 변천 무쌍한 정사(政事)에 좌우될 수도 없는, 국가와 더불어 영구불멸히 존재하여야 할 신성한 국가의 공기(公器)이므로 군인의 본분 역시 이러한 군 본연의 사명에 귀일되어야 할 것이다"라는 내용이다. 한마디로 요약하면 전 장병들에게 '군(軍)의 정치적 중립'을 강조하는 공식 훈령이다.

이 훈령을 기초한 사람이 박정희라는 사실에 주목할 필요가 있다. 과연 박정희는 자신이 쓴 대로 '군의 정치적 중립'을 존중했는가? 이승만이 비

---

21. 「육군본부 훈령 제217호, 육군장병에 고함」, 국사편찬위원회 한국사 데이터베이스.

합법적인 수단과 방법을 동원해 헌법을 뜯어 고친 것에 분개하여 쿠데타 음모에 가담했던 바로 그 박정희가 후일 쿠데타를 일으키고 비합법적인 수단과 방법으로 헌법을 뜯어 고친 것을 어떻게 설명할 것인가? 그런 의미에서 이 훈령은 '영혼'이 없는 문건이다.

이승만은 1952년 7월 22일 이종찬을 육군참모총장직에서 해임하고 후임에 백선엽을 임명했다. 8월 17일 해임된 이종찬이 미 참모대학으로 유학을 떠날 때 박정희 대령이 슬그머니 하얀 봉투를 건네주었는데, 다음과 같은 요지의 편지가 들어 있었다고 한다.

전쟁이 계속되고 있는 마당에 이(李) 대통령은 자신의 집권연장을 위해 헌법을 유린하고 급기야 비상계엄령까지 선포했습니다. 민의를 무시한 5·26 정치파동 등으로 민심은 이미 이(李) 정권을 떠났습니다. 이 대통령의 비정(秕政)은 극에 달해 구국의 움직임이 요청되고 있는 시점이라고 봅니다. 이렇듯 중대한 시기에 소관(小官)들은 각하께서 나라를 위해 어떤 결단을 내리실 것으로 기대해 마지않았습니다. 그런데 부당하게 해임을 당하고 미국으로 쫓겨 가시니, 유감스러운 일이 아닐 수 없습니다. 차라리 지난번에 구국을 위한 행동을 단행하실 걸 잘못하신 것 같습니다. 1년 후 귀국하시면 다시 지도편달을 받겠습니다.[22]

---

22. 강성재, 『참 군인 이종찬 장군』, 19쪽.

3. 박정희의 쿠데타 연습②
_제1차 쿠데타(1960.5.8.) 미수

　박정희는 부산정치파동 때 이종찬의 의도에 따라 '군의 정치적 중립'을 강조하는 공식 훈령을 기초하는가 하면, 이용문과 함께 이승만을 축출하고 장면을 추대하는 쿠데타 계획에 참여하는 이중적 태도를 취하며 현실 권력에 대한 저항 경험을 쌓을 수 있었다. 그러나 이종찬은 이승만에 밉보여 미국 유학의 길에 올랐고, 이용문은 1953년 6월 24일 비행기 사고로 세상을 떠났다. 이제 멘토 두 명이 사라져 버려 쿠데타의 기치를 홀로 들 때가 온 것이다.

　이런 가운데 1953년 11월 25일 박정희는 준장으로 진급하여 미국 육군포병학교 유학생으로 뽑혀 6개월간 교육을 받고 1954년 6월 27일 귀국했다. 귀국 즉시 제2군단장 장도영 휘하의 제2군단 포병단장으로 발령을 받았다. 이후 1954년 10월 18일 광주포병학교 교장으로 가게 된다. 이곳에서 박정희는 5·16 쿠데타의 주체세력 중 한 축을 이루는 포병 인맥[23]과 인연을 맺게 된다.

　1955년 7월 1일 강원도 양구에 있던 제5사단장으로 발령을 받았고, 이때의 직속상관이 제3군단장 송요찬[24]이었다. 이것은 박정희가 마침내 '전투부

---

23. 포병학교에서의 인맥은 다음과 같다. 행정처 보좌관 이낙선(대령 예편, 국세청장·건설부 장관 역임), 항공대장 이원엽(소장 예편, 감사원장 역임), 학생대장 홍종철(준장 예편, 대통령 경호실장·문교부 장관 역임), 부교장 정인완(준장 예편, 국가재건최고회의 비서실장 역임), 구자춘(대령 예편, 서울시장·내무부장관 역임). 조갑제, 『박정희 3 — 혁명전야』, 조갑제닷컴, 2007, 45쪽.
24. 송요찬(宋堯讚, 1918~1980). 충청남도 청양 출생. 화성공립보통학교, 대전고등보통학교 졸업. 일제강점기 일본군 육군 상사, 해방 후 군사영어학교 졸업, 육군 소위 임관(1946). 헌병

제5사단장 시절의 박정희 준장(앞줄 왼쪽에서 세 번째)과 제3군단장 송요찬 중장(박정희 왼쪽). (1956년 7월)

대'의 지휘관이 되어 그동안 늘 찜찜하게 따라붙었던 그에 대한 사상적 의심이 어느 정도 가셨다는 것을 의미하는 보직 발령이었다.[25]

그러나 박정희의 '기질'은 결코 그를 가만 내버려 두지 않았다. 그는 인맥 만들기를 하면서 차분하게 쿠데타를 준비했다. 탁월한 현실 적응력이었다. 놀라운 기회주의만큼이나 탁월한 적응력임에 틀림없었지만, 그 상당 부분은 한국의 인맥 문화 덕분이었다. 그의 일제강점기 때의 경력은 그를 배신하지 않아 만주군과 일본군 인맥인 백선엽·장도영·송요찬 등이 계속 그에게 도움을 주었던 것이다.

1956년 7월 5일 박정희는 제5사단장직에서 물러나 진해에 있던 육군대학교에 입교했다. 이듬해 3월 20일 육군대학을 졸업하고 열흘 후 제6군단 부군단장을 받아 경기도 포천의 군단사령부로 부임했다. 그러나 군단장과

사령관, 수도사단장(1950), 제8사단장(1952), 제3군단장(1954), 제1군사령관(1957), 육군참모총장(1959), 계엄사령관(1960), 군사정부 내각 수반(1961~1962) 등 역임.
25. 김교식, 『다큐멘터리 박정희②』, 평민사, 1990, 93~94쪽.

의 갈등이 심해지자 백선엽 참모총장과 장도영 참모차장이 힘을 써 1957년 9월 3일 제7사단장으로 전보되어 강원도 인제로 갔다.

1958년 3월 박정희는 동기생 가운데 가장 먼저 소장으로 진급했다. 이때에도 '생명의 은인' 백선엽 육군참모총장의 도움이 있었다. 신원 조회에서 남로당 활동 경력이 문제가 되었지만 그가 보증해 주었기 때문에 그냥 넘어간 것이다.

여기서 후일 평생 라이벌이 되는 박정희와 김대중이 만나는 재미있는 일이 벌어질 뻔했다. 1958년 5월 2일 시행된 제4대 국회의원 선거에서 김대중은 아무 연고가 없는 강원도 인제에서 출마하려 했다. 때는 이승만 정권 말기 부정선거가 횡행하던 시절이었는데, 부정선거건 뭐건 간에 입후보 등록조차 할 수 없었다.[26] 이때 김대중은 이를 하소연하러 박정희를 찾아갔었다고 한다. 물론 두 사람은 일면식도 없는 사이였다.

> 이때 우연히도 인제에 박 대통령이 제7사단 사단장으로 주재하고 있었다. 당시 그와 부정선거와는 관계가 없었던 것이지만 나는 정부와 여당의 소행이 너무나도 괘씸해서 이 같은 실상을 그에게 호소해보려고 군청에서 20미터쯤 떨어진 곳에 있는 사단장 관사를 찾아갔다. 마침 박 사단장은 부재중이라서 만나지 못했지만 만일 그곳에서 만났다면 나와 박 대통령의 '초대면'이 될 뻔한 셈이다. 지금 생각하면 재미있는 인연이라고 생각된다.[27]

---

26. 이후 김대중은 1959년 6월 강원도 인제 보궐선거에서 낙선했고, 1960년 7·29 총선에서도 낙선했다. 1961년 5월 13일 인제 보궐선거에 다시 출마, 당선됐으나 박정희의 5·16 쿠데타로 국회가 해산되어 3일 만에 의원직이 박탈됐다.
27. 김대중, 『행동하는 양심으로』, 금문당출판사, 1985, 64쪽.

1958년 6월 17일 박정희 소장은 제1군 사령부 참모장으로 임명되어 원주로 부임했다. 그 전해 제1군 사령관으로 승진한 송요찬 중장이 그를 데리고 간 것이다. 치밀한 박정희와 호탕한 송요찬은 서로 잘 맞았다. 박정희로서는 야전군의 사단장들 및 참모들과 업무적으로 친해져 자연스럽게 인맥을 구축하는 기회가 됐다.[28]

송요찬은 1959년 2월 육군참모총장이 되자 7월 1일 박정희를 서울 지역을 관할하는 제6관구 사령관으로 임명했다. 요즈음의 수도경비사령부에 해당하는 요직이었다. 그 후 1960년 1월 21일에는 제6관구 사령관에서 부산에 있는 군수기지사령부의 초대 사령관에 취임했다.

박정희는 이 무렵 이미 군부 내에서 따르는 청년 장교들이 가장 많은 사람이었다. 대인관계에서 박정희의 가장 큰 장점이자 매력은 특유의 침묵이었다. 그는 침묵으로 자신의 의지를 관철시켰고 상대방을 꿰뚫어보았다. 그는 침묵으로 정치인의 대열에 낀 사람 중 하나였다.

박정희가 인사권이나 수사권을 쥐고 있는 것도 파워를 지닌 것도 아니었다. 박정희가 젊은 장교들의 강력한 지지를 받은 것은 결백함과 하고자 하는 말을 서슴없이 하는 당당함 때문이었다. 그러나 박정희는 어리숙하거나 무모하지는 않았다. 그는 항의할 수 있는 자신의 한계를 잘 알고 있었으며 정면도전을 되도록 피했다. 그는 그 한계 안에서 과감했다.[29] 문제는 무조건 현실을 뒤집어엎어야 한다는 그의 쿠데타 '기질'이었다.

---

28. 제1군 사령부 참모장일 때의 참모진은 인사 박경원(소장 예편, 내무부장관·교통부장관 역임), 작전 최택원(소장 예편, 감사원 감사위원·총무처차관 역임), 작전 채명신(중장 예편, 주월 한국군 사령관·제2군 사령관 역임), 정보 김용순(중장 예편, 중앙정보부장·국회의원 역임). 조갑제, 『박정희 3―혁명전야』, 79쪽.
29. 김교식, 『다큐멘터리 박정희②』, 103~104쪽.

송요찬 육군참모총장(왼쪽)과 백선엽 엽합참모회의 의장(1959년). 두 사람은 고비 때마다 박정희를 도왔으나 결국 박정희의 정군 운동으로 군복을 벗었다._사진출처:《월간조선》

박정희가 현실을 뒤집어엎는 데 쓴 가장 큰 무기는 그가 쌓아 올린 인맥이었다. 김동하·박임항·이주일 등 만주 군관학교 출신 선후배, 육군본부 정보국에서 인연을 맺은 김종필 등 육사 8기들, 경비사관학교 중대장 시절 그가 가르쳤던 5기들, 포병학교장 시절 인연을 맺은 포병 장교들, 그리고 그의 밑에서 일했던 직속 부하들. 박정희는 지난 10여 년간의 주도면밀한 인간관계를 통해서 뜻을 같이할 수 있는 인물들을 파악해 놓고 있었다.[30]

그러나 구슬이 서 말이라도 꿰어야 보배. 박정희가 1952년부터 모아 온 구슬을 본격적으로 꿰기 시작한 것은 제6관구 사령관에 취임하고 나서부터였다. 이후 본격적으로 쿠데타를 시도하게 되는데, 문제는 여건에 따라 타도 목표와 명분을 자꾸 바꿨다는 점이다. 그것은 최종 종착점이 결국 정권 탈취였기 때문이었다. 이것이 바로 박정희의 봉기가 혁명이 아니라 쿠데타일 수밖에 없는 이유이다.

---

30. 조갑제,『박정희①—불만과 불운의 세월(1917~1960)』, 246쪽.

박정희는 이승만 정권 말기부터 장면 정권에 이르기까지 계속해서 정권 타도를 시도하여 마침내 5·16 쿠데타에 성공했다. 먼저 이승만 정권 말기인 1960년 초부터 1960년 4·19 혁명으로 이승만 정권이 타도되기까지 박정희가 쿠데타를 시도하는 과정을 살펴보기로 하자.[31]

이승만 정권은 1960년에 들어서자 그해 3월 15일에 있을 정·부통령 선거의 승리를 위해 온갖 방법으로 부정선거를 획책하며 엄청난 선거자금을 살포하고 있었다. 이 시기에 김웅수[32] 육군본부 군수참모부장은 부산에 군수기지사령부를 창설하고 박정희를 초대 사령관(1960.1.20.~1960.7.27.)으로 추천했다. 그는 5·16 쿠데타 때 제6군단장이었고 쿠데타에 가담한 포병부대에 철수명령을 내렸다가 '반혁명'으로 옥고를 치렀다. 그의 증언을 들어보자.

박정희 장군은 내가 같이 일을 해보지 못했던 장성의 하나이며 청렴하고 열심히 일한다는 평을 받고 있었기에 한번 같이 일을 해보고 싶었다. 박 장군의 취임을 위해 나는 박 장군과 같이 부산에 내려가 그를 취임시키고 동래여관으로 돌아왔다. 그날 오후에 나를 찾아온 박 장군은 느닷없이 "각하! 혁명이라도 해야지 이대로 나라가 되겠습니까?"라고 묻는 것이었다. 나는 박

---

31. 1959년 11월 20일 박정희와 함께 쿠데타를 일으키려 했으나 박정희가 부산 군수기지사령관으로 전출되는 바람에 12월 24일로 연기했었다는 유원식(柳原植, 1914?~1987)의 증언은 확인할 자료가 없어 생략한다. 유원식, 『혁명은 어디로 갔나』, 인물연구소, 1987, 249~261쪽.
32. 김웅수(金雄洙, 1923~2018). 경상북도 김천 출생. 독립운동을 하던 조부가 망명한 만주로 이주하여 만주 여순고등학교 졸업(1944) 후 학도병으로 징집. 해방 후 군사영어학교 졸업 후 임관(1946). 제8사단 부사단장(1951), 제2사단장(1953), 육군본부 군수참모부장(1959), 제6군단장(1960), 미국 가톨릭대학교 경제학과 교수(1973), 건양대학교 경제학과 교수(1994) 등 역임.

장군이 나를 떠보고 있는 건가 하는 의아한 생각이 들었다. 나는 그에게 "군인들이 혁명을 한다고 나라가 잘된다는 보장이 있느냐?"고 반문하였고 그 이상 대화는 진전되지 않았다.[33]

두 사람 사이에 이 같은 대화가 오간 것은 박정희가 김동하[34]를 만나 이미 쿠데타 구상을 시작한 때였다. 이낙선[35]이 작성한 「5·16 참여자 증언 기록 카드」에 의하면, 박정희가 쿠데타를 구상한 최초의 시기는 부산 군수기지 사령관으로 가기 직전 제6관구 사령관으로 있을 때부터였다. 이낙선의 「카드」[36]를 통해 쿠데타 모의 과정을 정리하면 다음과 같다.

- 김동하(당시 해병대 소장) 증언: 1960년 1월 박정희 소장의 서울 자택에서 박정희 소장, 김동하 소장이 만나 급진하는 민심의 동향과 결과적으로 군부에서 이를 수습해야 한다는 수습책을 논의하고 이를 추진키로 합의했다. 다음 날 두 사람은 김동하 자택에서 만나 해군과 해병대는 김동하가, 육군은 박정희가 각각 맡아 조직력을 갖추기로 합의했다.

---

33. 김웅수, 『김웅수 회고록』, 새로운사람들, 2007, 178~179쪽.
34. 김동하(金東河, 1919~1993). 함경북도 무산 출생. 만주 용정 광명중학교 졸업, 만주 신징 군관학교 1기 졸업(1942). 만주국군 대위로 복무 중 일제 패망. 해방 후 해양경비대 소위 특별임관(1946), 해병대 사령부 참모장, 해병대 제1상륙사단장 등 역임. 5·16 쿠데타에 참여했으나 반혁명사건(1963)으로 투옥. 이후 한국마사회 회장 등 역임. 『친일인명사전』에 등재됨.
35. 이낙선(李洛善, 1927~1989). 경상북도 안동 출생. 육군포병학교(1953), 경희대학교 정외과(1961) 졸업. 국가재건최고회의 의장비서관(1961), 대통령 민정비서관(1963), 국세청장(1966), 상공부장관(1969), 롯데상사 회장(1981) 등 역임.
36. 『한국군사혁명사』의 편찬 실무 간사였던 이낙선이 5·16 쿠데타 직후 수백 명 관련자들의 증언을 채록한 「카드」.

- 박정희 소장(당시 군수기지 사령관) 증언: 1960년 2월 동래 온천장 별관, 백녹관 숙소 등지에서, 이주일 소장(제2군 참모장), 김동하 소장(당시 포항 주둔 해병 제1상륙 사단장), 홍종철 중령(당시 6군단 작전참모), 전두열 대령(당시 육군본부) 등과 처음으로 쿠데타 계획을 모의했다. 쿠데타 계획은 포항 주둔 해병사단(김동하 지휘), 제2군 각 부대(이주일 지휘)와 김포 주둔 해병 여단으로 서울을 점령한다는 등의 계획을 세웠으나 중심지가 부산이기 때문에 계획 실천에 있어 막대한 곤란을 느끼고 있었다. 한편 박정희 소장은 장도영 중장(당시 제2군 사령관)을 해운대 호텔에서 만나 쿠데타 계획을 설명하고 협조를 요구했으나 원칙에는 찬동하나 좀 더 두고 연구하자고 했다.

 송요찬 육군참모총장이 1960년 5월 5일 도미하기로 되어 있어 그가 부재중인 5월 8일로 거사일을 결정했다. 이날 이주일 소장의 제2군 병력이 부산 지구를 점령하고, 포항 해병 사단이 부산 지구에 출동하며, 인천 고사포단과 김포 해병 여단이 서울 지구를 점령하기로 계획했다.

- 윤태일 준장(당시 안동 36사단장) 증언: 3·15 부정선거를 앞두고 자유당의 마지막 발악을 보다 못해 박정희 소장을 중심으로 포항의 김동하 소장, 안동 36사단의 윤태일 준장 세 사람이 상의하여 김동하 소장이 대구 2군 사령부를, 윤태일 준장이 영주를 각각 점령키로 했다.

- 최주종 소장(당시 제31사단장) 증언: 3·15 부정선거로 사태가 급진전하므로 5월 8일까지 기다릴 수 없으니 4월 20일로 앞당겨 결행하자는 김동하 소장의 계획에 대해, 박정희 소장은 장도영 중장의 비협조와 송찬호 준장의 방해로 5월 초순으로 연기해야 한다고 했다.

- 박종규 중령(당시 미군 부평지구 사령부 파견대장) 증언: 1960년 3월 하순 육사 8기 김종필, 석정선 중령이 찾아와 군부의 부정, 부패를 개탄하면서 이

제 생명을 바칠 때가 왔으니 준비하고 있도록 하라고 당부했다. 당시 박종규 휘하에는 약 3천 명의 카투사 병력이 있었다.
- 박정희 소장 증언: 제2군 사령관 장도영 중장은 취지에는 찬동하면서도 그 시기와 방법을 더 연구하자고 했다. 그는 뜻은 있어도 결단을 내리지 못하는 사람이라고 판단하여 직접 행동에서 제외하기로 작정하였다.[37]

박정희와 그의 일행이 쿠데타 실행 예정일로 정한 것은 부산정치파동 이후 8년 만인 1960년 5월 8일이었다. 그들은 이승만 타도를 위한 만반의 준비를 갖추고 그날만을 학수고대하고 있었다. 그런데 이게 웬일인가. 4·19 혁명으로 4월 26일 이승만이 하야했고, 이로써 쿠데타 명분이 사라져 버린 것이다. 4·19 이전에 학생 시위가 전국으로 번지고 있을 때 "에이, 술맛 안 난다"고 내뱉었던 박정희가 이승만 하야 후에는 "아이고, 학생놈들 때문에 다 글렀다"[38]고 분개했던 것도 무리가 아니었다. 과연 박정희의 질주는 여기서 멈출 것인가?

4. 박정희의 쿠데타 연습③
_ '정군(整軍)'으로 송요찬·백선엽을 축출하다

박정희를 점점 더 과격한 인물로 만든 것은 현실 상황이었다. 그는 현실

---

37. 조갑제, 『박정희①―불만과 불운의 세월(1917~1960)』, 249~257쪽; 조갑제, 『박정희 3―혁명전야』, 94~95, 106~107쪽.
38. 조갑제, 『박정희 3―혁명전야』, 94~95, 149쪽.

1960년 4·19 혁명 당시 계엄군의 M4A3E8 셔먼 탱크 위에 올라가서 3·15 부정선거를 규탄하는 서울 시민과 학생들. 당시 송요찬의 계엄군은 이런 시위를 묵인·동조했다. 그러나 1년 후 박정희는 똑같은 M4A3E8 셔먼 탱크를 동원해 5·16 쿠데타를 일으켰다._사진출처: 유용원의 군사세계(http://bemil.chosun.com)

에 능숙하게 적응하기는 했으나, 현실은 갑자기 그의 선택을 오류로 만들곤 했다. 먼저 친일 경력은 그의 자부심의 근원이긴 했으나 해방 이후에는 하나의 핸디캡이 됐다. 공산주의자로의 변신 역시 잘못된 선택이었음이 드러났다. 그 결과 자신의 재능에 대한 자부심에도 불구하고 그의 현실 상황은 언제나 절박하고 불만족스러웠다. 그는 완전히 죽거나 추방되지는 않았으나 언제나 주변부에 머물러 있었다. 이로 인해 그는 저항했다.[39]

이번에도 그랬다. 이승만을 군사력으로 타도하려 했으나 맨주먹으로 들고 일어난 학생들에게 기선을 제압당하고 말았다. 여기서 박정희는 포기할 것인가? 포기란 그의 '기질'이 용서하지 않는 말이었다. 그런데 포기하지 않으려면 명분이 있어야 한다.

그래서 박정희는 재빨리 쿠데타의 명분을 바꿨다. 반독재라는 정치적 정

---

39. 김영수, 「박정희의 정치리더십」, 한국정신문화연구원, 『장면·윤보선·박정희—1960대초 주요 정치지도자 연구』, 백산서당, 2001, 201~202쪽.

4·19 혁명으로 하야한 이승만(가운데 검은 안경을 낀 사람) 전 대통령이 하와이 망명을 위해 비행기에 오르기 전의 모습. 오른쪽은 대통령 권한대행 겸 과도정부 내각 수반 허정.(1960년 5월 29일)_사진출처: 《시사저널》

화(淨化)로부터 군부 정화라는 '정군(整軍)'으로 방향을 바꾼 것이다. 그리고 가장 먼저 표적으로 삼은 것은 자신에게 늘 도움을 주었던 육군참모총장 송요찬이었다. 어려울 때 자신을 구해 준 동료·선배·후배들의 발뒤꿈치를 사정없이 무는 사람이라고 해서 미군들이 박정희를 '스네이크(snake) 박'이라고 불렀다[40]는 것은 이런 경우를 두고 하는 말이다.

왜 박정희는 송요찬의 발뒤꿈치를 물었을까? 4·19 혁명으로 비상계엄령이 선포되자 육군참모총장 송요찬이 계엄사령관이 됐고, 이 격랑을 맞아 그가 취한 태도는 자유당 권력층의 의표를 찌른 것이었다. 데모 학생에 대한 군의 발포 엄금, 정치폭력배의 체포, 사회 안녕질서의 유지, 데모 부상자와 희생자에 대한 위무와 위로 표시 등으로 송요찬의 계엄부대는 학생 데모대의 정신적 동조자라는 이미지를 부각시켰고 이에 힘을 얻은 학생과 교수들은 이승만에게 최후의 일격을 가해 자유당 정권의 항복을 받아 냈다.

---

40. 짐 하우스만/정일화(공저), 『한국 대통령을 움직인 미군대위』, 한국문원, 1995, 33쪽.

이 때문에 4·19라는 격랑기에 육군 계엄부대가 국민으로부터 받은 열렬한 환호는 실로 인상적이었으며, 송요찬은 어느덧 영웅처럼 비쳐지기도 했다. 그의 안내로 이승만을 면담한 시민·학생 대표 중 한 사람이 "정권을 송 장군에게 맡기십시오"라고 말했다는 일화는 며칠 사이에 폭발한 송요찬의 인기를 잘 말해 주는 것이기도 했다.

송요찬의 자택에는 많은 사람이 몰려들었다. 군부가 정권을 잡고 송요찬이 영도자가 되어야 한다고 귀띔하는 사람도 있었고 방문객 중에는 약삭빠른 정치인도 있었다. 그러나 그는 허정[41] 과도정부[42] 출범을 담담하게 지켜보며 계엄 업무 수행에만 전념하는 듯한 모습을 보였다.[43]

이처럼 4·19를 통해 새로운 지도자의 모습으로 등장한 송요찬은 쿠데타에 꽂힌 박정희에게 걸림돌일 수밖에 없었다. 1960년 5월 2일 군수기지사령관 박정희는 "군의 최고 명령자로서 3·15 부정선거에 책임을 지고 물러나라"는 요지의 편지를 송요찬에게 보냈다. 이때 박정희로서도 믿는 구석이 있었으니 바로 허정 과도정부의 국방부장관으로 임명된 이종찬이었다. 그는 1952년 부산정치파동 때 육군참모총장으로 박정희와 이미 인연을 맺지 않았던가?

다음은 박정희가 송요찬에게 보낸 편지의 내용의 주요 부분이다.

---

41. 허정(許政, 1896~1988). 부산 출생. 초량사립보통학교, 보성중학교, 보성전문학교 졸업. 1919년 3·1운동으로 중국 망명. 프랑스 거주 한국인 거류민 회장(1920), 북미 거주 한국교민 총단장(1922). 해방 후 제헌국회의원·교통부장관(1948), 사회부장관(1950), 서울특별시장(1957), 외무부장관(1960), 과도정부 내각수반 겸 외무부장관(1960) 등 역임.
42. 4·19 혁명으로 제1공화국이 붕괴한 이후 1960년 4월 27일 구성되어 1960년 6월 16일까지 존재한 제2공화국이 등장하기 이전의 과도정부.
43. 한국정치문제연구소, 『정풍(政風) 5—정치 1번지 청와대비서실』, 동광출판사, 1986, 74~75쪽.

참모총장 각하,

다난(多難)한 계엄 업무와 군내의 제(諸)업무의 처리에 골몰하심을 위로 드리는 바입니다. 각하로부터 많은 은고(恩顧)를 입으며 각하를 존경함에 누구 못지않을 본인이 지금 그 높으신 은공에 보답하는 길은 오직 각하의 처신을 그르치지 않게 충고 드리옴이 유일한 방도일까 짐작되옵니다.

지금 3·15 부정 선거에 관련된 많은 사람들이 선거 부정 관리의 책임으로 규탄되고 있으며 군 역시나 내부적, 외부적 양면(兩面)에서 이와 같은 비난과 정화(淨化)에서 예외 될 수는 없을 것이오니 미구(未久)에 닥쳐올 격동의 냉각기에는 이것이 문제화될 것은 명약관화(明若觀火)한 일이며 현재 일부 국회 국방위원들이 대군(對軍) 추궁을 위한 증거 자료를 수집중임도 이것을 뒷받침하는 것이옵니다.

비견(卑見)이오나 군은 상명하복(上命下服)의 엄숙한 통수 계통에 있는 것이므로 군의 최고 명령자인 각하께서 부정 선거에 대한 전(全) 책임을 지시어 정화(淨化)의 태풍이 군 내(內)에 파급되기 전에 자진 용퇴하신다면 얼마나 떳떳한 것이겠습니까. 각하께서는 4·19 이후의 민주적인 제반 처사에 의하여 절찬(絶讚)을 받으시오니 부정의 책임감은 희박해지며 국민이 보내는 갈채만을 기억하시겠습니다마는 사실은 불일내(不日內)에 밝혀질 것입니다. 차라리 국민이 아쉬워할 이 시기를 놓치지 마시고 처신을 배려하심이 각하의 장래를 보장하며 과거를 장식케 하는 유일한 방도일까 아뢰옵니다.

4·19 사태를 민주적으로 원만히 수습하신 각하의 공적이 절찬에 값하는 바임은 물론이오나 3·15부정 선거에 대한 책임도 또한 결코 면할 수 없는 것이며 따라서 그 공과(功過)는 상쇄(相殺)가 불가능한 사실에 비추어 가급 조속히 진퇴(進退)를 영단(英斷)하심이 국민과 군의 진의(眞意)에 영합(迎合)되는 것

이라 사료되옵니다. 현명한 상관은 부하의 성심(誠心)을 수락함에 인색치 않을 것입니다.⁴⁴

　박정희가 하극상(下剋上)의 깃발을 높이 들자 제2선에 머물러 있던 김종필 등의 육사 8기가 전면에 등장해 박정희의 뒤를 따라 돌진한다. 1960년 5월 8일 밤 김종필의 집에 모인 육사 8기생 중령 8명,⁴⁵ 이른바 '8·8그룹'은 정군을 요구하는 연판장을 국방부장관과 육군참모총장에게 제출키로 하고 연판장 제출 일자를 5월 8일로 잡았다. 그러나 즉시 발각돼 쿠데타 음모와 국가반란죄로 체포됐다.⁴⁶ 장교단에 의한 1차 하극상 사건이었다.

　그러나 육군참모총장 송요찬은 5월 19일 이들에게 일장 훈시를 한 후 참모총장직을 사임했을 뿐만 아니라 군복을 벗었다. 이어서 백선엽 연합참모본부 의장도 5월 31일 퇴역함으로써 박정희의 '은인' 두 명이 박정희가 불을 지핀 정군 운동으로 군문에서 사라졌다. 이 단계에서 송요찬이 지휘계통을 밟아 하극상의 최상부인 박정희를 징계 절차에 회부하지 못한 것은 그 이유가 무엇이든 참모총장으로서의 지도력에 문제가 있었다는 점을 지적하지 않을 수 없다.⁴⁷

　5월 27일 송요찬의 후임 육군 참모총장에 최영희⁴⁸가 임명됐고, 7월 28

---

44. 조갑제, 『박정희 3—혁명전야』, 161~162쪽.
45. 김종필, 김형욱, 길재호, 옥창호, 신윤창, 석정선, 최준명, 오상균 중령이다.
46. 김형욱·박사월, 『김형욱 회고록 제I부』, 도서출판 아침, 1985, 29~30쪽.
47. 전인권, 『박정희 평전』, 191쪽.
48. 최영희(崔榮喜, 1921~2006). 서울 출생. 휘문고등보통학교(1940), 일본 센슈(專修)대학 법학과 졸업(1944). 해방 후 군사영어학교 졸업, 소위 임관(1946). 육군 1·8·15사단장(1950), 육군본부 작전참모부장(1952), 제2군 사령관(1956), 육군참모총장(1960), 국방부장관(1968), 국회의원(8·9·10대) 등 역임.

일 박정희는 광주에 있는 제1관구 사령관으로 좌천됐다. 최영희 육군참모총장은 군 수뇌부와 미군 쪽에서 박정희에 대한 말들이 많아 전보했다고 말했다. 자신은 박정희의 정군론(整軍論)에 동감하고 있었지만, 그를 계속 부산에 두는 것은 지휘 체제에 혼란을 부를 수 있다고 판단했다는 것이다. 당시는 이미 허정 내각 수반, 이종찬 국방부장관, 매그루더[49] 미 8군 사령관, 그리고 민주당 고위층까지도 군대를 안정시켜야 할 때이지 개혁할 때가 아니라는 판단을 내린 상태였다.[50]

5. 박정희의 쿠데타 연습④
_'하극상(下剋上)'으로 쿠데타 음모를 감추다

우리나라 헌정사상 하원인 민의원(民議院)과 상원인 참의원(參議院)의 양원제 선거가 실시된 것은 1960년 7월 29일의 총선거 단 한 번뿐이었다. 참의원은 이미 1952년의 제1차 개헌 때부터 존재하기는 했으나 법률상 존재였을 뿐 참의원 선거는 시행하지 않았다. 당시 이승만 정권은 선진국의 선례에 따른다는 전시효과를 노려 헌법에 규정만 두었고 민의원 선거만 실시하여 단원제 국회를 구성했다. 독재 권력에게 귀찮은 국회의원 선거를 두 번이나 시행하는 것이 부담됐기 때문이다.

4·19 혁명 이후에 개정된 헌법은 의원내각제에 입각하고 있었기 때문에 민의원의 권한이 참의원보다 압도적으로 컸다. 참의원은 실질적 집권자인

---
49. Carter B. Magruder. 7대 유엔군 사령관 겸 9대 미 8군 사령관(1959.7.1.~1961.6.30.)
50. 조갑제, 『박정희 3—혁명전야』, 186쪽.

우리나라 헌정사상 단 한 번 있었던 민의원과 참의원 합동 개원식 광경(1960년 8월 8일). 허정 과도정부 내각 수반이 축사를 하고 있고, 뒤에는 백낙준 참의원 의장(왼쪽)과 곽상훈 민의원 의장의 모습이 보인다._사진출처:《새전북신문》

국무총리의 지명에 대한 동의권 또는 선출권을 갖지 못했을 뿐만 아니라 국무위원에 대한 불신임권도 없었다. 또 법률안과 예산안도 민의원에서 먼저 심의하는 권한을 가졌다. 다만 국군통수권 이외에 실질적 권한이 별로 없는 대통령은 양원 합동회의에서 선출했고 국무총리 지명권은 대통령에게 있었다.

신파와 구파 간의 심한 계파 갈등에도 불구하고 민주당은 7·29 총선에서 민의원 233석 중 175석을 차지하여 3분의 2 이상의 의석을 확보했고, 참의원은 58석 중 31석을 차지하여 과반수를 넘겨 강력한 여당이 됐다. 그러나 당시 민주당은 적의를 품은 사람들이 한자리에 모여 있는 오월동주(吳越同舟)의 상태였다.

당시 민주당 구파는 대통령직과 국무총리직을 모두 차지하려는 권력 독점 전략을, 신파는 대통령직을 구파에게 내주는 대신 실질적 권력인 국무총리직을 차지하려는 균점 전략을 펼치고 있었다. 이에 따라 8월 12일 양원 합동회의에서 구파인 윤보선이 대통령에 압도적 다수로 당선됐고 윤보선은 자파인 김도연[51]을 국무총리로 지명했다.

허정 과도내각하에서 박정희 중심의 정군파 세력은 자신들의 주장 관철에 실패했지만, 그들 주장의 실현을 민주당 내각에 기대했다. 이에 따라 정치군인들이 움직이기 시작했다. 박정희는 국무총리 인준 투표를 앞둔 어느 날 김도연을 만나 자신의 구상과 군부의 사정에 관해 브리핑했고, 박정희를 소개한 사람이 박정희를 참모총장감으로 추천했으며 김도연도 상당한 호감을 갖고 평가했다고 한다.[52]

그러나 8월 17일 실시된 김도연 국무총리 인준 동의 요청은 민의원에서 과반수 찬성을 얻지 못해 부결됐고, 윤보선은 2차 지명에서 신파의 장면을 지명할 수밖에 없었다. 결국 8월 19일의 2차 인준에서 신파인 장면이 찬성 117표(반대 107표)를 얻어 제2공화국 초대 국무총리로 선출됐다. 이로써 '박정희 참모총장'의 꿈은 사라졌다.

1960년 8월 23일 장면 내각의 각료 명단이 발표됐다. 국방장관에는 행정관료 출신으로 군대를 잘 모르는 현석호[53]를 임명했다. 이어서 8월 29일 육군 참모총장에 최경록[54] 참모차장을 승진시켜 임명했고, 최영희 참모총장

---

51. 김도연(金度演, 1894~1967). 경기도 양천 출생. 보성중학교 졸업 후 일본 게이오대학 졸업(1919). 1919년 2·8 독립운동 주도로 일본 경찰에 체포되어 옥고를 치른 후, 미국으로 유학 컬럼비아대학교 경제학 석사학위 취득(1927), 아메리칸대학에서 경제학박사 취득(1931). 해방 후 초대 재무부장관(1948), 국회의원(제헌·2·3·4·5·6·7대) 등 역임.
52. 이상우, 『박 정권 18년—그 권력의 내막』, 동아일보사, 1986, 54쪽.
53. 현석호(玄錫虎, 1907~1988). 경상북도 예천 출생. 대구고등농림학교, 경성제국대학 졸업 후 고등문관시험 행정과 합격(1933). 화순 군수(1936), 충청남도 광업부장(1944) 등 조선총독부 관료 역임. 해방 후 국회의원(3·5대), 국방부장관(1960) 등 역임. 『친일인명사전』에 등재됨. 자신의 친일 경력을 반성한 인물.
54. 최경록(崔慶祿, 1920~2002). 충청북도 음성 출생. 음성 삼성보통학교 졸업 후 일본 도요하

은 연합참모본부 의장으로 전보됐다.

정치군인들이 다시 움직였다. 9월 10일 김종필, 오치성, 김형욱, 길재호, 이택균, 옥창호, 석정선, 김동환, 김달훈, 석창희, 신윤창 등 육사 8기 출신 11명의 중령들은 현석호 국방부장관을 방문하고 정군에 관한 건의를 하려 했으나 장관을 만날 수 없었다. 이에 따라 그날 저녁 정군파 장교들은 충무장이라는 일본식 음식점에서 만나 구태의연한 장면 정부에 더 기대할 것이 없으니 정군(整軍)에서 쿠데타로 투쟁 방법을 바꾸기로 했다.

이들은 기본 업무를 정해 쿠데타 계획 전반은 김종필이 맡고, 정보는 김형욱과 정문순, 인사는 오치성, 경제는 김동환, 사법은 길재호, 작전은 옥창호·우형룡·신윤창이 맡기로 했다.[55] 이른바 '9·10 충무장 결의'였다. 그런데 이들이 충무장이라는 음식점에서 쿠데타를 결의한 9월 10일은 장면 내각이 출범한 지 불과 18일 만이었다. 그리고 바로 이날 박정희는 광주의 제1관구 사령관에서 육군본부 작전참모부장으로 발령을 받았다.

'9·10 충무장 결의'로 쿠데타를 결의한 지 두 주일 만인 9월 24일, 2차 장교단 하극상 사건인 이른바 '16인 하극상 사건'이 일어났다. 이 하극상 사건은 파문을 일으켜 쿠데타를 모의하는 정군파로부터 시선을 돌리기 위한 일종의 위장 작전이었다. 미국 국방성 군원국장 윌리스턴 파머(Williston B. Palmer) 대장의 발언에서 시작된 이 사건의 개요를 당시 언론 보도를 통해 살펴보면 다음과 같다.

시(豊橋)예비사관학교 졸업(1944). 해방 후 군사영어학교 졸업·임관(1946). 헌병사령관(1951), 육사 교장(1953), 육군참모총장(1960), 영국 대사(1971), 교통부장관(1974), 국회의원(유정회), 일본 대사(1980) 등 역임.

55. 조갑제, 『박정희 3—혁명전야』, 190~191쪽.

- 파머 대장 성명: 미 국방성 해외군원 국장 파머 대장은 지난 9월 중순 군원 업무 시찰차 내한, 3일간에 걸쳐 한미 군 수뇌와 접촉을 갖고 9월 21일 하오 4시 김포공항을 떠나 이한했다. 그런데 이날 파머 장군은 공식 스케줄에 없었던 기자회견을 김포공항에서 가졌다. 이 회견에서 파머 장군은 "한국군의 감군(減軍)은 등뼈를 깎아 내는 무모한 일"이며 "역전의 유능한 장성들이 하급 장성들의 압력으로 강제로 예편되는 등의 처사로 불안에 싸여 있다"고 선언하였다.

- 최 육군참모총장 반박: 파머 대장의 성명이 보도되자 최경록 육군참모총장은 이튿날 기자회견을 자청하고 "파머 대장의 성명은 노골적인 내정간섭이며 국가주권을 유린하는 행위"라고 한·미 간의 우호관례로 보아 이례적인 강력한 반박을 가했다.

- 사건 경위: 김명환 대령을 비롯한 16명의 장교는 9월 24일 상오 11시 반 최경록 참모총장과 임무를 교대하고 연참총장으로 전임된 최영희 중장을 방문하여 전기(前記)와 같은 경위에 관련하여 정군 문제에 대한 의견을 교환하겠다는 구실로 연참본부로 몰려갔다. 그들 말로는 파머 장군을 전송할 때 최 중장이 곁에 서 있는 것이 신문에 보도된 사진에 나타나 있을 뿐 아니라 육군 선임 장군의 하나이기 때문에 직접 찾아가서 정군의 전망을 타진하려 했다는 것이다.

　　당시 최 장군은 군의 통수 계통으로 보아 하급자들이 집단하여 근무 시간 중에 상관을 방문하여 군 정책을 운운하는 것은 용인할 수 없다고 일단 면담을 거절했다가 각자 개인 자격이라는 조건 밑에 헌병감 심흥선 준장 등 3명의 장군 입회하에 만났던 것이다. 그 뒤 16명은 군기 유해 혐의로 중앙징계위원회에 회부되어 판정 단계에 이르렀으나 지난 11월 초순에 다

시 군재로 회부된 것이다.[56]

앞의 언론 보도를 요약하면 이렇다. 정군 주도 세력들은 최영희 연합참모부 의장을 정군 대상으로 간주했고, 파머 대장의 발언을 최영희 의장의 작품이라고 판단했다. 이들은 중령·대령급 육사 각기별 대표로 구성된 육사 기수별 대표 16명의 장교단[57]을 구성해 최영희 의장을 방문, 정군 문제와 파머 대장의 발언에 대한 해명 그리고 최영희 의장의 퇴진을 요구했다.

최경록 육군참모총장은 정군 문제에 간섭하는 미군 장성들의 행태에 대해 정면 반박하면서도, '16인 하극상 사건'에 대해서는 군기 문란 행위라고 보고 강경하게 대처했다. 관련자 모두를 체포하고, 군법회의에 넘겨 재판을 받게 했다. 1960년 12월 15일 정군파 지도자 박정희도 대구에 있는 제2군사령부 부사령관직으로 좌천시켰다.[58]

하극상 사건에 관련된 16명에 대한 처벌을 구체적으로 살펴보면, 국방경비법 제47조 위반으로 육군중앙징계위원회를 거쳐 군기 유해 혐의로 군법회의에 회부되어 7회의 공판을 거친 끝에 1960년 12월 12일 김동복 대령만이 상관불경죄로 징역 3년의 유죄 판결을 받았고 나머지 15명은 무죄 석방됐다. 그러나 이 사건과 관련해 김동복 대령이 제출한 탄원서에 김종필, 석정선, 김형욱 등이 배후 교사한 사실이 드러나 김종필과 석정선이 1961년 2월 4일 구속됐으나 2월 8일 석방됨과 동시에 예비역으로 편입됐다.

이 같은 하극상 사건으로 정보기관의 시선을 돌려놓은 박정희 일행은 쿠

---

56. 「장교집단 사퇴권고 군재심판부 구성」, 《경향신문》 1960.11.24. 3면.
57. 대령: 김명환, 김동복, 한주홍, 한국찬, 유승원/ 중령: 황영일, 장수영, 이석제, 조동호, 옥창호, 권정룡, 정래창, 길재호, 황청, 우형룡, 이종학
58. 홍석률, 『민주주의 잔혹사: 한국현대사의 가려진 이름들』, 창비, 2017, 165쪽.

최영희 중장에 대한 집단 사퇴권고 사건(16인 하극상 사건)의 재판부 구성과 사건 개요를 보도한 《경향신문》 1960.11.21. 3면.

데타 계획을 추진해 나갔다. 1960년 11월 9일 박정희와 '9·10 충무장 결의' 참여자들은 박정희 자택에 모여 쿠데타 계획을 수립하고 조직 확장 문제를 검토했다. 이때부터 이석제 중령과 유승원 대령이 중앙 핵심 멤버로 참여했고, 오치성 중령은 정군파 장교들이 포섭한 요원을 요직에 보직시켰다. 1961년 1월 6일에도 박정희 자택에 다시 모여 쿠데타의 구체적 방안을 논의했다.

한편 박정희는 1960년 11월 중순부터 1961년 4월까지 약 6개월 동안 장경순 준장, 한웅진 중장, 윤태일 준장, 채명신 준장, 최홍희 소장, 김재춘 대령, 이원엽 대령, 문재준 대령, 박치옥 대령 등을 포섭했고, 육사 8기 정군파 장교들은 박원빈, 오학진, 조창대, 심이섭, 엄병길, 홍종철, 장동운, 최홍섭, 서상린, 임광섭, 이지찬, 안태갑, 김용건, 김성룡, 박배근, 김재후, 강상욱 등을 포섭했다.[59]

박정희가 노린 것은 1961년 4월 19일, 4·19 1주년 기념일이었다.

---

59. 한용원, 『한국의 군부정치』, 대왕사, 1993, 204~205쪽.

6. 박정희의 쿠데타 연습⑤
_제2차 쿠데타(1961.4.19.) 미수

이제까지 박정희와 그의 일행이 달려온 복잡한 발걸음을 정리하고 넘어가자.

박정희가 쿠데타를 위해 움직이기 시작한 것은 1959년 7월 1일 송요찬 육군참모총장에 의해 제6관구 사령관에 임명될 때부터였다. 그 후 1960년 1월 21일 부산 군수기지사령부 사령관에 취임하여 본격적인 쿠데타 계획에 들어가 그해 5월 8일 이승만 타도를 위해 봉기하려 했으나 4·19 혁명으로 좌절됐다.

5·8 쿠데타 계획이 미수에 그치자 박정희는 '정군(整軍)'으로 쿠데타 명분을 바꿔 자신을 따르는 일행과 함께 하극상 사건을 일으켜 한국 군부를 쑤셔대기 시작했다. 시동은 박정희가 걸었다. 1960년 5월 2일 육군참모총장 송요찬에게 "3·15 부정선거의 책임을 지고 물러나라"는 요지의 편지를 보냈고, 그의 일행인 '8·8그룹'이 제1차 하극상 사건을 일으켜 송요찬을 5월 19일 퇴역시킨 것이 그 시작이었다. 이 일로 7월 8일 박정희는 광주 제1관구 사령관으로 좌천됐다.

박정희가 광주로 간 사이 7·29 총선거가 실시되어 민주당이 집권했다. '육군참모총장 박정희'를 노리고 국무총리가 유망하던 김도연에게 접근했으나 김도연의 총리 인준이 국회에서 부결됐고, 결국 1960년 8월 23일 장면 내각이 출범했다. 이렇게 되자 박정희는 장면 정권을 새로운 공격 목표로 삼았다.

9월 10일 육사 8기 출신 장교 11명이 나섰다. 이들은 정군에 관한 건의를 명목으로 국방부장관 면담을 시도했으나 실패하자, 그날 저녁 '충무장 결의'로 쿠데타를 결의했다. 바로 이날 박정희는 육군본부 작전참모부장으로 임명됐다.

9월 24일 육사 각기별 장교 16명이 최영희 연합참모본부 의장의 퇴진을 요구하는 '16인 하극상 사건'을 제2차로 일으켰고, 박정희는 그 배후로 지목되어 12월 5일 제2군 부사령관으로 좌천됐다.

미국 측에서 박정희의 예편을 요구하기 시작한 것은 9월 10일 육군본부 작전참모부장이라는 요직에 발령 받고난 후부터였다. 당시 미국의 원조로 살림을 꾸려 가던 대한민국은 미국의 의사를 결코 무시할 수 없었다. 1960년 10월 초 미 국방성의 한 고위 관리는 "한국군의 작전참모부장은 공산주의자이다. 체코슬로바키아도 공산화되기 전에 육군의 작전국장이 빨갱이였는데 그 사람이 주동이 되어 국가 전체를 공산화시켰다"며 경고했다.[60]

1961년에 들어와 미국 측은 장면 정권에게 박정희를 예편시킬 것을 권고했다. 1월 중순 미 8군 사령관 매그루더는 본국의 지휘관회의에 참석차 떠나면서 ① 10만 감군(減軍)을 철회하고, ② 하극상 관련 장교를 엄벌하며, ③ 박정희를 예편시키는 것이 좋겠다고 조언했다.[61]

예편(豫編)이란 현역에서 예비역으로의 편입 즉 군복을 벗는다는 뜻이다. 그것은 박정희를 군에서 추방해 손발을 묶어 막다른 골목으로 몰아넣는다는 뜻이었다. 여기서 밀리면 끝이었다. 그때부터 박정희는 눈에 핏발이 선 채로 쿠데타 작업에 더욱 몰두했다.

---

60. 이완범, 「제1차 경제개발5개년계획의 입안과 미국의 역할」, 한국정신문화연구원 편, 『1960년대의 정치사회변동』, 백산서당, 1999, 41쪽.
61. 한용원, 『한국의 군부정치』, 206쪽.

5·16 쿠데타 성공 후 이임·퇴역하는 미 8군 사령관 매그루더(왼쪽)와 악수하는 박정희(1961. 6.29.). 5·16 직전 매그루더는 박정희의 예편을 강력히 주장했다._사진출처:《월간조선》

이때 장면 정권은 돌이킬 수 없는 실수를 저지른다. 1961년 2월 17일 육군 참모총장에 장도영을 임명하여 1년도 안 되는 사이에 참모총장을 최영희(1960.5.23.~1960.8.22.)에서 최경록(1960.8.23.~1961.2.16.)으로, 다시 최경록에서 장도영으로 갈아 치운 것이다. 육군 총수를 자주 바꾼 것도 문제였지만, 장도영 본인이 정군 대상으로 스스로 예편을 출원한 적이 있었고 무엇보다도 석 달 후 박정희의 5·16 쿠데타에 협력한다는 치명적 결과를 초래하지 않았는가?

결국 장면 정권은 제 눈을 제가 찌른 셈이 되었는데, 장도영 참모총장 임명 경위 자체가 희한하다. 장도영은 강력한 정군론자인 최경록 육군 참모총장 체제가 출범하자 포기하는 심정으로 사표를 제출했다. 그러자 장도영을 끔찍이도 생각했던 매그루더가 노발대발했다. 미국이라는 구원의 손길이 예편 직전의 장도영을 살려 냈고, 구사일생으로 살아난 장도영은 '더 높은 곳을 향하여' '총장 운동'에 매진했다. 당연히 미국은 강력하게 천거

했다.[62]

여기서 주목해야 할 점은 박정희도 장도영의 '총장 운동'에 협력했다는 사실이다. 쿠데타의 얼굴로 박정희 자신이 나서기는 뭐하니 대신 장도영을 내세울 속셈이었다. 당시 대령으로 제6관구 사령부 참모장이었던 김재춘은 박정희와 합의하에 '총장 운동'을 벌이는데, 다음은 그의 증언이다.

> 그래서 민주당 실력자 오위영(吳緯泳) 의원을 찾아가 장도영 장군이 가장 적임자라는 설득을 펴기 시작했다. 그리고 한편으로는 박순천(朴順天) 의원을 영천 집으로 찾아가 장 장군을 적극 추천하였다. 문턱이 닳도록 찾아다녔다고 해도 과언이 아닐 정도로 부지런히 뛰어다녔다. 장면 국무총리는 세 사람을 두고 여러 번 망설이다가 결국 장 장군을 택해 참모총장에 임명하였다. 이렇게 해서 우리의 혁명계획은 한 발 앞으로 다가서게 되었으며 장 장군도 그동안의 노고를 치하하는 뜻을 보내왔다.[63]

5·16 쿠데타를 주도한 세 사람, 쿠데타라는 선체(船體)에 비유되는 박정희, 연료에 비유되는 김동하, 엔진에 비유되는 김종필은 이때 모두 비슷한 처지에 있었다.

송요찬 육군참모총장 축출을 주도했던 박정희는 예편 리스트에 오른 150여 명의 장교 가운데 1순위였다. 김동하는 3·15 부정선거 당시 해병대의 투표를 조작했고 부정부패를 저질렀다며 해병대 사령관 김대식을 맹렬히

---

62. 정대철, 『장면은 왜 수녀원에 숨어 있었나』, 동아일보사, 1997, 114쪽.
63. 김재춘, 「5·16혁명사는 다시 쓰여져야 한다」, 한국정치문제연구소, 『정풍(政風) 3—누가 역사의 증인인가』, 동광출판사, 1986, 73쪽.

공격했는데, 군법회의에 회부되는 대신 소장으로 진급하여 예편된 상황이었다.[64] 김종필 또한 '16인 하극상 사건'으로 구속됐다가 석방된 후 예비역으로 편입된 일은 이미 말한 바 있다.

박정희는 신년 초부터 떠돌던 '3·4월 위기설'을 활용해 부산정치파동 이후 세 번째로 쿠데타에 나섰다. 새해 벽두부터 퍼지기 시작한 괴소문의 내용은 3월부터 시작되는 춘궁기에 농민이 봉기할 것이며, 3·1절과 4·19 1주년 전후하여 장면 정부를 규탄하는 전국적 반정부 데모가 학생들을 중심으로 대대적으로 일어날 것이라는 등의 장면 정부 위기설이었다.

이러한 위기설을 심각하게 받아들인 장면 정부는 그 대처 방안의 일환으로 군에 대해 폭동 진압 훈련을 지시했고, 이 지시를 받은 군에서는 제6관구 사령관 지휘하에 '비둘기 작전'이라는 이름의 훈련을 강력히 실시하고 있었다. 이게 웬 떡인가? 박정희는 이 '비둘기 작전'으로 저절로 군사력을 보유하게 된 것이다.[65] 박정희 자신이 제6관구 사령관을 지낸 적이 있었을 뿐만 아니라 제6관구 현역 참모장이 바로 김재춘이었기 때문이다.

1961년 2월 하순 박정희·김종필·김재춘이 모여 4·19 1주년 기념일에 군중 폭동이 일어나면 폭동 진압부대가 출동하게 되어 있으니 그 병력으로 쿠데타를 일으키기로 하고 거사일을 4월 19일로 결정했다. 1년 전 박정희와 함께 5·8 쿠데타를 모의했던 김동하는 해병대 창설 기념일인 4월 15일로 거사일을 잡아 쿠데타를 독자적으로 추진하다가 박정희 쪽에 합류하기로 했다. 바야흐로 쿠데타 유행 시대가 도래했다고 할까?

당시 제2군 부사령관이었던 박정희는 이주일(李周一) 참모장을 중심으로

---

64. 임영태, 『대한민국 50년사 1』, 도서출판 들녘, 1998, 326~327쪽.
65. 김상구, 『5·16청문회』, 489~494쪽.

한 제2군 산하 조직을 활용하여 광주의 최주종(崔周鍾) 준장, 청주의 김진위(金振暐) 준장, 부산의 김용순(金容珣) 준장 등의 동조를 받았고, 제1야전군에서도 5군단장 박임항(朴林恒) 중장, 5사단장 채명신(蔡命新) 준장, 12사단장 박춘식(朴春植) 준장의 지지를 얻었다. 또한 김동하 예비역 소장과 제1해병여단 김윤근(金潤根) 준장을 포섭하여 오정근(吳定根)·조남철(趙南哲) 중령 등의 해병대를 쿠데타 세력으로 참여시켰다.

서울 일원의 정군파 장교들은 제6관구 참모장 김재춘 대령 및 작전참모 박원빈(朴圓彬)과의 연계를 강화했고, ① 제1공수단 박치옥(朴致玉) 대령, 김제민(金悌民) 중령, ② 제30사단 이갑영(李甲榮) 대령, 이백일(李白一) 중령, ③ 제33사단 이병엽(李炳燁) 대령, 오학진(吳學鎭) 중령, ④ 제6군단 포병 문재준(文載駿) 대령, 홍종철(洪鍾哲) 중령, 신윤창(申允昌) 중령, 구자춘(具滋春) 중령 등으로 행동부대를 조직했다.

행동부대의 편성이 완료되자 4월 7일 박정희 등 쿠데타 주모자 40여 명은 강상욱(姜尙郁) 중령 자택에 모여 행동 계획을 검토하고 행정·작전·재정의 책임자를 결정했다. 행정은 이석제(李錫濟) 중령(연락 오치성 대령), 작전은 박원빈 중령(연락 강상욱 중령), 재정은 김종필이 각각 담당하기로 했다. 거사일인 4·19 1주년 기념일 직전에는 박정희를 비롯한 각 부서의 책임자들이 세부 작전계획을 최종적으로 검토했다.[66]

문제는 1961년 4월 19일, 4·19혁명 1주년이 되는 날에 격렬한 데모가 벌어져 폭동 상황이 되어야 한다는 것이었다. 박정희와 그의 일행은 그날 학생들의 데모가 일어날 것을 기대했고, 당시 사회 상황으로 보아 거의 필연

---

66. 한용원, 『한국의 군부정치』, 213~214쪽.

1961년 4월 19일 서울대생들이 4·19 혁명 1주년을 맞아 침묵시위를 하고 있다. 학생들은 4·19 혁명의 발자취를 따라 효자동까지 침묵시위를 벌인 후 학교로 돌아와 해산했다. 다른 대학 학생들도 이런 방식의 시위를 하여 박정희는 이날 쿠데타 계획을 실행에 옮길 수 없었다._사진출처:《동아일보》

적인 것으로 확신했다. 그러나 예상과 어긋나는 일이 발생할 수도 있는 일이었다. 그러자 "사전에 대대적인 데모를 일으키도록 학생들을 포섭하는 공작을 하자"는 착상이 김종필의 머리에서 나왔다.

학생 포섭 공작은 박종규가 맡았다. 그는 당시 국방부 소속 소령이었으나, 하사관 시절 김종필의 보좌관으로 있던 인물이었다. 박종규는 학생회 간부 등 대학생 조직에 착수해 거사일 직전까지 약 500여 명의 비밀 학생 조직원을 확보했다. 그리고 "학생이여 궐기하라! 4·19의 피가 헛되었다. 이런 사회를 만들기 위해 피를 흘렸던가!"라는 내용의 전단지 2만 장도 준비했다.

거사일인 4월 19일, 박정희는 대구의 제2군 부사령관실에서, 서울의 일행은 종로 부근 은성(銀星)이라는 음식점을 통째로 빌려 대기하고 있었다. 그들은 4·19 혁명 1주년 기념식이 대규모 유혈 폭동으로 발전하여 장면 정부가 계엄령을 선포하면 출동하게 되어 있는 폭동진압 부대를 그대로 쿠데

타 부대로 전환시킬 준비를 하고 있었던 것이다. 그러나 유감스럽게도 폭동은 일어나지 않았다.[67]

대구의 박정희는 어떻게 하고 있었을까?

4월 19일에는 새벽부터 정신을 가다듬고 군화끈을 고쳐 매었다. 박정희는 매 삼십분씩마다 울리는 비상전화통만 바라보고 있었다. 김재춘으로부터 어김없이 삼십분마다 전화가 걸려오고 있었다. 오전 열한시에도, 정오에도, 오후 두시에도 "상황 변동 없습니다"였다.

저녁 8시, "데모가 일어났습니다." 박정희는 총알처럼 자리에서 일어났다.

"그러나 각하! 창녀들과 포주들의 데모입니다. 약 삼십여 명의 창녀와 포주들이 매춘을 합법화하라고 서울역 앞에서 데모를 벌였습니다. 그 외로는 별 일 없이 평온하게 저물어가고 있습니다."

대규모 폭동이 벌어지지 않았기 때문에 김재춘이 주도할 '비둘기 작전'은 수행될 수 없었다. 박정희가 그다지도 고대하던 혁명의 비둘기는 날지 않았다. 박정희는 처음부터 다시 시작하였다.[68]

---

67. 조갑제, 『박정희 3—혁명전야』, 270~271쪽.
68. 김형욱·박사월, 『김형욱 회고록 제I부』, 71~72쪽.

7. 박정희의 쿠데타 연습⑥

_제3차 쿠데타(1961.5.12.) 미수

4·19 1주년 기념일에 폭동을 일으켜 진압을 구실로 병력을 동원해 쿠데타를 일으키려던 계획이 물거품이 되자, 박정희는 거사 날짜를 1961년 5월 12일로 다시 잡고 계획을 진행해 나갔다. 그런데 돌발 사태가 발생했다. 육군본부 작전참모부 교육지도과장으로 있던 이종태(李鍾泰) 대령이 통근버스에서 인사참모부의 장세현(張世顯) 중령을 쿠데타 "동지로서 포섭할 속셈으로 혁명 거사의 내막을 실토했는데", 장 중령이 이 사실을 서울지구 방첩대장에게 알린 것이다. 그리하여 5·12 쿠데타 계획도 다시 중단됐다.[69]

그런데 김종필이 속한 육사8기 쪽과 5기인 김재춘 간에 이 대목에 대한 증언이 전혀 엇갈린다. 먼저 김종필의 증언부터 보자.

(4·19 쿠데타 계획 실패 후) 두 번째 계획은 5월 12일이었는데 주체세력 중 한 명의 부주의로 비밀이 누설됐다. 육군본부의 이종태 대령이 경인 통근버스 안에서 옆자리에 앉은 동료를 포섭하기 위해 혁명 준비 상황을 발설한 것이다. 이 동료는 방첩대에 밀고했다. 거사계획은 서울지구 방첩대장(이희영 대령)→육군본부 방첩대장(이철희 준장)→장도영 참모총장 순으로 보고됐지만 방첩대의 손길은 이 대령 한 명만 구속시키고 수사를 확대하지 않은 것이다. 다만 쿠데타 소문이 날짜까지 박아 군내에 널리 퍼지게 돼 부득이 그날 궐기를 중단했다.[70]

---

69. 국가재건최고회의 한국군사혁명사편찬위원회, 『한국군사혁명사 제1집(상)』, 210쪽.
70. 김종필, 『김종필 증언록 1』, 미래엔, 2016, 62쪽.

당시 제6관구 사령부 참모장이던 김재춘은 전혀 딴소리를 하고 있다. 후일 5·16 쿠데타 성공 후 육사 8기가 5기 등 이른바 '혁명주체들'을 숙청한 것과 혹시라도 관련이 없는지에 대해 심도 있는 연구가 필요한 대목이다.

(4·19 쿠데타 계획이 실패하자) 뒤이어 D데이로 잡은 것이 5월 12일이었다. 지휘본부로 결정된 6관구 사령부에서 총지휘자인 박정희 장군이 오기를 기다렸으나 박 장군이 끝내 나타나지 않아서 그날의 거사도 불발에 그치고 말았다. 그날 저녁 박 장군과 연락이 되어 일식집 '남강'에서 저녁식사를 하면서 불평을 말하고 12일에 약속을 지키지 못한 이유를 물었다. 그러자 군 동원 문제로 5군단장 박임항 장군, 5사단장 채명신 장군, 12사단장 박춘식 장군을 만나 타협을 짓느라고 늦었다는 이야기였다.[71]

당사자인 이종태도 장세현과의 대화를 부정하지는 않고 있다. 다만 자신이 장세현에게 한 말은 "시중에 나도는 이야기에 불과했고 조금이라도 의식이 있는 장교라면 할 수 있는 말"이었다는 것이다. 또한 그로서는 "장세현을 동조세력으로 포섭하기 위한 첫 시도이기도 했다"고 한다.

그런데 5·16 쿠데타 직후인 1961년 5월 18일 새벽 이종태는 '군사혁명 정보 누설' 혐의로 구속되어 거의 1년이 다 된 1962년 5월 2일 석방되고 군적(軍籍)까지 박탈됐다. 그는 자신이 '반혁명 분자'로 몰려 제거당한 것에 대해 다음과 같이 기록하고 있다.

---

71. 김재춘,「5·16혁명사는 다시 쓰여져야 한다」, 75쪽.

'반혁명'으로 재판 받는 이종태 대령_사진출처: 민주화운동기념사업회 사진 아카이브

그렇다면 나는 왜 배신자로 몰려 영어(囹圄)의 몸이 되어야 했을까? 대답은 자명한 것 같다. 출감 후 박정희를 만나려는 나의 노력에 쐐기를 박은 김종필의 태도에서 그 해답을 찾아야 하지 않을까. 그 이후에 나타난 일이지만 8기생 중심의 주체들은 비(非)8기생들을 하나하나 제거했다. 나도 그 일환으로 제거된 것이 아닐까 하는 생각이 든다. 내가 불명예스럽게 정보 누설이라는 이유로 제거된 것은 불쾌하나, 결국은 제거되었을 것이므로 보다 가혹한 조치를 당하지 않은 것이 오히려 다행스럽게 생각되기도 한다.[72]

이종태는 김종필의 소행으로 돌리고 있으나 당시 최고 권력자는 박정희였다. 거기다 이종태는 1958년 봄 박정희를 처음 만난 후 그를 존경하고 계속 따른 사람이었다. 박정희의 최대 자산은 인간학(人間學), 그것도 마키아벨리적인 인간학에 정통해 있다는 것이었다. 정 많고 여린 사람들의 특성

---

72. 이종태, 「혁명정보 누설사건의 전모」, 한국정치문제연구소, 『정풍(政風) 3—누가 역사의 증인인가』, 43~60쪽.

을 포착해 그걸 최대한 활용한 뒤 내칠 수 있는 능력과 심성은 범인(凡人)으로서는 도저히 따라갈 수 없는 박정희만의 것이었다.[73] 이 점은 쿠데타 성공 후 수많은 "혁명 동지"들을 반혁명으로 몰아 숙청한 데서 잘 드러나고 있지 않은가?

---

73. 강준만, 『한국 현대사 산책—1960년대편 1권』, 인물과사상사, 2004, 150~151쪽.

제4장
5·16 쿠데타

1. '혁명공약'은 실천했는가

　박정희는 1961년 5월 16일 오전 3시를 기하여 이승만 때부터 벼르고 벼르던 쿠데타를 감행했다. 5·16 쿠데타는 사실상 거의 공개적으로 드러내놓고 한 엉터리 쿠데타였다. 그럼에도 불구하고 그것이 성공할 수 있었던 이유는 '신기하다'고밖에 달리 표현할 길이 없다. 박정희 지지자들은 '드러내 놓고 한 쿠데타'를 박정희의 대담무쌍, 확고한 소신, 웅대한 비전 등으로 미화하지만, 그건 엄밀히 따지고 보면 '조폭 논리'와 유사한 것이었다.[1]

　이러한 결론은 역사란 결국 승리한 자의 기록이니 5·16도 마찬가지라는 선입견을 가지고 내린 것은 결코 아니다. 1960년 5월 8일부터 시작된 쿠데타 준비 과정만 얼핏 보아도 동네 골목대장들의 싸움 같은 인상을 주지 않았던가?

　송요찬 참모총장이 성가시니 그가 미국에 간 틈에 거사하려다 학생들에게 기선을 빼앗기자 송요찬을 정군(整軍)이라는 명분으로 제거했고, 4·19

---

1. 강준만, 『한국 현대사 산책—1960년대편 1권』, 241쪽.

"해병 제1여단과 2개 공정(空挺) 대대를 선봉 세력으로 하는 혁명 부대는 5월 16일 새벽을 기해 수도 서울 일원을 완전히 점령하여 모든 지배권을 장악했다. … 곧 중앙방송국을 점령했으며 혁명위원회를 조직하고 행정, 입법, 사법의 3권을 완전히 장악했다는 성명을 발표했다. 성명은 장도영 육군참모총장 명의로 발표되었으나 그가 혁명군에 직접 가담했는지의 여부는 밝혀지지 않았으며 … 군부 쿠데타의 계획과 추진은 육군 제2군부사령관 박정희 소장 및 해병대 제1여단장 김윤근 준장 등을 핵심으로 해서 이루어진 것으로 믿어지고 있다."《동아일보》1961.5.17. 1면)

1주년 기념일에는 폭동을 유발시켜 쿠데타를 시도하다 실패했으며, 5·12 쿠데타는 보안 유지 실패로 취소했고, 5·16 쿠데타는 성공했지만 박정희는 실패했다고 여겨 막걸리를 벌컥벌컥 마시다가 나타나는 해프닝을 벌였던 것이다.

'조폭(組暴)'이란 '조직을 이루어 폭력으로 불법 행위를 저지르는 무리'를 말한다. 이들에게는 폭력을 통해 소기의 목적을 달성하는 것 이외에 자신의 행위를 정당화할 명분이 없다. 또한 이들이 속한 폭력집단은 사회 전체를 대변할 수 있는 대표성이 없다. 그리고 이들의 의사결정은 주로 1인의 두목에 의해 독단적으로 이루어지고 두목에 저항하면 냉혹하게 제거된다.

그렇다면 5·16 쿠데타의 '주체세력'은 어떠했나? 이들은 합법 정부를 타도하면서도 이에 대한 뚜렷한 명분이나 준비도 별로 없었다. 3,600여 명에 불과한 병력과 몇 명의 민간인으로 이루어진 '주체세력'이 일으킨 쿠데타가 한국 군부, 나아가 한국 국민을 대변한다고 볼 수도 없었다. 그리고 모든 의사결정은 박정희 개인의 의도에 달려 있었고 다른 생각을 하면 '반혁명' 등의 이름으로 제거됐다.

5·16 쿠데타 당시 뚜렷한 명분은 물론 정부기구 개편이라든지 임시헌법 등에 대한 구체적인 안은 하나도 준비되어 있지 않았다. 준비된 것이 있었다면 '국가재건최고회의' 기구표 정도였다. 그나마도 김종필 개인의 수중에 있었을 뿐이었다. 김종필이 작성한 「포고문」을 통해 '혁명공약'을 제시하지 않았느냐고 반론을 제기할 수도 있지만 이 '혁명공약'이 완성된 것도 쿠데타 하루 전이었다.

1961년 5월 16일 오전 5시 KBS방송을 통해 발표된 「포고문」의 내용부터 보자.

친애하는 애국 동포 여러분! 은인자중하던 군부는 드디어 금조미명(今朝未明)을 기해서 일제히 행동을 개시하여 국가의 행정, 입법, 사법의 3권을 완전히 장악하고 이어 군사혁명위원회를 조직하였습니다. 군부가 궐기한 것은, 부패하고 무능한 현 정권과 기성 정치인들에게 더 이상 국가와 민족의 운명을 맡겨 둘 수 없다고 단정하고 백척간두에서 방황하는 조국의 위기를 극복하기 위한 것입니다.

군사혁명위원회는

1. 반공을 국시(國是)의 제일의(第一義)로 삼고 지금까지 형식적이고 구호에

"내 앞에는 박정희 장군이 꼿꼿이 서서 방송 장면을 바라보고 있었다. 그 뒤로는 김동하 장군, 이주일 장군과 함께 김종필, 이석제 중령이 서 있었다. 정문순 중령, 이형주 중령은 내 뒤의 작은 의자에 앉아 권총을 빼든 채 나를 감시했다. 타령에 이어 방송이 시작되어 애국가가 나가고 그리고, 새벽 5시 정각 행진곡과 함께 5·16 혁명 방송이 시작됐다. 나는 '… 은인자중(隱忍自重)하던 군부는 드디어 금조(今朝) 미명(未明)을 기해서 … 대한민국 만세! 궐기군 만세! 군사혁명위원회 의장 육군 중장 장도영'으로 끝나는 혁명공약 방송을 같은 자리에서 여러 차례 반복했다"(박종세, 『방송, 야구 그리고 나의 삶』, 우북스, 2004).

만 그친 반공태세를 재정비 강화할 것입니다.

  2. 유엔헌장을 준수하고 국제협약을 충실히 이행할 것이며 미국을 위시한 자유우방과의 유대를 더욱 공고히 할 것입니다.

  3. 이 나라 사회의 모든 부패와 구악(舊惡)을 일소하고 퇴폐한 국민도의와 민족정기를 다시 바로잡기 위하여 청신(淸新)한 기풍을 진작시킬 것입니다.

  4. 절망과 기아선상에서 허덕이는 민생고를 시급히 해결하고 국가 자주경제 재건에 총력을 경주할 것입니다.

  5. 민족적 숙원인 국토통일을 위하여 공산주의와 대결할 수 있는 실력 배양에 전력을 집중할 것입니다.

  6. 이와 같은 우리의 과업이 성취되면 새롭고 양심적인 정치인들에게 언제

든지 정권을 이양하고 우리들 본연의 임무에 복귀할 준비를 갖추겠습니다.

애국 동포 여러분, 여러분은 본 군사혁명위원회를 전폭적으로 신뢰하고 동요 없이 각인(各人)의 직장과 생업을 평상과 다름없이 유지하시기 바랍니다. 우리들의 조국은 이 순간부터 우리들의 희망에 의한 새롭고 힘찬 역사가 창조되어가고 있습니다. 우리들의 조국은 우리들의 단결과 인내와 용기와 전진을 요구하고 있습니다.

대한민국 만세! 궐기군 만세!

군사혁명위원회 의장 육군 중장 장도영

이 「포고문」과 이에 포함된 6개 항으로 된 '혁명공약'은 '주체세력' 내부에서 토론을 거쳐 작성된 것이 아니라 김종필 혼자 작성해 품속에 넣고 다니다가 발표한 것이었다. 다만 제6항의 '원대복귀' 내용은 쿠데타의 정권 탈취 목적을 감추기 위해 박정희가 추가한 것인데, 그날이 쿠데타 하루 전인 1961년 5월 15일이었다.[2]

박정희가 제시한 '혁명공약'은 구체적으로 어떤 내용이며 어떻게 실천에 옮겼는지를 살펴보기로 하자.

제1항과 제5항의 '반공(反共)'에 관한 내용은 박정희의 공산주의 경력을 덮기 위한 것으로 박정희를 의심하는 미국을 겨냥한 것이었다. 당시 미 8군 사령관이 국군의 작전지휘권을 통째로 움켜쥐고 있어서, 미국이 60만 한국군을 동원해 3,600여 명에 불과한 쿠데타 군을 진압하는 것은 식은 죽 먹기보다 쉬웠기 때문이다. 쿠데타 직후 박정희는 자신이 빨갱이가 아님을

---

2. 김종필, 『김종필 증언록 1』, 24~25, 64~66쪽.

확실히 보여 주기 위해 《민족일보》 사장 조용수와 사회당 최백근을 체포하여 쿠데타 6개월 후인 12월 21일 사형을 집행하는 성의를 보였다.

'혁명공약' 초안을 작성했던 김종필도 이 사실을 다음과 같이 시인하고 있다.

> 그럼에도 적지 않은 사람이 그를 의심했다. 이들은 공공연히 "박정희는 빨갱이다"라고 떠들 정도였다. 미국도 의심의 눈길을 거두지 않았다. 한국에 주둔 중인 미8군 사령관 매그루더는 박 소장을 예편시키라고 한국 정부에 요구했다. 따라서 나는 궐기군의 지도자인 박 소장에게 걸린 그런 혐의를 불식하기 위해서라도 반공을 공약 1호로 내세워야 한다는 판단을 내렸다.[3]

"미국을 위시한 자유우방과의 유대를 더욱 공고히 할 것"이라는 제2항 역시 박정희가 가장 두려워했던 미국을 달래서 자기편으로 끌어넣기 위한 것이었다. 박정희는 쿠데타 이틀 후인 5월 18일 과거 숙군 때 자신의 목숨을 구해 준 하우스만을 찾아가 미국 고위층에게 자신의 행위를 이해시켜 줄 것을 부탁했고, 하우스만은 즉각 미국으로 건너가 미국이 박정희 쿠데타를 묵인하는 데 도움을 주었다.[4]

제3항의 '부패와 구악(舊惡) 일소'는 "권력은 부패하기 쉽고, 절대 권력은 절대 부패한다"는 명언이 사실임을 입증하기 위한 대목인 것 같다. 이른바 '주체세력' 29명의 평균 연령은 35세, 박정희가 44세로 가장 나이가 많았고 최연소인 공수단 중대장 차지철 대위는 27세의 청년이었다.[5] 쿠데타 당시

---

3. 김종필, 『김종필 증언록 1』, 25쪽.
4. 짐 하우스만/정일화(공저), 『한국 대통령을 움직인 미군대위』, 53~78쪽.

이들은 권력의 단맛이 무엇인지를 전혀 모르는 '백면서생(白面書生)' 같은 존재였다. 권력으로부터 펑펑 솟아나오는 돈의 맛을 말로만 듣던 사람들이었다. 그런데 권력을 잡자 눈앞에 돈이 어른거리니 결과는 뻔하지 않은가. 사람들은 돈맛을 따라 '4대 의혹사건' 같은 부패 행위를 저지른 '주체세력'을 '신악(新惡)'이라고 불렀으니, 5·16은 결국 '악(惡)의 교체' 작업에 불과했다.

'혁명공약' 제4항의 '국가 자주경제 재건'은, 장면 정권이 이미 완성했으나 쿠데타로 발표하지 못한 '경제개발 5개년계획'을 박정희가 차용해 숫자만 바꾼 후 자신의 작품인 양 발표한 뒤 그대로 실천하여 업적으로 남겼다. 어쨌든 이 업적은 '한강의 기적'으로 명명되어 오늘날까지 박정희를 칭송하기 위한 좋은 소재로 활용되고 있다.[6]

가장 큰 문제가 '혁명공약' 제6항에서 일어난다. '혁명공약'에서 '공약(公約)'이란 말은 '어떤 일에 대해 국민에게 실행하겠다고 한 약속'을 뜻한다. 제6항의 "본연의 임무에 복귀" 즉 '원대복귀' 공약은 국민에게 한 약속이었음에도 박정희는 이를 지키지 않았다. 아니 처음부터 지킬 뜻이 없었다고 보는 것이 옳을 것이다.

'혁명공약' 제6항은 박정희 자신이 스스로 추가했고, 대한민국 국민을 상대로 한 약속이었다. 그런데 약속을 지키지 않았을 뿐만 아니라 내용 자체를 변조해 국민들을 기만했다. 다음의 「혁명공약 1」은 5·16 당시 발표한 '혁명공약' 제6항의 내용이 그대로 기재되어 있는 오리지널이다. 그러던 것이 어느 틈에 슬그머니 '혁명공약' 제6항이 '군인'의 공약으로 둔갑하고, '민간'의 공약이 추가되어 「혁명공약 2」로 바뀐다. 도대체 군인들이 일으킨

---

5. 김종필, 『김종필 증언록 1』, 47쪽.
6. 박성휴, 「장면은 다원적 민주주의 실천한 선각자」, 《경향신문》 1999.8.27. 18면.

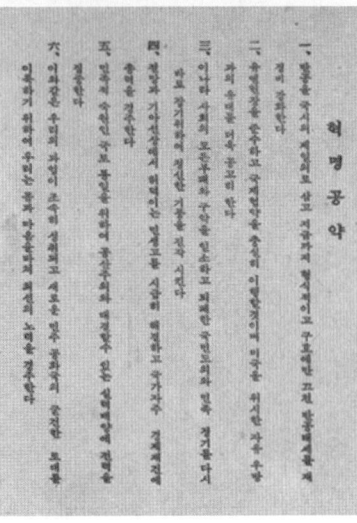

「혁명공약 1」 　　　　　「혁명공약 2」 　　　　　「혁명공약 3」

'혁명'에 왜 민간인들이 '공약'을 내걸어야 하는지 알다가도 모를 일이다. 다음은 「혁명공약 2」에서 제6항의 바뀐 내용이다.

6. (군인) 이와 같은 우리의 과업이 성취되면 새롭고 양심적인 정치인들에게 언제든지 정권을 이양하고 우리들 본연의 임무에 복귀할 준비를 갖춘다.

(민간) 이와 같은 우리의 과업을 조속히 성취하고 새로운 민주공화국의 군건한 토대를 이룩하기 위하여 우리는 몸과 마음을 바쳐 최선의 노력을 경주한다.

그러다가 '혁명공약'은 재차 변신한다. 「혁명공약 2」 제6항의 내용에서 '군인' 공약이 사라지고 '민간' 공약만이 남아 「혁명공약 3」으로 바뀌어 버렸다. 이런 식으로 박정희는 "본연의 임무에 복귀"한다는 자신에게 부담스러운 '혁명공약' 내용을 아예 바꾸어 버리는 속임수를 쓴 것이다. 다음이 「혁명공약 3」에서 제6항의 바뀐 내용이다.

6. 이와 같은 우리의 과업을 조속히 성취하고 새로운 민주공화국의 굳건한 토대를 이룩하기 위하여 우리는 몸과 마음을 바쳐 최선의 노력을 경주한다.

그러다 결국 귀찮기 짝이 없는 '혁명공약' 제6항을 아예 없애버려 5개 항만으로 이루어진 '혁명공약'으로 둔갑하기도 했다. 문제는 여기에 그치지 않고 이 사실을 보도한 조세형[7]을 구속해 버린 것이다. 이들이 했다는 '혁명'의 목적은 과연 무엇이었나?

1961년 6월 18일에 민국일보 정치부장 조세형이 혁명 정부에 구속되었다. 혁명공약 제6항 때문이었다. 6항은 '이와 같은 우리의 과업이 성취되면 참신하고도 양심적인 정치인들에게 언제든지 정권을 이양하고 우리들 본연의 임무에 복귀할 준비를 갖춘다'는 것이었다. 이것이 슬며시 바뀐 것이다. '본연의 임무에 복귀할 운운'이 빠지고 '민주공화국의 굳건한 토대를 이룩하기 위하여 우리는 몸과 마음을 바쳐 최선을 경주한다'는 것으로 대체되었다는 사실을 민국일보가 보도하자 최고회의에선 '그것은 민간인용'이라면서 조 부장을 구속했다. 조세형 부장이 중부경찰서 유치장 감방에 들어가 보니 김대중 민주당 선전부장, 혁신계 민족일보 조용수 사장, 고려대 이건호 교수 등 8, 9명이 붙들려 와서 방이 비좁아 쭈그리고 앉아 있었다고 한다.[8]

---

7. 조세형(趙世衡, 1931~2009). 전라북도 김제 출생. 전주고등학교, 서울대학교 문리과대학 졸업. 《민국일보》 정치부장, 《한국일보》 편집국장, 국회의원(10·13·14·15대) 등 역임.
8. 조갑제, 『박정희 4-5·16의 24시』, 조갑제닷컴, 2007, 290~291쪽.

5·16 쿠데타 직후 박정희에 의해 국가재건최고회의 공보실장으로 발탁된 원충연[9] 대령의 경우를 보자. 그는 이 '혁명공약' 제6항을 철석같이 믿고 박정희 진영에 가담해 이를 홍보했다. 그러나 박정희는 '원대복귀' 공약을 지키지 않고 군복을 벗고 민간인으로 변신하여 '민정 이양'에 참여해 대통령이 되어 버린 것이다. 이에 원충연은 심한 배신감을 느끼고 1965년 5월 16일 박정희 정권을 뒤엎으려다 구속되어, 박정희가 김재규에 의해 사살되고 나서도 훨씬 후인 1981년 7월 5일까지 꼬박 15년 10개월 동안 형무소에 갇혀 있었다. 그는 왜 이 길을 택했을까?

쿠데타 후 3개월쯤 지나고 나서부터 박정희의 측근 사이에는 무조직·무궤도·무질서가 난무하기 시작했다고 한다. 엄청난 부정과 고단위 부패가 싹트고 있었다. 그런데 무엇보다도 원충연을 괴롭히는 것은 그의 1급 측근자들이 민정 참여를 준비하고 있다는 것이었다.

그러던 어느 날 박정희가 민정 참여를 암시하는 다음과 같은 말을 했다.

> 내가 그동안 해보니 왜 대부분의 나라에서 대통령 임기나 국회의원 임기를 4년으로 하는지 그 이유를 알았어. 예산을 세우고 다음 해에 그것을 집행해보고, 잘못된 것을 다음 해 예산에 보완해서 다시 다음 해에 집행하고, 이렇게 하자면 최소한 4년은 해야 되겠어. 4년이라는 것이 하나의 정치 단위야.[10]

박정희가 이처럼 공약을 파기하고 대통령이 되겠다는 의도를 갖고 있음

---

9. 원충연(元忠淵, 1921~2004). 함경남도 정주 출생. 배제중학교, 일본 주오(中央)대학 법학부, 서울대학교 대학원, 육군 정훈학교 졸업. 서울대학교 문리과대학 정치학과 전임강사, 육군본부 정훈감실 차감, 주 서독대사관 무관, 국가재건최고회의 공보실장 등 역임.
10. 원충연, 『이 줄을 잡아라』, 설우사, 1982, 38~39쪽.

을 간파한 원충연의 심정은 어떠했을까?

> 나의 고민은 이때부터 시작되었다. 내가 늘 염려하고 있던 최악의 사태가 왔다. 혁명 공약 제6항은 공약 중의 공약이다. 5·16 혁명이 짧은 시간 안에 전 군적·전국민적 지지를 얻을 수 있었던 것도 모두가 '혁명공약 제6항' 때문이었다. 국민과의 약속은 어떤 일이 있더라도 지켜야 한다. 국민을 어려워할 줄 알아야 하며, 국민을 두려워할 줄 알아야 한다. 그런데 혁명공약 제6항을 위반한다면, 혁명은 국내적 지지와 국제적 지원의 근거를 상실하고 마는 것이다.[11]

박정희가 최소한 4년은 해야 되겠다고 했다지만, 그의 실제 집권 기간은 정확히 말해 18년 5개월 10일이었다.

2. '주체세력'에게 대표성은 있었는가

「쿠데타 계획」은 쿠데타 이틀 전인 1961년 5월 14일 오전 10시, 박정희 일행 27명이 참석한 회의에서 제6관구 사령부 박원빈 중령이 D데이 H시를 5월 16일 오전 3시로 한다는 것과 함께 발표한 각 부대의 임무 배정 내용을 표로 만든 것이다. 쿠데타 당일 실제 참여한 병력은 3,600여 명이었다.

---

11. 원충연, 『이 줄을 잡아라』, 39쪽.

「쿠데타 계획」[12]

작전부대	작전병력	지휘관	임무(1단계)
제30사단	1,000명	이백일 중령	• 영천까지에 이르는 도중 파출소 점령 • 중앙청에 위치하여 청와대, 연희송신소, 수색 변전소, 시경무기고, 서대문형무소 경비 • 지역 내 헌병과 경찰을 지휘하여 요인 체포
제33사단	1,000명	이병엽 대령 오학진 중령	• 영등포까지에 이르는 도중 파출소 점령 • 시청과 덕수궁에 위치하여 KBS 1.2/HLKY 방송국, 마포형무소, 시내 배전소 경비 • 지역 내 헌병과 경찰을 지휘하여 요인 체포
공수단	500명	박치옥 대령 김제민 중령	• 반도호텔을 점령, 특수임무 수행
해병대	1,000명	김윤근 준장 오정근 중령	• 치안국 및 시경을 점령하고 요인 체포
제6군단 포병단	1,000명	문재준 대령 신윤창 중령	• 육군본부를 점령하고 명령 대기
제6관구 통신대	50명	남궁진 소령	• 육군교환대·전신선화국 장악 • 육참총장, 6관구 사령관, 제30 및 33사단장 숙소 전화 절단

다음은 5월 16일 이전 이들의 주요 움직임이다.

• 1961년 4월 10일: 박정희는 육군참모총장실로 장도영을 찾아가 김종필이 작성한 이른바 '혁명계획서'를 전달.[13]

• 1961년 4월 19일: 세부 작전계획에 대한 최종 검토까지 마쳤으나, 4·19 혁명

---

12. 「쿠데타 계획」은 박원빈 중령에 의해 하달된 작전명령을 요약한 것임. 한용원, 「5·16쿠데타의 발생과 전개과정」, 한배호 편, 『한국현대정치론 Ⅱ』, 도서출판 오름, 1996, 60쪽.
13. 당시 4·19 1주년 기념일에 있을지도 모를 폭동 진압을 위해 '비둘기 작전' 훈련을 실시 중이었다. 장도영의 주장에 의하면, 4월 10일 박정희가 자신에게 전달한 것은 폭동이 일어나면 선포될 계엄령하에서 원활한 업무 수행을 위해 작성한 '계엄시행계획서'였다고 한다. 장도영, 『망향』, 276~277쪽.

1주년이 평온하게 지나가자 거사 날짜를 5월 12일로 변경.
- 1961년 5월 12일: 거사 정보 누설 등으로 거사 일시를 5월 16일 0시로 변경.
- 1961년 5월 14일 오전 10시: 김종필의 형인 김종락(金鍾珞, 당시 한일은행 과장)의 사저에 박정희 소장, 김종필 예비역 대령, 김동하(해병 예비역 소장)를 비롯한 27명이 모여 박원빈 중령이「쿠데타 계획」에 나와 있는 내용의 작전명령을 하달. 이날 모인 사람은 다음과 같다.

  *제1공수단: 단장 박치옥(朴致玉) 대령, 대대장 김제민(金梯民) 중령

  *제30사단: 작전참모 이백일(李白一) 중령

  *제33사단: 작전참모 오학진(吳學鎭) 중령

  *제6군단 포병단: 단장 문재준(文在駿) 대령, 작전참모 홍종철(洪鍾哲) 대령, 대대장 신윤창(申允昌) 중령, 대대장 구자춘(具滋春) 중령, 대대장 백태하(白泰夏) 중령, 대대장 정오경(鄭五敬) 중령, 대대장 김인화(金仁華) 중령

  *제6관구 사령부: 참모장 김재춘(金在春) 대령, 작전참모 박원빈(朴圓彬) 중령

  *김포 해병여단: 여단장 김윤근(金潤根) 해병 준장, 대대장 오정근(吳定根) 해병 중령, 부연대장 조남철(趙南哲) 해병 중령, 인사참모 최용관 해병 소령

  *육군본부: 오치성(吳致成) 대령, 옥창호(玉昌鎬) 중령, 김형욱(金炯旭) 중령, 이석제(李錫濟) 중령, 유승원(柳承源) 중령, 박종규(朴鍾圭) 소령[14]

- 5월 15일 오전 9시: '봉화작전'으로 명명한 비상훈련계획으로 위장한 거사계획이 육군작전참모부 공식 루트를 통해 제6관구, 공수단, 제30사단, 제33사단, 제6군단포병 등에 하달.
- 5월 15일 오후 10시: 요정 은성에서 참모차장 장창국(張昌國) 중장, 정보참모

---

14. 김윤근,『해병대와 5·16』, 범조사, 1987, 47쪽.

부장 김용배(金容培) 소장과 회식 중이던 장도영(張都暎) 육군 참모총장은, 회식 현장에서 잠시 나와 방첩부대 조사과장 조석일(趙碩日) 중령으로부터 30 예비사단에서의 일부 장병 반란을 보고 받고 저지 명령을 내렸으나, 이 사실을 장창국과 김용배에게 알리지 않은 채 회식을 계속함.[15]

5월 14일의 작전회의가 끝나자 김종필이 군자금이라면서 신문지에 싼 돈을 부대 단위로 나누어 주었다. 일금 30만 환씩이었다. 해병대는 별로 돈을 쓸 데가 없어 30만 환을 보관하고 있다가 거사가 성공한 후에 '5·16 혁명기념'이라는 글씨를 넣은 반지를 출동했던 장병 1,500명에게 하나씩 기념으로 나누어 주었다 한다. 김윤근[16]은 "5·16 지도자였던 박정희 장군이 장기 집권과 10·26 사건으로 퇴색이 되어 버려 지금도 그 기념반지를 자랑으로 여기며 간직하는 사람이 있는지는 모르겠다"고 말하고 있다.[17]

마침내 1961년 5월 16일 새벽 작전명 '봉화작전'으로 쿠데타에 돌입했다. 작전계획대로라면 한강대교에서 가까운 부대가 앞장서 공수단, 제33사단, 해병대 순으로 한강대교를 통과하도록 되어 있었지만, 공수단은 장도영 참모총장의 지시로, 제33사단은 출동 계획 차질로 출동이 지연되어 김윤근이 지휘하는 해병 제1여단이 선봉에 서게 됐다. 공수단은 오전 2시 30분에야

---

15. 장도영, 『망향』, 290~292쪽.
16. 김윤근(金潤根, 1927~). 서울 출생. 1930년 4월 목사인 부친을 따라 만주로 이주. 중학교 졸업 후 만주 신징 군관학교 입학(1944), 예과 수료(1945.6.) 후 일본 육사 본과(60기) 입교(1945.7.). 해방 후 해양경비대사관학교(해군사관학교 전신) 제1기 졸업(1947). 신설 해병대 중대장, 해병 교육단장, 해병 제1여단장, 수도방위사령관, 국가재건최고회의 위원, 해병 중장(예편), 호남비료 사장 등 역임.
17. 이영신, 『격동 30년─제1부 쿠데타의 새벽①』, 고려원, 1992, 150쪽; 김윤근, 『해병대와 5·16』, 48쪽.

해병대 다음으로 출동을 개시했다.

오전 1시 김포를 출발한 해병대 제1여단 병력이 한강대교에 이르자 이를 저지하려는 헌병 제7중대 무장 병력이 발포함으로써 쌍방 간에 총격전이 벌어졌다. 총격전에서 헌병 7명, 쿠데타군 2명이 부상당하고, 민간인 1명이 유탄에 맞아 부상당했다. 해병대는 공수단과 함께 오전 4시가 넘어서야 한강 저지선을 돌파했다.

다른 부대는 어찌되었나? 제33사단은 출동 계획의 차질로 오전 5시가 지나서 출동할 수 있었고, 제30사단은 내부의 배반 사건으로 오전 10시경에야 임무를 수행할 수 있었다. 이처럼 한강 남쪽에서 서울 진입이 지연되고 있는 사이에 북쪽에서는 제6군단 포병단이 연천을 출발하여 오전 3시 30분 서울 육군본부를 가장 먼저 점령했다.

감쪽같이 서울에 가장 먼저 들어온 제6군단 포병단 움직임을 따라가 보기로 하자. 다음은 당시 제6군단 포병대 대장이었던 백태하[18]의 증언이다.

> 1961년 5월 15일(월요일), 연천 근방에 주둔하고 있던 5명의 독립 포병대 대장(신윤창 중령, 김인화 중령, 정오경 소령, 구자춘 소령, 그리고 나 백태하 중령)은 오전 10시에 제6군단 포병사령관 문재준 대령이 소집하는 지휘관 회의에 참석했다. 문재준 대령은 육사(경비사) 5기 출신으로 평소 원만한 성격으로 도량이 넓은 인격자로 존경을 받아왔다. 그런데 그는 일순간에 엄청난 말을 내어 놓았다.

---

18. 백태하(白泰夏, 1925~). 평안남도 강서 출생. 평양교원대학(1948), 육군사관학교 9기 졸업(1949). 제6군단 포병대대장(1961), 육군 대령 예편(1967) 후 중앙정보부 제주·경기·서울 지부장, 제6국장 등 역임. 미국 이주(1973).

1962년 5월 12일 5·16 쿠데타 1주년 기념으로 제6군단을 방문한 백태하 대령, 신윤창 대령, 정오경 중령, 김인화 대령, 구자춘 중령, 안근원 중령(왼쪽부터)_사진출처: 백태하, 『반역자의 고백』

"여러분 내일 5월 16일, 서울에서 군사혁명이 있습니다. 그리고 나는 혁명에 가담하는데 당신들도 가담할 사람은 같이 나갑시다. 만일 당신들 가운데 혁명에 가담할 의사가 없는 사람은 안 해도 무방하오. 그러나 이 사실은 내일 오전 3시까지는 비밀을 지켜주시오. 나는 당신들을 믿소."[19]

서울 북방에 주둔했던 제6군단 포병단이 출동하리라고는 누구도 예측하지 못했다. 따라서 1961년 5월 16일 0시 서울을 향해 출동한 이들은 거의 저지나 충돌 없이 미아리고개를 넘었다. 원래의 쿠데타 계획에는 포병단이 서울에 진입했을 때 이미 공수단, 해병대 등 주력부대가 주요 목표물을 점령하고 있게 되어 있었다. 그런데 계획 차질과 기밀 누설로 주력부대의 출동이 지연되는 사이에 일사천리로 달려온 제6군단 포병단이 서울에 먼저

---

19. 백태하, 『반역자의 고백』, 제일미디어, 1996, 168~169쪽.

진입한 것이다. 그때가 새벽 3시 30분이었다.

중앙청 앞, 반도호텔을 이미 점령했어야 할 해병대 병력도 공수단 병력도 보이질 않자 당황한 포병사령관 문재준[20] 대령과 작전참모 홍종철[21] 대령은 혹시 날짜를 잘못 알고 미리 출동한 것이 아닌가 하고 당황하기까지 했다. 어떤 부하는 "우리가 속았다"고 울어 버릴 정도의 어처구니없는 상황이 벌어진 것이다.[22]

함경남도 함흥 출신 문재준과 평안북도 철산 출신 홍종철 사이에 있었던 다음과 같은 사투리 대화는 이런 상황에서 벌어진 웃기는 해프닝이다.

> 문 대령: 사람들이 없지 앙이요? 공수단도 해병도 안 왔습매.
> 홍 대령: 사령관님, 혁명 D데이가 5월 16일 맞디요?
> 문 대령: 그러쏨. 5월 16일이지비.
> (더욱 당황해 하는 홍종철 대령)
> 홍 대령: 사령관님 오늘이 5월 16일입네까? 5월 15일이 아닙네까?
> 문 대령: 그럼 우리가 하루 먼저 나왔음매. 어찌게이?
> 홍 대령: 사령관님, 우리 아무도 만난 사람 업디요. 난 딱 부대로 돌아가면 누구도 모릅네다. 우리 돌아갔다가 내일 다시 오면 되디 않습네까?
> 문 대령: 그럼 우리 포병대대들은 어찌게이. 벌써 나왔지비?

---

20. 문재준(文在駿, 1926~1994). 함경남도 함흥 출생. 육사(경비사) 5기, 제6군단 포병사령관, 헌병감, 국가재건최고회의 최고위원 등 역임.
21. 홍종철(洪鍾哲, 1924~1974). 평안북도 철산 출생. 서울대학교 상과대학 중퇴(1948), 육군사관학교 8기 졸업(1949), 미국 육군포병학교 졸업(1953), 제6군단 작전참모(1961), 국가재건최고회의 최고위원(1961), 공보부 장관(1964), 문교부장관(1968) 등 역임.
22. 장창국, 『육사졸업생』, 중앙일보사, 1984, 255쪽.

홍 대령: 이거 야단 났습네다. 사령관님.[23]

이제까지 출동 부대에 대해 자세히 언급한 것은 5·16에 참여한 인력의 규모를 자세히 들여다보기 위해서이다.

참여 민간인 수는 열 손가락으로 꼽을 수 있을 정도였고 대다수가 현역 군인이었다. 군인들도 장성급은 박정희(제2군 부사령관) 소장 외에, 이주일(제2군사령부 참모장) 소장, 김윤근(해병 제1여단장) 해병 준장, 장경순(육군본부 작전처장) 준장, 한웅진(육군정보학교장) 준장, 윤태일(제36보병사단장) 준장, 채명신(제5사단장) 준장, 최홍희(논산훈련소장) 준장 등 소수에 불과했다. 나머지는 대부분이 김재춘 등 육사(경비사) 5기 및 김종필·김형욱 등 육사 8기 출신의 영관급으로 대령 7명, 중령 19명, 소령 1명이었다.

민간인 참여자를 보면, 재정 지원에 나선 사람은 김종필의 형 김종락(金鍾珞, 한일은행 과장), 김용태(金龍泰, 충무공기념사업회 사무국장), 고진영(高鎭泳, 동아서적 사장), 남상옥(南相沃, 국제약품 사장), 김덕승(金德勝) 등이고, 정보 쪽은 장태화(張太和)가, 「혁명취지문」·「혁명공약」·「포고문」 등의 인쇄는 이학수(李學洙, 광명인쇄 사장)가 맡았다.

전부 합쳐서 50명도 안 되는 이들 지휘관과 민간인 몇 명이 한국군과 국민 전체를 대표한다거나 국민 전체의 의사를 대변한다고 볼 수 없다. 작전에 실제 투입된 병력만 보아도, 김윤근 해병 준장과 김동하 해병 예비역 소장이 지휘하는 해병 제1여단 병력 1,000명, 이백일 중령이 지휘하는 제30사단 병력 1,000명, 문재준 대령과 신윤창 중령 등이 지휘하는 제6군단 포병단

---

23. 백태하, 『반역자의 고백』, 179쪽.

병력 1,000명, 박치옥 대령 휘하의 제1공수단 500명, 제6관구 통신대 40명 등 총 3,600여 명 정도[24]로 '60만 대군'을 대표하기에는 턱 없이 부족하다.

어찌되었든 3,600여 명의 병력으로 대한민국의 수도 서울을 장악했다. 이 병력은 앞에서 살펴보았듯이 육군과 해병대였는데, 육군참모총장과 해병대사령관의 승인이나 지시 없이 움직였다. 그리고 쿠데타 당일 오전 5시 KBS 방송을 통해 발표된 「포고문」과 오전 9시를 기하여 선포된 비상계엄은 모두 육군참모총장 장도영의 이름으로 공표됐다. 물론 장도영의 사전승인이 없었다. 박정희도 쿠데타 당일 새벽 장도영에게 보낸 편지에서 사전승인이 없었음을 분명히 하고 있다.

> 존경하는 참모총장 각하,
>
> 각하의 사전승인을 얻지 않고 독단 거사하게 된 것을 죄송하게 생각하옵니다. 그러나 백척간두(百尺竿頭)에 놓인 국가와 민족을 구하고 … 민족적 사명감에 일철(一轍)하여 결사(決死) 감행하게 된 것입니다. 만약에 우리들이 택한 방법이 조국과 겨레에 반역이 되는 결과가 된다면 … 전원 자결하기를 맹서합니다.
>
> 여불비재배(餘不備再拜) 5월 16일 소장(小將) 박정희(朴正熙)[25]

당시의 법체계상 계엄 선포권과 계엄사령관 임명권은 국무총리나 대통령에게 있었다.[26] 그런데도 당시 제2군 부사령관이며 육군 소장에 불과했

---

24. 김세진, 「한국 군부의 성장과정과 5·16」, 김성환 외, 『1960년대』, 기획출판 거름, 1984, 143쪽.
25. 장도영, 『망향』, 295쪽; 조갑제, 『박정희 4—5·16의 24시』, 80~81쪽.
26. 제2공화국 헌법상 국군통수권의 실질적 행사자가 누구인지 명확하지 않았다. 이 문제를

던 박정희는 누구의 재가도 없이 멋대로 계엄을 선포하고 임명되지도 않은 육군참모총장 장도영을 계엄사령관이라며 발표했다. 이런 까닭에 박정희에게 무엇보다도 시급한 것은 합법성과 대외적으로 내세워야 할 얼굴 마담의 확보였다.

우선 합법성의 확보를 위해 무엇보다도 국무총리인 장면에게 계엄 선포에 대한 사후승인 즉 추인(追認)을 받아야 하는데, 장면은 피신하여 소재가 오리무중이었다. 또한 육군 소장에 불과한 자신의 얼굴로는 국민을 설득할 수가 없다. 이때 박정희는 이 난관을 벗어나기 위해 영리하고도 교활한 방법을 고안해 냈다. 어떤 방법이었을까?

'이이제이(以夷制夷)'를 하고 나서 '토사구팽(兎死狗烹)'을 해 버리면 그만이다. 즉 '오랑캐를 이용하여 오랑캐를 무찌른다.' 그리고 '필요할 때 쓰고 필요가 없게 되면 야박하게 버린다.' 옛말이 허투루 생긴 게 아니라는 것을 알고 있는 영리한 박정희는 이를 십분 활용했다. 박정희의 생각은 이러했으리라. '우선 쿠데타로 따낸 맛있는 열매를 통째로 바치는 체하며 장도영에게 매달린다. 장도영이 속아 넘어가면 거기서부터는 탄탄대로다. 장도영은 육군 참모총장으로 국군의 대표라고 할 수 있으니 국민을 설득하는 데 제격일 뿐만 아니라, 그를 앞세워 대통령인 윤보선을 구어 삶아 쿠데타에 대한 추인을 받아낸다. 그러고 나서 가차 없이 버리면 그뿐이고, 그 후 온 세상은 내 것이 된다.'

결과적으로 윤보선과 장도영은 박정희의 꾀에 넘어가 쿠데타를 묵인 내지 승인함으로써 박정희에게 대표성을 부여했을 뿐만 아니라, 이후 18여

두고 윤보선 대통령과 장면 총리가 대립하는 사이에 쿠데타가 일어나, 장면 총리는 수도원에 숨어 버렸고 윤보선 대통령은 "국군통수권이 없다"며 사실상 쿠데타를 방조했다.

년 동안 대한민국이 박정희의 개인적 독단에 의해 끌려 다니게 되는 데 큰 공을 세운 셈이 되고 말았다. 이 두 사람이 공은 세웠으나 결국은 쫓겨나게 되는 '토사구팽'의 장면을 따라가 보기로 하자.

3. '박정희 독단(獨斷)'의 시대가 열리다①

장도영과 윤보선. 이 두 사람은 3,600여 명에 불과한 박정희와 그의 일행이 일으킨 군사반란을 즉각 막는 조치를 취하지 않았다. 이런 이들의 행동은 결국 박정희가 폭압정치에 진입하는 데 붉은 카펫을 깔아 준 셈이 되었고, 이후 폭압정치가 18년 이상 계속되어 한국 현대사에 돌이킬 수 없는 오점을 남겼다.

대한민국 국군의 뼈대는 육군이다. 장도영은 육군의 총수인 참모총장으로서 박정희가 일으킨 군사반란을 수단과 방법을 가리지 말고 즉각 저지했어야 했다. 박정희는 자신이 쿠데타를 일으킬 것을 미리 알려 주어서 장도영이 잘 알고 있었다고 주장하는 반면, 전혀 몰랐다는 장도영의 주장은 정반대이다. 이런 개인적인 사소한 일이 오늘날 논쟁의 대상이 되고 있지만, 이 문제는 각자 자신의 허물을 덮기 위한 변명에 불과하다.

박정희는 이미 이승만 정권 시절부터 정권 전복 음모를 꾸며 왔으며, 단지 그 음모가 성공한 것이 장면 정권 시절이었을 뿐이다. 반란이 일어났을 때 가장 먼저 행동에 들어가 진압해야 할 육군 참모총장이라는 사람이 반란군 우두머리인 박정희의 편지를 받는다든지, 박정희와 전화 통화를 한다든지 하는 전혀 상식과는 거리가 먼 행동을 취하고 있었다.

반란을 일으킨 사람에게 다음과 같이 "돌아가라"고 하는 등 말싸움만 했다니 이 사람이 참모총장이란 것이 맞기나 한가?

박 소장이 다시 전화에 나오자 나는 목소리를 높이면서 "당신 편지 보았는데, 그것은 범행(犯行)이요, 반동이요. 어서 정신 차려 빨리 돌아가시오. 그렇지 않으면 당장 체포하겠소"라고 말했다. 그는 "부대들이 거사하기 위해 이미 출동했으니 이제 중단할 도리가 없습니다"라고 하는 것이었다. 나는 "부대들은 내가 일체 움직이지 못하도록 엄명해놓았는데, 부대출동은 무슨 출동이란 말이요. 그곳에서 체포되지 않으려면 빨리 돌아가시오" 하며 고함을 지른 후 전화를 끊었다.[27]

웃어야 할까, 울어야 할까? 이상한 장면은 여기에 그치지 않는다. 대한민국 대통령과 육군참모총장이라는 사람들이 반란군 수괴인 박정희와 머리를 맞대는 해괴한 장면이 연출된 것이다.

쿠데타 당일인 1961년 5월 16일 오전 9시 10분 장도영은 박정희와 함께 청와대로 가서 윤보선을 만났는데, 이 자리에서 윤보선은 "올 것이 왔구나"라는 알 듯 모를 듯한 말을 하여 지금까지도 그 말의 진의를 놓고 의견이 분분하다. 이 자리에서 박정희는 다음과 같은 말을 했다고 한다.

각하, 저희들은 각하를 절대적으로 존경하고 지지하고 있습니다. 이렇게 심려를 끼쳐드려서 죄송합니다, 저희도 처자가 있는 몸으로서 오직 우리 국

---

27. 장도영, 『망향』, 296쪽.

1961년 5월 20일 윤보선 대통령(오른쪽)이 하야(下野) 번의(翻意)를 발표하고 있다. 왼편으로 장도영 육군참모총장과 박정희 소장의 모습이 보인다. 장도영은 1961년 7월 9일 '장도영 일파 반혁명 사건'으로 제거됐고, 윤보선은 1962년 3월 22일 두 번째 하야 성명을 발표하고 청와대를 떠났다._사진출처:《주간동아》

가와 민족을 위하는 애국 일념에서 목숨을 걸고 이 혁명을 일으킨 것입니다. 국방부, 육본과 방송국을 위시해서 서울 전역이 지금 혁명군의 수중에 들어와 있고 계엄이 선포되었습니다. 이 결행을 지지해 주시고 계엄을 추인해 주시기 바랍니다.[28]

그럴 리야 없었겠지만, 혹여 윤보선이 이 말을 장면으로부터 정권을 빼앗아 자신에게 바치겠다는 것으로 착각한 것은 아니었을까? 5월 16일 오후 1시 15분 장도영 혼자서 윤보선을 다시 찾아와서 박정희가 계엄사령관을 맡기를 강권한다며 거의 울먹이는 목소리로 고충을 털어놓자, 윤보선이 위로와 함께 격려해 주며 다음과 같이 말했다는데 이는 결국 박정희의 쿠데타를 인정한 것이기 때문이다.

---

28. 조갑제, 『박정희 4—5·16의 24시』, 122쪽.

이 사태를 수습하는 데는 그래도 장 총장이 적격이라고 생각하오. 일단 계엄사령관 직책을 수락하고 봅시다. 군사혁명을 일으킨 장본인들이 바로 계엄사령관을 맡게 되면 사후 수습에 원활하지 못한 일이 일어날지도 모르니 이 점을 배려해서 우선 다급한 불길부터 잡자면 장 총장이 맡는 것이 무난하리라고 여겨지오.[29]

오후 4시 30분 장도영은 육군본부에서 박정희를 만나 계엄사령관직과 군사혁명위원회 의장직을 맡겠다고 통보했고, 박정희의 의사에 따라 윤보선은 그날 밤 10시 KBS를 통해 다음과 같은 특별담화를 방송했다. 방송을 통해 박정희 쿠데타의 완성을 선포한 것이다.

나는 지금 이 중대한 사태에 처해서 혼란방지와 질서유지에 국민 여러분들이 특별히 노력해 주시기를 간절히 호소하는 바입니다. 더욱이 장 총리 이하 전 국무위원은 한시바삐 나와서 이 중대한 사태를 성의 있게 합법적으로 처리하여 주기를 바랍니다. 군사혁명위원회의 말에 의하면 국무회의에 출석하는 모든 국무위원들의 신변은 보장된다고 합니다.[30]

쿠데타 자체가 불법인데, 사태를 합법적으로 처리하라는 것이 무슨 소리인가? 합법적으로 처리하려면 한시바삐 야전군 사령관에게 명령하여 쿠데타를 진압하는 일 외에는 달리 길이 없었다. 헌법 수호를 위해서는 쿠데타 진압을 명령하는 것만이 합법적인 행위이기 때문이다.[31]

---

29. 윤보선, 『윤보선 회고록: 외로운 선택의 나날』, 동아일보사, 1991, 37쪽.
30. 이영신, 『격동 30년: 제1부 쿠데타의 새벽①』, 294~295쪽.

윤보선의 특별담화에 이어 5월 17일 오후 1시 군사혁명위원회는 "신변은 절대로 보장하겠으니 전 국무위원은 조속한 시간 내에 국무회의에 출석하라"고 발표했다. 그 사이 김종필은 미리 준비했던 「포고령」을 차례로 발표하며 분위기를 띄웠다. 이후 불법인 쿠데타의 합법화가 일사천리로 진행됐다.

5월 18일 오전에는 당시 서울대학교 ROTC 교관이던 전두환 대위의 맹활약으로 육사 생도들이 쿠데타 지지 시위를 벌여 해군·공군 참모총장과 해병대 사령관의 지지를 이끌어 내는 데 결정적인 역할을 했다.

그날 12시 25분 장면 국무총리가 자진 출두하여, 오후 1시 장도영 군사혁명위원회 의장이 참석한 가운데 중앙청 국무회의실에서 열린 마지막 국무회의를 주재했다. 이 자리에서 국무위원들은 총사퇴를 발표하고 군사혁명위원회가 내린 계엄령을 추인했다. 제2공화국이 종말을 고하고 박정희의 제3공화국이 시작되는 순간이었다.

5월 19일 군사혁명위원회를 국가재건최고회의(최고회의)로 명칭을 바꾸고 최고회의 의장에는 장도영 육군 참모총장 겸 계엄사령관이 취임했다. 이외에도 장도영은 내각 수반에 국방부장관을 겸직했다. 그가 쓴 감투만도 총 다섯 개. 박정희 쿠데타로 마침내 장도영의 전성시대가 도래한 것처럼 보였으나 거기까지였다.

박정희는 자신의 쿠데타가 성공 단계에 접어들었다고 확신하는 순간부터 재빨리 토사구팽 작업에 돌입했다. 토끼 사냥이 끝났으니 필요 없게 된 사냥개는 삶아먹어야 할 텐데, 가장 먼저 걸린 사냥개가 장도영이었다. 우

---

31. 이영신, 『격동 30년: 제1부 쿠데타의 새벽①』, 295쪽.

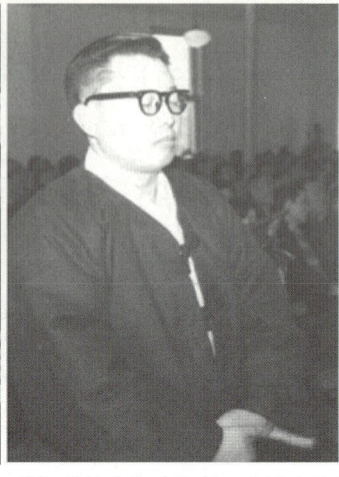

1961년 7월 '반혁명 사건'으로 방첩대 소속 노태우 대위에게 연행되는 전 국가재건최고회의 의장 장도영(왼쪽). 1962년 1월 공판정에서 사형 구형을 듣고 있는 장도영(오른쪽)

선 6월 6일 박정희 측은 최고회의 의장의 타직 겸직을 제한하는 국가재건비상조치법을 공포했다. 쿠데타 후 불과 열흘 만에 장도영은 다섯 개 감투 중 최고회의 의장과 내각 수반 자리만 빼고 실속 있는 자리는 죄다 빼앗겨 허수아비 신세로 전락하고 말았다.

얼마 후 장도영은 허수아비에서 다시 죄수로 전락했다. 7월 3일 장도영 최고회의 의장이 사임하고 박정희가 의장에 취임했다는 뉴스가 나오더니, 7월 9일 정부를 전복하고 주체세력을 암살하려 했다는 '장도영 일파 44인 반혁명 사건'이 발표됐다. 장도영과 함께 그를 추종하던 '이북 출신의 육사(경비사) 5기'가 모조리 구속된 것이다.[32]

박정희가 이처럼 장애 세력을 전격적으로 제거할 수 있었던 것은 신속하게 중앙정보부를 창설했기 때문이다. 박정희와 김종필은 5·16 쿠데타를 계

---

32. 강준만, 『한국 현대사 산책—1960년대편 1권』, 71~72쪽.

획하면서 중앙정보부를 창설, 이를 통해 권력 장악의 장애 요소를 제거하고 민정 참여의 기반을 구축할 것을 구상했었다. 그리고 5월 18일 쿠데타 성공 가능성이 분명해지자 김종필의 주도하에 중앙정보부 창설 계획을 추진하여 6월 10일 「중앙정보부법」 공포와 함께 중앙정보부가 공식적으로 탄생했다.

중앙정보부는 국가의 안전보장을 위해 국내외의 정보를 수집할 목적으로 창설된 수집기구가 아니라 "공산세력의 간접침략과 혁명과업 수행의 장애를 제거"(국가재건최고회의법 제18조)하기 위해 창설된 물리적 강제기구였다. 중앙정보부는 '반혁명' 세력을 포함한 '혁명 과업'에 장애가 되는 세력을 체포·수사했을 뿐만 아니라 정책연구실을 두어 화폐 개혁, 고리채 정리 등 '혁명 정책'은 물론 헌법·정당법·선거법 등을 입안했고, 국교 정상화를 위한 한·일 교섭과 여당인 민주공화당의 사전 조직을 추진했다.[33]

중앙정보부는 국가기관의 모습을 갖고 있는 박정희-김종필 라인의 버팀목이었다. 박정희가 권력을 움켜쥐고 18년 이상을 버틸 수 있었던 것은 중앙정보부 덕분이라 해도 과언이 아니다. 박정희의 집권 기간 동안 중앙정보부는 그의 권력 유지를 위해 정적이나 민주화운동과 관련한 수많은 사람들을 체포·고문·투옥하고 살해하는 만행을 저질렀고, 급기야 박정희도 자신이 만든 중앙정보부 부장의 손에 살해되는 비극을 겪었다.

중앙정보부가 어떤 집단이었는지 작은 지면으로 일일이 설명할 수가 없을 정도이다. 중앙정보부장으로 온갖 만행을 저지르며 충성을 다하다 결국 박정희에게 살해당한 김형욱의 설명으로 대신하기로 한다.

---

33. 한용원, 『한국의 군부정치』, 256쪽.

중앙정보부 직업 수사관들의 전직은 사찰계 형사, 방첩부내 문관, 헌병 하사관, 심지어 일제치하에서 설치던 조선인 헌병과 밀정 등 형형색색이었다. 그중 어떤 사람은 일본 순사로서 독립운동가들을 때려잡다가 자유당 치하에서는 야당을 때려잡다가 한때 공산당이 서울을 점령했던 시절에는 우익 민주인사를 때려잡다가 나중에는 공산당 간첩을 때려잡은 '천의 얼굴'을 가진 사나이도 있었다.

그들에게는 소위 '이데올로기'란 하나의 겉치레에 불과하였다. 그들은 어떤 '이데올로기'의 이름으로 어떤 사람들도 때리고 고문할 수 있는 천부적인 재능을 가진 무정부주의자들이었다. 그들은 누구든지 증오할 수 있고 어떤 고문술도 개발할 수 있으며 피의자를 학대함으로써 자신을 확인하는 '새디스트'들이었다. 그들은 자신들의 그런 기능 발휘만 확보된다면 누구에게든지 거의 절대적인 충성을 바칠 수 있고, 어떤 권력자라도 일단 그들 앞에 꿇어앉혀 놓고 '이 새끼! 너 뭐야? 맛 좀 봐야 알겠어!'하고 으름장을 놓을 수 있는 인물들이었다.

그들은 분명히 사회의 어두운 그늘 아래서 번성하는 독버섯, 밟혀도 무섭게 살아나고, 뜨거운 태양에 말라붙었다가도 빛이 사라지면 서슴지 않고 다시 살아나는 독버섯들이었다. 사회에 정치폭력의 그늘과 독재자들의 그 축축한 권력연장의 음험한 습기가 없어지지 않는 한 독버섯은 어느 곳에선가 창궐하기 마련이다. 중앙정보부의 으시시한 이미지는 지도층에 의해 입안되고 그들의 맹활약에 의해 이룩된 것이었다.[34]

---

34. 김형욱·박사월, 『김형욱 회고록: 제I부 5·16비사』, 235~236쪽.

5·16의 핵심은 박정희와 김종필이 중심이 된 조직이었다. 처삼촌과 조카사위라는 인척관계를 중심으로 하여 지역·출신·계급이 다른 인적 구조로 이루어진 전근대적인 사조직이었다. 4·19 이후의 혼란에 대한 막연한 경계심 이외에 이렇다 할 목적의식이 없이 현실에 대한 지극히 사적인 불만을 중심으로 모인 까닭에 목표가 달성된 후에는 각자의 이해관계에 따라 충돌할 수밖에 없는 집단이었다.

이런 까닭에 일단 쿠데타에 성공하자 정권 장악을 목적으로 한 세력과 임무를 완수하고 군 본연의 자세로 복귀하려는 세력이 뒤엉켜 내부적 갈등이 깊어졌다. 이에 따라 박정희는 자신의 의도에 따르지 않는 세력을 길들이거나 아니면 뿌리 채 뽑아 버려야 자신의 헤게모니를 유지할 수 있다는 인식을 갖게 됐다. 혁명이든 쿠데타든 성공 후에 뒤따르는 숙청 작업이 시작된 것이다.

박정희는 '반혁명'이라는 명분으로 숙청에 들어갔다. 군정 기간 중 공표된 반혁명 사건만 해도 이종태 대령의 거사 누설 사건, 30사단 반혁명 사건, 장도영 일파 반혁명 사건, 김동복(金東馥) 대령 등 예비역 기갑장교 반혁명 사건, 김웅수(金雄洙) 소장 등 제6군단 반혁명 사건, 민족청년단 반혁명 사건, 민주당계 반혁명 사건, 이주당(二主黨) 반혁명 사건, 육사 11기 친위 쿠데타 음모 사건, 박임항·김동하 등의 쿠데타 음모 사건 등 10건이나 된다.[35] 이 모두가 중앙정보부의 작품이었다.

이 중에서도 쿠데타 세력과 관련된 중요한 '반혁명' 사건은 앞서 말한 '장도영 일파 반혁명 사건'과 '박임항·김동하 등의 쿠데타 음모 사건'이었다.

---

35. 국가재건최고회의 한국군사혁명사편찬위원회, 『한국군사혁명사 제1집(상)』, 1963, 347~385쪽.

'장도영 일파 반혁명사건'으로 구속된 사람들은 장도영 이외에도 송찬호, 문재준, 박치옥, 방자명, 이희영 등인데 이들은 거의 전부가 김종필을 비롯한 육사 8기생들의 독주에 불만을 품은 육사(경비사) 5기생이었다. 이 5기생들은 8기생들과는 달리 쿠데타 당시 실제 동원된 병력의 지휘관들이었다. 이 사건을 계기로 서북파(평안도, 황해도) 육사 5기생들이 대부분 제거됐다.[36] 이 사건을 '텍사스 토벌 작전'이라고 부르기도 한다.

'박임항·김동하 등의 쿠데타 음모 사건' 역시 김종필의 독주에서 비롯됐다. 1963년 3월 11일 중앙정보부장 김재춘은 '박임항·김동하 등의 쿠데타 음모 사건'을 발표했다. 이 사건은 당시 중앙정보부장으로 민주공화당 사전 창당을 주도한 김종필과 그의 독주를 견제하던 만주군 출신(김동하, 박임항, 박창암, 김윤근) 간의 대결에서 비롯됐다. 이 사건으로 김동하는 물론 건설부장관 박임항, 혁명검찰부장 박창암, 전 치안국 정보과장 방원철 등이 일거에 숙청됐다. 언론에서는 이 사건을 '알래스카 토벌 작전'이라고 부르기도 했다.[37]

이 사건은 '장도영 일파 반혁명사건'으로 국가재건최고회의에서 다수파가 된 박정희-김종필 라인과 일찍부터 정치 참여 성향을 보이면서도 소수파로 전락한 함경도 고향의 만주군 출신이 대결한 사건이었다. 쿠데타 직후 김종필의 독주에 제동을 걸고자 했던 만주군 출신들은 민주공화당 사전 창당과 4대 의혹 사건을 무기로 공격했다. 결국 박정희는 이들의 요구에 따라 김종필을 중앙정보부장직에서 해임하고 외유를 내보냈다. 그리고 민정 이양을 앞둔 시점에서 예민한 만주군 출신들이 정치세력으로 결집할

---

36. 강창성, 『일본/한국 군벌정치』, 해동문화사, 1991, 355쪽.
37. 이석제, 『각하, 우리 혁명합시다』, 도서출판 서적포, 1995, 201~202쪽.

1963년 5월 22일 육군본부 법정에서 열린 군법회의에서의 김동하(앞줄 왼쪽)와 박창암(오른쪽). 1963년 3월 11일 중앙정보부장 김재춘은 "군(軍) 일부 쿠데타음모사건을 적발, 건설부장관 박임항, 전 최고위원 김동하, 전 혁명검찰부장 박창암 등을 체포했다"고 발표했다. 김동하와 박임항은 박정희의 만주국 군관학교 1년 선배였다. 김동하는 "본연의 임무에 복귀"한다는 혁명공약 6항의 실천을 놓고 '복귀'하지 않으려는 박정희·김종필과 갈등을 빚어 함경도 출신들을 제거하는 이른바 '알래스카 토벌 작전'에 걸린 것이다._사진출처: 오마이뉴스

것을 염려한 박정희는 반(反)김종필 계열의 육사 5기 김재춘을 중앙정보부장에 앉힌 뒤 만주군 출신들을 거세해 나갔다. 즉 중앙정보부를 동원해 만주군 출신들을 구속했던 것이다.

이들의 혐의는 김종필을 비롯한 육사 8기 출신이 장악하고 있던 중앙정보부의 제반 처사가 부당하다는 점을 지적하며 시정을 요구했으나 시정될 가망성이 보이지 않고 민주공화당이 사전에 조직되자 이에 반대하는 쿠데타를 기도했다는 것이었다. 그러나 혐의를 확증할 만한 증거는 피의자들의 자백뿐이었고, 공판 과정에서 중앙정보부의 고문이 있었다는 폭로가 뒤따랐다. 결과적으로 이 사건은 정치 지향적이며 새로운 세력을 형성하고 있

었던 만주군 출신의 제거를 의미하는 것이었다.[38]

이로써 5·16 당일 김포·연천 등지에서 출발해 아스팔트 위에서 총을 들고 뛰어다니며 작전에 임해 쿠데타를 성공시키는 데 결정적 역할을 했던 사람들이 역사의 뒤안길로 사라지고, 박정희가 홀로 판단하고 결정하는 독단(獨斷)의 시대가 열리기 시작한다.

4. '박정희 독단(獨斷)'의 시대가 열리다②

박정희의 쿠데타를 한마디로 요약하면 "누구나 알고 있고, 아무도 말리지 않았던 쿠데타"[39]였다. 미국을 비롯해 쿠데타를 눈치 채고 있던 당사자들 가운데 하나라도 말렸으면 성공하기가 쉽지 않았다. 그러니 박정희 쿠데타의 성공은 그야말로 기적이었다.

그런데 그 기적이 신이 행한 것이 아닌 이상, 반드시 이루어진 원인이 있을 것이다. 그 원인을 자세히 들여다보면 기적이 일어난 것이 박정희가 내세운 무슨 이념이나 주장 때문도 아니고, 쿠데타를 일으킨 무리가 뛰어난 용기나 단결력을 갖고 있었기 때문이 아니라, 주변의 상황이 기적을 만들어 냈다는 사실을 알 수가 있다.

주변의 상황 가운데 가장 큰 역할을 한 것은 빅브라더(Big Brother) 미국의 방관이었다. 다시 말해 미국은 박정희의 쿠데타를 알고 있었음에도 말리지 않은 것이다. 이에 대해 당시 한국에서 미국 CIA 책임자로 근무했던 피어

---

38. 노영기, 「5·16쿠데타 주체세력 분석」, 《역사비평》 제57호(2001년 겨울), 176쪽.
39. 김상구, 『5.16청문회』, 536쪽.

드 실바(Peer de Silva)[40]는 다음과 같이 증언하고 있다.

우리는 박정희 직속 참모의 일원인 어느 한국군 장교로부터 며칠 전에 군사혁명에 관한 사전 제보를 받았었다. 나는 미국 대사에게 이 사실을 보고했다. 그는 이 보고를 확인해 볼 방법이 없으므로 당분간 기다려 보는 수밖에 없다는 자세를 취했다. 나는 장면 총리에게 그와 그의 정부에 대한 군사혁명이 계획되고 있으며, 행동 개시 일자만이 확정되지 않은 상태라고 알려주었다. 장 총리는 이 보고를 심각하게 받아들이는 것 같지 않았으며, 아직도 작년의 선거에서 압승한 도취감에 빠져 있었다.[41]

CIA 한국 책임자인 실바가 쿠데타 정보를 대사에게만 알렸을 리가 없다. 그런데도 미국 정부는 박정희 쿠데타를 지원하지는 않았을지라도 남의 일처럼 수수방관했다. 왜 그랬을까?

첫째로, 미국이 한국에서의 이런 중대한 사태에 즉각적인 반응을 보이지 못한 것은 국내 사정 때문이었다. 당시 국무장관이던 딘 러스크(Dean Rusk)는 라오스 14국 외상회의에 나가 부재중이었고, 5·16 쿠데타 사실이 전해진 15일 오후(워싱턴 시간) 케네디[42] 대통령은 다음 날로 예정된 캐나다 방문을 위한 준비 작업으로 분주했다. 더 큰 이유는 케네디가 3주 전에 있었던 쿠

---

40. 1945년 모스크바에서 정보활동을 시작하여 1973년까지 미국 CIA 해외정보 담당 책임자로 근무하다 은퇴한 인물로, 1959년부터 1962년까지 CIA 서울지국장을 지냈다.
41. 피어 드 실바, 『서브로자―미국 CIA 비밀공작부』, 이기홍 옮김, 인문당, 1983, 206쪽.
42. 존 F. 케네디(John F. Kennedy, 1917~1963). 미국의 제35대 대통령. 하버드 대학 졸업(1940). 하원의원(1948~1953), 상원의원(1953~1960) 등 역임. 1961년 1월 20일 대통령에 취임한 후 1963년 11월 22일 암살당함.

1961년 4월 17일 미국은 쿠바 망명자 1,453명을 투입해 쿠바 피그만 침공 작전을 벌였지만, 114명이 전사하고 300명이 부상당했고 나머지는 포로로 잡혔다. 사진은 침공 작전에 투입됐다가 쿠바군에 의해 포로로 잡힌 망명군들이 포로수용소에 집결해 있는 모습이다. 이 사건은 박정희 쿠데타 성공에 일조했다._사진출처:《한국일보》

바 피그만(Bay of Pigs) 침공 사건의 실패로 여론의 거센 비판을 받고 있었다는 것이었다. 사건 당시 케네디는 불과 임기 3개월째에 접어들고 있었다. 그로 인해 그의 정책 보좌관들은 한국에서 벌어진 사태에 관심을 쏟을 겨를이나 정신적 여유가 없었다. 미국이 쿠바에서처럼 한국에서 군사적으로 개입해 또다시 실수를 저지르면 감당하지 못한 사태에 직면할 수도 있어서였다.[43]

둘째로, 미국이 장면 정부를 상당히 불안하게 여기고 있었기 때문이었다. 미국은 쿠데타 직전인 1961년 5월 5일 이미 "허약한 장면 정부를 사회경제적 개혁에 단호하게 착수할 수 있는 정부로 어떻게 바꿀 수 있느냐"는 문제를 검토하기 위해 '한국 문제에 대한 국무차관 직속 특별대책반'(대통령 직속

---

43. 이형,『장면과 민주당-제2공화국의 재평가』, 삼일서적, 2005, 319~320쪽.

으로 바뀜)을 구성했다. 그러나 결론이 나기 전에 5·16 쿠데타가 발생했다.

쿠데타 직후인 5월 16일 오전 10시 매그루더 미 8군 사령관과 그린(Marshall Green) 주한 미국 대리대사는 장면 정부를 지지한다는 성명을 발표했지만, 미 국무부의 반응은 의외로 소극적이었다. 이들에게 "앞으로 상황이 분명해질 때까지 어떤 행동도 되도록 자제해야 할 것"이라는 경고성 훈령만 보냈을 뿐이었다.[44] 이는 4·19 이후 폭발한 진보세력에 의한 통일운동과 과거사 진상 규명에 대한 강력한 주장 등을 제대로 통제하지 못하는 장면 정부를 불신한 나머지 버리겠다는 신호였다.

버림받은 후 장면은 "내가 무슨 죄가 있다고…"를 되풀이했다고 한다. 자신의 허물을 모르는 장면의 이 말이야말로 그의 정권이 무너진 원인이 아닐까? 쿠데타 후 4년쯤이 지나 그와 인터뷰했던 언론인 남재희(南載熙)는 다음과 같이 기록하고 있다.

그와의 인터뷰에서 인상에 강하게 남는 것은 그가 거듭거듭 "내가 무슨 죄가 있다고…"를 되풀이하며 5·16쿠데타 세력을 원망하던 모습이다. 이 한마디가 제2공화국과 5·16쿠데타, 또는 장면 총리와 박정희 장군의 관계를 말할 수 있는 가장 상징성 있는 구절이 아닌가 싶다. 장면 박사에게 죄가 있을 리 없다. 그 독실한 가톨릭 신자에게 말이다.

그러나 장 박사 사인(私人)으로서 그렇다는 말이지 장 총리 공인으로서는 이야기가 다르다고 본다. 국가의 최고 통치자로서 무엇보다 우선 헌정 체제를 굳건히 수호할 책임이 있는 것이다. 그때 미국 측은 박정희 소장의 이름을

---

44. 이완범, 「장면과 정권교체」, 한국민족운동사학회 편, 『장면과 제2공화국』, 국학자료원, 2003, 44~48쪽.

거명하며 쿠데타의 위험을 암시하였다 하지 않는가. 공인으로서의 장 총리는 과오가 크다고 보는 것이다. 장 박사는 정치의 권모술수 사회에서 전혀 마키아벨리처럼 되지 못하고 순진하기만 한 민주주의 신봉자로 살아온 것이다.[45]

장면의 '죄'는 컸다. 미국을 신(神)처럼 여겼기 때문이다. 장면의 미국 의존증, 그건 중증(重症)이었다. 그는 총리 재임 기간 동안 10여 차례나 쿠데타 정보를 보고받거나 입수했다. 근거 없는 설이 아니라 매우 구체적인 정보였다. 그때마다 미국 타령을 했다. 매번 "미국이 있는데 어떻게 쿠데타를 하겠소"라는 말로 대응했다.[46]

장면의 또 다른 '죄'는 아무 대책 없는 피신이었다. 군인들이 반란을 일으켜 자칫하면 목숨이 위태로울 수도 있으니 수도원에 몸을 숨긴 것까지는 그렇다 치자. 그러나 피신한 상태에서도 급히 측근들과 연락을 취해 쿠데타를 막아 낼 방책을 찾았어야 했다. 그것이 최고 지도자인 국무총리의 의무가 아닌가? 그런데도 장면은 아무에게도 연락을 취하지 않고 끝까지 미국에게만 매달리고 있었다. 미국이 버리려 하는 것도 모르고.

장면은 쿠데타 당일 두 차례에 걸친 그린 주한 미국 대리대사와의 전화 통화를 통해, 매그루더 미 8군 사령관과 그린의 자신에 대한 지지 성명에 감사를 표하고 매그루더가 상황을 맡아 처리해 달라고 말했다. 또한 장면은 매일 두세 번씩 미국 대사관에 전화하면서 미국에 매달렸지만, 후일 미국은 장면과의 연락이 두절되어 쿠데타를 진압할 수 없었다고 변명했다.[47]

---

45. 남재희, 『아주 사적인 정치 비망록』, 민음사, 2006, 64쪽.
46. 강준만, 『한국 현대사 산책—1960년대편 1권』, 258쪽.
47. 이완범, 「장면과 정권교체」, 50~52쪽.

여기에 미국의 강력한 권고로 장면이 육군 참모총장에 임명했던 장도영까지도 이해할 수 없는 태도를 취하며 쿠데타를 막지 않았을 뿐만 아니라, 결국은 쿠데타 세력에 합류하는 기회주의적 태도를 보였다. 또한 쿠데타를 제압할 수 있는 마지막 카드였던 윤보선 대통령마저도 장면을 외면한 것이다. 다음은 이에 대한 윤보선의 변명이다.

내가 장면 정권을 끝까지 비호할 수 없었던 결정적인 이유는 그동안 제2공화국이 비록 짧은 기간이나마 국민적 기대와 신망을 너무도 충족시키지 못함에 따라 군부(軍部)에서도 실의와 불신으로 지지도가 저하되었던 엄연한 사실 때문이었다. 설혹 유엔군 사령관 요청에 따라 내가 반란군 퇴치의 단안을 내리고 펜타곤의 승인이 즉각 취해졌다 하더라도 매그루더 장군이 뜻한 바 그대로 한미 양군이 합동으로 반란군을 진압할 수 있겠는가 하는 것도 의문시되었다.[48]

이제까지 살펴본 것이 누구나 알고 있었지만 아무도 말리지 않았던 박정희 쿠데타의 성공 배경이다. 쿠데타의 근본적 목적은 국가 권력의 탈취이고, 권력이란 것이 본질적으로 나눌 수가 없기 때문에 성공 이후에 박정희가 걸어간 길은 불 보듯 뻔하다. 그 길을 따라가 보자.

앞서 말한 것처럼 쿠데타 성공이 눈앞에 다가오자 박정희는 김종필을 시켜 중앙정보부를 창설했다. 김종필의 중앙정보부는 '텍사스 토벌 작전'을 통해 장도영을 비롯한 걸림돌들을 제거했고 혁명공약 제6항의 '원대복귀'

---

48. 윤보선, 『윤보선 회고록/외로운 선택의 나날』, 36쪽.

조항도 변조했다. 그 후 중앙정보부는 박정희가 참여할 새로운 정당의 창당 작업에 비밀리에 들어갔다.

1962년 12월 23일 워커힐에서 5·16 주체들에게 신당 조직 계획에 대한 브리핑이 있었다. 이 자리에서 5·16 주체들은 자기들이 모르는 사이에 중앙정보부의 김종필계 중심으로 창당 작업이 이루어졌고, 새로 창당할 정당의 사무국이 대의기구를 통제하는 이원(二元) 조직이며, 창당 자금 조달을 위해 4대 의혹사건을 일으킨 점 등을 지적하며 분노했다.[49]

그럼에도 불구하고 박정희는 1962년 12월 27일 기자회견에서 군복을 벗고 민간인의 자격으로 민정(民政)에 참여하는 것이 "혁명공약을 보다 충실히 이행하는 것"이라며, 자신의 "대통령 출마 여부는 당이 결정한다면 그 명령에 따라야 할 문제"라고 했다. 또한 그는 혁명 이념을 계승할 정당이 "내년 1월 말이나 2월 초에 발족하게 될 것"이라고 전망했다.[50]

그의 말대로 1963년 2월 26일 창당한 군사정권의 정당인 민주공화당(공화당)은 이미 1년 전부터 부정부패로 끌어 모은 엄청난 정치자금으로 조직화에 착수했으니, 이것은 원초적으로 불공정한 게임이었다. 그것뿐만이 아니었다. 군사정권은 정당 등록 요건 강화, 무소속 출마 금지, 정당 공천 필수 등을 내세웠다. 말로는 양당제 구현을 내세웠지만 구정치인에 대한 통제를 강화하기 위한 것이었다. 전국 비례대표제도 지역 기반이 약한 군부 출신 정치인들을 위한 것이었다.[51]

박정희의 민정 참여에 대해서는 군부와 미국도 반대했다. 공화당이 창

---

49. 한용원, 『한국의 군부정치』, 259쪽.
50. 《동아일보》 1962.12.27. 1면.
51. 김용호, 『한국정당정치의 이해』, 나남, 2001, 410~411쪽.

당되기 전인 1963년 2월 16일 국방부에서는 각 군 수뇌회의가 열렸다. 이날 회의에서 각 군 수뇌부들은 박정희의 민정 참여에 반대하는 입장을 결의했다. 군의 정치 참여 자체를 반대하는 목소리도 있었다. 미국은 "정치적·대중적 지지를 받는 정권의 창출과 정치무대에서 군대를 철수시키고 한국에 대한 국제적인 지지를 유지하기 위한 목적"에서 박정희의 민정 참여를 반대했다.[52]

이때부터 박정희 일생일대의 '번의(翻意) 쇼'가 펼쳐진다. 자신이 먹었던 마음을 뒤집어 버리는 박정희의 '번의 쇼'를 날짜 순서를 매겨 보면 2·18 성명→2·27 선서→3·16 성명→4·8 성명, 이렇게 된다. 그 내용을 순서에 따라 구체적으로 살펴보자.

국방부 수뇌회의 이틀 후인 2월 18일, 박정희는 본인이 직접 발표한 '중대(重大) 성명(聲明)'에서 ① 군의 정치적 중립 견지, ② 4·19 및 5·16 혁명정신의 계승, ③ 5·16 혁명 주체세력은 개인 의사에 따라 군에 복귀하거나 민정에 참여할 것, ④ 민정 이양 후 일체의 정치 보복 금지, ⑤ 혁명 기간에 고용된 공무원들의 신분 보장, ⑥ 유능한 예비역 군인의 기용, ⑦ 모든 정당은 정쟁을 지양하고 조속히 정책을 국민 앞에 내세울 것, ⑧ 새 헌법의 권위를 보장할 것, ⑨ 한일회담은 초당적 입장에서 협조할 것 등 9개 방안을 제시했다.

박정희는 이 9개 방안이 2월 23일까지 수락된다면, 정치지도자 및 정당 대표들과 각 군 책임자들의 연석회의를 소집해 이 방안의 이행을 국민 앞에 서약할 것을 제의했다. 그리고 9개 방안이 수락된다면 "본인은 민정에 불참하겠다"고 언명했다.[53]

---

52. 민주화운동기념사업회 연구소, 『한국민주화운동사 1』, 돌베개, 2008, 378쪽.
53. 《동아일보》1963.2.18. 1면.

민정 불출마를 선언한 박정희의 2·18 성명을 수락하는 '정국 수습을 위한 선서식'(2·27 선서식) 장면. 이 선서식에는 정치인들과 국방부장관, 3군 참모총장이 참석했다.(1963.2.27.)_사진출처: 연합뉴스

마침내 1963년 2월 27일 재야 정치지도자들과 정당 대표 그리고 군 대표들은 오전 10시 10분부터 서울 시민회관에서 열린 선서식에서, 박정희가 2월 18일 제시한 시국 수습 9개 방안을 모두 수락·준수할 것을 선서했다. 박정희는 이 선서식에서 ① 선거 시기를 연기하며, ② 정치활동 금지 조치를 이날 자로 대폭 해제하겠다고 밝히고, 자신의 거취에 관해서는 "민정에 참여하지 않겠다"고 확언했다.[54] 다음은 이 선서식에 대한 기록이다.

2·27선서식에는 3천여 명의 방청객이 지켜보는 가운데 이영준 씨(전 민의원 부의장)가 9개 항의 선언문을 낭독했다. 박정희는 "자신은 민정에 참여하지 않을 것이며, 정정법에 의한 정치활동의 제한을 전면 해제한다"고 선언했다. 그는 몇 번이고 흐르는 눈물을 손수건을 꺼내 닦기도 했다. 그의 목소리

---

54. 《동아일보》 1963.2.27. 1면.

는 떨리고 있었다. 누가 보더라도 박정희의 언동은 진실하게 보였으며 어느 한구석에서도 거짓을 찾아볼 수가 없었다. 그가 주연배우의 역을 완벽하고 훌륭하게 해낸 것이다. 후손들에게 두고두고 보여주고 싶었던 사상 최대의 정치 쇼이기도 했다.[55]

그러나 박정희가 눈물까지 흘려 가며 국민 앞에 한 이 2·27 선서는 오래 가지 못했다. 그도 그럴 것이 박정희는 이미 호랑이 등에 올라 타 있었던 것이다. 2년 가까운 군정 기간 동안 정치적 이유로 많은 사람들을 체포·고문·구속·투옥했고 심지어 죽이기까지 하지 않았던가? 또한 4대 의혹 사건을 비롯한 많은 비위를 저지르지 않았던가?

3월 7일, 2·27 선서를 '번의'하기 위한 박정희의 군불 때기가 시작됐다. 이날 박정희는 제1야전군사령부를 시찰한 자리에서 "구정치인들이 2·27 선서로 국민에게 약속한 언약을 어겨 정치적 혼란과 위기가 초래된다면 정부는 이를 방관할 것인가"라는 질문을 어떤 외국인으로부터 받았다며, 이 질문에 대해 "만일 그들이 그 약속을 어긴다면 이 나라는 몇몇 정치인을 위해서 있는 나라가 아니며 그들의 장난판도 아니고, 2,500만 국민을 위해 국가와 정부와 정치인, 정당이 있다는 사실을 상기할 때 당신은 과연 이를 방관하는 것이 애국인가, 이를 방관하지 않는 것이 애국인가"라고 대답했다고 말해, 2·27 선서를 '번의'할 가능성을 암시했다.[56]

이어서 3월 11일 혁명공약 제6항의 '원대복귀' 실천을 주장한 박임항·김동하·박창암 등을 쿠데타 음모로 몰아 구속했고, 이럴 때 으레 뒤따르는 관

---

55. 김준하, 『대통령과 장군』, 나남출판, 2002, 236~237쪽.
56. 《경향신문》1963.3.7. 1면.

1963년 3월 15일 오전, 장교들과 하사관들이 군정 연장 요구 데모를 하고 있다. 건군 이래 최초의 이 군인 데모는 당시 박정희의 경호 책임자였던 박종규가 조종한 것이었다_사진출처:《서울신문》

제 데모가 벌어졌다. 3월 13일 국민자유연맹이라는 급조된 유령단체가 "쿠데타 음모를 처벌하라!", "구정치인 몰아내라!", "매국노 송요찬을 엄중히 처벌하라!"는 유인물을 살포하고 쇼에 가까운 데모까지 벌이는 희극을 연출했다. 3월 15일에는 군인들도 관제 데모에 동원됐다. 국가재건최고회의에 경호요원으로 파견 나가 있던 수도경비사령부 소속 장교와 하사관 80여 명이 "장관 물러가라! 군정을 연장하라! 계엄령 선포하라!"는 구호를 외치면서 데모를 벌인 것이다.[57]

마침내 박정희는 다시 눈물까지 흘려가며 시행했던 2·27선서를 뒤집는 다음과 같은 내용의 3·16성명을 발표했다.

본인은 오늘 이 나라의 비극적 모습을 깊이 인식하고 다시는 혁명이 없는

---

57. 김준하,『대통령과 장군』, 238~239쪽; 조갑제,『박정희 6—한 운명적 인간의 나상』, 조갑제닷컴, 2007, 142~143쪽.

건전한 민생의 탄생을 기약하기 위하여 과도적 군정기간의 설정이 필요하다는 것을 말하고자 합니다. 따라서 본인은 앞으로 약 4년간의 군정기간 연장에 대하여 그 가부를 국민투표에 부(附)하여 국민의 의사를 묻기로 하였습니다. 이 국민투표는 가능한 한 최단 시일 내에 실시될 것이며 국민의 올바른 판단을 장애할 모든 정치 활동을 일시중지하는 조치를 취할 것을 이 자리에서 밝히는 바입니다.[58]

3월 16일의 박정희 번의는 엄청난 파장을 불러일으켰다. 3월 19일 윤보선, 김병로, 이범석, 장택상 등은 박정희를 방문하여 3·16 성명 철회를 강력히 요구했으며, 윤보선과 허정은 3월 20일부터 매일 침묵시위 하는 '산책 데모'를 전개했다. 《동아일보》와 《조선일보》도 항의 차원에서 사설(社說) 게재를 중단했다. 3월 29일에는 서울대 문리대생 400여 명이 교정에서 군정 연장 반대와 구정치인 자숙을 요구하는 '자유수호 궐기대회'를 열었다.[59]

미국은 이 같은 군정 연장 계획이 1961년 11월에 있었던 박정희-케네디 간의 민정 이양 약속을 배신하는 것이라고 비난하면서 철회를 강력히 요구했다. 미국은 말로만 비난한 것이 아니라 원조 중단 조치로 압력을 가했다. 박정희의 3·16 성명이 나오자, 춘궁기 식량난 해소를 위해 박정희의 군정이 요구한 2,500만 달러 규모의 추가 원조 사업을 중단시켜 버린 것이다.[60]

이 같이 국내외의 격렬한 반대에 부딪치자 박정희는 4월 8일 "군정 연장 국민투표를 9월 말까지 보류하고 정치활동을 허용하되, 이 기간 동안 모든

---

58. 조갑제, 『박정희 6—한 운명적 인간의 나상』, 146~147쪽.
59. 민주화운동기념사업회 연구소, 『한국민주화운동사 1』, 379쪽.
60. 이상우, 『박정권 18년—그 권력의 내막』, 76쪽.

정당은 체질 개선과 정계 정화를 기해 주기를 바란다"는 내용의 4·8 성명을 발표했다. 그러나 군정 연장을 철회한 대가로 박정희의 민정 참여는 기정사실화됐다. 국민에 대한 협박이 효과를 본 것이다.

1963년 7월 1일 박정희는 민정 이양을 위한 구체적인 선거 일정을 발표하면서 자신과 다른 군인들의 민정 참여를 공식 선언했다. 이에 따라 박정희는 8월 30일 "다시는 이 나라에 본인과 같은 불운한 군인"이 없도록 하자는 말을 남기고 군을 전역한 후 곧바로 공화당에 입당했다. 그리고 다음 날 열린 공화당 제3차 전당대회에서 총재에 취임하고, 대통령 후보 수락 연설을 했다.[61]

박정희는 1963년 10월 15일의 제5대 대통령 선거와 1967년 5월 3일의 제6대 대통령 선거에서 대통령에 당선됐다. 그 후 3선 개헌을 강행, 1971년 4월 27일 시행된 대통령 선거에 입후보하여 "이번이 마지막"이라며 대통령에 당선됐으나, 1963년에 그랬듯이 자기가 한 말을 또다시 뒤집고 '10월 유신'을 선포하여 보통선거를 아예 없애 버렸다. 종신 대통령의 길에 들어선 것이다.

---

61. 민주화운동기념사업회 연구소, 『한국민주화운동사 1』, 381~382쪽.

제5장
유신 쿠데타

1. 국가비상사태 선포

　5·16 쿠데타로 집권한 박정희는 이른바 혁명공약 제6항의 '원대복귀' 약속을 파기하고 1963년 10월 15일의 대통령 선거에 입후보해 제5대 대통령에 당선됐다. 그 후 1968년 재선에 성공해 제6대 대통령에 당선됐지만, 1969년 9월 14일 새벽 여당계 의원들만 참석한 가운데 3선 개헌안을 통과시켜 장기 집권의 토대를 마련했다.

　1971년 4월 27일의 제7대 대통령 선거에서 박정희는 야당 후보인 김대중에게 근소한 표 차이로 승리했다. 그러나 5월 24일 제8대 국회의원 선거에서 야당이 204석 중 89석을 차지하여 개헌 저지선 이상의 의석을 확보하자, 정권 연장을 위한 헌법 개정이 더 이상 불가능한 상황이 됐다. 이때부터 박정희는 비상수단을 동원해 강권통치를 본격화했다. 그 시작은 위수령 발동이었다.

　강력한 야당의 등장과 각종 사태, 저항운동, 여기에다 집권당의 항명파동까지 겹치고 학생들의 대규모 시위가 계속되자 박정희는 정권의 안위를 우려하기에 이르렀다. 그리고 이에 대처하는 방법으로 1971년 10월 15일 서울 일원에 위수령을 발동했다. 이에 따라 군 당국은 수도경비사령부와 공수특전단 및 경찰병력을 서울 시내의 6개 대학에 진주시켰다. 군이 진주한 대학은 서울대의 문리대와 법대, 고대·연대·성대·경희대·서강대·외대 등이었다.[1]

박정희는 10월 15일 위수령을 발동한 후, 국가 위기의 조짐이 전혀 없는데도 '중공의 유엔 가입을 비롯한 국제 정세의 급변'과 북한 괴뢰의 '남침 준비 광분' 등을 이유로 12월 6일 느닷없이 국가비상사태를 선언했다. 선언의 구체적 내용은 다음과 같다.

1. 정부의 시책은 국가 안보를 최우선으로 하고, 조속히 만전의 안보 태세를 확립한다.
2. 안보상 취약점이 될 일체의 사회 불안을 용납하지 않으며, 또 불안 요소를 배제한다.
3. 언론은 무책임한 안보 논의를 삼가해야 한다.
4. 모든 국민은 안보상 책무 수행에 자진 성실하여야 한다.
5. 모든 국민은 안보 위주의 새 가치관을 확립하여야 한다.
6. 최악의 경우, 우리가 향유하고 있는 자유의 일부도 유보할 결의를 가져야 한다.

그러나 이러한 국가비상사태 선언은 그 법적 근거가 박약했다. 궁색한

---

1. 김삼웅, 『개발독재자 박정희 평전』, 앤길, 2017, 251~252쪽.

나머지 헌법 제69조의 대통령 취임 선서에 나오는 "나는 국가를 보위하며 …"라는 구절이 국가비상사태 선포의 법적 근거라며 우겼다.[2]

도대체 헌법 제69조는 어떤 내용인가?

> 헌법 제69조 대통령은 취임에 즈음하여 다음의 선서를 한다. "나는 헌법을 준수하고 국가를 보위하며 조국의 평화적 통일과 국민의 자유와 복리의 증진 및 민족문화의 창달에 노력하여 대통령으로서의 직책을 성실히 수행할 것을 국민 앞에 엄숙히 선서합니다."

취임 선서의 내용을 보면 대통령은 "헌법을 준수하고 … 국민의 자유와 복리의 증진에 노력"하도록 되어 있는데, "국가를 보위하며"라는 대목을 국민의 '자유 일부 유보'에 적용한다는 것은 도무지 말도 안 되는 논리였다. 혹 떼려다 붙인 꼴이 되자 결국 박정희는 법적 근거를 마련한다며 12월 21일「국가보위에 관한 특별조치법」(국가보위법)을 국회에 제출했다.

야당의 강력한 반대로 정상적인 절차를 통해 법안을 통과시킬 수 없게 되자 12월 27일 새벽 여당 의원 111명과 무소속 2명을 동원해 국가보위법을 날치기로 통과시켰다. 12월 25일 대연각호텔 화재 사고[3]로 163명이 사망하는 대형 참사에 온 국민의 시선이 쏠려 있던 때였다. 법안의 대체적인 내용은 이러했다.

---

2. 김충식,『남산의 부장들』(개정증보판), 메디치미디어, 2012, 376~377쪽.
3. 세계 최대의 호텔 화재로 기록되는 사고. 1층 호텔 커피숍에 있던 프로판 가스통의 폭발에서 비롯된 화재 사고로 수많은 투숙객이 유독가스와 열기를 이기지 못해 창밖으로 뛰어내려 사망했고, 이 광경이 TV 생중계로 보도되어 큰 충격을 주었다.

1971년 12월 6일 박정희가 국가비상사태를 선언하자 김영삼(오른쪽에서 두 번째), 김대중(왼쪽에서 세 번째) 등 야당 의원들이 항의하고 있다._사진출처:《월간조선》

이 법안은 경제 질서에 대한 강력한 통제 권한과, 언론·출판·집회·시위 등 국민의 기본권을 대통령이 독자적으로 제약할 수 있는 내용을 담고 있었다. 또한 노동자들의 기본권리인 단체교섭권과 단체행동권을 주무 관청의 허가를 받아야만 행사할 수 있도록 만들어 사실상 두 기본권을 봉쇄해버렸다.[4]

이러한 국가비상사태 선포와 국가보위법 제정은, 당시의 국내외적 변화에 대해 박정희 정권이 현실적이고 합리적인 대응책을 마련하기보다는 지속적으로 위기감을 증폭시킴으로써 정치·경제·사회에 대한 국가의 개입과 통제를 극단적으로 강화하려 했음을 뚜렷이 보여 주는 것이었다.[5]

이렇게 국가비상사태까지 선포하며 온 국민을 옥죄어 놓은 마당에 박정희는 이듬해 유신 쿠데타를 감행한다. 왜 그랬을까? 해답은 간단하다. 민주주의의 꽃이지만 박정희에게는 성가시기 그지없는 직접선거 즉 누구에게

---

4. 민주화운동기념사업회 연구소,『한국민주화운동사 1』, 돌베개, 2008, 598쪽.
5. 민주화운동기념사업회 연구소,『한국민주화운동사 2』, 돌베개, 2009, 53쪽.

1971년 장충단 공원에서 제7대 대통령 선거 유세 중인 박정희_사진출처:《월간조선》

나 선거권이 주어지는 보통선거를 없애기 위해서였다. 간단히 말해 그토록 귀찮고 지겨운 선거를 없애 종신 집권을 하고자 한 것이다.

"꼭 이런 식으로 대통령을 뽑아야 하나?"①[6]

1971년 4월 27일 시행된 제7대 대통령 선거가 끝난 후 유혁인[7] 당시 정무수석비서관은 박정희로부터 이런 얘기를 들었다 한다.

"이봐 유(柳) 비서관, 이런 선거 두 번만 하다가는 나라가 결딴나겠어. 한 번 생각해봐. 군중이 수십만 명씩 모여 있는데 이북 애들이 맘만 먹으면 무슨 짓을 못하겠어. 여당 후보가 저격당하는 것도 큰일이지만 반대로 야당 후보가 당해봐. 그땐 내란이라도 일어날지 몰라. 어떻게 막겠어. 이북 무장

---

6. 김진, 『청와대비서실』, 중앙일보사, 1992, 195~196쪽에서 발췌.
7. 유혁인(柳赫仁, 1934~1999). 경북 안동 출생. 서울대 사회학과 졸업. 동아일보 정치부장을 거쳐 1971년 청와대 정무비서관을 시작으로, 청와대 정무수석비서관, 주 포르투갈 대사, 공보처 장관 등 역임.

공비가 우리나라 경찰복 같은 거 하나 입고 수류탄이라도 터뜨리면. … 그런데도 꼭 이런 식으로 대통령을 뽑아야 하나?"

이 무렵 박정희는 이후락[8] 부장, 김치열[9] 차장을 비롯한 중앙정보부 간부들을 청와대로 불러 "수고했다"며 저녁을 낸 일이 있다. 이 자리에서 박정희가 다음과 같이 말한 것을 생생히 기억하는 사람이 있다.

"이봐 자네들, 지구상에서 민주주의 하는 나라가 몇 개나 되는 줄 알아. 16개밖에 없어. 자 한번 봐. 북미에 미국·캐나다가 있지. 아시아 쪽은 일본·호주·뉴질랜드뿐이야. 아프리카나 중동엔 눈을 씻고 봐도 없고. … 나머지가 유럽이야. 영국·서독·이탈리아·네덜란드·벨기에·덴마크 등. … 민주주의라고 말들은 많지만 제대로 한다는 나라는 그저 그쯤인 거야."

박정희의 이야기가 끝나자 간부 중 몇몇은 '맞장구'를 쳤던 모양이다. 한 사람은 "각하, 태국에 가 보니까 한 사람이 장관에다, 육군 대장에다, 국립은행 총재까지 다 하더군요"라고 했고 또 다른 이는 "각하, 대만은 지금도 계엄령하에 있지 않습니까"라고 했다는 것이다.

박정희의 '유신 어록(語錄)'이야 많지만, 이 세 부분은 유신 심리학을 요약해 주고 있다. 첫째, 안보를 위해선 자유를 양보해야 하고, 둘째, 경제 성장을 위해선 '정치 과소비'를 줄여야 하며, 셋째, 프랑스·스페인·대만·멕시코 같은 나라도 불가피하게 독재를 하고 있지 않느냐는 것이다.

---

8. 이후락(李厚洛, 1924~2009). 울산 출생. 육군 소장 예편 후 국가재건최고회의 공보실장, 제3대 대통령 비서실장(1963~1969), 주 일본대사(1969~1970), 제6대 중앙정보부장(1970~1973), 제10대 국회의원 등 역임.
9. 김치열(金致烈, 1921~2009). 대구 달성 출생. 일본 주오대학 법학과 졸업. 일본 고등문관시험 사법과 합격. 대검찰청 검사, 중앙정보부 차장, 제13대 검찰총장, 제37대 내무부 장관, 제27대 법무부 장관 등 역임.

한마디로 광범위한 개발독재론이다. 물론 시시비비가 분분하지만 어쨌든 박정희가 그렇게 마음먹었다는 것이다. 여기에다가 "내가 혁명을 했으니 나라를 지키고 발전시켜놓아야 한다"는 독선적 애국심이 추가됐던 것 같다. 그리하여 유신이 잉태되기 시작했다.

그런데 문제는 국가비상사태 선포 이전부터 이미 유신 쿠데타를 기획하고 있었다는 점이었다. 그것은 '풍년사업'이라는 이름의 유신 쿠데타 사전공작이었다. '풍년사업'의 첫 수확은 1971년 4월 27일의 제7대 대통령선거에서의 승리였다.

'풍년사업'의 시작—"이것이 마지막" 작전

박정희는 1971년의 대통령 선거에 막대한 돈을 투입했다. 그해 국가 예산은 5,242억 원이었는데 박정희는 이 선거에서 국가 예산의 10%가 넘는 600억~700억 원을 썼다. 입석버스 요금이 15원, 연탄 1장 20원, 커피 50원, 정부미 80kg이 7천 원 하던 시절이었으니 지금 기준으로 따지면 조(兆) 단위를 넘는 엄청난 돈이었다.[10]

속된 말로 돈으로 도배질을 했는데도 선거 막판으로 갈수록 야당 후보 김대중[11]의 약진이 두드러졌다. 자칫하면 '풍년사업'에 차질이 생길 판이었다. 김대중은 대통령의 재산 공개, 남북 간의 서신 교류와 기자 교환 및 체육인 접촉, 지식인·문화인 및 언론의 권력으로부터의 해방, 제2의 한일회

---

10. 강준만, 『한국 현대사 산책—1970년대편 1권』, 137쪽.
11. 김대중(金大中, 1924~2009). 전라남도 신안 출생. 목포상업고등학교 졸업(1943), 경희대학교 대학원 수료(1970). 목포일보 사장(1948), 흥국해운 사장(1952), 국회의원(5~8대, 13~15대) 등 역임. 제15대 대한민국 대통령(1998~2003), 노벨 평화상 수상(2000).

제7대 대통령 선거에 입후보한 박정희가 부산 유세에서 연설하고 있다. 박정희는 1971년 4월 24일의 부산과 25일의 서울 유세에서 "마지막 기회가 될 이번 선거에서 신임해 달라"고 호소했다._사진출처:《중앙일보》

담 및 파월 국군 철수, 대통령 및 국회의원 선거권 연령 인하, 반공법 개정 등 모두 155개에 달하는 집권 청사진을 제시하며 정책 대결을 리드하고 있었다.[12]

투표일인 4월 27일이 하루하루 다가오자, 불리해진 국면을 뒤집기 위해 다급해진 박정희는 이후락이 제안한 '이번이 마지막' 작전에 들어갔다. 이에 대한 당시의 언론 보도를 보자.

> 박정희 후보는 4월 24일 부산과 25일 서울 유세에서 "이번이 대통령으로 출마하는 마지막 기회"임을 밝혀 1975년 선거에는 다시 출마하지 않을 뜻을 분명히 하고 "다음 임기 중에 부정부패를 기어이 뿌리 뽑고 물러나가겠다"고 약속했다. 박 후보는 야당은 총통제 운운해서 내가 두 번이고 세 번이고 언제까지나 집권할 것 같이 허위선전을 일삼고 있으나 3선개헌 국민투표 때 한

---

12. 김삼웅, 『개발독재자 박정희 평전』, 241쪽.

번만 더 할 수 있도록 여러분이 허락한 것이지 몇 번이고 좋다고 지지한 것은 아닐 것이며 여러분이 나를 다시 뽑아주면 이 기회가 나의 마지막 정치연설이 될 것이라고 말했다.[13]

박정희가 얼마나 다급했는지는 이 보도만 보고도 잘 알 수 있다. 박정희는 1969년의 3선 개헌이 자신에게 대통령을 한 번만 더하라고 허용한 것임을 분명히 하고, 총통제 즉 유신체제 같은 것은 야당의 허위 선전이라고 주장했다. 이러한 허황한 약속을 하고도 불안했던지 바로 다음 날 아침 방송을 통해 "후계 인물을 육성"하고 "야당을 지원"하겠다는 거짓 약속까지 늘어놓았다.

박정희 후보는 4월 26일 아침 문화방송을 통한 연설에서 "나에게 마지막 기회가 될 이번 선거에서 다시 한 번 신임해 준다면 3차 5개년계획의 완수와 함께 대국적인 중단 없는 전진을 위해 여당에서는 정권을 계승할 유능한 후계 인물을 육성하고 야당에게는 정권인수 태세를 갖출 수 있게 온갖 협력과 지원을 다하겠다"고 밝혔다.[14]

그렇다면 '이번이 마지막' 아이디어가 이후락 혼자만의 창작품인가? 이후락의 작품 구상에 소재를 제공한 것은 박정희와 지속적으로 상부상조(相扶相助) 관계를 유지하고 있었던 《조선일보》였다. 다음은 방우영[15]이 자서

---

13. 《동아일보》 1971.4.26. 1면.
14. 《동아일보》 1971.4.26. 1면.
15. 방우영(方又榮, 1928~2016). 평안북도 출생. 조선일보 창업주 방응모(方應謨) 손자. 경신고등보통학교, 연세대학교 상과 졸업. 조선일보 상무이사, 전무이사, 사장, 회장 역임.

전에서 밝힌 내용이다.

박 대통령의 부산 유세를 앞두고 이후락이 본사를 찾아와 환담 중에 "결정적 묘안이 없느냐"고 물었다. 이때 최석채[16] 주필이 "3선만 하고는 더 이상은 안 하겠다"고 국민 앞에 공약을 하라고 말해 주었다. 그래서인지 박 대통령은 부산 유세에서 처음으로 국민 앞에서 "이번만 하고는 다시는 여러분께 표를 달라고 하지 않겠다"고 말했다. 역사에 만약이라는 말이 자주 쓰이지만 만일에 3선으로 그쳤다면 역사는 달라질 수도 있었을 것이다.[17]

박정희의 말을 들은 사람은 누구나 "아, 그러니까 박정희 출마는 이번이 마지막이고 후계자에게 넘기려고 하는구나"라고 여겼겠지만, 이런 생각은 결국 순진무구(純眞無垢)하거나 어리석은 사람들의 상상이었다. 왜냐하면 박정희에게 권력을 넘길 생각이 눈곱만큼도 없었기 때문이다.

박정희는 단지 말만 한 게 아니었다. 한 편의 신파극을 연출했다. 그는 4월 24일 부산 유세에 이은 25일의 서울 유세에서는 눈물까지 흘리며 "더 이상 여러분들에게 표를 달라고 하지 않겠다"라고 호소했다. 아닌 게 아니라 그 말은 사실이었다. 김대중의 폭로 그대로 이후 민주주의 자체를 부정하는 유신으로 국민의 투표권을 아예 박탈해 버렸으니 말이다.[18]

박정희가 '이번이 마지막'이라고 한 것은 귀찮기 짝이 없는 직접선거를

---

16. 최석채(崔錫采, 1917~1991). 경상북도 김천 출생. 일본 주오대학 법학부 졸업. 광복 후 대구매일신문 편집국장 겸 주필, 경향신문 편집국장, 조선일보 논설위원, 편집국장, 주필, MBC 사장 등 역임.
17. 방우영, 『조선일보와 45년』, 조선일보사, 1998, 211쪽.
18. 강준만, 『한국 현대사 산책-1970년대편 1권』, 140쪽.

1986년 3월 26일 민족중흥동지회 주최로 열린 자신의 귀국환영회에서 김종필 전 공화당 총재(오른쪽)가 이후락 전 중앙정보부장(왼쪽)과 반갑게 인사를 나누고 있다. 1961년 5·16 직후 구속됐던 이후락을 군사정부에서 일하도록 끌어들인 사람이 김종필이었다. 머리 회전이 빨라 '제갈조조'란 별명이 붙었던 이후락은 특유의 수완으로 대통령 비서실장과 중앙정보부장에 오르며 1970년대 초반까지 권력을 누렸다._사진출처:《중앙일보》

없애는 작업 즉 '풍년사업'에 착수하겠다는, 아니 이미 착수했다는 무서운 말이었다.

'풍년사업'의 전개—"모든 잡스러운 요소를 제거하라"

암호명 '풍년사업.' 유신 쿠데타의 준비 단계는 길고도 치밀했다. 그 시작은 1970년 12월 22일 이후락이 중앙정보부[19] 부장에 취임하는 데까지 거슬러 올라간다. 이종찬[20]이 기록한 이후락의 정보부장 취임사부터 들어 보자.

---

19. 중앙정보부(중정, 1961~1981). 1961년 6월 10일 법률 제619호 「중앙정보부법」에 의해 국가재건최고회의 직속으로 발족된 정보·수사기관. 이후 전두환 정부 시절 '국가안전기획부'(안기부, 1981~1999), 김대중 정부 시절인 1999년부터 '국가정보원'(국정원)으로 개칭되어 오늘에 이르고 있다.

우리 부는 대통령 직속 기관으로서 최고 통치자 박정희 대통령이 국정을 펴나감에 있어 공산주의는 물론 모든 잡스러운 요소를 제거하는 데 최우선적인 책임이 있다. 나는 여러분에게 법 또는 그 이상의 신분을 보장하겠으며, 그 대신 여러분은 조직의 일원으로서, 즉 세포의 하나로서 최선을 다해야 한다. … 우리는 모두 박정희교의 신도로서, 또 전도사로서 앞장서야 할 것이다.[21]

이후락 부장 취임과 함께 다음 해 있을 대통령 선거 대책 수립도 활발해졌다. 심지어 대통령 선거 날짜까지도 중앙정보부가 택일했다.

중앙정보부 차장보였던 강창성[22]은 어느 날 3국 부국장 김성락[23]을 불렀다. "김 영감이 유명한 집 알지 않소?" 김성락은 그날부터 며칠 동안 출근도 거른 채 목욕재계하고 집에 모셔놓은 불상에 불공을 드리면서 정성을 모았다. 그리고 그가 스승으로 모시는 복술가에게 박정희, 김대중 두 사람의 성명과 사주를 주고 가장 좋은 날짜를 물었다. 김대중의 사주는 불명(不明)하여 애로가 많았다. 이름도 개명한 기록이 있고, 생년월일 또한 여럿이라 혼란스러

---

20. 이종찬(李鍾贊, 1936~). 중국 상하이 출생. 경기고등학교 졸업(1956). 육군사관학교 16기(1960)로 육사 교수(1962~1963), 중앙정보부 공채 1기 합격(1965), 중앙정보부 기획조정실장(1980), 국회의원(11~15대), 제22대 국가정보원장(1998~1999) 등 역임.
21. 이종찬, 『숲은 고요하지 않다: 이종찬 회고록 1』, 도서출판 한울, 2015, 249쪽.
22. 강창성(姜昌成, 1927~2006). 경기도 포천 출생. 육군사관학교 제8기로 중앙정보학교 교장(1964), 중앙정보부 기획실장(1966), 보병 제5사단장(1968), 중앙정보부 차장보(1970), 육군 보안사령관(1971), 제3관구 사령관(1973), 해운항만청장(1976), 국회의원(14·16대) 등 역임.
23. 김성락(金成洛, 1919~1989). 일본 메이지대학 전문부 졸업. 합동통신 정치부장, 연합신문 편집국장, 중앙정보부 판단기획실장, 국회의원(9대, 유신정우회) 등 역임.

였다. 이런 과정을 거쳐 선거일이 드디어 4월 27일로 정해졌다. 그날이 박정희에게는 길일(吉日), 김대중에게는 절명일(絶命日) 또는 혼망일(魂忘日)이라 하여 선택한 것이다.[24]

이후락의 중앙정보부는 한편으로는 남북 관계의 해빙을 통한 국면 전환을 시도하면서, 다른 한편으로는 강력한 형태의 통치체제 즉 유신체제에 대한 연구에 착수했다. 이 같이 권력의 핵심부에서 전혀 다른 성격의 두 가지 작업이 동시에 진행되고 있다는 사실을 눈치 챈 사람은 별로 없었다. 중앙정보부 서울 종로구 궁정동 안가(安家) A동에서는 남북 관계 비밀 접촉을 위한 작업이, B동에서는 유신체제에 대한 연구 작업이 진행됐다.[25]

전자는 7·4 남북 공동성명으로 결실을 맺었고, 후자가 바로 코드명 '새마을재건계획'이라는 유신 작업이었다. 유신이라는 이름의 친위 쿠데타에 '새마을재건'이라는 암호명을 부여한 것이 눈에 띈다. 이들에게 '새마을=박정희', '재건=제2의 5·16'을 의미했다.[26]

이 유신 작업에 중앙정보부에서는 김치열 차장, 김동근[27] 차장보, 김영광[28] 판단기획실 부실장 등이, 청와대에서는 홍성철[29] 정무수석과 유혁인

---

24. 김창혁, 「동경 이종찬 회고록」, 《동아일보》 2014.9.27.
25. 이종찬, 『숲은 고요하지 않다: 이종찬 회고록 1』, 282쪽.
26. 「김당의 시크릿파일」②, 《UPI뉴스》 2019.3.25.
27. 김동근(金東根). 주수단 총영사, 주영국 공사, 중앙정보부 6국장, 중앙정보부 차장보 (1971~1973) 등 역임.
28. 김영광(金永光, 1931~2010). 경기도 평택시 출생. 수원공립농림학교, 고려대학교 정치외교학과 졸업. 중앙정보부 판단기획국장, 국회의원(11·14대) 등 역임.
29. 홍성철(洪性澈, 1926~2004). 황해남도 은율군 출생. 경기고등학교, 서울대학교 상과대학 졸업. 정일권 국무총리 비서실장(1966), 청와대 정무수석비서관(1971), 내무부 장관(1973), 보건사회부 장관(1978), 노태우 대통령 비서실장(1988~1990) 등 역임.

정무비서관, 김성진[30] 대변인 등이 동원됐다. 내무부에서는 정석모[31] 치안국장, 법무부에서는 이선중[32] 차관과 김기춘,[33] 현홍주[34] 등 유능하다고 지목된 중앙정보부 파견 검사들, 그리고 한태연,[35]·갈봉근[36] 등의 헌법학자들이 참여했다.[37]

이제까지 등장한 사람들은 안가 즉 중앙정보부가 비밀 유지를 위해 이용하는 일반 가옥에서 마치 두더지처럼 은밀하게 유신 작업을 진행했다. 그러나 안가 밖에서는 대통령 특별보좌관이라는 타이틀을 단 어용 지식인들이 공개적으로 유신 작업에 들러리를 서고 있었다. 당시의 언론보도를 보자.

---

30. 김성진(金聖鎭, 1931~2009). 황해도 해주 출생. 고려대학교 경제학과 졸업. 동양통신 워싱턴 특파원(1964), 청와대 공보수석비서관 겸 대변인(1971), 문화공보부 장관(1975), 주싱가포르 대사(1991) 등 역임.
31. 정석모(鄭石謨, 1929~2009). 충청남도 공주 출생. 공주고등학교, 서울대학교 법과대학 졸업(1952), 경찰전문학교 6기생(1951). 내무부 치안국장(1971), 강원도 도지사(1973), 충청남도 도지사(1976), 내무부 장관(1985), 국회의원(10~15대) 등 역임.
32. 이선중(李善中, 1924~2020). 경상북도 금릉군 출생. 서울대학교 법과대학 졸업(1947). 고등고시 사법과 합격. 대구지방검찰청 검사장(1964), 법무부 차관(1971), 법제처장(1973), 검찰총장(1975), 법무부 장관(1976) 등 역임.
33. 김기춘(金淇春, 1939~). 경상남도 거제 출생. 경남고등학교, 서울대학교 법과대학 졸업. 고등고시 사법과 합격. 서울지방검찰청 검사(1969), 법무부 법무실 검사(1971), 중앙정보부 대공수사국 부장(1974), 서울지검 공안부장(1981), 검찰총장(1988), 법무부 장관(1991), 국회의원(15~17대), 박근혜 대통령 비서실장(2013) 등 역임.
34. 현홍주(玄鴻柱, 1940~2017). 서울 출생. 경기고등학교, 서울대학교 법과대학 졸업. 고등고시 사법과 합격. 서울지검 검사(1968), 법무부 검찰국 검사(1971), 국가안전기획부 제1차장(1980), 국회의원(12대), 법제처장(1988), 주유엔 대사(1990), 주미국 대사(1991) 등 역임.
35. 한태연(韓泰淵, 1916~2010). 함경남도 출생. 일본 와세다대학교 법학과 졸업(1943). 일본 고등문관시험 행정과 합격. 서울대학교 법과대학 교수, 제6대 국회의원(민주공화당), 한국헌법학회 회장(1969), 서울신문 주필(1973), 제9·10대 국회의원(유신정우회) 등 역임.
36. 갈봉근(葛奉根, 1932~2002). 부산 출생. 경남고등학교, 서울대학교 법과대학 졸업. 독일 본 대학교에서 법학박사 취득. 중앙대학교 교수, 한국헌법학회 부회장, 제9·10대 국회의원(유신정우회) 등 역임.
37. 이종찬, 『숲은 고요하지 않다: 이종찬 회고록 1』, 282~283쪽.

유신 헌법을 만드는 데 깊이 관여했던 헌법학자 한태연과 그의 제자 갈봉근. 두 사람의 성에다 '이' 하나를 더 붙여 유신 헌법을 '한갈이 헌법'이라고 부르던 말이 '항가리 헌법'으로 불려 웃음거리가 되기도 했다._사진출처:《한겨레》

박정희 대통령은 12월 9일 오후 청와대에 새로 두기로 한 특별보좌관 9명과 비서실의 수석비서관 3명을 새로 임명 또는 전보했다. 정부의 중장기 대책 마련 등 실질적으로 박 대통령의 브레인 역할을 할 특별보좌관에는 김용식[38](외교 담당), 유재흥[39](국방), 박종홍[40](문화·교육), 함병춘[41](국제정치), 장위돈[42](국내정치), 김명윤[43](경제), 박진환[44](경제), 장동환[45](사회), 임방현[46](사

---

38. 김용식(金溶植, 1913~1995). 경상남도 통영 출생. 일본 주오대학 법학부를 졸업. 고등문관 시험 사법과에 합격. 외무부 장관(1963, 1971), 주유엔 대사(1964), 국토통일원 장관(1973), 대한적십자사 총재(1981) 등 역임.
39. 유재흥(劉載興, 1921~2011). 일본 나고야(名古屋) 출생, 일본 육군사관학교(제55기) 졸업. 육군참모차장, 육군1군사령관, 합동참모본부 의장, 주태국 대사, 주이탈리아 대사, 국방부 장관 등 역임.『친일인명사전』(민족문제연구소)에 등재됨.
40. 박종홍(朴鍾鴻, 1903~1976). 평양 출생. 평양고등보통학교를 거쳐 경성제국대학 철학과 졸업(1932). 이화여전 교수(1937), 서울대학교 교수(1946~1968), 성균관대학교 유학대학장(1968), 한양대학교 문리과대학장(1970) 등 역임.
41. 함병춘(咸秉春, 1932~1983). 서울 출생. 경기고등학교 졸업 후 미국 노스웨스턴 대학 경제학과 졸업, 하버드 로스쿨에서 법학박사 학위 취득. 연세대 법학 교수(1959), 주미 대사(1973), 전두환 대통령 비서실장(1982), 미얀마의 아웅산 폭탄 테러 사건으로 사망.

회) 씨 등을 기용했다.⁴⁷

이제까지 등장한 사람들마다 일일이 간단한 각주를 붙인 것은 결코 이들의 학력이나 경력을 소개하기 위해서가 아니다. 좋은 교육을 받고 한국 사회의 상층부에 진입해 박정희의 암흑시대 전개에 적극적으로 부역한 이들이 어떤 사람인지 알리기 위해서다. 그뿐만 아니라 이들 가운데 상당수는 박정희의 아류(亞流)인 전두환 시대에 이르기까지 부도덕한 권력에 빌붙어 화려한 경력을 쌓았다. 그럼에도 반성의 기색을 조금도 보이지 않았던 철면피한 군상(群像)의 명단을 일부라도 남기고자 하는 것이 필자의 의도다.

이들 가운데 당시 곡학아세(曲學阿世)⁴⁸의 대표적 인물인 박종홍의 행적에 대해 좀 깊이 들여다보기로 하자.

---

42. 장위돈(張偉敦, 1928~1984). 서울 출생. 서울대 문리대 정치학과 3년 수료 후, 미국 오레곤 대학에서 정치학 박사 취득. 서울대 문리대 교수, 주에콰도르 대사, 외교안보연구원장 등 역임.
43. 김명윤(金命潤, 1929~2017). 함경남도 출생. 고려대 경상대 경제학과 졸업. 고려대 교수, 한양대 경제금융대학 교수 등 역임.
44. 박진환(朴振煥, 1927~). 경상남도 창원 출생. 마산상고를 거쳐 서울대 농과대학 농경제학과 졸업한 후 미국 미네소타 대학에서 농업경제학 박사 학위 취득. 서울대 농과대학 교수(1965), 농협전문대 학장(1980) 등 역임.
45. 장동환(張東煥, 1927~). 경상북도 출생. 일본 게이오(慶應)대학 문학부 졸업. 성균관대 교수(1965), 대통령 사회담당 특별보좌관(1970), 성균관대 도서관장(1983) 등 역임.
46. 임방현(林芳鉉, 1930~). 전라북도 전주 출생. 전주고등학교, 서울대 문리대 철학과 졸업. 조선일보 기자, 한국일보 논설위원, 청와대 대변인(1975), 국회의원(11·12대) 등 역임.
47. 《동아일보》 1970.12.10. 1면.
48. 곡학아세(曲學阿世): 바르지 못한 학문으로 세속의 인기에 영합하려 애씀.

박종홍의 곡학아세(曲學阿世)①-「국민교육헌장」기초(起草)

박종홍[49]의 곡학(曲學)은, 1970년대부터 1980년대까지 초·중·고등학교를 다녔던 사람들이 지겹도록 마주쳤던 「국민교육헌장」을 기초하여 박정희 국가주의[50]의 토대를 마련해 준 것과 박정희가 10·17 쿠데타를 '10월 유신'이라고 부르도록 '유신(維新)'이라는 말에 논리적 근거를 마련해 주었다는 것으로 요약할 수 있다.

그의 삶부터 정리해 보자. 박종홍은 평안남도 평양에서 태어나(1903), 평양고등보통학교를 졸업하고(1920), 전남 보성 및 대구에서 보통학교 및 고등보통학교 교사로 재직하다가(1921~1929), 경성제국대학에서 만학으로 철학을 공부했다(1929~1933). 이화여전 강사 및 교수(1934~1944), 조선총독부 학무국 촉탁(1944.1.~1945.6.)으로 근무했으며, 해방 후 서울대학교 철학과 교수로 취임해 대학원장으로 은퇴까지 재직했다(1945.12.~1968.8.). 은퇴 후에는 각종 학술사업과 연구 및 집필 작업 등을 하며 성공한 학자로서, 다른 사람들이 보기에 놀라우리만큼 기복 없는 삶을 살았다.

그는 한국 철학계와 지성계에서 20세기를 대표하는 철학자로 인정받고는 있지만, 대중적으로 유명한 사람이 아니라 유명한 사람들 사이에서 유명했던 인물이었다. 그러나 그가 세상을 떠난 후 그의 인물과 철학에 대한 관심이 허망하리만큼 급속도로 사라져 버렸다. 그가 무관심의 대상이 되는 과정은 자신이 심혈을 기울여 만들어 낸 「국민교육헌장」과 이를 앞세워 현

---

49. 박종홍에 관한 내용은 다음의 글을 중심으로 작성했다. 홍윤기, 「박종홍 철학 연구: 철학과 권력의 퇴행적 결합」, 《역사비평》 제55호(2001년 여름), 161~210쪽.
50. 국가주의(Statism): 국가를 가장 우월적인 조직체로 인정하고 국가 권력이 경제나 사회 정책을 통제해야 한다고 주장하는 신조.

1968년 8월 30일 서울대학교에서 퇴임식을 한 후 교정을 바라보고 있는 박종홍_사진출처: 《한국일보》

대적 파시즘을 실현하고자 했던 박정희 권력이 몰락하는 과정과 일치한다.

박종홍과 박정희의 관계가「국민교육헌장」제정 때 갑자기 시작된 것은 아니었다. 일찍이 1961년 5·16 쿠데타가 일어난 지 일주일 뒤인 5월 23일, 그는 쿠데타 최고 권력기관인 국가재건최고회의 기획위원회 사회분과위원으로 추대됐고, 11월에는 5·16 쿠데타 권력의 대중 동원 조직이었던 재건국민운동 중앙위원으로 위촉된 바 있었다.

그는 1962년 1월 국립서울대학교 대학원장에 임명된 후부터 학계나 교육계와 관련 없는 분야를 기웃거렸는데, 1962년 8월 15일에 홍조소성훈장(紅條素星勳章)을 받고 10월에는 중앙국민투표 관리위원으로 위촉됐다. 1966년 5월에는 5·16 민족상 심사위원, 다음 해 5월에는 5·16 민족상 이사에 취임했다.

1968년 1월 18일 박정희는 당시 문교부장관 권오병[51]에게 각계각층의

---

51. 권오병(權五柄, 1918~1975). 경상남도 마산 출생. 와세다대학 법학부 졸업(1942). 일본 고

의견을 총망라하여 교육장전(敎育章典)을 제정할 것을 지시했다. 이에 박종홍 등 기초위원 26명과 심사위원 48명이 선정됐고, 그해 7월 청와대에서 박정희 주재로 제1차 심의위원회를 개최했으며, 「국민교육헌장」을 국회에 제출하기 전까지 박정희가 주관한 전체회의 4회, 국무총리가 주관한 소위원회의 4회가 개최됐다. 그 후 「국민교육헌장」은 11월 정기국회 본회의에서 만장일치로 통과되어 1968년 12월 5일 박정희 이름으로 선포됐다.

그렇다면 박정희는 왜 「국민교육헌장」의 제정에 집착했을까?

박정희는 태어나면서부터 성장할 때까지 의식적이든 무의식적이든 일제의 국가주의에 노출되어 흠뻑 물들지 않을 수 없었다. '세 살 적 버릇이 여든까지 간다'는 말처럼 박정희는 쿠데타로 권력을 잡은 후 일제로부터 학습한 국가주의적 습성을 하나씩 실천에 옮겼다. 메이지 천황의 「교육칙어」[52]를 본떠 자신의 이름으로 선포한 「국민교육헌장」이라는 것이 그중의 하나였다. 이것은 1972년 유신 쿠데타의 전주곡이었다.

다음이 393자로 된 「국민교육헌장」의 전문(全文)이다.

국민교육헌장

우리는 민족중흥의 역사적 사명을 띠고 이 땅에 태어났다. 조상의 빛난 얼을 오늘에 되살려, 안으로 자주독립의 자세를 확립하고, 밖으로 인류 공영에 이바지할 때다. 이에, 우리의 나아갈 바를 밝혀 교육의 지표로 삼는다.

성실한 마음과 튼튼한 몸으로, 학문과 기술을 배우고 익히며, 타고난 저마

등문관시험 사법과 합격(1943). 광주지검과 부산지검 검사장(1954~1960), 경희대 교수(1960), 문교부 장관(1965), 법무부 장관(1966), 문교부 장관(1968), 국회의원(8대) 등 역임.

52. 교육칙어(敎育勅語): 1890년 일본 메이지 천황이 신민(臣民)들에게 분부한 12가지 기본 규범.

다의 소질을 계발하고, 우리의 처지를 약진의 발판으로 삼아, 창조의 힘과 개척의 정신을 기른다. 공익과 질서를 앞세우며 능률과 실질을 숭상하고, 경애와 신의에 뿌리박은 상부상조의 전통을 이어받아, 명랑하고 따뜻한 협동 정신을 북돋운다. 우리의 창의와 협력을 바탕으로 나라가 발전하며, 나라의 융성이 나의 발전의 근본임을 깨달아, 자유와 권리에 따르는 책임과 의무를 다하며, 스스로 국가 건설에 참여하고 봉사하는 국민정신을 드높인다.

반공 민주 정신에 투철한 애국 애족이 우리의 삶의 길이며, 자유세계의 이상을 실현하는 기반이다. 길이 후손에 물려줄 영광된 통일 조국의 앞날을 내다보며, 신념과 긍지를 지닌 근면한 국민으로서, 민족의 슬기를 모아 줄기찬 노력으로, 새 역사를 창조하자.

1968년 12월 5일 대통령 박정희

박정희의 통치 이데올로기와 반공을 사회적 이상으로 삼아 그 실천을 국민에게 강요한「국민교육헌장」은 선포 당시부터 논란을 빚었다. 그리고 발표와 동시에 전국의 학생들에게 암기할 것을 강요하여 암기를 못하는 학생에게는 체벌이 가해지기도 했다. 몇몇 학교에서는「국민교육헌장」암송 대회를 열기도 했고 1973년 3월 30일 대통령령으로 정부 주관인 기념일이 되어 기념행사를 치렀다. 암기 현장에선 어떤 일이 있었을까?

1976년 국민학교 2학년이었던 나는 이 국민교육헌장 때문에 수업이 끝난 뒤에도 학교 운동장에서 한참을 혼자 있어야 했다. 같이 놀 친구들이 아직 교실에 남아 이 헌장을 외우고 있었기 때문이다. 선생님은 국민교육헌장을 다 외운 사람만 집에 보내주겠다고 했다. 아홉 살짜리 아이들이 민족중흥이

박정희는 「국민교육헌장」을 제정하여 국민 획일화 작업에 들어갔다. 사진은 왼쪽부터 '국민교육헌장선포 2주년 기념식'(1970), '제2회 국민교육헌장 실천구현작품 콩쿠르대회 시상식'(1972), '국민교육헌장 이념생활화 촉진 강연회'(1972)._사진출처: 국가기록원

뭔지, 역사적 사명이 뭔지 알 리가 없다. 꽤 빨리 외워서 검사를 통과한 나 역시 그 의미는 전혀 이해하지 못했다. 어려운 말들로 가득 차 있는, 뭔가 위압적이고 엄격한 주문에 불과했다.[53]

이것은 「교육칙어」를 암송시키던 일제의 유산이었다. 이승만은 「우리의 맹세」[54]를 암송시켜 '반공'을 통해 국민 획일화를 기도했고, 박정희는 「국민교육헌장」의 암송을 통해 '반공'에 더하여 "우리는 민족중흥의 역사적 사명을 띠고 이 땅에 태어났다"를 암송시켜 자신의 통치 이데올로기인 '민족중흥'을 통해 획일화를 시도한 것이다.

박정희의 「국민교육헌장」 내용 가운데 국가주의적 시각이 뚜렷한 대목을 살펴보기로 하자.

---

53. 이기훈, 「우리는 왜 역사를 배우는가」, 이기훈 외, 『쟁점 한국사: 근대편』, 창비, 2017, 10쪽.
54. 「우리의 맹세」 내용은 다음과 같다. 1. 우리는 대한민국의 아들 딸, 죽음으로써 나라를 지키자. 2. 우리는 강철같이 단결하여 공산침략자를 쳐부수자. 3. 우리는 백두산 영봉에 태극기 날리고 남북통일을 완수하자.

먼저 "우리는 민족중흥의 역사적 사명을 띠고 이 땅에 태어났다"는 첫 대목에 나오는 '민족중흥'이 바로 박정희의 통치 이데올로기다. 따라서 국민 모두가 박정희의 이념을 갖고 탄생했다는 말이 되니, 박정희가 곧 대한민국이라는 것이었다. 이는 헌법을 뜯어 고쳐서라도 계속 대통령이 되어 천황의 반열에 올라설 것이라는 것을 암시하는 것이었다.

다음으로는 "나라의 융성이 나의 발전의 근본"이라는 귀절은 길게 설명하지 않아도 국가주의적 발상이라는 것을 쉽게 알 수 있다. 나라가 융성해야 한다는 것은 의심할 여지가 없는 명제지만, 개인의 발전이 전적으로 국가라는 집단의 융성에 달려 있다고 단언하는 것은 집단주의 내지 전체주의적 발상이 아니면 무엇이겠는가?

박정희는「국민교육헌장」을 선포하고 나자 종신 집권의 제1단계 즉 3선 개헌 작업에 착수했다. 총대를 멘 사람은 당시 공화당 당의장 서리였던 윤치영[55]이었다. 그는 박정희를 "단군 이래의 위인"이라고 일단 치켜세운 후, 「국민교육헌장」이 선포된 지 10여 일밖에 안 된 1968년 12월 17일, "민족중흥을 위해 온 국민의 단합이 강조되어야 한다"며 "국민이 원한다면 헌법개정을 단행하겠다"고 했다. 이틀 후인 12월 18일에는 "한 정당이 장기집권을 하면 부정부패가 따르지만 어느 정도의 부정부패는 불가피한 현상"이라며 부패해도 박정희 정권이 지속돼야 한다는 궤변을 늘어놓으며 변죽을 울렸다. 결국 1969년 9월 14일 새벽, 여당계 의원들만 참석한 국회에서

---

55. 윤치영(尹致暎, 1898~1996). 서울 출생. 일본 와세다대학 법학과(1922), 미국 조지워싱턴대학(1932), 아메리칸대학(1934) 졸업. 1935년 귀국, 1938년 흥업구락부사건으로 체포된 후 '전향성명서'를 발표하고 친일파의 길을 걸음. 해방 후 한국민주당 창당 발기인(1945), 국회의원(1·2·3·6·7대), 민주공화당 의장(1963, 1968), 서울특별시장(1965), 민주공화당 총재 상임고문(1970) 등 역임. 『친일인명사전』에 등재됨.

3선 개헌안과 국민투표법안이 통과되어 대한민국 완전 획일화의 첫걸음을 내디뎠다.

박종홍의 철학적 실천은 박정희가 추진한 산업적 근대화와 반공적 독재 체제에 국민적 차원의 정신 개조 가능성을 보여 준 데 그 핵심이 있다. 따라서 민족중흥과 반공민주주의라는 요지로 압축되는 「국민교육헌장」은 박정희에게 민족적·대중적·총체적 동원이 가능하다는 것을 확신시킴으로써 박정희의 단순한 군산복합 개발독재 체제를 현대성 파시즘으로 발전시키는 단초를 제공한 것으로 평가된다.

박종홍의 곡학아세(曲學阿世)② – 유신 독재의 합리화

'메이지 유신'이란 일본 메이지(明治) 천황을 앞세워 무력으로 에도 막부를 타도한 쿠데타였다. 1868년 4월 천황군이 막부군을 타도한 후 조슈번(長州藩, 현 야마구치)과 사쓰마번(薩摩藩, 현 가고시마) 출신이 중심이 된 번벌(藩閥) 즉 군벌(軍閥) 세력이 권력을 장악했다. 1880년대에 이르러 자유민권주의 운동을 통한 민주주의 사상이 대두하자 이에 위기를 느낀 군벌 세력은 천황의 권위를 앞세워 1882년 1월 4일 「군인칙유(軍人勅諭)」, 1889년 2월 11일 대일본제국헌법, 1890년 10월 30일 「교육칙어(敎育勅語)」를 공포하여 군국주의의 기틀을 마련했다.

1961년 박정희의 5·16 쿠데타 자체가 메이지 쿠데타의 복사판이었다. 메이지 유신이 하급 무사들이 왕정복고를 명분으로 일으킨 쿠데타를 시작으로 신격화한 천황의 권위를 앞세워 군국주의를 실현해 나간 것처럼, 5·16 쿠데타 역시 박정희를 중심으로 한 비주류 군부 세력이 반공, 미국과의 유대 강화, 경제 발전 등의 명분을 앞세워 군사독재를 펼쳐 나갔기 때문이다.

박정희는 쿠데타에 대한 미국의 승인을 얻기 위해 1961년 11월 14일 미국의 케네디 대통령과 정상회담을 앞두고 있었다. 이에 앞서 그는 미국에 대해 권위를 보여야 한다며 셀프 승진하여 별 넷을 달았다. 쿠데타 당시 육군 소장이었으니 6개월 만에 2계급 특진하여 대장이 된 것이다.

별 넷을 붙이고 먼저 간 곳은 옛날의 조국 일본이었다. 케네디를 만나러 미국에 가는 도중 11월 11일 오후 일본을 방문한 박정희는 이케다 하야토(池田勇人) 일본 총리가 마련한 환영 만찬에서 과거사를 접겠다고 공언하여 만찬장에 참석한 일본인들을 놀라게 했다. 이튿날 환영회에서는 한 걸음 더 나아가 메이지 유신을 노골적으로 거론했다.

11월 12일 낮 기시 노부스케(岸信介) 전 총리 및 이시이 미쓰지로(石井光次郎) 전 부총리가 주최한 환영회에서 박정희는 "일본에서 젊은 우리가 하고 있는 것을 보면 미숙한 부분도 있을 것이다. 그러나 젊은 육군 군인들이 군사 혁명을 일으킨 것은 구국의 념(念)에 불탔기 때문으로, 나도 메이지 유신 때 지사(志士)의 마음으로 해 볼 것이다"라고 유창한 일본어로 말했다. 이어 박정희는 기시의 고향 출신으로 메이지 유신의 정신적 지주인 요시다 쇼인(吉田松陰, 1830~1859)을 존경한다면서, 국가 건설과 한일관계 정상화를 위해 도와 달라고 호소했다.[56]

요시다 쇼인을 존경한다? 당시 언론이 통제되어 제대로 보도되지 않아서 망정이지, 오늘날 최고 지도자가 이런 발언을 했다면 탄핵 대상이 되거나 한반도 전체를 떠들썩하게 할 정도의 망언이었다.

---

56. 이동준, 『불편한 회고: 외교사료로 보는 한일관계 70년』, 도서출판 삼인, 2016, 118쪽.

2013년 8월 13일 아베 신조 일본 총리가 일본 우익의 정신적 영웅인 요시다 쇼인 묘소를 참배하고 있다. 요시다 쇼인과 아베 신조는 야마구치현 출신이다._사진출처:《연합뉴스》

요시다 쇼인은 누구인가? 한반도를 정복해야 한다는 정한론(征韓論)을 주장한 요시다 쇼인은 진구 황후가 삼한을 정벌했다는 설화[57]를 하나의 사상으로 정립해 조선 침탈의 근거로 삼았다. 그는 제자들에게 보낸 편지에서 "러시아나 미국 같은 강국과는 신의를 돈독히 해 우호 관계를 맺고, 쉽게 손에 넣을 수 있는 조선과 만주·중국은 영토를 점령해 강국과의 교역에서 잃은 것을 약자의 착취로 메우는 것이 상책이다"고 주장했고, 그의 가르침을 받은 제자들이 메이지 유신을 주도했다. 그의 가르침을 실천에 옮긴 대표적 인물이 이토 히로부미[58]였다.

---

57. 진구황후(神功皇后) 삼한정벌(三韓征伐) 설화:『일본서기(日本書紀)』와『고사기(古事記)』에 기록된 설화. 일본 진구 황후(170~269)가 신의 계시에 따라 돌을 허리에 차서 출산을 지연시킨 후 한반도로 쳐들어와 삼한 즉 신라·백제·고구려를 복속시켰고, 이후 한반도 남부에 임나일본부(任那日本府)를 세워 통치했다는 설화. 이러한 진구 황후 설화는 일본이 한반도를 침략할 때마다 근거로 거론됐다.

58. 이토 히로부미(伊藤博文, 1841~1909). 일본 야마구치현(山口縣) 출생. 하급 무사 출신으로 일본 초대 총리에 오른 입지적인 인물. 을사늑약(1905)에 따라 설치된 조선통감부 초대 통감을 지낸 후, 중국의 하얼빈 역에서 안중근(安重根) 의사에게 저격당하여 사망했다.

박정희가 메이지 유신을 언급한 것은 일본에서뿐만이 아니었다. 그 후 1963년 대통령 선거에 나서기 위해 펴낸 『국가와 혁명과 나』에 나오는 「메이지유신과 일본의 근대화」라는 제목의 글에서 메이지 유신에 대해 자세히 언급하며 이를 본뜰 의사를 분명히 밝힌 것이다. 다음이 글의 내용 가운데 일부이다.

메이지 유신의 결과로서, 우리가 주목할 것은, 사쓰마(薩摩), 조슈(長州), 도사(土佐)의 번주(藩主)들이 정계의 일선에서 물러서고, 정치 실권이 하급 무사 출신인 기도 다카요시(木戶孝允), 사이고 다카모리(西鄕隆盛) 등의 중견급에 장악되었다는 사실이다. 그런고로 이 메이지 유신의 특징이자, 입헌군주제도의 국가재건과, 일본의 근대화 원인을 본인은 다음과 같이 요약하고 싶다.

1. 메이지 유신은 그 사상적 기저(基底)를 천황 절대제도의 국수주의적인 애국에 두었다.

2. 이리하여 이들은 밖에서 밀려오는 외국의 사상을 일본화하는 데 성공하고, 또한 국내적으로 진통을 거듭하는 유신과업에의 외세 침입을 방어할 수 있었다.

3. 번주(藩主) 세력을 제거하고, 천황(天皇)과 '에네르기쉬'한 사회 중견층을 직접 연결함으로써 봉건성 탈피와 신진기운(新進氣運)을 조성하였다.

4. 유신대업(維新大業)에 앞장섰던 대정인(大町人)을 정치, 경제의 중심 무대에 등장하게 하여, 국가자본주의를 육성하고, 이 정치, 경제, 양 세력이 천황을 정점으로, 귀족을 국가의 원로로 하는 제국주의적 체제를 확립하였다.

이와 같이 이들은, 자신의 확고한 주체성 위에 정치적인 개혁과 경제적인 향상, 사회적인 개혁을 수행하여왔기 때문에, 구미체제(歐美體制)에의 편중을

10·17대통령특별선언을 보도한 《동아일보》(1972.10.18. 1면)

극복할 수 있었고, 서서히 여유 있는 진행을 보게 된 것이었다.

기타 폐번치현(廢藩置縣)이나 무사단의 해체, 토지개혁, 헌법의 공포, 국회의 개원, 통화개혁 등 제(諸) 시책(施策)은 차항(此項)에서 언급할 것이 아니므로 생략한다.

하여간, 시대나 사람의 사고방식이 그 당시와 지금이 같을 수는 없지만, 일본의 메이지 혁명인의 경우는 금후 우리의 혁명수행에 많은 참고가 될 것은 부정할 수 없을 것이기 때문에, 본인은 이 방면에 앞으로도 관심을 계속하여 나갈 것이다.[59]

1972년 10월 17일 오후 7시 박정희는 대통령특별선언을 발표하고 그 시각을 기해 국회 해산, 정당 및 정치활동의 중지 등 헌법의 일부 기능을 정지시키고 전국 일원에 비상계엄을 선포했다. 지금은 '10·17 대통령특별선언'을 흔히 '10월 유신 선포'라고 부르지만, 당시에는 박정희가 그렇게 따라하고 싶었던 '메이지 유신'에 붙어 있는 '유신(維新)'이라는 말을 함부로 쓸 수가 없었다. 왜 하필이면 일본의 '메이지 유신'을 베꼈느냐는 말을 들을 게

---

59. 박정희, 『국가와 혁명과 나』, 향문사, 1963, 167~172쪽.

분명했으니 그랬다.

그래서 박정희는 '10·17대통령특별선언'에 다음과 같이 '유신적(維新的)'이라는 말을 살짝 붙여 넣었다.

> 우리 헌법과 각종 법령 그리고 현 체제에는 동서양극체제하의 냉전시대에 만들어졌고 하물며 남북의 대화 같은 것은 전연 예상치도 못했던 시기에 제정된 것이기 때문에 오늘과 같은 국면에 처해서는 마땅히 이에 적응할 수 있는 새로운 체제로의 일대 유신적(維新的) 개혁이 있어야 하겠습니다.[60]

이어서 10월 24일 제27차 유엔의 날을 맞이하여 발표한 치사(致辭)에서도 계속하여 '유신적'을 되풀이한다.

> 우리는 오늘 새로운 민족사의 전환점을 이룩하기 위한 일대(一大) 유신적(維新的) 개혁을 수행하는 도상에서 제27회 '유엔의 날'을 맞이하였습니다.
> (중략)
> 국민여러분! 우리 모두 유엔의 날을 기하여 다시 한 번 우리 한민족의 자주의지를 더욱 알차게 내외에 과시할 것을 굳게 다짐합시다. 나는 그 길이 곧 지금 우리가 수행하고 있는 국내 체제의 유신적(維新的) 대개혁을 성공적으로 완결하는 데 있다는 점을 국민 여러분에게 다시금 강조하면서 일치단결하여 힘찬 전진을 계속할 것을 호소하는 바입니다.[61]

---

60. 「10월17일 대통령 특별선언」, 《동아일보》 1972.10.18. 2면.
61. 「유엔의 날 치사」, 《동아일보》 1972.10.24. 1면.

자신의 행위에 '유신'이라는 말을 붙이고 싶어 안달이 났지만 그럴 수 없을 때, 권력자의 가려운 데를 긁어 줄 줄 아는 기술을 소유하고 있는 사람에게 '어용(御用)'이라는 말이 붙는다. 박정희의 가려운 데를 긁어 주러 등장한 '어용' 지식인이 바로 박종홍과 그의 제자 임방현이었다. 이에 대해 당시 대통령 비서실장이던 김정렴[62]은 다음과 같이 자세히 기록하고 있다.

중국 역사와 한학(漢學)에 조예가 깊은 박종홍(朴鍾鴻)·임방현(林芳鉉) 두 특별보좌관은 공자가 편찬한 중국의 가장 오래된 시집인 『시경(詩經)』의 대아문왕편(大雅文王篇)에 문왕의 혁혁한 국정혁신을 칭송하는 시구로서 '주수구방(周雖舊邦)이나 기명유신(其命維新)이라', 즉 주나라는 오래된 나라이나 국정혁신으로 그 생명력이 새롭다는 시가 있고, 그보다 먼저 역시 공자가 편찬한 사서(史書)인 『서경(書經)』의 하왕윤정편(夏王胤征篇)에 '함여유신(咸與維新. 다 함께 새롭게 하자)' 즉 하왕의 명으로 윤후가 적을 정벌하러 갈 때 양민을 벌하지 아니 할 테니 다 함께 국정개혁에 참여하자고 선포한 고사에 비추어 10·17 대통령특별선언에 의한 국정개혁을 유신으로 부르는 것이 좋겠다고 최규하 특별보좌관을 통해서 박 대통령에게 건의했고 박 대통령이 이를 받아들였다.[63]

이런 게 바로 바르지 못한 학문으로 세속의 인기에 영합하려 애쓴다는 의미의 '곡학아세'다. 왜냐하면 에도 막부를 타도한 왕정복고 쿠데타를 통

---

62. 김정렴(金正濂, 1924~2020). 서울 출생. 클라크대학교대학원 경제학 석사(1959). 재무부차관(1962), 상공부차관(1964), 재무부장관(1966), 상공부장관(1967), 대통령비서실장(1969~1978), 주일 대사(1979) 등 역임.
63. 김정렴, 『아, 박정희』, 중앙M&B, 1997, 179~180쪽.

한 변혁을 메이지 '유신'이라고 명명할 때 이미 일본인들이 써 먹은 논리였기 때문이다.[64]

당시 국무총리였던 김종필이 차라리 솔직했다. 그는 군이 '10월 유신'이라고 이름 붙인 까닭이 무엇이냐는 질문을 받고 "일본의 메이지 유신과 통하는 점이 있다"고 설명했으니 말이다.[65] 역시 5·16 쿠데타의 제2인자답다고나 할까?

결론적으로 박정희와 박종홍의 만남은 정치와 철학의 만남이었지만, 결국 어느 쪽도 제 기능을 온전히 수행하지 못했다. 철학이 철학답기 위해서는 권력 밖에서 권력이 작동하는 현실 구조를 객관적으로 바라보는 비판 정신이 전제되어야 한다. 그러나 박종홍 철학이 그런 작업을 하기에는 이미 현실의 실천 구조에 너무 깊이 관여하고 있었다. 또한 박정희도 스스로 비극을 초래하지 않기 위해서는 권력 중심부에서 나와 권력의 주변부를 바라보는 여유를 지녔어야 했다. 하지만 박종홍 철학은 그것을 해 주지 못했다.[66]

---

64. 성희엽, 『조용한 혁명: 메이지유신과 일본의 건국』, 소명출판, 2016, 34~35쪽.
65. 이상우, 『박정희, 파멸의 정치공작』, 동아일보사, 1993, 121쪽.
66. 김석수, 『현실 속의 철학 철학 속의 현실』, 책세상, 2001, 173~174쪽.

2. 긴급조치 제1호·제4호

"꼭 이런 식으로 대통령을 뽑아야 하나?"②[67]

10월 유신에는 햇빛에 드러난 부분과 함께 달빛에 숨겨진 구석도 많다. 1971년 12월 국가비상사태 선언, 1972년 7·4 남북공동성명, 그리고 10·17 비상계엄 선포 같은 것은 분명 양지(陽地)의 역사였다. 신문 1면에 굵직하게 찍혔었으니 말이다. 그러나 대부분 세상사가 그러하듯 달빛 부분에 더 중요한 비밀이 숨어 있을지도 모른다.

당시 보안사령관이었던 강창성(姜昌成)의 증언에 따라 달빛 그림자 속의 작은 일 하나를 들여다보자. 10월 유신을 단행한 주요 이유 즉 "꼭 이런 식으로 대통령을 뽑아야 하나?"라는 박정희의 생각을 확인하기 위해서다. 강창성의 증언이다.

계엄 선포 한 달 전쯤인가 박 대통령이 나를 불렀어요. 집무실에 들어갔더니 박 대통령은 일본군 장교 복장을 하고 있더라고요. 가죽장화에 점퍼차림인데 말채찍을 들고 있었어요. 박 대통령은 가끔 이런 옷차림을 즐기곤 했지요. 만주군 장교 시절이 생각났던 모양이에요. 다카키 마사오(高木正雄, 박정희의 일본 이름) 소위로 정일권(丁一權) 중위 등과 함께 말달리던 시절로 돌아가는 거죠. 그럴 때 보면 항상 기분이 좋은 것 같았어요.

박 대통령은 말채찍으로 책상을 톡톡 두드리면서 불쑥 이러더라고요.

---

[67]. 김진, 『청와대비서실』, 200~203쪽에서 발췌.

10월 유신 선포와 함께 광화문 앞에 등장한 계엄군의 탱크. 이때 박정희는 탱크 배치 위치까지 직접 지시했다._사진출처: 국가기록원

"강 장군, 글쎄 이후락이 이민을 가겠대"라고요. 내가 깜짝 놀라 "아니 왜요" 물었더니 박 대통령은 "글쎄 내가 대통령 임기 마치고 물러나면 이후락이는 여기에 살지 않고 이민 가 버리겠다는 거야"라고 했어요.

그러더니 박 대통령은 "그건 그렇고 내가 요즘 생각해봤는데 남북대화를 하더라도 우선 국내체제가 정비돼야 할 것 같아"라고 하더군요.

유신을 꺼낸 거예요. "국민이 직접 대통령을 뽑는 것도 돈이 많이 들고. … 아무래도 면(面)에서 1명씩 대표가 나와 뽑는 게 좋을 것 같아. 그래서 말인데 요새 체제정비 방안을 강구 중이야" 라고 귀띔했어요.

박정희는 강 사령관뿐만 아니라 노재현(盧載鉉) 육군참모총장과 윤필용(尹必鏞) 수도경비사령부 사령관 등 계엄 핵심 멤버도 따로따로 불러 유신을 '설파'했다고 한다. 그리고 계엄령 열흘 전쯤엔 이 세 사람과 서종철(徐鐘喆) 안보특보가 박 대통령을 둘러싸고 계엄 작전회의를 열었다.

이미 1961년 5·16쿠데타를 실행했던 경험이 있는 박정희는 윤 수도경비사령관이 만들어 온 탱크 배치도를 본 뒤 "여기와 저기에 탱크 몇 대 갖다

1972년 10월 17일 비상계엄령이 선포된 후 10월 18일 연세대에 계엄군이 진주하는 모습_
사진출처:《조선일보》

놓아"라고 일일이 지시했다는 것이다.

물론 계엄 작전도 뒤에는 유신헌법안이 버티고 있었다. 1971년 4월 27일 대통령 선거 이후 자라던 씨앗이 1972년 5월 궁정동 작업으로 영글었다. 1972년 8월부터 10월까지 완숙기에는 법무부가 깊숙이 손을 담갔다.

유신헌법과 긴급조치

1972년은 남과 북 모두에게 매우 중요한 해였다. 7월 4일의 남북공동성명을 계기로 한편으로는 남북적십자회담이, 다른 한편으로는 남북조절위원회 회담이 진행되는 것을 바라보면서 남과 북은 민족 통일에 대한 꿈을 새롭게 지닐 수 있었다. 그러나 이러한 부푼 꿈을 악용해 남과 북에서는 똑같이 새로운 권력구조를 만들어 내기 위한 개헌 작업이 진행되고 있었.

우선 남쪽에서는 1972년 10월 17일 단행한 10월 유신을 통해 박정희의 종신 집권을 가능하게 하는 '박정희를 위한, 박정희에 의한, 박정희의 헌법'을 만들어 냈다. 그리하여 제3공화국은 문을 닫고 제4공화국이 출범했다.

이것이 바로 유신체제였다.[68]

이에 뒤질세라 북한은 1972년 10월 23일부터 조선로동당 중앙위원회 5기 5차 전원회의를 열고 헌법 개정 문제를 논의했다. 북한의 정치·경제·사회·문화적 상황에 많은 변화가 일어나 새로운 '사회주의 헌법'이 필요하다는 것이었다. 이어서 12월 12일 헌법 개정을 위해 제5기 최고인민회의 대의원 선거를 실시했다. 100% 투표율에 100% 찬성으로 대의원이 선출된 후, 12월 27일 새 헌법이 만장일치로 채택됐고 같은 날 공포됐다. 이로써 1948년에 제정된「조선민주주의인민공화국 헌법」은 폐기되고「조선민주주의인민공화국 사회주의 헌법」이 등장했다.[69]

새 헌법에 따라 김일성[70]은 새로 만든 주석(主席) 자리에 앉아 국가원수이자 군 최고사령관이 됐고, 법령 공포권, 특사권, 조약의 비준·폐지권도 장악했다. 공산주의 이데올로기는 김일성의 주체사상으로 대체됐다.

거기나 여기나 마찬가지였다. 10월 27일 박정희 주재로 열린 비상국무회의는 헌법 개정안을 의결·공고했다. 박정희는 헌법 개정안 공고에 즈음하여 발표한 특별담화문에서 박종홍 덕분(?)에 그렇게도 그리던 '유신'이라는 말을 떳떳하게 쓸 수 있었고, 이날부터 언론은 '유신'을 지지하는 구호를 싣기 시작하여 박정희 '유신'의 홍보기관으로 전락했다.

언론이 이 지경이었으니 일반 국민은 찍소리도 못하고 눈치만 보아야

---

68. 김학준,『북한50년사: 우리가 떠안아야 할 반쪽의 우리 역사』, 동아출판사, 1995, 280쪽.
69. 김학준,『북한50년사: 우리가 떠안아야 할 반쪽의 우리 역사』, 280~282쪽.
70. 김일성(金日成, 1912~1994). 평안남도 대동군 출생. 본명 김성주(金成柱). 북한의 정치가. 1948년부터 1994년 사망할 때까지 조선민주주의 인민공화국의 내각 수상과 국가 주석으로 권력을 독점해 개인 숭배 체제를 구축함. 1977년 국가의 공식 이념을 마르크스-레닌주의에서 주체사상으로 바꾸었고, 아들 김정일(金正日, 1942~2011)에게 권력을 세습함. 현재 손자인 김정은(金正恩, 1984~) 국무위원회 위원장에게 권력이 세습됨.

1972년 10월 27일부터 모든 신문은 1면과 7면에 유신헌법을 지지하는 표어를 싣기 시작하여 박정희 유신체제의 홍보기관으로 전락했다. 10월 27일자 《동아일보》는 1면에 "한국적 민주주의 우리 땅에 뿌리박자", 7면에 "구국의 유신이다 새 역사를 창조하자"는 유신 선전 구호를 실었고, 이런 치욕적인 일은 12월 20일까지 계속됐다. 위의 신문 기사는 10월 27일자 《동아일보》 7면 내용이다.

했다. 이 헌법 개정안은 11월 21일 공포 분위기 속에서 실시된 국민투표에서 투표율 91.9%에 찬성 91.5%로 통과됐다. 북한처럼 100%가 아닌 것이 아쉬웠다고나 할까?

박정희의 독단에 의해 만들어진 유신헌법의 가장 중요한 특징은 절차적 민주주의를 무시한 것이었고, 그것을 분명히 보여 준 것이 통일주체국민회의[71]이다. 통일주체국민회의의 가장 중요한 임무는 대통령 선거인단의 역할이었다. 즉 기존의 국민에 의한 직접선거 대신 대의원에 의한 간선제를 채택한 것이었는데, 이는 장기 집권을 위한 핵심 장치였다. 게다가 대통령

---

71. 1972년 12월, 조국의 평화적 통일을 추진한다는 명목으로 유신헌법에 의해 설치된 헌법기관이자 국민적 조직체다. 국민의 직접선거로 선출된 2,000명 이상 5,000명 이하의 대의원으로 구성됐다. 설치 목적과는 다르게 대통령 선출을 위한 정치적 수단으로 이용되어 박정희 유신 독재정권의 산물이라는 역사적 오명을 남겼다. 1980년 10월 개정된 헌법에 의해 폐지됐다.

1972년 12월 27일 김종필 국무총리가 유신헌법을 공포하고 있다._사진출처: 우리역사넷

임기를 6년으로 늘리고 중임이나 연임 제한에 관한 규정을 전혀 두지 않음으로써 사실상 박정희의 영구 집권을 가능케 했다.

또한 통일주체국민회의는 박정희가 추천한 국회의원의 3분의 1을 선출하는 역할도 맡고 있었다. 국회의원 임기는 6년과 3년의 이원제로 규정됐는데, 통일주체국민회의에서 선출된 의원의 임기는 3년이었다. 즉 권력의 2대 중추라 할 대통령과 국회를 구성하는 역할을 맡은 통일주체국민회의만 장악한다면 권력의 연장이 얼마든지 가능해진 것이다.

여기에 유신헌법은 국회의 연간 개회일수를 150일 이내로 제한하고, 국회의 국정감사권을 없앴으며, 지방의회는 조국 통일이 이루어질 때까지 구성하지 않는 것으로 되어 있었다. 심지어 1972년 10월 17일의 비상조치와 그에 따른 대통령의 특별선언 등은 제소하거나 이의도 제기할 수 없도록 헌법에 명기했다.

더욱이 헌법 개정 방법을 이원화하여 대통령이 원하는 헌법 개정은 비교적 쉽게 하고, 대통령이 원하지 않는 헌법 개정은 사실상 불가능하게 함으로써 헌법 개정을 통한 체제 개혁의 길을 봉쇄했다. 여기에 사법권의 핵심인 대법원장 및 대법관을 대통령이 임명하게 함으로써 박정희는 입법·행정·사법의 3권 분립을 넘어 제왕적인 권력을 장악했다.

박정희의 초법적 권력을 상징했던 것은 긴급조치였다. 긴급조치는 유신헌법이 대통령에게 부여한 비상조치권을 구체화한 것으로 유신체제의 가장 중요한 제도적 지배 장치였다. 총 9호까지 선포된 긴급조치로 박정희는 자의적 판단에 따라 기존 법과 제도를 뛰어넘는 강제력을 행사할 수 있게 된 것이다. 특히 1975년 선포된 긴급조치 제9호는 이전의 모든 긴급조치를 집약한 것으로서 더 이상의 긴급조치가 나올 필요가 없을 정도로 막강한 통제력을 행사하는 것이었다.[72]

"조선인과 명태는 두들겨 패야 한다"

박정희는 1972년 12월 13일 0시를 기해 비상계엄을 해제하고 12월 15일 통일주체국민회의 대의원 선거를 실시했다. 여기서 뽑힌 대의원 2,359명은 12월 23일 서울 장충체육관에 모여 혼자 출마한 박정희를 99.99%의 지지율(2,357표)로 제8대 대통령으로 선출했다. 이른바 '체육관 선거'의 시작이었다. 또한 본격적인 국민 '두들겨 패기'의 시작이었다.

"조선인과 명태는 두들겨 패야 한다." 이 말은 일제가 조선을 식민지화한 후 "미개한 조선인은 때려서 다스려라"고 한 것을 비유해서 한 말로, 박정희의 뇌리에도 깊이 박혀 있었다. 그는 일제강점기에 태어나 철저한 식민교육으로 반(半)일본인화됐고 거기에다 황군(皇軍)으로 개조된 인간이었

---

72. '시월유신(十月維新)', 『한국민족문화대백과사전』.

기 때문이었을 게다. 다음은 일제 패전 후인 1946년 5월 10일 부산에 도착했을 때, 당시의 무질서한 상황에 대해 박정희가 동행한 만주군 선배인 신현준에게 했다는 말이다.

"형님, 조선사람은 풀어놓으면 모두가 저 잘났다는 것뿐이고, 지 멋대로 가 아닙니까? 와, 그 왜놈들이 잘 카던, 조센진도 멘타이 …(조선인과 명태는 …) 카는 말이 있지 않습니까? 그런데 오늘 이 꼬라지를 보니 그런 히니꾸(비아냥)를 들어도 싸다 싶습니다. 누군가 매를 들고 심하게 두들겨 주기 전에는 이런 무질서는 백년하청(百年河淸)일 낍니다. 형님, 지 말이 틀립니까?"[73]

이런 말은 어디서 나왔을까? 태형(笞刑) 즉 '작은 형장(刑杖)으로 볼기를 치는 형벌'에서 나온 말이었다. 조선은 갑오개혁 시기인 1884년 이미 태형을 폐지했고 일본은 그에 앞선 1882년에 폐지했으나, 일제는 1910년 조선을 강점한 후 1912년 3월「조선 태형령」을 제정하여 태형을 부활시켰고 이를 조선인에게만 적용했다. 태형은 3·1 운동 후 일제가 이른바 '문화정치'를 펴면서 1920년 3월 31일 폐지됐다. 태형은 어떻게 집행되었을까?

태형은 전 수형(受刑) 인원의 약 절반가량에 적용되었으며, 1917년엔 4만 4천여 명이 태형을 받았다. 일본인들이 취미 삼아 조선인들을 매질하는 게 아닌가 싶을 정도로 태형의 적용 범위는 넓었다. 가로수를 꺾었다고 5대, 집 앞 청소를 게을리 했다고 10대, 웃통 벗고 일했다고 10대, 잡기(雜技)를 하다 발각

---

73. 정영진,『박정희 2-야망』, 도서출판 리브로, 1998, 184쪽; 조갑제,『박정희 1-군인의 길』, 조갑제닷컴, 2007, 261쪽.

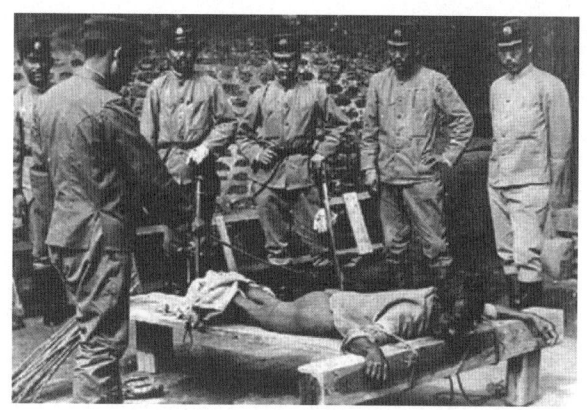

1919년 3월 1일의 만세 시위에 수많은 조선인이 참여해 감옥이 부족하게 되자, 일제는 조선인들에게 겁을 주고 벌을 주기 위해 태형을 시행했다. 이 태형을 선교사들과 외국인들은 "십자가에 묶고 엉덩이를 치는" 비인도적·전근대적 형벌로 전 세계 신문에 고발했다._사진출처: 「윤성득 교수의 한국 기독교 역사」(https://koreanchristianity.tistory.com)

되어 20대, 도살 허가 없이 개를 잡았다고 40대, 학교림에서 나무를 했다는 이유로 50대, 덜 익은 감을 팔았다고 80대 등등 사사건건 트집을 잡아 매질을 가했다.74

"미개한 조선인은 때려서 다스려라." 박정희에게 한민족은 '미개한 조선인'이었다. 그는 '미개한 조선인'의 특징으로 ① 사대주의로 인한 자주정신의 결여, ② 게으름과 불로소득 관념, ③ 개척정신의 결여, ④ 기업심의 부족, ⑤ 악성적 이기주의, ⑥ 명예 관념의 결여, ⑦ 건전한 비판정신의 결여를 들었는데,75 이런 이들은 때려서 다스리는 것이 마땅한 것이었다.

---

74. 강준만, 『한국 근대사 산책 6』, 인물과사상사, 35쪽; 권보드래, 『1910년대, 풍문의 시대를 읽다』, 동국대학교출판부, 365~368쪽.
75. 박정희, 『우리 민족의 나갈 길』, 동아출판사, 1962, 85~96쪽.

이에 따라 1972년 10월 유신이 발표되자 박정희는 본때를 보이겠다고 별러 온 15명의 야당 의원 명단을 보안사령관 강창성에게 건네주었다.[76] 이 가운데 이세규, 조윤형, 조연하, 이종남, 강근호, 최형우, 박종률, 김한수, 김녹영, 김경인, 나석호, 홍영기 등을 구속했다.[77] 물론 때려서 다스리기 위해서였다.[78]

이들 가운데 때려서 다스린 대표적인 예로 당시 제8대 국회의원이었던 최형우(崔炯佑)의 경우를 살펴보자. 그는 1972년 7월 28일 국회 본회의에서 다음과 같은 요지의 발언을 했다.

최근 항간에는 박정희 대통령이 결코 물러나지 않을 것이다. 드골식 헌법으로 또 한 번 개헌을 할 것이라는 등, 절대로 권력을 내놓지 않을 것이라는 얘기가 만연하고 있습니다. 또한 본 의원은 한 모 교수와 갈 모 교수, 그리고 청와대의 특별보좌관 몇 사람이 모여 드골식 헌법과 유사한 영구집권의 여러 개헌 시안을 현재 구상 중이란 얘기도 듣고 있습니다. 우리는 3선개헌 당시 김종필 국무총리가 이를 지지하지 않는다고 하여 총리의 집을 향해 기관단총을 발사하는 등 공갈 협박을 했다는 사실을 잘 알고 있습니다. 만일 개헌이 발의되고 또다시 그러한 사태가 온다면 총리는 어떻게 할 것이냐, 이 자리에는 단지 김 총리의 그에 대한 태도와 결의에 대해 묻고 싶을 뿐입니다.[79]

---

76. 김충식, 『남산의 부장들』(개정증보판), 2012, 391쪽.
77. 강준만, 『한국 현대사 산책—1970년대편 1권』, 226쪽.
78. 이들이 당한 고문은 다음 책에 기록되어 있다. 박원순, 『야만시대의 기록—고문의 한국현대사 2』, 역사비평사, 2006, 330~344쪽.
79. 최형우, 『최형우 자전 에세이—더 넓은 가슴으로 내일을』, 깊은사랑, 1993, 85~87쪽.

제8대 국회의원 선거에 당선된 후 질의하고 있는 최형우(가운데)_사진출처:《경상일보》

이후 최형우는 박정희가 진해 별장에 내려와 경상남도의 모든 기관장들이 모인 자리에서 다음과 같은 말을 했다는 것을 지인으로부터 전해 들었다. "최형우, 그 새끼가 부탁하는 것은 무엇이든 들어주지 마시오. 아주 나쁜 놈이요. 내가 한번 된통 혼내주려고 벼르고 있소."[80]

박정희는 벼르던 대로 실행에 옮겼다. 10월 유신 후 최형우가 영등포 제5관구 헌병대에 연행되어 심한 고문을 당한 이야기는 박정희가 어떤 사람이었는지를 웅변하고 있다. 그가 고문당한 것은 7월 28일의 발언에 대한 보복과 정보 제공자를 잡기 위해서였다. 다음은 최형우가 된통 혼난 이야기다.

멀리 국회의사당 앞으로 탱크며 장갑차들이 몰려오는 것이 보였고 여기저기 트럭에서 군인들을 내려놓는 것이 보였다. 1972년 10월 17일 이른바 유신 쿠데타가 발발한 것이었다. 그렇게 며칠이 지나갔다. 그러던 10월 25일 밤 느닷없이 네 명의 기관원이 나를 연행하러 왔다. 나를 실은 검은 코로나 자

---

80. 최형우,『최형우 자전 에세이—더 넓은 가슴으로 내일을』, 95~96쪽.

동차는 한강변을 달려 어느 낯선 콘세트 막사 앞에 도착했다. 문을 열고 들어서자마자 건장한 기관원 한 명이 기다렸다는 듯이 욕부터 퍼부어댔다.

마구 욕지거리를 내뱉으며 그들은 나의 옷을 벗기고 허름한 군복으로 갈아입혔다. 명색이 국회의원인데 설마 3선개헌 때처럼 고문하지는 않겠지 하는 기대가 잠시 떠올랐다. 그러나 이러한 내 기대는 이내 무너져버렸다.

마침내 나는 실오라기 하나 걸치지 않은 알몸이 되었다. 내 손을 모아 무릎을 끌어안고 깍지를 끼게 한 후 포승줄로 꽁꽁 묶었다. 그런 다음 옆에 세워두었던 각목을 팔과 다리 사이에 끼워 내 몸을 양편의 책상 사이에 척 걸치는 것이었다. 대롱대롱 매달려 있는 내 모습이 영락없는 통닭 바비큐였다. 이어 그들은 거꾸로 매달려 있는 내 얼굴에다 큰 주전자의 물을 사정없이 들어부었다.

저들은 물고문으로 흠뻑 젖은 내 몸에 전기고문도 서슴지 않았다. 전자봉둥이로 지지기도 하고 전선줄을 직접 살에 대기도 했다. 그때마다 순간적으로 정신이 아득해지곤 했다. 심지어 저들은 핀셋으로 내 성기를 톡톡 두들기기도 하고 마구 잡아당기기도 했다. 이런 일을 당하면 수치심으로 피가 한없이 역류했다. 인간으로서, 동족으로서 차마 이럴 수가 있는가. 일제 강점기 왜놈들도 이런 식의 고문은 하지 않았을 터였다.

국회에서 내가 한 발언의 진원지를 찾으려는 자들의 고문은 정말 견디기 힘들었다. 입만 뻥끗하면 내게 정보를 준 사람은 살아남지 못할 판이었다. 그러니 죽으면 죽었지 의리상 도저히 발설할 수가 없었다. 나는 한사코 기자들이 한담처럼 주고받는 얘기를 엿듣고 유추해 질의했을 뿐이라고 우겨댔다.[81]

---

81. 최형우, 『최형우 자전 에세이─더 넓은 가슴으로 내일을』, 97~101쪽.

긴급조치와 1970년대 학생운동

한국의 민주화운동이 전적으로 학생들에 의해서만 전개된 것은 아니었지만, 민주화운동이 일어날 때마다 학생들은 선도적 역할을 했다. 1960년의 4·19 혁명에서부터 1987년의 6·10 민주항쟁에 이르기까지 민주화운동의 역사는 학생운동의 역사라고 해도 과언이 아닐 정도로 한국의 학생들은 민주화를 위해 끈질기게 투쟁했다. 햇수로 따지면 27년이라는 기나긴 시간이었으니 한국은 세계에서 가장 긴 학생운동사를 갖고 있다고 해도 과언은 아닐 것이다.

특히 박정희가 집권한 18여 년 동안 학생들과 박정희의 악연(惡緣)은 끈질기게 계속됐고, 이 악연을 끊기 위해 "데모 학생을 무인도에 감금하겠다"는 대책(?)까지 나올 정도였다. 1964년 학생들에 의한 6·3 항쟁으로 골치를 썩이던 박정희에게 당시 중앙정보부장이었던 김형욱[82]은 자신의 실책을 자인한 뒤 다음과 같이 말했다는 것이다.

고질적인 학생 데모에 대해 근본적인 대책을 세워 이를 강력하게 추진하지 못하는 한 이 나라는 계속 혼란에 시달릴 것입니다. 따라서 학생 데모를 근절하기 위해서는 강력한 대책을 쓸 수밖에 없습니다. 각하! 1천 대의 트럭을 징발할 수 있도록 조처해 주십시오. 그러면 데모 학생들을 모두 검거, 이

---

[82] 김형욱(金炯旭, 1928~1979). 황해도 신천 출생. 해방 후 월남하여 육군사관학교 8기 졸업(1949). 육군 제6관구사령부 작전참모 등을 지낸 후 1961년 5·16 쿠데타에 중령으로 참여, 국가재건최고회의 최고위원, 중앙정보부장(1963~1969) 역임. 중앙정보부장 재직 시 반정부운동을 강력하게 탄압했으나 10월 유신 후 박정희에게 배신감을 느끼고 미국으로 망명. 박정희 정권의 내부 비리를 폭로하다 1979년 10월 초 박정희에 의해 살해당함.

김형욱·김용순·길재호 전역식 및 훈장 수여식(1961년 10월). 중앙에 휘장을 두른 이가 김형욱이고, 그 오른쪽으로 박정희와 휘장을 두른 김용순·길재호(당시 국가재건최고회의 최고위원)이다. 5·16 쿠데타로 대한민국은 온통 군인 천지가 됐다._사진출처: 연합뉴스

들을 전부 서해 무인도로 실어다 감금한 후 죄질에 따라 ABC급으로 분류해서 선도할 만한 자는 선도하되 나머지는 혼을 내주거나 숙청해서 학생 데모의 소지를 없애버리겠습니다.[83]

박정희는 학생들의 "굴욕적 한일회담" 반대에서 비롯된 6·3 항쟁은 비상계엄령 선포로, 이듬해의 한일협정 조인 및 비준 반대 투쟁은 위수령 발동으로, 1967년 6·8 국회의원 부정선거 규탄 투쟁은 휴교령으로, 1969년의 3선개헌 반대 투쟁 역시 휴교령으로, 1971년의 교련 철폐 투쟁은 위수령 발동과 주동자의 집단제적·강제징집으로 맞대응했다. 그리하여 1970년대 초에는 학생운동의 주요 기반이 거의 말살될 지경에 이르게 된다.

1970년대 학생운동은 크게 세 시기로 구분할 수 있다. 1971년 10월 15일 위수령 발동부터 1973년 10월 2일 서울대학교 문리과대학 시위(10·2 시위)

---

83. 강성재, 『쿠데타 권력의 생리』, 1987, 동아일보사, 144~145쪽.

1964년 6월 3일 오후 한일회담을 반대하는 학생 데모대가 광화문 앞까지 진출하자 경찰은 최루탄을 발사하고 공수부대의 풍차까지 동원했다._사진출처:《동아일보》

이전까지의 거세기(去勢期), 그 이후 1975년 5월 22일 서울대 김상진 열사[84] 추도식 시위(5·22 시위)까지의 소진기(消盡期), 나머지 긴급조치 제9호 기간에 해당하는 복원기(復元期)이다.[85] 거세·소진·복원의 어려운 과정을 거치면서 독특하게 구조화한 것이 1970년대 학생운동의 특징이다.[86]

박정희가 철권을 휘두른 유신체제는 1972년 10월 17일의 비상계엄 선포에서 시작되어 1979년 부마사태로 인한 비상계엄 선포로 끝난다. 그가 김재규에 의해 죽임을 당하는 1979년 10월 26일까지 7년여의 긴 기간 동안 국민

---

84. 김상진(金相鎭, 1949~1975). 서울 출생. 보성고등학교 졸업(1968) 후 서울대 농과대학 축산학과 입학. 군에서 제대(1974), 가을 학기에 4학년 1학기로 복학. 농대 교정에서 민주화의 제단에 피를 뿌릴 결연한 각오를 천명하는 양심선언문을 낭독하고 할복 자결(1975.4.11.).
85. 거세·소진·복원은 학생운동의 관점을 반영한 용어이다. 이를테면 거세기(1971.10.15.~1973.10.1.)는 위수령과 공안·조직 사건 등을 통해 많은 학생운동 인자가 타율적으로 국가권력에 의해 제거된 시기이고, 소진기(1973.10.2.~1975.5.22.)는 학생 시위 기도나 결행 등 적극적으로 학생운동을 펼쳐 자발적으로 역량을 소비한 시기라는 뜻이다. 신동호, 「긴급조치 9호 시기 학생운동의 구조와 전개」, 《기억과 전망》 2013년 겨울호(통권 29호), 7쪽.
86. 신동호, 「긴급조치 9호 시기 학생운동의 구조와 전개」, 7쪽.

들은 폭압을 견뎌야 했다. 이처럼 긴 세월 동안 지속된 유신체제에서 저질러진 일을 전부 들여다볼 수는 없으니, 여기서는 박정희가 탄압의 수단으로 활용한 긴급조치를 통해 정리하기로 한다.

박정희가 긴급조치를 공포한 법률적 근거는 다음과 같은 내용의 유신헌법 제53조였다.

제53조 ① 대통령은 천재·지변 또는 중대한 재정·경제상의 위기에 처하거나, 국가의 안전 보장 또는 공공의 안녕질서가 중대한 위협을 받거나 받을 우려가 있어, 신속한 조치를 할 필요가 있다고 판단할 때에는 내정·외교·국방·경제·재정·사법 등 국정전반에 걸쳐 필요한 긴급조치를 할 수 있다.

② 대통령은 제1항의 경우에 필요하다고 인정할 때에는 이 헌법에 규정되어 있는 국민의 자유와 권리를 잠정적으로 정지하는 긴급조치를 할 수 있고, 정부나 법원의 권한에 관하여 긴급조치를 할 수 있다.

9차에 걸쳐 공포된 긴급조치 가운데 주요한 것은 다음과 같다.

① 긴급조치 제1·제2호(1974년 1월 8일 공포): 헌법 부정·반대·개정·폐지 주장 등 일체 금지. 위반 시 영장 없는 체포·구속·압수·수색 가능. 긴급조치 위반에 대한 재판은 군법회의에서 실시.

② 긴급조치 제3호(1974년 1월 14일 공포): 근로소득세, 사업소득세, 주민세, 통행세 등 감면.

③ 긴급조치 제4호(1974년 4월 3일 공포): 전국민주청년학생총연맹(민청학련) 관련 가입·활동 등 모든 행위 금지. 학교 내외의 집회·시위·농성 등 일체 금지. 위반자는 최고 사형.

④ 긴급조치 제7호(1975년 4월 8일 공포): 고려대에 대한 휴교와 교내 집회·시위 일체 금지.
⑤ 긴급조치 제9호(1975년 5월 13일 공포): 집회·시위, 유신헌법에 대한 부정·반대·개정·폐지 주장 등 일체 금지. 이 조치에 따른 명령·조치는 사법심사 대상에서 제외.

긴급조치 가운데 유신체제에 반대하는 민주화운동을 탄압하기 위한 것이 ①·③·④·⑤이고 ②는 국민생활안정을 위한 긴급조치였다. 특히 긴급조치 제4·7·9호는 학생운동을 겨냥한 비상조치였고, 긴급조치 제5호는 긴급조치 제1호와 제4호를, 제6호는 긴급조치 제3호를, 긴급조치 제8호는 긴급조치 제7호를 해제하기 위한 것이었다.

'긴급조치 제1호' 전야제―김대중 납치 사건

1973년 2월 27일 유신헌법에 따라 제9대 국회의원 선거가 실시됐다. 전국 73개 선거구에서 각 선거구마다 2명씩 선출하는 중선거구제였다. 여당인 민주공화당이 73개 선거구에서 전원이 당선됐고, 신민당은 52석, 민주통일당이 2석, 무소속이 19석이었다. 3월 5일 박정희가 추천한 3분의 1 즉 73명을 통일주체국민회의에서 국회의원으로 선출하여 국회의원은 총 213명이었다. 이렇게 하여 박정희는 3분의 2에 달하는 의석을 확보함으로써 국회를 완전 장악했다.

이때부터 '천상천하유아독존(天上天下唯我獨尊)'의 존재가 되어 버린 박정희는 먼저 국민 획일화 작업에 매진했다. 이미 고등학생과 대학생에게 군

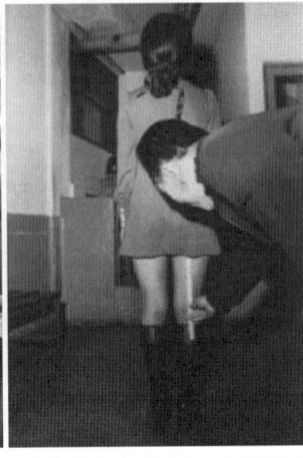

장발과 미니스커트 단속. 유신 정권은 청년의 몸마저 통제의 대상으로 삼았다. 당국의 감시망은 위아래를 가리지 않았다. 청년들은 단속이 있을 줄 당연히 알면서도 거리로 나와 자유를 만끽했다._사진출처: 허은 등, 『한국현대 생활문화사: 1970년대』, 창비, 2016, 139쪽

사 교육을 실시해 학원을 병영화함으로써 '조국 근대화'를 '조국 군대화(軍隊化)'로 바꿔 놓았고, 1973년 3월 10일에는 경범죄 처벌법을 개정해 남성의 장발과 여성의 "비천한 복장 착용" 즉 미니스커트 길이까지 단속했다. 대한민국의 모든 남녀가 박정희처럼 이발을 하고 그의 처 육영수 같은 치마를 입어야 한다는 것이었다.

그리고 나서 "모든 잡스러운 요소" 때려잡기가 시작됐다. 1971년의 10·15 위수령 발동과 12·6 국가비상사태 선언으로 학생운동은 주요 기반이 거의 말살된 지경에 이르러 지하로 들어갈 수밖에 없었다. 이에 따라 지하 유인물이 범람했고, 눈에 불을 켜고 "모든 잡스러운 요소"를 찾고 있던 박정희에게 1973년 고려대학교와 전남대학교가 걸러들었다.

고려대학교에는 '한맥회'와 '한국민족사상연구회(한사회)'라는 두 갈래의 이념서클이 존재했으나 위수령 발동과 함께 해체됐다. 한맥 그룹 학생들은

해체된 '한맥회'의 이념(민족주의, 인간주의)을 계승하는 'NH회(Nationalism & Humanism회)'를 결성했고 지하신문《민우(民友)》를 제작·배포다. 이것이 1973년 6월 21일 '고려대 침투 간첩단 사건'[87]으로 대서특필된 유신 이후 첫 번째 공안 조작 사건이다.

한편 두 달 후 '검은 10월단 사건'[88] 또는 '야생화 사건'이 또 발표됐다. "고려대 내 서클인 한사회가 해체된 후 1972년 9월 '검은 10월단'을 결성, 문서 '야생화' 250부를 찍어 교내에 뿌렸다는 혐의"로 7명을 구속했는데, 이는 전적으로 조작된 것이었다. 이들의 범죄 혐의는 1972년 '검은 10월단'을 구성해 1973년 5월 18일 '야생화'라는 지하 유인물을 제작·살포했다는 것이 거의 전부라고 할 수 있다. 그런데 귀신이 곡할 노릇은 이들이 '검은 10월단'이라는 반정부 단체를 조직한 적도, '야생화'라는 유인물도 만든 적도 없다는 사실이다. 재판 도중에 피를 토하며 쓰러졌던 정외과 67학번 유영래는 "4일 동안 혼수상태에 빠져 있으면서 임사(臨死) 체험까지 했다"며 고문 속에서 있지도 않고 하지도 않은 행위를 시인할 수밖에 없었던 당시를 회고했다.[89]

이번에는 전남대학교의 '함성지 사건'이다. 1972년 10월 유신으로 계엄령이 선포된 가운데 12월 19일 유신체제를 비난하는 「함성(喊聲)」이라는 유인물이 전남대와 학교 밖에 살포되자 당국은 바짝 긴장했고, 이듬해《고발

---

87. 이 사건은 'NH회 사건', '민우지 사건'으로도 불린다.
88. 1972년 9월 독일 뮌헨 올림픽 때 아랍계 '검은 9월단'이라는 테러 조직이 이스라엘 선수촌을 공격한 사건이 있었다. 대학가에서는 이 뉴스를 접하면서 '1971년 위수령, 1972년 유신 등 정부가 10월만 되면 못된 짓을 하니 검은 10월단이라도 만들어 독재 정권을 타도해야 하는 것 아니냐는 농담이 돌았고, 이를 빌미로 조작한 사건이었다. 고려대학교 100년사 편찬위원회, 『고려대학교 학생운동사』, 고려대학교출판부, 2005, 220쪽.
89. 박원순, 『야만시대의 기록―고문의 한국현대사 2』, 352쪽.

(告發)》이라는 반유신 지하신문 500부를 제작해 전국에 배포하려다 정보기관에 걸려든 것이다. '함성지 사건'은 유신체제 성립 후 최초로 저항을 시도한 사건이었다.

1973년 8월 8일 박정희 권력의 야만적이고 치사한 성격을 전 세계에 과시하고, 유신 반대투쟁을 급격히 촉발시킨 일대 사건이 벌어졌다. 박정희의 중앙정보부가 해외에서 유신 반대 투쟁을 적극적으로 벌이던 김대중을 일본 도쿄에서 강제로 납치한 사건이 벌어진 것이다.

김대중이 누구인가? 그는 1971년 대통령 선거에서 야당의 대통령 후보로 박정희 자신과 맞섰던 인물이 아니던가? 그런 인물을 납치했다는 것은 다른 점은 다 무시하더라도 도덕적으로 보아 치사하기 그지없는 행위였다. 김대중이 납치된 경위를 보자.

김대중은 1972년 신병 치료를 위해 일본에 체류하다 유신이 선포되자 귀국을 포기하고 미국과 일본을 오가며 유신 반대 운동을 벌이고 있었다. 그는 미국과 일본의 영향력 있는 인사들을 만나 독재 정권에 대한 지원 중단에 영향력을 행사할 것을 요청하고, 한국의 정치 상황을 비판하는 글을 계속 발표했다. 또한 재미·재일 동포들과 협의하여 1973년 7월 6일 미국에서 '한국민주회복통일촉진국민회의(한민통)' 발기인대회를 개최하고 미국 본부를 발족시켰다.

이같이 김대중이 해외에서 유신 반대 활동을 활발히 벌인 것은 국제 여론의 악화로 고민하던 박정희 정권을 크게 자극했다. 당시 중앙정보부장 이후락은 김대중의 해외 반유신 활동을 저지하기 위해 자진 귀국을 설득하는 등 여러 가지 공작을 추진했다. 그러나 이런 공작이 성공하지 못하자 이후락은 마지막 수단으로 김대중 납치를 직접 지시했다.

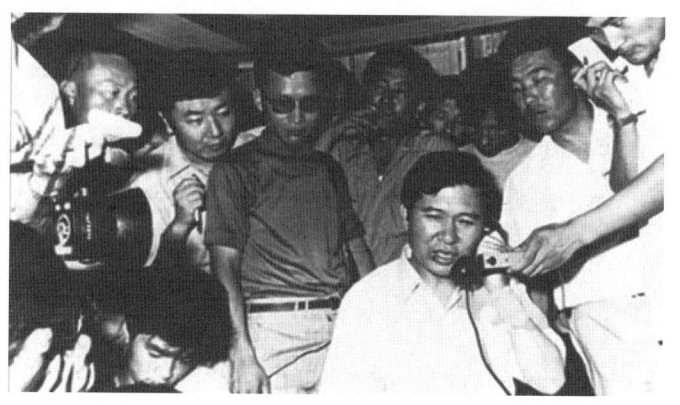
납치에서 풀려난 후 자택에서 기자회견을 하고 있는 김대중_사진출처: 김대중도서관

1973년 8월 8일 오후 1시 10분경 중앙정보부 요원들은 '한민통' 일본 지부 결성을 위해 와 있던 김대중을 도쿄의 그랜드팔레스 호텔에서 납치해 결박한 채로 중앙정보부 공작선 용금호 화물창에 싣고 한국으로 돌아왔다. 이들은 김대중을 감금하고 있다가 8월 13일 밤 동교동의 자택 부근에 내려놓고 사라졌다.[90] 납치된 지 5일만이었다.

이것이 김대중 납치 사건의 개요인데, 아직까지도 풀리지 않는 의문점이 있다. 김대중을 납치한 것이 살해할 목적이었냐, 그리고 김대중 납치를 사전에 박정희가 알고 있었느냐 하는 것이다. 생전에 이후락은 김대중을 살해할 의도가 전혀 없었다고 주장했고, 박정희는 1974년 미국의 저명한 칼럼니스트 잭 앤더슨(Jack Anderson)을 만났을 때 자신은 "하늘을 두고 맹세컨대 그런 사실이 없고 아마 KCIA(한국 중앙정보부)의 소행일 것"이라고 말했다.[91] 그렇다면 피해 당사자인 김대중의 생각은 어떠했을까? 다음은 《신

---

90. 민주화운동기념사업회 연구소, 『한국민주화운동사 2』, 101~102쪽.
91. 김삼웅, 『한국현대사 바로잡기』, 도서출판 가람기획, 1998, 166~170쪽.

동아》 1993년 10월호 인터뷰에서 김대중이 한 말이다.

나를 죽이려는 결심을 할 수 있는 사람은 박정희 대통령뿐입니다. 김형욱 씨의 경우를 보세요. 생명을 걸고 쿠데타를 같이 했고, 무리하게 3선개헌을 강행해서 다시 대통령으로 만들어준 사람을 자신에 반대한다고 없애버렸습니다. 박 정권은 그런 정권입니다. 누가 나를 죽이라고 했겠어요. 뻔한 것 아닙니까? 나는 이미 박 대통령도 용서했습니다. 그러나 살해 지령은 박 대통령이 내린 것이 확실해요.[92]

앞서 말한 바와 같이 1973년 전반기까지 유신 반대 운동은 산발적으로 일어났고 규모도 그다지 크지 않았다. 오히려 공안기관들이 사건을 조작해낸 측면이 강했다. 그러나 1973년 8월 김대중 납치 사건이 일어나자 박정희 정권의 민주주의에 대한 탄압을 더 이상 묵과할 수 없다는 공감대가 광범위하게 형성됐고, 학생들을 중심으로 한 반유신 세력들은 유신체제에 대한 본격적인 저항을 준비하기 시작했다.[93]

긴급조치 제1호—유신헌법 개헌청원 100만인 서명운동

유신 독재의 엄혹한 분위기도 1년 만에 마침내 깨어졌다. 1973년 10월 2일 오전 11시, 서울대학교 문리과대학의 강의실 복도에서 "도서관에 불이 났다"고 외치는 소리가 들렸다. 이 소리를 듣고 강의실에서 학생들이 몰려

---

92. 김삼웅, 『한국현대사 바로잡기』, 155쪽에서 재인용.
93. 민주화운동기념사업회 연구소, 『한국민주화운동사 2』, 103쪽.

나오기 시작했다. 그러나 그 어디에도 불은 나지 않았다. 이는 학생회 간부들이 학생들을 긴급하게 소집하기 위해 외친 소리에 불과했다. 학생들이 몰려나오자 4·19 기념탑 앞에서 준비된 비상총회가 열렸다. 그리고 자유민주 체제 확립을 요구하는 선언문이 낭독됐다. 유신 독재에 대한 공개적인 최초의 저항이었다. 다음은 선언문 내용의 일부이다.[94]

학우여!

자유와 정의 그리고 진리는 대학의 생명이다.

오늘 우리는 너무도 비통하고 참담한 조국의 현실을 직시하여, 사회에 만연된 무기력과 좌절감, 불의의 권력에 비굴하게 목숨을 구걸한 모든 패배주의, 투항주의, 무사안일주의와 모든 굴종의 자기기만을 단호히 걷어치우고 의연하게 악과 불의에 항거하여 이 땅에 정의, 자유 그리고 진리를 기어코 실현하려는 역사적인 민주투쟁의 첫 봉화에 불을 붙인다.

절대로 굴복하지 않고 절대로 타협하지 않고 절대로 주저앉지 않고 과감히 항거하는 우리의 투쟁은 더없이 뜨거운 정의의 불꽃이며 더없이 힘찬 민중의 아우성이며 더 없이 고귀한 민족생존의 활로이다.

우리의 외침을 억누를 자 그 누구냐?

결의사항

◎ 정보 파쇼 통치를 즉각 중지하고, 국민의 기본권을 보장하는 자유민주 체제를 확립하라

---

94. 이 선언문은 두 쪽으로 되어 있고, 여기서 소개하는 것은 후반부(제2쪽)의 내용이다.

서울대 문리대 10·2 선언문_출처: 민주화운동기념사업회 오픈아카이브

◎ 대일 예속화를 즉각 중지하고 민족자립경제체제를 확립하여 국민의 생존권을 보장하라

◎ 정보 파쇼 통치의 원흉인 중앙정보부를 즉각 해체하고 만인 공노할 김대중 사건의 진상을 즉각 밝히라.

◎ 기성 정치인과 언론인은 각성하라.

1973년 10월 2일

서울대학교 문리과대학 학생회[95]

서울대 문리대의 10·2 시위로부터 시작된 학생 시위는 10월 30일과 11월 5일 경북대학교 시위와 서울대학교 사범대학 동맹휴학으로 이어졌다. 이 두

---

95. 한국기독교교회협의회 인권위원회, 『1970년대 민주화운동(I)』, 한국기독교교회협의회, 1987, 274쪽.

학교의 행동은 학생들의 수업 거부, 검은 리본 달기, 시험 거부 등으로 발전하여 전국 대학으로 번져 나갔고, 11월말부터는 시위 방식이 가두시위로 바뀌어 최루탄이 난무했다.

12월 5일에는 고등학생으로는 처음으로 광주일고생들이 시위에 나섰다. 시위가 서울을 중심으로 하여 전국 대학으로 번져 나가자 11월 17일~12월 1일에 걸쳐 조기방학에 들어갔고, 서울의 고등학교에서도 시위 분위기가 번지자 에너지 파동을 이유로 내세워 12월 4일부터 조기방학에 들어갔다. 대학가의 이 같은 저항의 물결은 12월 7일 구속된 학생들이 모두 풀려날 때까지 계속됐다.[96]

한편 서울대 법대 최종길[97] 교수가 중앙정보부 수사관들에 의해 고문당해 사망한 사건이 발생했다. 최 교수는 1973년 10월 16일 중앙정보부에 출두했고 그의 사망이 알려진 것은 10월 25일이었다. 이날 중앙정보부 차장 김치열은 이재원·이재문 등 유럽 거점 대규모 간첩단 54명을 적발했다고 발표하면서,[98] 이 사건으로 최종길이 정보부에서 구속·수사를 받던 중 범행 사실을 자백한 후 변소 창문으로 투신자살했다고 발표했다. 김치열 차장은 "이번 적발된 유럽 거점 간첩단 사건은 최근의 학원사태와는 전혀 관련이 없다"고 친절하게(?) 해명까지 했고,[99] 기자회견에 참석한 기자들에게는 현

---

96. 한국기독교교회협의회 인권위원회, 『1970년대 민주화운동(I)』, 281쪽; 이재오, 『해방후 한국 학생운동사』, 형성사, 1984, 327쪽.
97. 최종길(崔鐘吉, 1931~1973). 충청남도 공주 출생. 제물포고등학교(1951), 서울대학교 법과대학 졸업(1955), 한국 최초로 독일 법학박사 취득(1961). 서울대 법대 교수(1964), 서울대 법대 학생과장(1967~1969) 등 역임.
98. 이 사건의 자세한 내용은 다음 책을 참고. 김학민, 『만들어진 간첩: 유럽 거점 간첩단 사건, 그리고 최종길 교수 죽음의 진실』, 서해문집, 2017.
99. 《동아일보》, 1973.10.25. 7면.

금 신권 20만 원이 든 흰색 봉투를 하나씩 나눠 주었다.[100]

최 교수의 고문 살해가 "학원사태와 전혀 관련이 없다"는 김치열의 발언은 거짓이었다. 최 교수 동생[101]의 기록에 따라 이 사건이 일어난 경위, 살인 및 사건 조작자, 미국 CIA 한국 지부장의 증언 등을 종합하면 이 사건의 성격을 알 수 있다.

다음은 이 사건의 실마리다.

교수로서 학생들을 사랑하고 목숨을 걸어야 하는 시대가 있다면 그건 유신시대일 것이다. 그는 서슴없이 자신의 양심이 가리키는 길, '쉽지만은 않은' 그 길을 갔다. 그는 공식적인 교수회의 석상에서 정부의 강압적인 시위 진압을 비판하였고, 학생들을 보호해야 한다고 역설했다. 그의 양심은 공권력과 충돌할 수밖에 없었다. 특히 그는 당시 중앙정보부의 학원 총책임자였던 김덕창[102]과 자주 입씨름을 벌였다. 각자의 처지와 관점, 직책의 상이함으로 인해 부딪치지 않을 수 없었다.[103]

최 교수를 살해하고 사건을 조작한 사람들은 누구인가?

---

100. 최종선, 『산자여 말하라: 나의 형 최종길 교수는 이렇게 죽었다』, 퍼플, 2019, 160쪽.
101. 최종길 교수의 동생 최종선(1947~)은 연세대를 졸업하고 1972년 중앙정보부 공채 시험에 수석으로 합격, 감찰실·서울지부·특명수사국·경기지부 등에 근무하다,1981년 퇴직하고 현재 미국에 거주하고 있다. 김치열이 사건을 발표하던 1973년 10월 25일, 최종선은 쇼크를 가장해 세브란스병원 정신과에 응급 입원하여 비밀리에 기록을 작성했다.
102. 김덕창(金德昌). 경기고등학교, 서울대 문리대 중문과 졸업. 문리대 재학 시 서울대 총학생회장. 1967년 중앙정보부원이 되어 주로 서울대 후배들에 대한 사찰을 담당. 국가안전기획부(안기부) 전북지부장(1986), 안기부 경남지부장(1988), 안기부 심리정보국장(1990), 내외통신 사장(1993~1995) 등 역임.
103. 김기선, 『시대의 불꽃②—최종길』, 민주화운동기념사업회, 2003, 118~119쪽.

중앙정보부 차장 김치열(검사)과 대공수사국장 안경상(검사) 등 조작 사건의 주역 살인 검사들, 그리고 그 수하 중앙정보부 대공수사국(5국) 고문 백정들인 차철권, 김상원, 변영철, 양명율, 양공숙, 김종한, 고병훈, 정낙중, 안홍용, 장송록 등이 고문·살해했다. 이들은 시신을 중앙정보부 건물 6층 옥상에서 내던져 투신자살로 위장했고 억울한 죽음에 간첩 누명까지 씌웠다.[104]

당시 미국 CIA 한국 지부장이었던 그레그[105]는 다음과 같이 증언함으로써 이 사건의 성격을 분명히 했다.

KCIA(한국 중앙정보부)가 서울대 시위 진압에 개입했다는 것은 널리 알려진 사실이었다. 그들은 미국에서 교육받은 한국인 교수 한 명(최종길 교수)을 자기가 근무하는 대학 캠퍼스의 폭동을 선동했다는 혐의로 체포했다. 그들은 그 교수를 공포의 대상이었던 KCIA 조사실로 끌고 갔다. 거기서 그들은 그에게 고문을 가해 죽음에 이를 정도가 되도록 했거나, 아니면 그가 고통에서 벗어나기 위해 창문에서 뛰어내릴 정도가 되도록 만들었다. 그가 KCIA가 날조해낸 허위 혐의를 자백할 것을 계속 거부했기 때문이다.

나는 대통령 경호실장 박종규를 찾아가서 정치적 견해가 다르다는 이유로 자국민들을 고문하면서 북한의 위협에 대해서는 전혀 관심이 없는 그런 조직과 함께 일하는 것이 너무나 힘들다고 말했다. 그리고 나서 열흘도 되지 않아 이후락 KCIA 부장의 해임 발표가 있었다.[106]

---

104. 최종선, 『산자여 말하라: 나의 형 최종길 교수는 이렇게 죽었다』, 공동선, 2001, 18쪽.
105. 그레그(Donald Phinney Gregg, 1927~). 미국 윌리엄스대학교 졸업(1951). 미국 CIA 한국 지부장(1973~1975), 레이건 대통령 안보담당 보좌관(1982~1988), 주한 미국 대사(1989~1993) 등 역임.
106. 도널드 P. 그레그, 『역사의 파편들: 도널드 그레그 회고록』, 차미례 옮김, 창비, 2015,

다시 반유신 운동 쪽으로 시선을 돌려 보자.

학생들의 반유신 운동이 일어나자 지식인, 종교계 인사들의 호응이 잇달았다. 1973년 11월 5일 오전 11시에 개최된 '지식인 15인의 시국선언'에 천관우, 함석헌, 지학순, 김재준, 홍남순, 조향록, 법정, 이호철 등이 참여하여 "민주적 제(諸) 질서를 회복"할 것을 요구하며 지식인 저항의 출발을 알리자, 이러한 저항의 물결은 기독교계로 확산됐다.

한편 1973년 12월 3일 박정희는 개각과 함께 중앙정보부장 이후락을 해임하고 신직수를 임명했다. 박정희가 제5사단 사단장일 때 법무 참모였던 신직수는 박정희의 신임을 바탕으로 중앙정보부 차장, 검찰총장, 법무부 장관을 지낸 인물이었다. 그는 정치 논리로 풀 수 있는 일도 법으로 대응하려 했고, 그의 이런 법가적(法家的) 스타일이 유신 시대를 법률 중독에 빠뜨렸다고도 할 수 있다.[107] 긴급조치라는 것도 사실상 그의 작품이었다.

마침내 유신체제에 대한 정면도전이 시작됐다. 유신헌법 개정 운동이 시작된 것이다. 1973년 12월 24일 장준하, 함석헌, 법정, 김동길, 김재준, 유진오, 이희승, 김수환, 백낙준, 김관석, 안병무, 천관우, 지학순, 김지하, 문동환, 박두진, 김정준, 김찬국, 문상희, 백기완, 이병린, 계훈제, 김홍일, 이인, 이상은, 이호철, 이정규, 김윤수, 김숭경, 홍남순 등 30인은 '헌법개정청원운동본부'를 구성하고 '유신헌법 개헌청원 100만인 서명운동'의 시작을 선언함으로써 공개적으로 유신헌법 거부 운동에 들어갔다.

이처럼 유신 반대 운동이 범국민적으로 전개될 기세를 보이자, 12월 26일에는 국무총리 김종필이 방송을 통해 선동자는 처벌받게 될 것이라고 경

219~220쪽.
107. 김충식, 『남산의 부장들』(개정증보판), 514쪽.

고했고, 12월 28일에는 문공부가 나서 반유신 활동은 제재를 받을 것이라고 밝혀 서명운동에 제동을 걸고 나섰다. 12월 29일에는 박정희까지 팔을 걷어붙였다. 박정희가 발표한 담화의 요지는 다음과 같다.

> 최근 일부 지각없는 인사들 중에 현 유신체제를 뒤집어엎고 사회혼란을 조성하려는 불순한 움직임이 있다. 나는 이들의 황당무계한 행동이 자칫 국가안보에까지 누를 미칠까 염려하여 그들에게 한 번 더 냉철한 반성과 자제를 촉구하는 동시에 이제라도 늦지 않으니 현 유신체제를 부정하고 뒤집어엎으려는 일체의 불온한 언동과 소위 개헌청원서명운동을 즉각 중지할 것을 엄중히 경고하는 바이다.[108]

자신의 경고에도 불구하고 "황당무계한 행동"은 계속되어 1974년 1월 4일 개헌청원운동본부가 서명자가 30만 명을 돌파했다고 발표하자, 다급해진 박정희는 1월 8일 마침내 긴급조치 제1호와 제2호를 선포했다.
긴급조치 제1호의 내용은 다음과 같다.

> 1. 대한민국 헌법을 부정, 반대, 왜곡 또는 비방하는 일체의 행위를 금한다.
> 2. 대한민국 헌법의 개정 또는 폐지를 주장, 발의, 제안, 또는 청원하는 일체의 행위를 금한다.
> 3. 유언비어를 날조, 유포하는 일체의 행위를 금한다.
> 4. 전 1, 2, 3호에서 금한 행위를 권유, 선동, 선전하거나, 방송, 보도, 출판

108.《동아일보》1973.12.29. 1면.

기타 방법으로 이를 타인에게 알리는 일체의 언동을 금한다.

5. 이 조치에 위반한 자와 이 조치를 비방한 자는 법관의 영장 없이 체포, 구속, 압수, 수색 하며 15년 이하의 징역에 처한다. 이 경우에는 15년 이하의 자격정지를 병과할 수 있다.

6. 이 조치에 위반한 자와 이 조치를 비방한 자는 비상군법회의에서 심판, 처단한다.

7. 이 조치는 1974년 1월 8일 17시부터 시행한다.[109]

긴급조치 제2호의 주요 내용은 "긴급조치 제1호를 위반한 자를 심판하기 위하여 비상군법회의를 설치한다"는 것과 "중앙정보부장은 비상군법회의 관할 사건의 정보·수사 및 보안 업무를 조정·감독한다"는 것이었다.

독재자에게도 정치라는 것이 치사하기는 마찬가지인 모양이다. 긴급조치라는 것이 유신 반대 인사를 잡아들이는 무기였지만, 긴급조치를 선포하자마자 덜컥 사람들을 때려잡기 전에 체면부터 차릴 조치를 마련했으니 말이다. 그것은 "국민생활의 안정"을 위한다며 1월 14일 선포한 긴급조치 제3호였다. 굳이 긴급조치라는 무서운 칼을 빼어들 내용이 결코 아니었다.

그리고 바로 다음 날인 1월 15일 '유신헌법 개헌청원 100만인 서명운동'의 주도자인 장준하와 백기완을 긴급조치 제1호 위반으로 구속했고, 1월 21일에는 도시산업선교회의 목사와 전도사 11명을, 이어 연세대 학생 7명을 구속했다. 그리고 비상군법회의에 회부했다.

---

109. 국가법령정보센터(www.law.go.kr).

1974년 3월 2일 대통령 긴급조치 위반 등 항소심 선고 공판에서 비상고등군법회의는 장준하·백기완에게 각각 징역 15년과 12년을 선고했다. 오른쪽부터 장준하, 백기완 그리고 고영하 등 연세대생 7명_사진출처:《동아일보》

긴급조치 제4호①-민청학련 사건

박정희는 1974년 4월 3일 오후 10시, "이른바 전국민주청년학생총연맹이라는 불법단체가 반국가적 불순세력의 배후조종하에 그들과 결탁하여 공산주의자들이 이른바 그들의 '인민혁명'을 수행하기 위한 상투적 방편으로 으레 조직하는 소위 통일전선의 초기 단계적 지하조직을 우리 사회 일각에 형성하고 반국가적 불순활동을 전개하기 시작하였다는 확증을 포착하기에 이르렀다"[110]는 특별담화를 발표하고 긴급조치 제4호를 선포했다.

앞선 긴급조치 제1호는 위반자에 대해 15년 이하의 징역에 처하도록 규정된 반면, 제4호는 위반자뿐만 아니라 비방한 자까지도 최고 사형에 처하도록 규정된 무시무시한 조치로 발표할 때부터 무언가 음흉한 음모를 꾸미

110.《조선일보》1974.4.4. 1면.

박정희는 1974년 4월 3일 대통령 긴급조치 제4호를 선포하면서 발표한 특별담화에서 공산분자 지하조직의 확증을 포착했다고 밝혔다. 《조선일보》 1974.4.4. 1면.

고 있다는 냄새를 풍겼다. 다음이 긴급조치 제4호의 내용이다.

1. 전국민주청년학생총연맹과 이에 관련되는 제 단체(이하 "단체"라 한다)를 조직 하거나 또 는 이에 가입하거나, 단체나 그 구성원의 활동을 찬양, 고무 또는 이에 동조하거나, 그 구성원과 회합, 또는 통신 기타 방법으로 연락하거나, 그 구성원의 잠복, 회합·연락 그 밖의 활동을 위하여 장소·물건·금품 기타의 편의를 제공하거나, 기타 방법으로 단체나 구성원의 활동에 직접 또는 간접으로 관여하는 일체의 행위를 금한다.

2. 단체나 그 구성원의 활동에 관한 문서, 도화·음반 기타 표현물을 출판·제작·소지·배포·전시 또는 판매 하는 일체의 행위를 금한다.

3. 제1항, 제2항에서 금한 행위를 권유, 선동 또는 선전하는 일체의 행위를 금한다.

4. 이 조치 선포 전에 제1항 내지 제3항에서 금한 행위를 한 자는 1974년 4월 8일까지 그 행위내용의 전부를 수사·정보기관에 출석하여 숨김없이 고지하여야 한다. 위 기간 내에 출석·고지한 행위에 대하여는 처벌하지 아니한다.

5. 학생의 정당한 이유 없는 출석·수업 또는 시험의 거부, 학교 관계자 지도·감독하의 정상적 수업·연구활동을 제외한 학교 내외의 집회·시위·성토·농성 기타 일체의 개별적·집단적 행위를 금한다. 단, 의례적·비정치적 활동은 예외로 한다.

6. 이 조치에서 금한 행위를 권유·선동·선전하거나 방송·보도·출판 기타 방법으로 타인에게 알리는 일체의 행위를 금한다.

7. 문교부장관은 대통령긴급조치에 위반한 학생에 대한 퇴학 또는 정학의 처분이나 학생의 조직, 결사 기타 학생단체의 해산 또는 이 조치 위반자가 소속된 학교의 폐교처분을 할 수 있다. 학교의 폐교에 따르는 제반 조치는 따로 문교부장관이 정한다.

8. 제1항 내지 제6항에 위반한 자, 제7항에 의한 문교부장관의 처분에 위반한 자 및 이 조치를 비방한 자는 사형, 무기 또는 5년 이상의 유기징역에 처한다. 유기징역에 처하는 경우에는 15년 이하의 자격 정지를 병과할 수 있다. 제1항 내지 제3항, 제5항, 제6항 위반의 경우에는 미수에 그치거나 예비, 음모한 자도 처벌한다.

9. 이 조치에 위반한 자는 법관의 영장 없이 체포, 구속, 압수, 수색하며 비상군법회의에서 심판 처단한다.

10. 비상군법회의 검찰관은 대통령긴급조치 위반자에 대하여 소추를 하지 아니할 때에도 압수한 서류 또는 물품의 국고귀속을 명할 수 있다.

11. 군지역사령관은 서울특별시장, 부산시장 또는 도지사로부터 치안질서

유지를 위한 병력 출동의 요청을 받은 때에는 이에 응하여 지원하여야 한다.

12. 이 조치는 1974년 4월 3일 22시부터 시행한다.[111]

이처럼 긴급조치 제4호는 '전국민주청년학생총연맹(민청학련)'이라는 한 단체에 대해 대통령이 비상대권을 발동한 것으로, 민청학련 사건은 신직수의 중앙정보부가 학생들의 움직임을 사전에 탐지해 용의자를 검거한 후 무자비한 고문을 통해 엮어 낸 조작 사건이었다.

신직수의 중앙정보부는 사전에 어떻게 탐지했을까? 지금까지 드러난 사전 탐지 내용은 다음과 같다.

첫째로, 1974년 3월 서울 원서동 창경궁 앞길 버스 정류장에서 이화여대 학생이 치마 속에 전단지를 숨기고 가다 떨어뜨려 종로경찰서 정보과 형사에게 발각된다. 전단지의 내용은 "4월 3일 전국적으로 대학생 총궐기"라는 것이었고, 놀랍게도 주모자 이철[112]을 미행해 찍은 사진 속에 그녀가 들어 있었다. 사진을 들이대며 윽박지르자 그녀는 아는 대로 자백했다[113]는 것이다.

다음에는 사전 탐지를 입증하는 경찰 보고 문건이다. 그것은 1974년 3월 28일자로 된 「전국민주청년학생총연맹을 중심으로 한 국가 변란음모 사건 인지 보고」라는 문건이다. 이 문건은 핵심 주동자를 정확히 짚고 있고, 보고서 작성 하루 전인 3월 27일 처음으로 등장한 '전국민주청년학생총연맹'

---

111. 국가법령정보센터(www.law.go.kr).
112. 이철(李哲, 1948~). 경남 진주 출생. 서울대 문리대 사회학과 졸업. 민청학련 사건으로 사형 선고(1974) 후 형집행 정지로 출옥. 국회의원(12·13·14대), 민청학련계승사업회 공동대표(2001), 한국철도공사 사장 등 역임.
113. 김충식, 『남산의 부장들』(개정증보판), 518~519쪽.

이라는 명칭[114]도 알고 있었으며, 학생들의 중요한 모임 7~8개가 열거되어 있었다. 4월 3일의 전국 시위 일선 담당자에 근접한 사람이 아니면 알 수 없는 정보였다.[115]

사전 탐지뿐만 아니라 프락치를 통해 정보를 스스로 생산했다는 증언도 있다. 중앙정보부는 프락치를 학생들에게 의도적으로 접근시켜 함께 서클을 조직하거나 반정부 데모를 모의하도록 유도해 거사 직전에 일망타진하는 식의 공작에 주력하고 있었다. 그 대표적 사례가 바로 민청학련 사건이었고 그때의 프락치가 서울대생이었다는 것이다.[116]

그렇다면 민청학련 사건의 실체는 무엇인가?

유신체제에 대한 투쟁은 1973년 11월 말부터 서울대 문리대 학생들을 중심으로 조직되기 시작했다. 대체로 3선 개헌 반대 투쟁과 교련 반대 투쟁에 참여했다가 제적되어 군대에 갔다 온 그룹과 10·2 시위를 주도한 그룹이 결합하여 서울대 내 단과대학과 서울 지역 대학, 그리고 반체제 종교 세력으로 끈을 이어 갔다. 이들은 긴급조치 제1호의 선포로 재야인사들에 의한 반유신 투쟁은 어렵게 됐고, 따라서 학생들의 선도 투쟁만이 박 정권의 철쇄를 부술 수 있다고 판단했다. 또한 워낙 탄압이 심하니 이에 대항하려면 전국 각 대학의 운동분자들을 최대한 결집·조직해 일시에 유신 타도 투쟁을 벌여야 성공할 수 있을 것이라고 생각했다.[117]

---

114. '전국민주청년학생총연맹(민청학련)'이라는 명칭은 유신을 반대하는 유인물에 주체를 표시하기 위해 만든 명칭이지 실존하는 단체명이 아니었다. '민청학련'은 몇 사람이 제안한 명칭 가운데 이철이 제안한 명칭을 채택한 것이었고 그날이 1974년 3월 27일이었다. 민청학련계승사업회, 『민청학련』, 메디치미디어, 2018, 328~329쪽.
115. 민청학련계승사업회, 『민청학련』, 364~365쪽.
116. 최종선, 『산자여 말하라: 나의 형 최종길 교수는 이렇게 죽었다』, 249~250쪽.
117. 서중석, 「3선개헌반대, 민청학련투쟁, 반유신투쟁」, 《역사비평》 창간호(1988년 여름), 81~

긴급조치 제1호 선포 이틀 뒤인 1974년 1월 10일, 당시 서울대 학생운동의 핵심인 유인태·이철·서중석·나병식 등 네 사람이 모여 전국적 규모의 유신 반대 시위를 결행하는 데 합의하고 3·3·3 원칙에 따라 투쟁 조직을 완성하기로 했다. 3·3·3 원칙이란, 우선 출발은 학생 시위의 선봉격인 서울대 문리대·법대·상대 등 3개 단과대학을 주축으로 의대·공대·사대를 연결하고, 서울은 서울대·고려대·연세대 3개 대학을 주축으로 이화여대·서강대·성균관대·동국대 등과 긴밀한 연락을 취하며, 전국 조직은 서울대·경북대·전남대 3개 대학을 주축으로 부산대·강원대 등 지방 대학을 엮어 낸다는 것이다. 이렇게 하여 2월 하순경 고려대를 제외하고는 전국 대학 간의 연결고리가 거의 완성됐다.[118]

1월 중순경부터 신학기 투쟁 계획을 잡아 나가기 시작했다. 박정희 정권에서 득세한 자가 많은 대구에서 선봉에 나서기로 하고, 3월 21일 경북대가 4월 투쟁을 위한 예비 시위에 들어갔다. 그러나 예상보다 적은 200여 명의 시위 참여와 당국의 강력한 대응으로 실패로 돌아갔다. 3월 28일 서강대와 4월 1일 연세대에서 연이어 시위에 나서기로 했으나, 이 역시 계획대로 시행되지 못했다.

앞서 말한 대로 중앙정보부는 학생들의 전국적인 투쟁 정보를 입수하고 예비검속에 들어갔다. 3·21 시위 실패 후 경북대의 상황은 이러했다.

> 3월 21일 시위 주동자들은 참으로 무력한 존재가 되어 계획과 달리 시위 투쟁은 실패하고 만다. 바로 이날부터 검거선풍이 불었다. 우리를 검거하기

84쪽.
118. 정운현, 『청년 여정남과 박정희 시대』, 도서출판 다락방, 2015, 250~251쪽.

위해 그들은 집요한 작전을 펼친 것 같았다. 대구에는 이미 중앙정보부 6국 부국장과 간부들이 내려와서 직접 수사를 지휘하고 있었다. 우리는 3월 말 서울로 압송될 때까지 중앙정보부 경북지부에서 혹독한 심문을 받았다.[119]

서울대 문리대 시위팀은 수사망이 점점 좁혀 오는 것을 느끼며 계획대로 결행할 것인지 아닌지 결정을 내려야 했다. 학내 상황과 경북대·서강대 시위가 실패로 끝난 상황을 보아 성공할 것이라는 확신은 없었지만, 더 늦추면 이도저도 아무것도 못할 것 같았다. 계획이 누설됐으며 상황이 비관적이라는 것을 잘 알고 있었지만, 계획대로 밀고 나가는 것 이외에는 별다른 도리가 없었다.

결국 4월 3일 오전 서울대, 성균관대, 이화여대, 고려대, 서울여대, 감신대, 명지대 등에서 일제히 「민중·민족·민주선언」과 「민중의 소리」[120] 등을 뿌리며 시위가 시작됐다. 서울대 의대생 500여 명이 흰 가운을 입고 교문 앞에서 경찰과 대치했으며, 서울대 문리대는 4·19탑 앞에서, 성균관대생 400여 명도 교내에서 각각 선언문을 발표하고 시위를 벌였다. 이화여대생 3천여 명도 채플시간을 이용해 시국선언문을 낭독하고 저녁에는 청계천 일대에서 시위를 벌였다.[121] 「민중·민족·민주선언」과 함께 배포된 전단에서는 근로대중·민중·지식인·언론인·종교인의 궐기를 호소하면서 다음과 같은 구호를 내걸었다.

---

119. 임규영, 「민청학련과 나」, 『실록·민청학련(3)—1974년 4월』, 학민사, 2004, 251쪽.
120. 「민중의 소리」는 민청학련의 유인물이 아니라 당시 작자 미상으로 나돌던 4.4조로 된 세태를 풍자한 장시(長詩)였다. 후일 이 시는 장기표의 작품으로 밝혀졌다.
121. 이철, 「민청학련 사건에서 사형수가 되기까지」, 『사법살인—1975년 4월의 학살』, 학민사, 2001, 110~112쪽.

① 굶어죽을 자유 말고 먹고 살 권리 찾자!

② 배고파서 못 살겠다 기아임금 인상하라!

③ 유신이란 간판 걸고 국민자유 박탈마라!

④ 남북통일 사탕발림 영구집권 최후수단

⑤ 재벌 위한 경제성장 정권 위한 국민총화

⑥ 왜놈 위한 공업화에 민중들만 죽어난다[122]

　박정희가 4월 3일 낮이 아닌 밤 10시에 긴급조치 제4호를 선포한 것은 다 이유가 있었다. 4·3 시위를 미리 알고서 학생들이 그물에 걸려들기를 기다리고 있었던 것이다. 그러고는 "전국민주청년학생총연맹이라는 불법단체가 반국가적 불순세력의 배후조종하에 반국가적 불순활동을 전개하기 시작하였다는 확증을 포착하기" 위한 작업에 들어갔다. 여기서 "반국가적 불순세력"이란 이른바 인민혁명당(인혁당)이었고, 인혁당을 4·3 시위의 배후로 만들기 위한 조작극의 각본을 쓰기 시작한 것이다.

　민청학련 사건의 대체적인 내용은 앞에서 살펴본 바와 같다. 그런데 그 내용 어디에도 "반국가적 불순세력이 배후조종"한 흔적은 없다. 그러니 무엇이든 "반국가적 불순세력"과의 연결고리를 만들어 꼬투리를 잡아야 했다. 그래서 박정희와 중앙정보부가 연결고리로 조작한 것이 민청학련 지도부와 자주 접촉했던 경북대학교의 여정남[123]이었고, 여정남과 가깝게 지냈

---

122. 한국기독교교회협의회 인권위원회, 『1970년대 민주화운동 (1)』, 357쪽.
123. 여정남(呂正男, 1944~1975). 대구 출생. 경북고등학교 졸업. 경북대학교 정치외교학과 4년 수료. 1964년 6·3 한일협정 반대투쟁 이후 학생운동으로 3번 제적. 1971년 4월 정진회 필화사건으로 구속. 1972년 11월 유신 반대로 구속(포고령 위반). 1974년 4월 민청학련/인혁당재건위 사건으로 구속. 1975년 4월 8일 대법원에서 사형 확정(긴급조치 위반,

던 대구의 혁신계 인사들을 인혁당재건위원회(인혁당재건위)[124] 구성원으로 몰아 "반국가적 불순세력"으로 만든 것이다.

긴급조치 제4호②-인혁당재건위 사건

약 한 달간에 걸친 민청학련 관련자에 대한 수배·검거·고문 끝에, 1974년 4월 25일 중앙정보부장 신직수는 민청학련 사건 중간 수사 결과를 발표했다. 신직수는 "각종 유인물 10여 만 장과 각종 증거 자료 및 관련자들의 진술에 의해 사건의 윤곽이 대체로 파악됐다"며, 민청학련의 배후에는 "과거 공산계 불법단체인 인혁당 조직과 재일조총련계와 일본공산당, 국내 좌파 혁신계가 복합적으로 작용했다"고 밝히고 학생 주모자들은 "4단계 혁명을 통해 이른바 노동자·농민에 의한 정부를 세울 것을 목표로 과도적 통치기구로 '민족지도부'의 결성까지 계획했다"고 밝혔다. 그리고 민청학련의 배후세력을 다음과 같은 네 갈래로 나누어 설명했다.

① 인혁당 당수로 지하활동을 했다 복역했던 도예종(都禮鍾) 등은 1971년부터 1973년간의 경북대 데모를 배후 조종, 학생폭거를 통한 사회주의 정권 수립을 기도했으나 당국의 저지로 실패하자 전 민자통(民自統) 경희대 위원장 이수병(李銖秉) 등을 통해 10·2서울대 데모를 주도한 이철(李哲) 등에 접근 민청학련의 구성과 활동을 배후조종하고 자금 지원을 해왔고,

---

국가보안법 위반, 내란예비음모, 반공법 위반), 1975년 4월 9일 사형 집행. 2007년 재심에서 무죄 판결.
124. '인민혁명당재건위원회(인혁당재건위)'는 실제 조직된 단체가 아니라 중앙정보부가 1964년의 제1차 인혁당 사건에 이은 단체명으로 조작한 것이다.

1974년 4월 25일 민청학련 사건 중간수사 결과를 발표하는 중앙정보부장 신직수_사진출처:《동아일보》

② 재일조선인총연맹의 비밀조직인 곽동의(郭東儀)의 조종을 받은 일본의 《주간현대》 등 주간지 자유기고가인 다치카와 마사키(太刀川正樹·28)와 일본 공산당원인 하야가와 요시하루(早川嘉暎·37) 등이 관광명목으로 우리나라를 왕래하면서 이철(李哲) 등과 접촉, 폭력혁명 계획을 지원해왔으며,

③ 좌파 혁신계로 복역한 적이 있는 류근일(柳根一) 등은 이들 대학생들에게 자금지원, 유인물원고 제공 등 민청학련의 활동을 지원했고,

④ 한국기독학생총연맹 간부들도 민청학련을 지원, 적극 참여키 위해 교회청년연합회를 조직, 4월 반정부데모가 실패할 경우 2단계로 이 연합회가 나서기로 했음[125]

이런 걸 두고 '태산명동서일필(泰山鳴動鼠一匹)'이라던가? 태산이 떠나갈 듯 요동쳤으나 뛰어나온 것은 쥐 한 마리뿐이었으니, 발표는 거창하게 했으

125.《동아일보》 1974.4.25. 1면.

나 실제 내용은 과거의 사건을 재탕하거나 별것도 아닌 일을 침소봉대(針小棒大)한 것에 지나지 않았으니 말이다.

이렇게까지 한 까닭은 '민청학련' 사건을 국민이 믿게 하려면 학생 조직만으로는 안 된다는 점을 알고 있었기 때문이었다. 반드시 학생 세력을 조종하는 거대한 집단이 있어야 했고, 이들 집단의 성격은 반정부적일 뿐만 아니라 체제 전복적이어야 하고 공산주의 사상을 가진 집단이며, 더구나 친북적인 집단이어야 한다는 상투적인 필요성이 요구된 것이다.[126]

먼저 인민혁명당(인혁당)이라는 이름은 이미 10년 전에 한 번 써 먹은 것이었다. 1964년 박정희는 한일협정을 체결하기 위한 한일회담을 저자세로 추진했다. 이에 학생들이 격렬히 반대하며 정권 퇴진을 요구하는 등 저항이 거세지자 6월 3일 비상계엄령을 선포한다. 이에 따라 수많은 학생을 구속하게 되는데, 그 배후에 용공세력이 있다는 것을 보여 줄 필요에서 등장시킨 것이 인혁당이었다.

1964년 8월 14일 중앙정보부장 김형욱은 "북한의 지령을 받고 국가변란을 기도한 남한 내 지하조직 인혁당을 적발했다"고 발표했다. 학생운동을 북한을 배후에 둔 인혁당의 조종에 휩쓸린 꼭두각시놀음으로 날조하기 위해서였다. 이를 위해 중앙정보부는 구타는 기본이고 물고문·전기고문 등 각종 비인간적인 방법을 총동원했다.

사건을 넘겨받은 검사들은 증거불충분으로 "양심상 도저히 기소할 수 없으며 공소를 유지시킬 자신이 없다"며 기소장 서명을 거부하고 사표까지 제출하기까지 이르렀고, 국회에서 정치 문제로 비화되기도 했다. 이후

---

126. 여정남기념사업회 경북대학교학생운동사편찬위원회, 『청춘, 시대를 깨우다: 경북대학교 학생운동사 1946~1979』, 삼천리, 2017, 257~258쪽.

담당 검사가 교체되기는 했지만 별무소득으로 사건은 흐지부지됐다.[127]

1964년의 인혁당 조작 당사자였던 김형욱은 신직수 중앙정보부의 발표에 대해 다음과 같이 평가했다.

> 박정희와 이후락의 지령을 받은 신직수, 그리고 신직수의 심복 이용택[128]은 10년 전에 문제됐다가 증거가 없어서 석방한 사람들을 다시 정부 전복음모 혐의로 잡아넣었다. 나는 단번에 그 사건이 조작된 것임이 분명하다고 직감하였다. 도예종(都禮鍾) 이하 김용원(金容元), 서도원(徐道園), 송상진(宋相振), 여정남(呂正男), 우홍선(禹洪善), 이수병(李銖秉), 하재완(河在完) 등 8명은 정부에 비판적이되 국제적인 연관관계를 가지지 않았다는 것이 특징이었다. 박정희는 국제적 말썽이 일어날 가능성이 적다는 것을 계산하고 이들을 속죄양으로 본보기 삼아 처형함으로써 국민들이 더 이상 반항을 못하도록 하려는 속셈이었다.[129]

조총련의 조종을 받아 폭력혁명 계획을 지원했다고 하여 긴급조치 위반 등으로 징역 20년을 선고받았던 다치카와 마사키(太刀川正樹) 기자는 2010년 1월 27일 서울중앙지방법원의 재심에서 무죄 판결을 받았다. 그는 어떻게

---

127. 이건혜, 『박정희는 왜 그들을 죽였을까』, 책으로보는세상, 2013, 38~46쪽.
128. 이용택(李龍澤, 1930~). 대구 출생. 대구농림고등학교 축산과 졸업(1950). 육군 헌병학교 수료로 헌병 하사(1950), 갑종간부 7기로 소위 임관(1951). 중앙정보부 제6국장, 대한지적공사 사장, 국회의원(11·12대) 등 역임. 중앙정보부 재직 시 1964년 제1차 인혁당 사건 고문 조작, 1967년 김재화 조총련 자금 유입 사건, 동백림 사건, 민비연 사건 고문 수사, 1974년 민청학련·인혁당재건위 사건 고문 조작 등에 관여. 박정희는 민청학련·인혁당재건위 사건에 대해 이용택에게 주 1~2회씩 보고를 받았다.
129. 김형욱·박사월, 『김형욱 회고록 제Ⅲ부: 박정희왕조의 비화』, 도서출판 아침, 1985, 257쪽.

1975년 2월 10개월간의 복역을 마치고 일본으로 강제 추방되기 직전 함께 구속됐던 재한 일본인 대학강사 하야가와 요시하루 씨(가운데)와 주한 일본대사관에서 기자회견을 하고 있는 다치카와 마사키 기자(오른쪽)_사진출처:《동아일보》

폭력혁명 계획을 지원했는가?

다치카와 기자는 "당시 지명수배로 쫓기던 유인태가 안쓰러워 7500원을 쥐여 준 것이 내 운명을 바꿔 놨다"고 말했다. 인터뷰를 하다 만난 유인태가 매일 잘 곳도 없이 돌아다녀 몰골이 초췌한 데다 "라면밖에 못 먹고 산다"는 말에 불고기라도 사 먹으라며 취재 사례의 뜻까지 겸해 준 돈이었다. 측은한 마음에 건넨 7,500원(당시 쌀 한 가마니 가격은 7,400원)이 수사 과정에서 '북한의 사주를 받은 혁명 자금'으로 둔갑하면서 그는 내란선동과 대통령긴급조치 위반 혐의로 낯선 땅의 감옥에 갇혀 재판을 받아야 했다. 징역 20년 선고를 받고 10개월을 복역한 뒤 일본으로 추방됐지만 그는 10년 동안 한국에 올 수 없었다.[130]

---

130. 《동아일보》 2010.1.29.

류근일은 어떻게 민청학련의 활동을 지원했는가?

1974년에 학생운동을 하는 후배들이 신문사로 그를 찾아왔다. 대대적인 反(반)유신 데모를 계획한다는 것이었다. 류근일은 그들에게 이런 조언을 해주었다고 한다.

"내 경험으로 볼 때 빨갱이로 몰리면 가장 곤란하더라. 그러니 색깔을 분명히 하기 위해서 도저히 빨갱이로 낙인찍을 수 없는 윤보선(尹潽善), 함석헌(咸錫憲), 천관우(千寬宇) 같은 분들을 지도부로 모셔라."

이 조언은 류근일에게 또 한 번의 감옥생활을 체험하게 한다. 당시 중앙정보부 요원이 류 주필을 찾아와 학생 접촉 사실을 자수하면 불문에 부치겠다고 했다. 그럴 수는 없었다. 류 주필은 1974년 4월 초 남산에 있는 중앙정보부 6국으로 연행됐다. 서울 용산 삼각지 국방부 구내에 있는 군사재판정으로 끌려갔다. 그 재판정에는 이철(李哲), 유인태(柳寅泰), 나병식(羅炳湜) 등 당시 서울대생들과 김지하(金芝河), 이현배(李賢培) 등 선배급들이 굴비처럼 엮여 끌려나와 있었다. 훗날 '민청학련 사건'으로 일컬어진 사건에 류 주필도 연루된 것이다. 류 주필은 1심에서 무기, 대법원에서 20년형을 선고 받았다.[131]

이 사건으로 민청학련에 직접 관련된 학생들뿐만 아니라 한국기독교학생총연맹 실무간사 및 학생 9명이 구속됐다. 이들과 민청학련 관련 학생들을 변호하던 강신옥 변호사는 박정희 정권을 나치 정권에 비유하고 피고인들의 투쟁을 정당한 국민저항운동이라고 변호하던 끝에 긴급조치 위반

---

[131] 「〔김동성의 인간탐험〕 조선일보 칼럼 접은 '검투사' 류근일」, 《월간조선》 2009년 2월호.

및 법정모독 혐의로 구속됐다. 이에 한국기독교교회협의회 인권위원회는 다음과 같은 진정서를 제출했다. 민청학련 사건과 관련해 한국기독교학생총연맹 간사 및 학생을 구속한 것은 부당하다는 것을 에둘러 표현한 것이었다.

본회는 지난 8월 22일 기소되고 현재 재판 중에 있는 강신옥 변호사에 관한 보도에 접하여 충격을 받고 우리 나름의 의견을 모아 진정하는 바입니다. 강신옥 변호사는 본 한국기독교협의회의 구속기독자대책위원회에서 '민청학련' 사건에 관련하여 입건된 한국기독교학생총연맹의 실무간사 및 학생 9명을 위하여 선임한 변호인단의 한 사람으로서 그는 우리가 아는 대로 가장 헌신적이고도 양심적이며, 정당한 법의 정신에 입각하여 자신의 임무를 수행했다고 생각합니다. 변호인이 변호하기 위하여 해당법과 사건에 관하여 언급하게 되는 것은 고기를 잡기 위해 물에 들어가는 것과 같은 이치인 줄 압니다. 그러나 오히려 변호인이 그 해당법에 의하여 구속되고 재판을 받아야 한다는 사실은 최소한의 변호인의 기본권리가 저해되고 있다고 느껴집니다.[132]

4월 25일 중앙정보부장 신직수가 민청학련 사건에 대한 중간발표를 하고 한 달쯤 지난 5월 27일, 비상보통군법회의 검찰부는 민청학련이 주동이 된 국가변란기도 사건 주모자급에 대한 검찰 수사를 마치고 그중 54명에 대해 긴급조치 제4호 위반, 국가보안법 위반, 반공법 위반, 내란예비음모, 내란선동, 긴급조치 제1호 위반 등 죄명으로 구속·기소했다고 밝혔다.

---

132. 한국기독교교회협의회 인권위원회, 『1970년대 민주화운동(1)』, 378쪽.

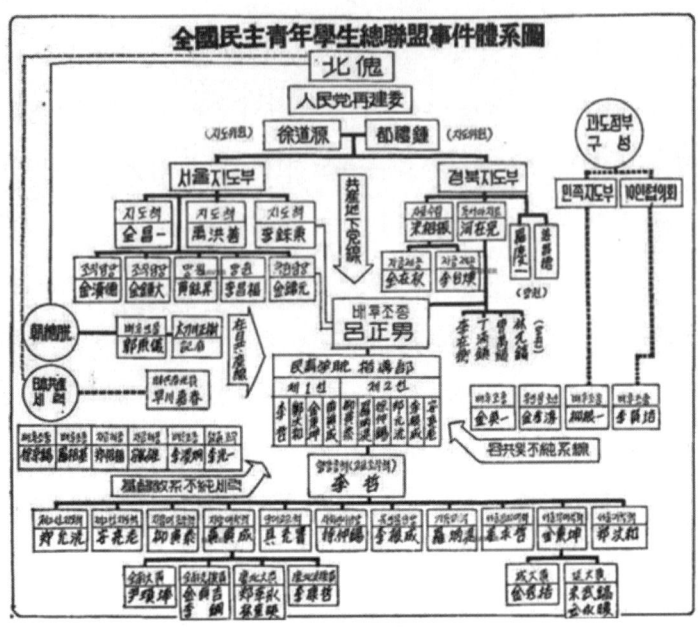

비상보통군법회의 검찰부가 발표한 민청학련 사건 체계도.《경향신문》1974.5.27. 3면.

이와 함께 '민청학련 사건 체계도'도 발표됐는데, 4월 25일 중앙정보부가 발표한 체계도와 큰 차이가 있음에 주목할 필요가 있다. 내용상 차이가 크다는 것은 그 사이에 피의자들에게 얼마나 심한 고문을 가했는지를 말해 주기도 한다. 어떤 차이가 있는지 살펴보기로 하자.

우선 북한 즉 '북괴(北傀)'가 맨 위에 등장한다. 그리고 그 바로 아래 '인민당재건위' 즉 '인민혁명당 재건위'가 새로 등장한다. 불과 한 달여 만에 없던 조직이 새로 등장한 것이다. '인민당재건위' 아래에는 서도원과 도예종이 지도위원으로, 그 아래 좌우에는 서울 지도부(지도책 전창일, 우홍선, 이수병 3인)와 경북 지도부(송상진, 하재완 2인)가 있다.

가장 눈여겨 볼 점은 '인민당재건위'와 '민청학련 지도부' 중간에 여정남(배후조종)이 다른 사람들보다 훨씬 크게 부각되어 있다는 점이다. 북괴-인혁당 라인과 민청학련을 연결시키려면 양쪽을 잘 알고 있는 여정남을 연결고리로 반드시 중간에 끼워 넣었어야 했기 때문이다. 인혁당 사형수 가운데 민청학련 사건 관련자는 여정남이 유일하고, 이 연결고리 역할 때문에 여정남이 사형을 당했다는 것이 정설이다.[133]

민청학련 사건 수사 초기에 중앙정보부가 겨냥한 것은 '민청학련 사건 체계도'의 아래쪽 즉 서울대 등의 민청학련 학생운동 지도부였다. 긴급조치 제4호를 공포한 것이 민청학련 때문이었으니 당연한 일이었다. 그러나 아래쪽에 중점을 두면 학생이라는 건드리기 불편한 집단뿐만 아니라 학생들을 지원한 저명한 정치인, 종교인, 대학교수, 문인 등을 대상으로 해야 하기 때문에 국제적으로 문제가 번져 나갈 위험을 감수해야 했다.

이런 이유 때문에 공격의 화살 방향을 상부인 인혁당재건위 쪽으로 옮긴 것이다. 여기 속한 사람들은 널리 알려지지 않은 평범한 인물이어서 극형에 처해 봤자 국내외적으로 일으킬 파문이 적을 것이라는 점도 고려했다. 학생들을 선동해 민청학련 사건을 일으킨 자들이 공산주의자였다는 것을 부각시켜 긴급조치 제4호를 공포한 명분으로 삼으려 한 것이다.

이에 따라 비상보통군법회의는 5월 27일 주모자급 54명을 정식 기소해 재판에 회부하면서 여정남 등 32명은 민청학련계로 분류해 제1심판부에 배당했고 서도원 등 21명은 인혁당계로 분류해 제2심판부에 배당했다. 제3심판부는 일본인 2명 등 그 밖의 민청학련 피고인들에 대한 재판을 담당케 했다.[134]

1974년 7월 13일 오전, 서울 남영동 육군본부 내 비상보통군법회의 법정

---

133. 정운현, 『청년 여정남과 박정희 시대』, 295~296쪽.
134. 정운현, 『청년 여정남과 박정희 시대』, 302~303쪽.

에서 민청학련 관련자 32명에 대한 선고 공판이 열렸다. 재판장 박희동 중장이 판결문을 낭독했다. 이 사건의 변론을 맡았던 한승헌 변호사는 이 판결을 다음과 같이 평가했다.

> 판결문에 적힌 범죄사실은 공소장을 그대로 베낀 것이고, 선고형량도 거의 구형 그대로여서, 나는 '정찰제 판결'이라고 공박을 했다. 그런데 이 말이 훗날 언론 등에서 자주 인용됨으로써 나는 자연스레 이 용어의 '저작(권)자'가 되었다. 사형 7명, 무기징역 7명, 나머지 18명의 징역 형기를 합치면 피고인 32명의 형기가 모두 249년에 달한다는 통계(?)도 있다. 긴급조치 1호와 4호로 재판받은 사람 중 (사형과 무기를 면한) 유기징역을 선고받은 203명의 형기를 합산하면 2000년도 넘는다는 셈이 나온다고도 했다.[135]

인혁당계에 대한 선고 공판은 7월 11일 피고인 21명 전원이 불출석한 가운데 열렸다. 선고된 형량은 한승헌 변호사의 말대로 '정찰제'였다. 검찰관의 구형대로 7명에 대해 사형, 8명 무기징역, 6명 징역 20년 자격정지 15년이 선고된 것이다.

9월 7일 열린 항소심 선고 공판에서 민청학련계는 형량의 변동이 있었다. 피고인 50명 중 29명에 대해서는 항소기각, 나머지 21명에 대해서는 원심을 깨고 형량을 낮춰 선고했다. 여정남에 대해서는 항소를 기각하고 1심대로 사형을 선고했다. 반면 1심에서 사형이 선고된 이현배(서울대 대학원 사학과 2년)에 대해서는 원심을 깨고 무기징역을 선고했다. 한편 사형 선고를

---

[135] 한승헌, 『재판으로 본 한국현대사』, 창비, 2016, 251쪽.

받았던 이철, 유인태, 김지하 등 5명은 국방부 장관 '확인조치' 과정에서 무기로 감형됐다. 결국 민청학련계 가운데 사형수는 여정남 혼자였다.

인혁당계는 어찌되었을까? 인혁당계 21명 가운데 서도원, 도예종, 송상진, 하재완, 이수병, 김용원, 우홍선 등 7명에 대해 항소를 기각하고 사형을 선고했다. 또 6명에게는 무기징역을, 나머지 8명에게는 징역 15~20년에 12~15년의 자격정지를 선고했다. 재판부는 이날 "민청학련 피고인들의 소위는 추호도 용납될 수 없으나 다만 학생들에 대해서는 그 정상을 참작, 형을 경감한다"고 밝혔다.[136]

이렇게 하여 사형수는 여정남과 인혁당계 7명, 도합 8명이 남게 된다. 박정희는 이들을 어떻게 처리했을까?

---

136. 정운현, 『청년 여정남과 박정희 시대』, 317쪽.

3. 유신 폭압의 최절정 1975년

육영수와 차지철

1974년 8월 15일 서울 장충동 국립극장에서는 각계 인사 1천여 명이 참석한 가운데 제29주년 광복절 기념식이 진행되고 있었다. 박정희 대통령이 경축사를 낭독하는 순간 재일교포 2세인 문세광이 박정희 대통령을 향해 권총을 발사했다. 문세광의 발포로 로열박스에 앉아 있던 대통령 부인 육영수는 머리에 총탄을 맞고 사망했다.

문세광은 현장에서 경호원과 경찰에 의해 검거됐다. 조사에 착수한 당국은 문세광의 배후로 조총련과 조총련 산하 한국청년동맹을 지목했고, 특히 북한 김일성의 지령을 따른 것이라고 발표했다. 문세광은 9월 12일 내란목적 살인과 국가보안법 위반 등 6개 죄목으로 기소돼, 12월 17일 대법원에서 사형이 확정됐다. 그로부터 3일 뒤인 12월 20일 오전 7시 30분 서대문 구치소에서 사형이 집행됐다.

1974년 8월 19일 육영수 장례식에 다나카[137] 일본 총리가 조문사절로 참석했지만, 그 이후 일본 정부는 한국과 문세광 수사에 대해 다른 시각을 보였다. 일본 측은 문세광이 김대중 납치 사건에 분개한 나머지 박정희 독재를 무너뜨리기 위해 단독으로 범행을 저질렀다는 수사 결과를 12월 25일 발표했다. 한국 측이 주장하는 배후나 공범에 대해서는 증거가 없다며 부정했다.[138]

---

137. 다나카 가쿠에이(田中角榮, 1918~1993). 일본 제64·65대 총리(1972~1974).
138. '팔일오 저격사건(八一五 狙擊事件)', 『한국민족문화대백과사전』.

1974년 8월 15일 서울 국립극장에서 문세광의 저격 직후 경호원들이 연설대 뒤의 박정희 대통령을 호위하고 있는 가운데 오른쪽에 피격당한 대통령 부인 육영수가 쓰러져 있다._
사진출처: 《조선일보》

　박정희는 이 저격 사건으로 개인적으로는 아내를 잃었다. 그러나 그보다도 더 큰 문제는 사건 후 일어난 권력구조의 변화로 이후 박정희 통치에 결정적 영향을 미쳤다는 점이다. 김대중 납치 사건으로 이후락이 물러난 데 이어 이 사건으로 경호실장 박종규가 물러날 수밖에 없었다. 5·16 이후 최측근에서 박정희를 떠받치던 윤필용·이후락·박종규가 차례로 물러났고 그 빈자리를 메운 것은 차지철과 김재규였다. 유신체제 몰락의 인적 구도가 형성된 것이다.[139]

　육영수는 박정희에게 어떤 존재였나? 육영수는 박정희에게 정치적 견제도 할 수 있는 '청와대 내의 야당'이었다. 그녀는 박정희 측근들의 부패와 권력 남용에 대해서는 서민의 입장에서 분노한 사람이었다. 빈틈없는 육영수는 남편에게 진정서를 전달해 조치를 요청할 때도 미리 내용의 진

---

139. 한홍구, 『유신』, 한겨레출판사, 2014, 125쪽.

실성을 조사한 뒤에 했다. 박정희는 이런 아내의 건의를 존중해 처리했다.[140]

육영수의 빈자리를 메운 것은 프랑스에 유학 가 있던 23살의 박근혜였다. 1917년생 박정희의 나이는 58세, 1~2년쯤 지난 뒤 새장가를 들었어야 할 나이였으나 본인은 아직 시집보내지 않은 딸들이 있다는 이유로, 주변의 권력자들은 새로운 대통령 부인의 탄생으로 인한 권력 지형의 변화에 대한 우려로 박정희의 재혼을 적극 추진하지 않았다. 대신 대연회, 소연회 등 여자 문제를 놓고 별의별 소문이 떠돌았다.[141] 박정희의 여자 문제는 육영수가 살아 있을 때도 비일비재하게 일어난 일이었다.

박정희는 육영수에게 결코 자상한 남편도 모범 남편도 아니었다. 술과 여자를 좋아한 박정희였다. 그 때문에 육영수의 마음이 편치 않았다. 놀라운 절제력으로 그런 티를 내지 않았을 뿐이다. 참다못한 그녀가 박정희의 외국 방문을 앞두고 청와대를 가출해 종적을 감춘 일도 있었다.[142]

어머니의 비극적인 죽음과 어린 나이에 맡은 퍼스트레이디 역할의 중압감에 시달리던 박근혜는 자칭 '태자마마'라던 최태민이라는 자에게 크게 의존하게 됐다. 자식 이기는 부모 없다고 박정희조차 어쩌지 못한 최태민 문제는 박근혜를 제외한 유신 정권 핵심 인사 모두의 골칫거리가 됐다. 뒷날 김재규는 법정에서 박정희를 쏘게 된 요인의 하나로 최태민 문제를 꼽았다. 인간 박정희에게, 나아가 박정희 체제에 육영수의 빈자리는 참으로 컸다.[143]

---

140. 조갑제, 『박정희 11—마탄(魔彈)의 사수(射手)』, 조갑제닷컴, 2007, 134쪽.
141. 한홍구, 『유신』, 125쪽.
142. 조갑제, 『박정희 11—마탄(魔彈)의 사수(射手)』, 133쪽.
143. 한홍구, 『유신』, 125~126쪽.

1974년 8월 22일 박정희는 저격 사건의 책임을 지고 물러난 대통령 경호실장에 박종규의 후임으로 차지철[144]을 임명했다. 누가 그를 경호실장으로 추천했을까? 오정근[145]을 경호실장으로 추천했던 김종필의 이야기를 들어보자.

그런데 진짜 추천인은 따로 있었다. 바로 돌아가신 육영수 여사였다. 생전에 육 여사는 "차지철 의원 같은 고지식한 사람을 데리고 일해 보시라"고 대통령에게 권유했다. 독실한 기독교인이고 효자로 알려졌고, 술·담배를 하지 않는 차지철을 착실하고 믿음직한 사람이라고 여겼기 때문이다. 아마도 육 여사는 차지철을 박 대통령 곁에 두면 대통령 주변의 스캔들을 막을 수 있을 것으로 생각했을 것이다. 박 대통령은 나와 얘기를 나눈 그날 밤 육 여사가 없는 방에서 혼자 주무시다 생각이 달라졌다. 차 실장 임명은 육 여사가 남긴 유작(遺作)인 셈이다.[146]

공수단 중대장으로 5·16 쿠데타에 참여했던 차지철의 당시 계급은 육군 대위였다. 그런데 차지철은 경호실장이 되자 대통령 경호를 강화한다는 명목으로 경호실의 위상을 제멋대로 끌어올렸다. 청와대 경비를 담당하는 수

---

144. 차지철(車智澈, 1934~1979). 경기도 이천 출생. 용산고등학교 졸업(1953) 후 육군 포병 간부후보생으로 임관, 공수특전단 중대장(대위) 신분으로 5·16 쿠데타 가담 후 중령 예편(1962). 국회의원(6·7·8·9대), 대통령 경호실장(1974) 등 역임. 1979년 10월 26일 박정희 대통령과 함께 김재규에 의해 사살됨.
145. 오정근(吳定根, 1929~1982). 서울 출생. 해병간부후보생 3기 출신으로 중령 시절 5·16 쿠데타 당일 새벽 김포 해병 제1여단(여단장 김윤근)의 선봉에 서 한강인도교를 돌파, 쿠데타 성공에 공을 세움. 해병 준장 예편(1963) 후 수산청장(1966), 국세청장(1969), 국회의원(9대) 등 역임.
146. 김종필, 『김종필 증언록 1』, 미래엔, 2016, 469쪽.

도경비사령부 30대대와 33대대를 여단급으로 격상시켰고, 경호실 차장에 현역 소장을, 행정차장보와 작전차장보를 신설해 현역 준장을 임명했다. 경호실 차장에는 정병주·문홍구(이상 육사 9기)·이재전(8기)을 차례로 기용했고, 작전차장보로는 육사 11기인 전두환·노태우·김복동을 연이어 임명했다. 육사 12기 시험에 떨어지고 포병 간부로 임관해 1962년 중령으로 예편한 39세의 차지철이 현역 장성들을 거느린 막강한 경호실장이 된 것이다.

경호실장이 되고 나서 차지철이 벌인 기행(奇行)은 한둘이 아니었다. 매주 토요일 열린 경호실의 국기 하강식은 차지철을 위한 한 편의 쇼였다. 경복궁 경내 수경사 30단 연병장에서 열린 이 행사에서는 경호원들과 청와대를 지키는 작전부대 장병들이 도열하고 전차를 포함한 경호실 무기가 위력을 과시했다. 차지철은 군악대의 우렁찬 연주에 맞춰 지휘봉을 들고 초청 인사들과 함께 입장해 단상에 앉아 지켜봤다. 국기 하강식이 무엇인지 궁금해서 간 사람도 있었겠지만 대부분 실력자인 차지철이 오라고 하니까 할 수 없이 참석했다.[147]

그렇다면 차지철은 왜 이런 행위를 했으며 박정희는 왜 이를 방치했을까? 차지철로서는 박정희를 교주로 여긴 마음가짐과 자기 자신에 대한 열등감에서 나오는 자격지심 때문이었고, 박정희로서는 장기 집권에 의한 권태감과 육영수의 죽음에 따른 상실감 때문이었다.

차지철의 박정희에 대한 충성심은 독실한 신앙이었다. 그는 국회의원 시절에 국회의사당 안에서 선배 의원을 구타한 적이 있는데,[148] 그게 다 교주

---

147. 「김종필 증언록 소이부답(笑而不答)」, 《중앙일보》 2015.8.10.
148. 차지철은 "혁명과업을 방해한다"며 여야의원을 막론하고 때리곤 했는데, 당시 국회의장 이효상과 부의장 장경순의 방에 있는 기물들은 그의 폭력으로 여러 번 부서졌다. 김교식, 『다큐멘터리 박정희 ④』, 평민사, 1990, 60쪽.

박정희를 위한 것이었다. 차지철은 경호실장이 되자마자 경호 체계의 강화와 정신자세의 확립이라는 명분으로 직원에 대해 스파르타식 훈련을 실시하여 경호실 분위기를 쇄신시키고자 했다. 그러나 그 훈련이 어찌나 지독했는지 기합을 견디다 못해 한 경호원이 자살하는 일까지 벌어질 정도였다.[149]

차지철은 정신적으로도 교주인 박정희를 닮고자 했다. 그가 쓴 책에 나오는 다음과 같은 대목을 보면 그가 박정희를 흉내 내고 있음을 알 수 있다.

> 민족중흥의 전환점이 되어야 할 해방 20년간—그러나 그것은 피곤한 역사의 제자리걸음이었다. 우리의 슬픈 유산을 청산하기 위하여, 우리의 번영, 우리의 근대화를 위하여 몸부림쳐봤지만 〈지표 없는 광야의 미아〉라는 꼬리표는 아직도 붙어 다니고 있다. 그것은 〈서구화〉라는 황홀한 꿈에 부푼 허무한 편력에 불과하였기 때문이다. 이제 그만 우리는 고달픈 방랑에서 귀향의 길을 찾아 우리의 알찬 삶을 위한 좌표를 세워야 할 때도 되지 않았는가?[150]

차지철은 박정희교의 제사장이었다. 그는 자신이 박정희교를 이끌어 가는 대표라고 여겼다. 그러니 이에 걸맞은 격식을 갖추어야 하고 품격을 유지해야 하며 평신도보다 우위에 있어야 함은 당연했다. 여기에 남들이 비천하다고 여기는 자신의 출신성분과 육군 중령 제대의 군 경력에 대한 열등감을 쓸데없는 격식으로 덮으려는 마음도 작용했다.

차지철은 〈경호원가〉라는 찬송가(?)도 만들었다. "이 나라 이 겨레 구원자 되신 님의 뜻 받들고자 여기 모였네 … 이 한목숨 바쳐 님을 위해 …"라

---

149. 강준만, 『한국 현대사 산책—1970년대편 2권』, 인물과사상사, 2002, 153~154쪽.
150. 차지철, 『우리가 세워야 할 좌표』, 법문사, 1966, 10쪽.

는 내용의 가사로 되어 있는 노래를 경호실에 배속된 경찰과 수경사경비단 병력은 임무 교대를 할 때마다 불러야 했다. 1974년 겨울 박정희가 듣기 민망하다고 하자 〈경호원가〉와 〈향토예비군의 노래〉를 번갈아 부르는 조건으로 박정희의 허락을 받아 냈다.[151]

박정희가 차지철의 행동을 용납한 것은 장기 집권에 의한 타성이 하나의 원인이었다. 쿠데타 후 1974년까지 박정희의 총 집권 기간은 14년, 1963년 대통령이 되어 권력을 휘두른 것만 해도 11년째였다. 마지막 대통령 선거가 1971년에 있었고 앞으로 형식적인 체육관 선거만 남아 있을 뿐이었다. 여기다 박정희의 정치 기피증과 정치인에 대한 혐오감은 대단한 것이었다. 모든 것이 귀찮아진 대한민국 정치의 총수 박정희는 정치 문제까지도 차지철에게 맡겨 버린다.

또 하나는 박정희의 '황음(荒淫)' 즉 주색에 빠져 헤어날 줄 모르는 습성 때문이었다. 이것은 육영수의 생전에도 문제가 되곤 했으나, 그녀가 죽은 후 박정희는 사흘에 한 번꼴로 술과 여인과 함께하는 '행사'를 즐겼다니, 체력적으로도 어떻게 감당했겠으며 어떻게 국정에 몰두했겠는가? 이런 때 자신을 교주로 받드는 차지철이 보좌하고 있으니, 점차 모든 일을 그에게 맡겨 버리게 된 것이다.

1974년 8월 15일 육영수가 사망하자 애도와 추모 물결이 전국을 휩쓸었다. 날이 갈수록 조문객이 늘어나 17일 오전에는 일반 조문객 수가 10만 명을 넘어섰다.[152] 이러한 분위기를 타고 8월 23일 박정희는 "이번 사건을 계기로 국민총화가 굳건히 다져졌음을 볼 때 든든한 마음을 금할 길이 없다"

---

151. 김두영, 『가까이에서 본 인간 박정희 인간 육영수』, 대양미디어, 2014, 97~98쪽.
152. 진혜숙, 『육영수 여사—그 생애와 업적』, 도서출판 우성도서, 1983, 315~321쪽.

며 긴급조치 제1호와 제4호를 해제했다.¹⁵³

과연 박정희 말대로 국민총화가 굳건히 다져졌을까?

긴급조치 제7호 선포와 박정희의 사법살인

육영수 사망을 애도하는 분위기가 온 사회를 뒤덮었던 것은 사실이었지만, 그렇다고 해서 박정희의 예측대로 유신 반대 투쟁이 소강상태로 들어간 것은 결코 아니었다. 1974년 가을 개강한 대학가에서는 민청학련 관련 구속자 석방을 요구하는 운동이 고려대·서울대에서 시작되어, 9월 23일 이화여대 학생들은 구속 인사와 학생 석방, 국민기본권 보장, 불법적인 체포·구속·고문 즉각 중지, 학원자유 보장, 학문자유 보장, 언론자유 보장 등을 요구하는 집회를 열었다.

10월에 접어들어 서명 운동과 함께 석방 등을 요구하는 집회·시위·농성이 본격적으로 시작되어 전국의 대학으로 급격히 확산됐고 고등학생들까지 반정부 투쟁에 가세했다. 이러한 학생들의 투쟁과 병행하여 재야, 언론, 정치권 등이 유신 반대, 언론자유 투쟁, 유신헌법 개헌 추진 운동을 벌이자 박정희는 국민투표라는 카드를 꺼내 들었다.

박정희는 자신의 통치 기간 동안 네 차례나 국민투표를 실시했다. 1962년 12월 17일 실시된 국민투표(찬성률 78.8%)는 제3공화국 출범을 위한 것이었고, 1969년 10월 17일의 국민투표(찬성률 65.1%)는 자신의 대통령 3선을 위한 것이었으며, 1972년 11월 21일의 세 번째 국민투표(찬성률 91.5%)는 유신

---

153. 《동아일보》 1974.8.23. 1면.

1975년 2월 12일 오전 7시 서울 신교·궁정 투표소에서 국민투표 접수를 하고 있는 박정희와 박근혜._사진출처: 민주화운동기념사업회 오픈 아카이브

헌법 제정으로 제4공화국을 출범시킨 국민투표였다.

1975년 2월 12일 네 번째로 실시된 국민투표(찬성률 73.1%)[154]는 유신헌법에 대한 비판과 개정 운동을 저지하기 위한 정치적 동기에서 추진된 것으로, 박정희는 1월 22일 국민투표안을 발표하면서 다음과 같은 독선적이고도 협박성을 띤 내용의 특별담화를 발표했다.

> 나는 이번 국민투표를 비단 현행 헌법에 대한 찬반투표일 뿐 아니라, 나 대통령에 대한 신임투표로 간주하고자 합니다. 나 개인은 민족중흥의 역사적 사명을 위해 이미 나의 모든 것을 다 바쳤습니다. 만일 우리 국민이 유신체제의 역사적 당위성을 인정하지 않고 현행 헌법의 철폐를 원한다면 나는 그것을 대통령에 대한 불신임으로 간주하고 즉각 대통령직에서 물러날 것입

---

154. 국민투표의 결과는 투표율 79.84%에 찬성 73.1%, 반대 25.1%였으나, 유권자 전체로 보면 58.3%가 찬성한 것이었다.

니다.¹⁵⁵

국민투표란 "선거 이외에 국정(國政)의 중요한 사항에 대하여 국민이 행하는 투표"이며, 박정희가 제안한 국민투표는 유신헌법에 대한 찬반을 묻는 것이니 그 헌법에 대한 찬반 토론을 마땅히 허용했어야 했다. 당시 청와대 비서관이었던 김두영(金斗永)이 "각하, 국민 누구나가 자유롭게 의사표시를 할 수 있는 분위기가 되어야 뒷말이 없을 것 아니겠습니까"라고 말하자, 박정희는 다음과 같이 대답했다고 한다.

> 자네의 이야기도 일리는 있지만 찬반 토론을 허용하면 야당은 극한투쟁을 할 텐데 나도 가만히 앉아있을 수는 없지 않겠는가. 그렇다고 엄동설한에 내가 고무신, 밀가루를 들고 전국을 돌아다닐 수는 없지 않겠나.¹⁵⁶

유기춘 문교부장관은 국민투표를 앞둔 1975년 1월 29일 전남 광주에서 열린 한 교육자 회의에 참석, 미리 배포된 유인물의 훈시를 통해 "몽테스키외의 삼권 분립 이론이 우리나라에 그대로 적용될 수는 없다"고 전제한 다음 "행정권의 강화가 불가피한 한국적 민주주의의 유신체제만이 우리에게 알맞은 체제"라고 주장하고 나서는 등 망언을 일삼았다.¹⁵⁷

경기도 교육위원회도 깃발을 높이 들었다. 경기도 교육위원회는 방학 중인 1월 17일경부터 각 교육청별로 교사들을 소집하여 유신체제를 찬양하

155.《동아일보》 1975.1.22. 1면.
156. 김두영, 『가까이에서 본 인간 박정희 인간 육영수』, 125~126쪽.
157. 김삼웅, 『유신시대의 곡필』, 신학문사, 1990, 107~108쪽.

는 내용의 〈유신새야〉라는 노래를 〈파랑새〉 곡에 붙여 가르친 후 각 가정을 방문하여 학생들에게 이 노래를 보급하도록 지시하고, 학부모들에게도 적극적인 국민투표 기권 방지 운동에 나서게 했다. 〈유신새야〉라는 유치한 노래의 가사는 다음과 같다.

1. 새야새야 유신새야 푸른 항공 높이 날아
   조국통일 이룩하고 자주통일 달성하자.
2. 새야새야 유신새야 너도나도 잘살자는
   유신헌법 고수하며 국력배양 이룩하자
3. 유신유신 우리유신 우리살림 오직유신
   유신체제 반대하면 붉은마수 밀려온다[158]

2월 12일의 국민투표가 저조한 지지율인 73.1%로 끝났음에도, 박정희는 "이번 국민투표는 관계 장관과 지방장관들에게도 직접 수차 투·개표 과정에서 절대로 부정행위가 있어서는 용서하지 않겠다고 설명을 하고 확인을 했기 때문에 어느 때보다도 공정하게 실시된 것으로 확신한다. … 오후 3시경에는 국민투표 결과가 거의 확정, 신은 나에게 또다시 무거운 책임을 맡기시다. 신명을 다하여 중책완수에 헌신할 것을 신에게 서약하다"[159]라고 자신의 일기에 썼다.

그리고 2월 13일 박정희는 압도적 다수표로 유신헌법은 물론 자신에 대한 신임이 확인됐다며 "국민총화를 바탕으로 거국적 정치체제를 발전시켜

---

158. 김삼웅, 『유신시대의 곡필』, 107쪽.
159. 정재경, 『위인 박정희』, 집문당, 1992, 193~194쪽.

나갈 것"이라는 내용의 특별담화를 발표했다. 이어서 2월 25일 긴급조치 제1·4호 위반자 가운데 형이 확정된 56명을 구속집행정지로 석방했다. 2월 17일에는 대법원 형사부가 지학순 주교, 김찬국 연세대 교수, 강신옥 변호사, 이철 등 23명의 피고인에 대해서도 구속집행정지 결정을 내려 이들을 석방했다.[160]

박정희의 신이 무슨 신인지는 몰라도, 학생들은 그 신이 박정희에게 "또다시 무거운 책임"을 맡긴 것을 인정하지 않았고, 1975년 봄 대학가는 또다시 유신반대투쟁의 열기에 휩싸였다. 그 시작은 민청학련 사건으로 구속됐다가 석방된 교수·학생들의 복교·복직 문제로부터 비롯됐다. 3월 14일과 15일 연세대학교 총학생회는 긴급학생총회를 열고 교수·학생들의 복교·복직을 대학의 자율에 맡길 것을 요구했다. 연세대에서 시작된 이런 성격의 집회는 다른 대학으로 확산됐고, 차츰 유신 반대 시위로 발전해 갔다.

육영수 사망 직후 박정희는 국민총화가 다져졌다며 긴급조치 제1·4호를 해제했고 국민투표 후에는 민청학련 관련자들 가운데 일부를 석방하기까지 했다. 그런데도 1975년 4월 8일 긴급조치 제7호를 발동했을 뿐만 아니라, 바로 이튿날인 4월 9일 인혁당 관련자 8명에 대한 사형을 집행했다는 충격적인 언론 보도가 있었다. 그 사이에 무슨 일이 있었던 걸까?

1975년 봄 대학가의 유신 반대 투쟁 가운데 가장 두드러졌던 것은 고려대 학생들의 투쟁이었다. 3월 26일 고려대 총학생회는 성명을 발표하고 "구속 수감 중인 《민우》지 관계 학우들의 석방과 《야생화》지 관계 학우들의 사면을 강력히 촉구한다"고 요구했고 당국에 대해 언론 탄압, 학원의 자율성

---

160. 민주화운동기념사업회 연구소, 『한국민주화운동사 2』, 163쪽.

침해 등을 즉각 중지하라고 촉구했다.[161]

고려대 학생운동 세력들은 총학생회와는 별도로 본격적인 유신 반대 투쟁을 준비하여 3월 31일 오전 10시 성토대회를 갖고 '반독재구국선언문'을 낭독하고 유신헌법 철폐, 학원 및 언론탄압 중지 등 5개 항을 채택하고 시위에 들어가 경찰과 충돌했다.[162] 그 후 총학생회 간부 등 지도부가 연행되어 4월 6일 계획된 대규모 시위는 무산됐으나, 고려대 학생들은 4월 7일과 8일 연이틀 교내시위를 벌여 7일에는 1,500여 명, 8일에는 2,000여 명의 학생이 시위에 참가했다. 이들은 교문에서 기동경찰과 대치, 페퍼포그 발사로 저지하는 경찰에 투석으로 맞섰다.[163]

이런 사태에 직면한 박정희는 1975년 4월 8일 오후 5시를 기해 고려대를 대상으로 하는 긴급조치 제7호를 발동했다. 다음이 그 내용이다.

1. 1975년 4월 8일 17시를 기하여 고려대학교에 대하여 휴교를 명한다.
2. 동교 내에서 일체의 집회, 시위를 금한다.
3. 위 제1, 2호를 위반한 자는 3년 이상 10년 이하의 징역에 처한다. 이 경우 10년 이하의 자격정지를 병과할 수 있다.
4. 국방부장관은 필요하다고 인정한때에 병력을 사용하여 동교의 질서를 유지할 수 있다.
5. 이 조치에 위반한 자는 법관의 영장 없이 체포·구금·압수·수색할 수 있다.
6. 이 조치에 위반한 자는 일반법원에서 관할, 심판한다.

---

161. 《동아일보》 1975.3.26. 7면.
162. 《동아일보》 1975.3.31. 7면.
163. 《동아일보》 1975.4.8. 7면.

박정희는 1975년 4월 8일 오후 5시 고려대를 대상으로 긴급조치 제7호를 발동했다. 그리고 4월 8일 대법원에서 도예종 등 인혁당재건위 사건 관련자 8명에 대한 사형이 확정되자 바로 다음 날인 9일 오전 서울구치소에서 모두 교수형으로 사형이 집행됐다. 이 두 사실을 동시에 보도한《동아일보》1975.4.10. 1면.

7. 이 조치는 1975년 4월 8일 17시부터 시행한다.[164]

긴급조치 제7호는 대통령이 고려대학교라는 단 한 대학을 상대로 비상대권을 발동한 유례를 찾기 힘든 조치로, 바로 다음 날의 사형 집행이라는 잔혹한 행위를 희석시키기 위한 처사였다. 인혁당재건위 피의자들에 대해 대법원에서 형이 확정된 날짜가 긴급조치 제7호를 선포한 4월 8일이었는데, 바로 그 다음 날 그들의 사형을 집행해 버린 것이다. 이는 박정희가 민청학련 사건에서 이들을 인혁당계로 분리시켜 재판을 진행한 것 자체가 처음부터 이들을 죽이려 했다는 것을 말해 주고 있었다. 왜 그런지 좀 더 구체적으로 따져 보자.

민청학련 관련자들은 국내외로부터 많은 연대적인 동정을 받았다. 그

---

164. 국가법령정보센터(www.law.go.kr)

1975년 4월 8일 인혁당재건위 사건 대법원 판결 직후 법정 모습. 대법원이 8명의 사형을 확정하자 가족들이 오열하고 있다._사진출처: 4·9통일평화재단

대부분이 젊은 학생이었다는 점, 기독교 관계의 배경을 지니고 있었다는 점, 배후 조종자로 지목된 일반인들도 전직 대통령이라든가 대학교수, 그리고 교회와 성당의 교직자들이었다는 점에서 이 사건에 대한 정부 당국의 발표 여하에 불구하고 반감보다는 동정을 받은 흔적이 짙었다. 특히 국제적인 여론은 압도적으로 동정적이었다.

그러나 인혁당계만큼은 달랐다. 국민은 학생이나 대학교수, 성직자 등 다른 관련자들과는 어느 모로 살펴보나 어울릴 것 같지 않은 인혁당 관련자 22명의 낯선 이름을 보고는 정부 발표대로 그들이 북괴의 지령을 받아 정부 전복을 음모하여 학생들을 배후 조종했다는 사실에 별로 의심을 품으려 하지 않거나 별 관심을 두지 않았다. 결국 그들은 1천여 명이 넘는 민청학련 관련 혐의자 가운데서 유일하게 처형당한 그룹이 됐다.

따라서 긴급조치 제4호에 대한 국내외의 항의 속에서도 인혁당계는 적어도 조직적인 동정을 받지 못한 채 물 위에 뜬 기름처럼 소외됐다. 그들은 종교적인 배경도 없었고 국제적인 연대도 없었다. 다만 그들 가족만이 억울하다고 울부짖는 외에 시인 김지하나 한국에 와 있던 몇몇 외국인 성직자, 그리고 가톨릭계로부터 약간의 동정을 받았을 뿐이었다.[165]

　박정희가 이 사건에 대해 어떤 생각을 갖고 있었는지, 실제 있었던 일을 통해 살펴보기로 하자.

　박정희는 1974년 4월 5일 군포 야산에서 식목일을 기념하여 오동나무를 심으면서 다음과 같이 말했다. "민청학련 대학생 놈들은 보고를 들어 보니 순 빨갱이들이야. 잡히기만 하면 모두 총살이야"라고 공언해 경기도 지사와 기자들을 대경실색케 했다. 바로 청와대 대변인이 나서 "없던 얘기로 해 달라"고 해서 보도되지는 않았다.[166]

　또한 박정희는 당시 중앙정보부 6국장이던 이용택이 매주 보고를 하러 갈 정도로 인혁당 사건에 지대한 관심을 갖고 있었다. 박정희는 1975년 문화공보부를 연두순시한 자리에서 "최근 석방된 자들이 국가보안법으로 극형에 처할 수 있는 자들인데 형무소를 나올 때 마치 개선장군처럼 만세를 부르고 나왔다. 민청학련 사건은 인혁당이 뒤에서 조종한 것이 명백한데 일부 정치인들은 이를 부인하고 오히려 이들을 동지니 애국인사라고 하는데 이렇게 해도 법에 안 걸리는가"라며 관계자들을 질책한 적이 있다.

　이것은 아직 재판도 끝나지 않은 사건에 대해 행정부의 수반이 사법부를 통제하려는 발상이었다. 또 같은 날 "합법적인 정부를 뒤엎으려 했다면 내란음모죄가 되고 내란음모죄는 어느 나라 법에서든지 극형에 처하도록 되어 있다"고 뒷좌석까지 들릴 정도로 격앙된 발언 태도를 보이기도 했다.[167]

---

165. 이상우, 「긴급조치-그 발동과 도전」, 『사법살인-1975년 4월의 학살』, 학민사, 2001, 82~83쪽.
166. 김충식, 『남산의 부장들』(개정 증보판), 537~538쪽.
167. 이건혜, 『박정희는 왜 그들을 죽였을까』, 144쪽.

실제 사법부가 박정희에 의해 완전히 장악·통제당하고 있었으니 인혁당계 사람들을 죽인 것은 사법부를 이용한 '사법살인'이었다.

그렇다면 박정희는 왜 인혁당계 사람들만 죽였을까?

'인혁당재건위' 사건으로 희생당한 여덟 사람 모두가 경상도 출신이라는 점에 주목할 필요가 있다. 도예종(경주시 서악동), 서도원(창녕군 대합면), 송상진(달성군 공산면 백안리, 지금의 대구시 동구 백안동), 하재완(창녕군 이방면), 이수병(의령군 부림면), 김용원(함안군 군북면), 우홍선(울주군 언양면), 여정남(대구 중구 전동). '너희 놈들이 나의 안정적인 정치적 텃밭 노릇을 해야 할 경상도 출신인데 그럴 수가 있냐'는 감정이 사형으로 끌고 가는 중요한 동인으로 작용했다고 판단할 수도 있다.[168]

물론 이런 이유도 있었겠지만, 박정희에게 늘 따라붙었던 전향자(轉向者)의 심리적 불안정이란 것이 더 크게 작용하지 않았을까? 전향자들에게서 나타나는 변신의 극단성은 보통 '자기 정체성에 대한 확인 욕구'의 산물로 설명되곤 한다. 변신에 따른 심리적 불안정을 메우려고 과거의 대극(對極)에 있는 신념·사상을 취하게 되고, 자신이 이전에 속했던 집단에 대해서 한층 공격적인 행동을 보이게 된다는 것이다. 이 점은 사회주의자들의 광범위한 전향을 경험한 일본의 사례에서도 확인된다. 1930~1940년대 일본 공산당 지도부의 다수는 사회주의 혁명 노선을 포기하는 데 그치지 않고 천황제 파시즘의 열광적 지지자가 됐다.[169]

전향자란 '자신이 종래 지니고 있던 사상이나 이념을 버리고 배치되는

---

168. 여정남기념사업회 경북대학교학생운동사편찬위원회, 『청춘, 시대를 깨우다: 경북대학교 학생운동사 1946~1979』, 269쪽.
169. 이세영, 「극좌에서 극우로 널뛰는 전향의 심리학」, 《한겨레21》 914호(2012.6.11.).

사상이나 이념으로 돌아선 사람'을 말하며 박정희 역시 전향자였다. 그는 존경하던 형 박상희 친구의 권유에 따라 남로당 비밀당원 즉 공산주의자가 됐다. 그러다 1948년 여순 사건에 이은 숙군(肅軍)에 걸려 남로당 조직을 털어놓고 주위 사람들의 도움으로 간신히 살아남기는 했지만, 전향자라는 경력은 평생 따라붙어 그를 괴롭혔다.

박정희가 공산주의자가 되었던 것은 곧 공산주의 세상이 올 것 같았고 그러면 자신에게도 출셋길이 열릴 것이라는 기회주의적 사고에서 비롯된 것이었다. 그는 골수 공산주의자들처럼 마르크스의 『자본론』이나 『공산당선언』 같은 이론서를 숙독한 적도 없었고, 월남한 사람들처럼 공산주의 통치를 경험하지도 않았으며, 전향자라는 경력 때문에 야전군 사령관에 배치된 것도 단 한 번뿐이었고 그것도 휴전 이후였다. 그러니 그는 북한군에 맞서 총을 쏘아 본 경험도 전혀 없었다.

이처럼 박정희는 진짜 공산주의가 무엇인지를 전혀 모르는 사람이었다. 다만 전향자가 갖게 되는 심리적 불안정이 평생 쌓인 결과, 사회 변혁에 관련된 일체의 사고와 행동을 공산주의적인 것으로 간주해 이에 대해 공격적인 행동을 보였을 뿐이었다. 인혁당계에 대한 사법살인도 이 같은 동기에서 나온 것이었다. 공산주의가 무엇인지를 전혀 모르면서도 사회 변혁을 주장하는 사람들을 무조건 '빨갱이'로 모는 이 같은 '박정희식 풍토'는 오늘날까지 이어지고 있다.

청년 김상진의 할복 자결

1975년 4월 11일, 수원에 있는 서울대학교 농과대학에서 학생 300여 명이 모여 성토대회를 가졌다. 구속 학생을 석방하라는 모임이었다. 연사로 나왔던 김상진은 「양심선언」을 읽고 난 다음 미리 준비한 칼로 자신의 배를 찔러 자결을 시도했다. 병원으로 옮겨지면서 학우들에게 "애국가를 불러 달라"고 요구, 학우들의 애국가를 들으며 혼수상태에 빠졌던 그는 다음 날 오전 끝내 돌아오지 않는 민주학생이 되고 말았다.

김상진은 「대통령께 드리는 공개장」을 유서로 남겼는데, 그 내용이 논리정연하고 위정자의 오류와 잘못을 세련된 문장으로 지적했다. 결코 감정을 앞세운 글이 아니라 사려 깊은 논리와 투철한 민주주의 신념으로 가득 찬 애국적 충고문이었다.[170]

이 청년은 왜 자결했을까? 물론 박정희의 폭정에 대해 분노한 것 때문이었지만, 이처럼 극단적인 선택을 하게 된 근본적 동기는 인혁당재건위 사건 관련자 8명에 대한 돌연한 사형 집행 때문이었다. 김상진이 한 얘기를 들어 보자.

> 어떤 가족들은 그 사실도 몰랐대요. 이미 죽은 줄도 모르고 아침 일찍 찾아가 영치금도 넣고 면회도 신청하고 했다는데 … 도대체 인간의 탈을 쓰고 어떻게 그런 야만적인 짓을 저지를 수 있지? 난 도저히 이해가 안 가요. 아무리 사형을 당해 마땅한 인물이라도 최소한의 예의는 지켜주는 게 도리잖아요. 사실 그래왔고. … 하지만 이번의 이 사건은 그야말로 살인이에요, 살인. 천인공노할 야만이고…[171]

---

170. 윤보선, 『윤보선 회고록: 외로운 선택의 나날』, 동아일보사, 1991, 400쪽.
171. 김남일, 『시대의 불꽃④: 김상진』, 민주화운동기념사업회, 2003, 150쪽.

1975년 4월 11일 자결한 서울대 농대생 김상진_사진 출처: (사)김상진기념사업회

　김상진은 서울대 농대의 이념서클인 한얼 소속이었다. 당시 한얼, 개척농사회, 흥사단아카데미 등이 연합한 농촌문제연구회가 농대 학생회를 움직이면서 1975년 3월 28일, 4월 4일, 4월 11일에 걸쳐 연속 집회를 열고 있었다. 이런 가운데 김상진은 4월 11일 집회 이전에 「양심선언」, 「대통령께 드리는 공개장」을 치밀하게 준비하고, 자신의 육성 녹음테이프를 만들어 방송국에 보냈다.[172] 다음은 김상진의 「양심선언」 전체 내용이다.

양심선언

　더 이상 우리는 어떻게 참을 수 있으며 더 이상 우리는 그들에게서 무엇을 바랄 수 있겠는가? 어두움이 짙게 덮힌 저 사회의 음울한 공기를 헤치고 죽음의 전령사가 서서히 우리에게 다가오는 것을 우리는 직시하고 있다.

　무엇을 망설이고 무엇을 생각할 여유가 있단 말인가! 대학은 휴강의 노예가 되고, 교수들은 정부의 대변자가 되어가고, 어미닭을 잃은 병아리마냥 우

---

172. 민주화운동기념사업회 연구소, 『한국민주화운동사 2』, 175쪽.

리들은 반응 없는 울부짖음만 토하고 있다. 우리의 주장이 결코 그릇됨이 아닐진대, 우리의 주장이 결코 비양심이 아닐진대 우리는 어떻게 더 이상 자존을 짓밟혀, 불명예스런 삶을 계속할 것인가. 우리를 대변한 동지들은 차가운 시멘트 바닥 위에 신음하고 있고, 무고한 백성은 형장의 이슬로 사라져가고 있다. 민주주의란 나무는 피를 먹고 살아간다고 한다. 들으라, 동지여!

우리의 숭고한 피를 흩뿌려 이 땅에 영원한 민주주의의 푸른 잎사귀가 번성하도록 할 용기를 그대들은 주저하고 있는가! 들으라! 우리는 유신헌법의 잔인한 폭력성을, 합법을 가장한 유신헌법의 모든 부조리와 악을 고발한다. 우리는 유신헌법의 비민주적 허위성을 고발한다. 우리는 유신헌법의 자기중심적 이기성을 고발한다.

학우여!

아는가! 민주주의는 지식의 산물이 아니라 투쟁의 결과라는 것을. 금일 우리는 어제를 통감하기 전에 내일을 체념하기 전에 치밀한 이성과 신념으로 이 처참한 일당독재의 아성을 향해 불퇴진의 결의로 진격하자. 민족사의 새 날은 밝아오고 있다. 그 누가 이 날의 공포와 혼란에 노략질 당하길 바라겠는가. 우리 대한 학도는 민족과 역사 앞에 분연히 선언한다. 이 정권이 끝날 때까지 후퇴치 못하고 이 민족을 끝까지 못살게 군다면 자유와 평등과 정의를 뜨겁게 외치는 이 땅의 모든 시민의 준열한 피의 심판을 면치 못하리라. 역사는 이러한 사태를 원치 않으나 그러나 우리는 하나가 무너지고 또 무너지더라도 무릎 꿇고 사느니 차라리 서서 죽을 것임을 재천명한다. 탄압과 기만의 검은 바람이 불어오는 것을 보라. 우리는 이제 자유와 평등의 민주사회를 향한 결단의 깃발을 내걸어 일체의 정치적 자유를 질식시키는 공포의 병영 국가가 도래했음을 민족과 역사 앞에 고발코자 한다. 이것이 민족과 역사를 위하는 길이고, 이것이 우리의 자랑스런 조국의 민주주의를 쟁취하는 길이며, 이것이 영원한 사회정의를 구현하는 길이라면 이 보잘 것 없는 생명, 바치기에 아까움이 없노라.

저 지하에 선 내 영혼이 눈이 뜨여 만족스런 웃음 속에 여러분의 진격을 지켜보리라. 그 위대한 승리가 도래하는 날!

나! 소리 없는 뜨거운 갈채를 만천하에 울리게 보낼 것이다.

1975년 4월 11일 9시 김상진[173]

「양심선언」을 차분하게 읽어가던 김상진은 "이 보잘것없는 생명…" 부분을 읽을 때 준비한 등산용 칼을 꺼내어 학우들이 말릴 사이도 없이 왼쪽 하복부를 찔렀다. 그리고 선혈을 뿌리면서 연단에 쓰러졌다. 그는 「양심선언」과 별도로 「대통령께 드리는 공개장」을 유서로 남겼다. 박정희의 폭압통치를 낱낱이 규탄한 이 유서에서 박정희의 퇴진을 촉구했다.

다음은 「대통령께 드리는 공개장」의 주요 부분이다.

대통령 각하

위대한 지도자는 또 민족의 영도자는 국민의 열망과 진심에서 우러나오는 존경으로 비롯되는 것이지 결코 강요와 복종으로 점철되는 시간의 흐름 속에서 민심이 형성되는 것이 아니라고 생각합니다. 왜 각하 혼자만이 이 시국에 이 나라를 이끌어갈 유일한 존재이며 이 조국의 안녕과 민족번영을 위해 각하만이 중차대한 사명의 십자가를 짊어져야 한다는 오류를 버리시지

---

173. 한국기독교교회협의회 인권위원회, 『1970년대 민주화운동(II)』, 한국기독교교회협의회, 1987, 652~653쪽.

서울 농대생 김상진 할복을 보도한 《동아일보》 1975.4.12. 7면.

못하는 겁니까? 우리 국민은 누구나 밝고 밝은 내일의 비전을 갈망하고, 우리 국민은 누구나 국가의 앞날을 걱정하고 있습니다. 왜 우리 사회의 이유있는 저항을 각하의 독선 속에 파묻어 버리시려는 것입니까?

대통령 각하

위대한 지도자의 진정한 용기는 영광의 퇴진을 위한 숭고한 결단에 있다고 저는 확신합니다. 진정한 안보는 국민총화에서 비롯되고 국민총화는 지도자와 국민 사이에 불신과 압박이 없을 때 비롯되는 것입니다. 우리 사회에 범람하는 불신이 뜻하는 것이 무엇이며 인간 개인에게 이유 없는 두려움을 느끼는 것이 무엇을 뜻한단 말입니까? 각하의 숭고한 결단 하나로 사회의 안녕을 가져오고 학원의 평화가 유지되며 진실로 국가의 앞날을 걱정하는 우리 민족에게 국민총화의 계기를 마련해 주며 단결된 힘으로 뭉친 안보태세의 만전이 기해지리라 믿는 바입니다.

저 민족의 들리지 않는 피맺힌 절규가 무엇을 뜻하며 간절한 무언의 호소가 무엇을 바라는가를 왜 각하는 모르시는 것입니까? 죽음으로써 바라옵나니, 이 조국을 진정 사랑하는 마음에서 바라옵나니, 국민된 양심으로서 진실로 진실로 엎드려 바라옵나니, 더 이상의 무고한 희생이 나지 않도록, 더 이상의 혼란이 오지 않도록 숭고한 결단을 내려주시길 바랍니다. 이 땅에 영원한 민주주의를 꽃피우기 갈망하는 우리 민족의 그것을 성취하기 위하여 어떠한 압력에도 끝없는 투쟁을 계속하여 싸워 이겨나갈 것이라는 것은 자명한 사실일 것입니다.

각하의 안녕과 건강을 축원합니다.

1975년 4월 10일 서울대학교 농과대학 축산과 4년 김상진[174]

박정희 정권은 김상진의 장례식을 금지했고, 나아가 5월 13일 긴급조치 제9호의 선포로 유신헌법에 대한 모든 반대 행위와 학내 집회, 시위를 전면 금지했다. 하지만 학생들은 김상진의 장례식을 5월 22일 대학 구내에서 예정대로 강행했다. 학생 4천여 명이 참여한 가운데 장례식을 끝낸 후 학생 약 500명이 교문 밖으로 진출을 시도했다. 경찰은 시위대를 해산시키고 모두 56명을 구속했다.

긴급조치 제9호와 유신체제에 정면으로 저항한 이날 장례식으로 서울대학교 총장이 사임했고 서울 남부경찰서장과 치안본부장은 경질됐다.[175]

---

[174]. 한국기독교교회협의회 인권위원회, 『1970년대 민주화운동(II)』, 654~655쪽.
[175]. 서울대학교 60년사 편찬위원회, 『서울대학교 60년사』, 서울대학교, 2006, 860~861쪽.

긴급조치 제9호 선포와 장준하 의문사

1975년 4월 들어 인도차이나 3국 상황이 결정적 국면에 들어섰다. 4월 17일 캄보디아 정부가 항복하자 크메르루즈가 수도 프놈펜을 점령했고, 4월 30일 오전 두옹 반 민 베트남 대통령은 베트남의 무조건 항복을 발표하고 정부군에 전투 중지 명령을 내렸다. 이어서 라오스도 공산화됐다.

이 같은 인도차이나의 상황은 김상진의 할복 자결 사건으로 긴장해 있던 박정희에게는 그야말로 호재 중의 호재였다. 여기다가 4월 18일 14년 만에 중국을 공식 방문한 북한의 김일성이 "만일 남조선에서 혁명이 일어난다면 우리는 단일 민족이면서 같은 민족으로서 팔짱을 끼지 않고 남조선 인민을 적극 돕겠다"[176]는 말까지 했으니 그야말로 금상첨화(錦上添花)였다.

박정희가 이런 기회를 놓칠 리가 없었다. 4월 29일 특별담화를 발표하고 "만약에 북한 공산집단이 전쟁을 도발해온다면 수도 서울은 절대로 철수해서는 안 되며 전 국민과 정부가 이대로 남아 끝까지 사수하고 대통령도 시민들과 같이 수도를 사수하겠다"는 결의를 밝혔다.[177]

박정희의 특별담화를 신호탄으로 전국이 순식간에 반공 안보 분위기로 바뀌어 버렸다. 대표적인 예가 긴급조치 제7호를 얻어맞았던 고려대학교였다. 고려대 비상총학생회는 5월 1일 성명을 발표하고 ① 휴교 조치까지 이르게 한 고려대 시위 사태가 학생의 본분을 이탈한 행동이었음을 자인하고 그 책임을 통감하며, ② 전 대학인은 인도차이나 사태의 비극적 종말이 의미하는 바를 깊이 인식, 승공의 정신으로 무장하여 국민총화단결의 선도적

---

176. 서중석·김덕련, 『서중석의 현대사 이야기⑬』, 도서출판 오월의봄, 2018, 26쪽.
177. 《동아일보》 1975.4.29. 1면.

박정희는 인도차이나 3국이 공산화되자 이를 빌미로 1975년 5월 13일 긴급조치 결정판인 제9호를 선포하고 대한민국 병영화 작업에 들어갔다.(《조선일보》 1975.5.14. 1면)

역할을 담당해야 하며, ③ 대학인의 본분이 진리의 추구 즉 면학에 있다는 것을 재확인한다는 등을 다짐했다.[178] 박정희에 대한 항복 선언이었다.

이어서 서울대를 비롯한 여러 대학들이 항복을 선언했고, 수많은 시민과 기업, 각종 단체들이 속속 안보 궐기대회를 개최했다. 5월 13일 박정희는 이런 분위기를 이용해 긴급조치 제9호를 선포하여 유신 반대 운동을 원천 봉쇄하겠다는 의지를 나타냈다. 다음은 '긴급조치의 결정판'이라고 불리는 긴급조치 제9호의 내용이다.

1. 다음 각호의 행위를 금한다.
  가. 유언비어를 날조, 유포하거나 사실을 왜곡하여 전파하는 행위.
  나. 집회·시위 또는 신문, 방송, 통신 등 공중전파수단이나 문서, 도화, 음

178.《동아일보》 1975.5.1. 7면.

반 등 표현물에 의하여 대한민국 헌법을 부정·반대·왜곡 또는 비방하거나 그 개정 또는 폐지를 주장·청원·선동 또는 선전하는 행위.

　다. 학교당국의 지도, 감독하에 행하는 수업, 연구 또는 학교장의 사전허가를 받았거나 기타 의례적 비정치적 활동을 제외한, 학생의 집회·시위 또는 정치관여 행위.

　라. 이 조치를 공연히 비방하는 행위.

2. 제1에 위반한 내용을 방송·보도 기타의 방법으로 공연히 전파하거나, 그 내용의 표현물을 제작·배포·판매·소지 또는 전시하는 행위를 금한다.

3. 재산을 도피시킬 목적으로, 대한민국 또는 대한민국 국민의 재산을 국외에 이동하거나 국내에 반입될 재산을 국외에 은닉 또는 처분하는 행위를 금한다.

4. 관계서류의 허위기재 기타 부정한 방법으로 해외이주의 허가를 받거나 국외에 도피하는 행위를 금한다.

5. 주무부장관은 이 조치위반자·범행당시의 그 소속 학교, 단체나 사업체 또는 그 대표자나 장에 대하여 다음 각 호의 명령이나 조치를 할 수 있다.

　가. 대표자나 장에 대한 소속임직원·교직원 또는 학생의 해임이나 제적의 명령.

　나. 대표자나 장·소속 임직원·교직원이나 학생의 해임 또는 제적의 조치.

　다. 방송·보도·제작·판매 또는 배포의 금지조치.

　라. 휴업·휴교·정간·폐간·해산 또는 폐쇄의 조치.

　마. 승인·등록·인가·허가 또는 면허의 취소조치.

6. 국회의원이 국회에서 직무상 행한 발언은 이 조치에 저촉되더라도 처벌하지 아니한다. 다만, 그 발언을 방송·보도 기타의 방법으로 공연히 전파

한 자는 그러하지 아니하다.

7. 이 조치 또는 이에 의한 주무부장관의 조치에 위반한 자는 1년 이상의 유기징역에 처한다. 이 경우에는 10년이하의 자격정지를 병과한다. 미수에 그치거나 예비 또는 음모한 자도 또한 같다.

8. 이 조치 또는 이에 의한 주무부장관의 조치에 위반한 자는 법관의 영장없이 체포·구금·압수 또는 수색할 수 있다.

9. 이 조치 시행 후, 특정범죄 가중 처벌 등에 관한 법률 제2조(賂物罪의 加重處罰)의 죄를 범한 공무원이나 정부관리기업체의 간부직원 또는 동법 제5조(國庫損失)의 죄를 범한 회계 관계 직원 등에 대하여는, 동법 각조에 정한 형에, 수뢰액 또는 국고손실액의 10배에 해당 하는 벌금을 병과한다.

10. 이 조치위반의 죄는 일반법원에서 심판한다.

11. 이 조치의 시행을 위하여 필요한 사항은 주무부장관이 정한다.

12. 국방부장관은 서울특별시장·부산시장 또는 도지사로부터 치안질서 유지를 위한 병력출동의 요청을 받은 때에는 이에 응하여 지원할 수 있다.

13. 이 조치에 의한 주무부장관의 명령이나 조치는 사법적 심사의 대상이 되지 아니한다.

14. 이 조치는 1975년 5월 13일 15시부터 시행한다.[179]

내용을 보면 알겠지만, 긴급조치 제9호는 산천이 떠는 법률이었다. 극단적으로 말하면, 주권자이고 헌법 제정 권력자로서의 국민이 '헌법'이라고 입만 벙긋해도 긴급조치 제9호의 올가미가 다가오고 있었고, '헌법'이라는

---

179. 국가법령정보센터(www.law.go.kr)

글자가 인쇄된 유인물만 들고 다녀도 수사기관에 불려가야 했다. 또 주무부 장관은 자기의 부에 관련되는 국가기관은 물론 관련된 사기업 등의 임직원이나 학생에게 해임이나 제적 명령을 내릴 수 있고 해임이나 제적 조치를 취할 수 있었다.[180]

많은 사람들이 '말'한 죄로 끌려갔고, 다음과 같이 걸린 사람들도 있었다. 한 충남대학교 학생은 애인한테 보낸 편지 때문에 걸려들었다. 서울·대전 등 대학가에서는 데모가 일어나고 있고 학생에 대한 감시가 시작됐으며 긴급조치 때문에 말도 못하고 산다고 편지에 썼는데, 당국에서 이걸 검열해 처벌한 것이다. 한국에서는 민주주의가 소멸되고 많은 지식인·학생들이 정치적 문제로 고통 받고 있다는 내용의 편지를 미국 유명인들과 언론에 보냈다고 1심에서 징역 7년을 선고 받은 사례도 있었다.[181]

박정희는 긴급조치 제9호 선포와 더불어 4대 전시 입법[182]과 학도호국단, 반상회 등을 통해 학원의 병영화뿐만 아니라 전 사회·국가의 병영화를 시도했다. 또한 끊임없는 북한의 남침 주장, 전 국민적 간첩 신고 운동, 이승복[183] 동상 건립의 전국화 등 전체주의 방식의 반공 운동을 이전과는 다른 차원에서 대대적으로 전개했다.

1975년은 또한 소중한 생명들을 앗아간 해였다. 4월 9일 박정희가 사법

---

180. 이정석,『분단과 반민주로 본 한국 정치 이야기(상)』, 도서출판 무당미디어, 1997, 332쪽.
181. 서중석·김덕련,『서중석의 현대사 이야기⑬』, 91쪽.
182. '4대 전시(戰時) 입법'이란 민방위법, 사회안전법, 방위세법, 교육 관계법 개정 법안을 말한다.
183. 이승복(李承福, 1959~1968)은 울진-삼척 무장 공비 침투 사건 당시 "나는 공산당이 싫어요"라고 하여 어머니·남동생·여동생과 함께 살해됐다. 박정희 정권은 이를 반공교육의 좋은 소재로 활용해 거의 모든 초등학교에 동상을 세우고 도덕 교과서에 이 내용을 싣도록 했다.

살인을 통해 여덟 명의 목숨을 빼앗았고, 4월 11일에는 서울대 농대생 김상진이 사법살인에 분개하여 박정희의 퇴진을 요구하며 스스로 목숨을 끊었다. 이어서 8월 17일 박정희의 '정신적 라이벌'이었던 장준하가 경기도 포천 약사봉에서 등산 도중 주검으로 발견되는 사건이 일어났다.

박정희는 1917년생, 장준하는 1918년생. 숙명의 라이벌이 된 두 사람은 딱 한 살 차이였다. 박정희가 소학교(초등학교) 선생님에서 일본군 장교로, 해방 후 광복군으로, 국군으로, 남로당 프락치로, 무기징역을 선고받은 피고인으로, 반란군의 수괴로, 독재자로 변검[184]의 한 장면처럼 정신없이 변신해 왔다면, 장준하도 극우·반공·친미에서 한 시대의 가장 진보적인 위치까지 평생을 숨 가쁘게 달려 왔다. 한 명은 가장 믿었던 부하의 총에 맞아 비명에 갔고, 다른 한 명은 지금까지도 그 사인(死因)을 놓고 논란이 벌어지는 의문의 죽음을 당했다. 격동의 한국 현대사에서 양극단에 섰던 두 사람 모두 자연사하지 못했다.[185]

박정희가 쿠데타를 일으킨 1961년부터 1975년 약사봉에서 의문사할 때까지 14년 동안, 장준하는 박정희에 의해 모두 아홉 번 구속됐으며 연행된 횟수는 스물일곱 번이었다.[186] 장준하가 처음으로 구속된 것이 1966년 10월 26일이었는데, 죄명이 '국가원수 모독죄'였다.

장준하는 어떻게 국가원수를 모독했을까? 1966년 9월 15일자 《경향신문》은 특종 보도로 "삼성재벌의 방계회사인 한국비료에서 사카린 약 2천 포대를 건설자재로 가장, 밀수입 한 것"을 폭로했다. 이를 비판하기 위해 10

---

184. 변검(變臉): 중국의 전통극 중 하나. 연기자가 얼굴에 쓴 가면을 순식간에 바꾸는 마술과 비슷한 공연이다.
185. 한홍구, 『유신』, 128쪽.
186. 고상만, 『장준하, 묻지 못한 진실』, 돌베개, 2012, 55쪽.

1975년 8월 21일 장준하 장례식. 백기완 통일문제연구소장(오른쪽)이 운구 행렬을 이끌고 있다. 김도현 전 문체부차관(오른쪽에서 세 번째)의 모습도 보인다._사진출처:《한겨레》

월 15일 대구에서 야당인 민중당이 '특정 재벌 밀수 진상 폭로 및 규탄 국민 대회'를 개최했고, 이때 장준하가 초청 연사로 나서 "밀수 왕초는 박정희 씨다. 조무래기 소매치기를 잡아야 헛일인 것과 마찬가지로 밀수를 근절하려면 바로 왕초를 잡아야 한다"[187]고 돌직구를 날렸다.

박정희가 장준하의 이 말을 트집 잡아 '국가원수 모독죄'로 잡아넣었는데, 27년이 지난 1993년 마침내 "밀수 왕초는 박정희 씨다"라는 그의 말이 사실로 드러났다. 박정희가 진짜로 '밀수 왕초'였던 것이다. 어찌된 일일까?

삼성그룹 창업주 이병철의 아들이자 '사카린 밀수 사건'의 주범으로 구속되었던 이맹희가, 이 사건이 대통령 박정희와 아버지 이병철이 공모하여 벌인 조직적 밀수였다는 사실을 다음과 같이 밝힌 것이다.

문제의 발단은 리베이트 1백만 달러의 반입이 쉽지 않았다는 점이었다.

---

187. 고상만, 『중정이 기록한 장준하』, 오마이북, 2015, 146쪽.

처음, 아이디어를 낸 사람은 박 대통령이었다. 즉, '그렇게 돈을 가져오는 것이 힘들면 물건을 사와서 여기서 처분하면 될 거 아니냐?'는 이야기였다. 덧붙여 박 대통령은 돈을 만든 다음 1/3은 정치자금으로, 1/3은 부족한 공장 건설 대금으로, 1/3은 한국비료의 운영자금으로 하자는 안까지 내어놓았다. 쉽게 말해서 그 돈을 단순하게 운반할 게 아니라 그 돈을 다시 한 번 부풀려서 이용하자는 것이 박 대통령의 아이디어였다. 삼성은 건설용 장비를, 청와대는 돈을 필요로 하고 있었는데 외국에서 거액의 검은 돈이 생기자 곧 밀수를 하자는 쪽으로 일이 진전되었던 것이다.[188]

1967년 2월 28일 서울형사지방법원은 "피고인의 연설 내용은 그 진실을 입증할 수 있는 구체적인 증거가 없어 범의를 인정할 수 있다"며 보석 중이던 장준하에게 징역 6월을 선고했다.[189]

다음은 이맹희의 증언에 대한 조갑제의 생각이다.

만약 이맹희가 이런 고백을 1966년 당시에 했더라면 아무리 강력한 박정희 정권이라 하더라도 무너졌을지 모르겠다는 생각이 들 정도의 충격적인 내용이다. 그러나 이 고백도 건망증이 심한 언론의 주목을 끌지 못하고 조용하게 넘어갔다. 이맹희는 요컨대 '한비 밀수사건'은 박정희와 이병철의 공모 아래서 정부기관들이 적극적으로 비호하는 가운데 광범위하게 이루어진 엄청난 규모의 조직적인 밀수였다'고 주장한 것이다.[190]

---

188. 이맹희, 『묻어둔 이야기: 이맹희 회상록』, 도서출판 청산, 1993, 137~138쪽.
189. 《경향신문》 1967. 2. 28. 3면.
190. 조갑제, 『박정희 8-철부지 학생과 반동정객』, 조갑제닷컴, 2007, 195쪽.

또한 장준하는 1967년의 제6대 대통령 선거 유세에서 박정희를 겨냥하여 '대통령의 자격'을 거론하며 대한민국 국민 29,999,999명이 대통령 될 자격이 있어도 일본군 장교 출신 다카키 마사오만큼은 대통령이 될 자격이 없다고 비판하여 5월 7일 '허위사실 공표' 죄로 또다시 구속됐다. 자신이 발행했던 《사상계》의 좌절과 정치 생활의 환멸, 그리고 부인이 봉투에 풀칠하여 식구들의 입에 풀칠하는 절망적인 빈곤 속에서도 장준하의 박정희에 대한 태도는 돌이킬 수 없이 단호해졌다.[191]

이런 관계였던 박정희가 최악의 긴급조치 제9호를 발동한 가운데 등산하던 장준하가 주검으로 발견됐으니, 살해 의혹의 눈길이 박정희 쪽으로 향한 것은 당연했다. 그러나 박정희 쪽의 중앙정보부 같은 기관에서 살인을 저질렀다 해도 시인할 리가 만무했다.

2000년 10월 장준하 의문사 등을 규명하고자 '대통령소속 의문사진상규명위원회(의문사위원회)'[192]가 꾸려졌으나 관계 기관의 비협조로 자료 확보에 어려움을 겪었다. 이에 노무현 대통령에게 해결 방안을 건의하고자 면담 일정을 2004년 3월 말로 잡아 두고 있었다. 대통령을 면담하여 그동안 입수하지 못했던 장준하 의문사 관련 문서 확보에 대한 협조를 간청할 예정이었다. 의문사위원회는 그때까지 한 장도 입수할 수 없었던 국군기무사령부[193]의 존안 문서와, 국가정보원[194]이 1975년 8월 17일 밤 9시 이후 다음

---

191. 한홍구, 『유신』, 141쪽.
192. '대통령소속 의문사진상규명위원회'는 2000년 10월 17일부터 2004년 7월 30일까지 활동한 한시적 기구였다.
193. 1991년 국군보안사령부가 국군기무사령부로, 2018년 국군기무사령부가 군사안보지원사령부로 개편됐다.
194. 1981년 중앙정보부가 국가안전기획부로, 1999년 국가안전기획부가 국가정보원으로 개편됐다.

날 새벽 사이에 작성한 것이 확실시되는 '중요 상황 보고' 등을 대통령의 힘을 빌려 확보할 속셈이었다. 그러나 2004년 3월 12일의 노무현 대통령의 탄핵으로 면담이 불가능해져 자료 확보의 꿈이 무산됐다.[195]

결국 '대통령소속 의문사진상규명위원회' 위원 일곱 명의 표결 결과 4대 3으로 '진상 규명 불능'으로 최종 결정됐다. 다수 의견은 장준하의 민주화운동은 평가하나 구체적인 사망 경위가 밝혀지지 않았기 때문에 판단 불능이라는 것이었다. 즉 박정희 쪽에서 장준하를 살해했다는 심증은 가나 구체적 물증이 없다는 것이었다. 이에 대한 소수 의견의 요지는 다음과 같다.

비록 김용환[196]이 당시의 상황에 대한 진실한 진술을 거부하고, 중앙정보부 등 정보기관이 당시 장준하와 관련된 기록을 공개하지 않아 중앙정보부 등 정보기관의 구체적인 공작 내용, 이 과정에서 김용환의 구체적인 역할 및 장준하의 직접적인 사망의 경위 등 사망 과정의 모든 면이 구체적으로 드러난 것은 아니지만, 위와 같은 장준하의 민주화운동 상황과 정보기관의 감시, 사건 후의 개입, 김용환이 중앙정보부 정보원이었을 가능성 및 장준하의 사인이 인위적인 요인에 의한 것이라는 점에 비추어 보았을 때, 장준하의 사망은 그가 민주화운동을 전개하는 과정에서 이를 무력화시키기 위한 정보기관

---

195. 고상만, 『장준하, 묻지 못한 진실』, 273~274쪽.
196. 김용환(金龍煥): 장준하는 1967년 대통령 선거 유세장에서 박정희의 친일 행적과 남로당 경력을 비판하여 5월 8일 '국가원수 모독죄'로 구속됐다. 장준하는 옥중 출마하여 국회의원에 당선됐는데, 이때 자원봉사자를 자청하며 찾아온 사람이 김용환이었다. 그는 1975년 8월 17일 장준하가 산행 중 사망했을 당시 유일한 목격자였음에도 진술이 오락가락하고 이해할 수 없는 태도를 취해 정보부의 프락치로 의심을 받았다. 1975년 초 고향으로 내려가 당진중학교 강사로 교편생활을 시작해 1999년 호서고등학교 교감으로 정년퇴직한 후 2017년 9월 20일 사망했다.

의 위법한 공권력의 행사에 의하여 사망한 것이라고 충분히 인정할 수 있다고 판단된다.[197]

언론자유의 말살

20세기 반백년의 한국 현대사는 이승만-박정희-전두환으로 이어지는 독재자들의 놀이터였다 해도 과언이 아니다. 이들이 행한 독재 정치란 민주 정치와 같이 헌법이나 법률도 있고 국회도 있기는 했으나, 국민의 이름을 빌려 정권을 잡은 독재자가 겉으로만 민주주의 정치를 한다는 가면을 쓰고 실상은 헌법이나 법률을 무시하고 자기 마음대로 하는 정치였다. 국회도 이들의 뜻대로 움직였고 헌법이나 법률도 마음대로 뜯어 고치는 등 누구도 독재자를 견제하지 못했으므로 이들 독재자는 사실상 전제 정치나 다름없이 마음대로 정치를 한 것이다.

이승만을 이어받은 독재자 박정희는 영리했다. 이승만 독재 권력이 패망한 근본적 원인이 언론 특히 신문에 족쇄를 단단히 채우지 않았기 때문이라는 것을 간파하고 있었다. 그리고 일제강점기에 받은 교육과 훈련의 결과 그의 머리에는 국가주의적 사고가 뿌리박혀 언론의 사회 순화 기능 따위를 인식할 수 있는 능력조차도 들어 있지 않았다. 이렇게 만들어진 그의 언론관은 1972년의 유신 쿠데타를 전후하여 언론 탄압 형태로 발전하여 한국 언론은 암흑기에 접어들었다.

그러나 무슨 일이든 한계에 다다르면 터지게 마련이다. 위축될 대로 위

---

197. 고상만, 『장준하, 묻지 못한 진실』, 302쪽.

축됐던 언론은 1971년 4월 27일의 제7대 대통령 선거를 앞두고 마침내 그 불만을 토해 냈다. 그해 4월 15일 《동아일보》 기자들에 의해 제1차「언론자유 수호선언」이 결행된 것이다. 언론자유가 워낙 심하게 유린되자 대학가에서 언론인들을 비판하는 소리가 나오기 시작했고 여기에 자극을 받은 젊은 기자들이 들고 일어난 것이다.

언론자유의 보장을 요구한 이 선언에서 특기할 사항은 정보기관원의 신문사 '상주(常住)' 즉각 중지를 요구한 점이다. 이 선언은 "기관원의 상주가 빚어내는 모든 불합리한 사태는 일선 언론인들에게 우리에게 참을 수 없는 치욕과 슬픔을 안겨 주었다"고 지적했다. 이 선언이 발표되자 그 이튿날부터 《한국일보》, 《조선일보》, 《중앙일보》, 《경향신문》을 포함한 거의 모든 신문의 기자들이 선언문을 발표했으며, 마지막으로 기자협회는「언론자유 수호행동강령」을 발표하여 바야흐로 언론과 권력의 충돌을 예고하고 있었다.[198]

4·27 대선이 끝난 후 서울대 문리대 등을 중심으로 한동안 4·27 선거 무효화 투쟁이 전개되다가 2학기에 들어와서는 교련 반대 투쟁이 일어났다. 이에 박정희는 10월 15일의 위수령 발동과 12월 6일의 국가비상사태 선언으로 대응했다. 이런 사태를 맞이하여 언론은 굴종적인 자세를 보였다. 한국신문협회는 "정부의 비상사태 선언을 강력히 뒷받침할 국민의 총단결을 호소한다", "국가 안전보장 논의에 있어 언론이 지켜야할 절도를 자인한다"는 성명서를 발표했다.

1972년 10월 17일 중앙청 앞에 탱크가 등장했다. 탱크가 겨냥한 건 북한

---

198. 남시욱, 「유신독재와 언론탄압」, 한국언론진흥재단, 《신문과 방송》 1998년 1월호, 41쪽.

암울했던 유신 독재 시절 젊은 세대에게 지적 자양분을 공급해 주며 고군분투했던 언론인들. 왼쪽부터 리영희, 장준하, 송건호. 리영희는 박정희·전두환 군사정권 시절 4번 해직, 5차례 구속을 당했다. 장준하는 자신이 창간한 《사상계》를 통해 이승만·박정희 독재에 대해 날선 비판을 전개했다. 송건호는 1975년 《동아일보》 편집국장 재직 시 기자들이 강제해직되자 사표를 던진 후 1985년 월간지 《말》, 1988년 《한겨레신문》을 창간했다._사진출처: 《한겨레》

이 아니라 남한 국민이었다. 박정희는 7·4 남북공동성명으로 국민의 통일 열기를 한껏 고조시킨 뒤 그로부터 불과 3개월여 후인 10월 17일, 통일을 위해서라는 핑계를 대고 자신의 대통령 종신제를 보장하기 위한 10월 유신이라는 것을 선언했다. 전국에 비상계엄이 선포된 가운데 국회는 강제 해산되고 정치활동도 금지됐다.[199]

박정희는 10월 유신 선포로 잠시 대한민국 온천지를 조용하게 만들기는 했지만 1년 만에 그 정적이 깨졌다. 1973년 10월 2일 서울대 문리대생들의 데모를 시발로 유신체제에 대한 비판이 시작되고 10월 말부터 언론자유

---

199. 강준만, 『한국 언론사』, 인물과사상사, 2019, 327~330쪽.

수호 운동이 일어나자 언론의 자율성을 최대한 보장하겠다고 하기는 했으나 언론 통제의 고삐는 여전히 늦추지 않았다.

이런 가운데 재야의 '개헌 청원 서명 운동'이 벌어지고 야당에서도 유신헌법 개정 움직임을 보이자, 1974년 1월 8일 긴급조치 제1호 발동을 시작으로 1975년 5월 13일 긴급조치 제9호를 발동함으로써 불과 1년여 만에 대한민국은 긴급조치 만능 시대에 진입했다.

이런 가운데 언론인의 강제연행과 구속이 잇달았다. 1974년 3월 6일에는 《동아일보》 노조가 결성됐다. 그리고 학생 데모에 관한 보도를 이유로 편집국장과 관련 부장들이 연행된 사태를 계기로 하여 10월 24일 오전 9시 15분 《동아일보》 편집국·출판국·방송국 기자 180여 명은 3층 편집국에 모여 「자유언론실천선언」을 채택함으로써 1971년에 이어 2차로 자유언론 수호 투쟁을 벌이게 된다.

이날 결의된 사항은 다음과 같다.

1. 신문·방송·잡지에 대한 어떠한 외부 간섭도 우리의 일치된 단결로 강력히 배제한다.

1. 기관원의 출입을 엄격히 거부한다.

1. 언론인의 불법 연행을 일절 거부한다. 만약 어떠한 명목으로라도 불법 연행이 자행될 경우 그가 귀사할 때까지 퇴근하지 않기로 한다.[200]

《동아일보》의 「자유언론실천선언」은 10월 24일 밤 곧바로 《조선일보》와

---

200. 동아자유언론수호투쟁위원회, 『자유언론: 1975~2005 동아투위 30년 발자취』, 해담솔, 2005, 116쪽.

1974년 10월 24일《동아일보》편집국에서 기자, 프로듀서, 아나운서 등이 모여「자유언론 실천선언」을 하고 있다. 이는 1975년 3월 사상 초유의 언론인 대량 해고 사태로 이어진다._
사진출처:《미디어오늘》

《한국일보》로 번졌으며, 이틀 사이에 서울과 지방을 망라한 31개 신문·방송·통신사가 선언문을 채택했다. 사태가 예상외로 심각하게 돌아가자, 중앙정보부는 12월 12일부터 광고주에게 압력을 가해《동아일보》에 대한 광고를 철회하도록 했고, 12월 24일에는 광고를 내던 20여 개 회사가 한꺼번에 광고 해약을 통고해 왔다. 1975년에 들어서는 동아방송에 대해서도 광고 탄압을 시작했다.

이러한 광고 탄압을 지시한 사람은 다름 아닌 박정희였다. 박정희는《동아일보》의 보도 태도를 못마땅하게 여겨 이를 신직수의 중앙정보부에 지시했다. 광고 탄압에 따른 미국 내의 반응이 나쁘므로 중단하라는 권유에도 박정희는 다음과 같이 말하며 막무가내였다.

《동아일보》는 못됐습니다. 일전에《워싱턴포스트》지에서 나를 보고 '세계에서 가장 위험스러운 인물'이라고 썼는데《동아일보》가 그것을 그대로 전재했어요. 그래 내가 김일성이란 말이요? 일국의 대통령을 그렇게 부를 수 있어요?[201]

이런 박정희의 의도에 따라 크리스마스 직후부터는 《동아일보》의 광고 무더기 해약 사태가 본격화되어 《동아일보》 고사 작전이 본격적으로 벌어졌다. 그러나 이 같은 새로운 탄압 수법에 대해 국민들은 격려 성금, 격려 광고로 신문 편에 섰고 언론자유를 위한 광범위한 투쟁이 뒤따랐다. 1975년 새해 들어 국민들의 정치적 항의는 《동아일보》의 광고란을 통해 치열해졌다. 가톨릭의 '정의구현전국사제단'이나 정치인의 이름으로 된 5단통의 큰 광고로부터 '한국교회여성연합회', '경동교회 회원 일동'과 같은 단체나 공동 명의로 된 광고, '언론자유를 수호하고자 하는 한 시민'과 같은 익명의 개인 광고에 이르기까지 국민 각계각층의 분노와 성원이 바로 이 광고란을 통해 쏟아져 나왔다.[202]

한편 《조선일보》는 백기범(白基範)과 신홍범(愼洪範) 두 기자가 1974년 12월 16일자 《조선일보》에 실린 글이 유신체제를 일방적으로 홍보하는 내용일 뿐만 아니라 논설위원실에서 가필한 것에 대해 항의하자 이 두 기자를 하극상 행위로 몰아 해직했다. 이에 대해 1975년 3월 6일 한국기자협회 조선일보분회장 정태기(鄭泰基)의 주도로 "진실에 투철해야 하는 기자로서 열과 성을 다해 언론자유에 도전하는 외부 세력과의 투쟁은 물론 언론 내부의 안이한 패배주의와도 감연히 싸우려 한다"는 요지의 선언문을 채택하고 정론지 제작을 요구하며 제작 거부에 들어갔다.

---

201. 이경재, 『코리아게이트』, 동아일보사, 1988, 85쪽.
202. 한승헌, 『불행한 조국의 임상노트: 정치재판의 현장』, 일요신문사, 1997, 211~213쪽.

《조선일보》는 기자들에게 매우 강경한 자세를 보여, 사장 방우영은 3월 7일 "가차 없이 처단하겠다"는 경고문을 회사 안에 붙였다. 그리고 농성 6일째인 3월 11일 사장 방우영을 비롯한 경영진은 편집국에 들어가 농성 기자들을 완력으로 모두 끌어냈고 이 일로 32명의 기자를 해고했다. 해고된 기자들은 '조선자유언론수호투쟁위원회(조선투위)'를 구성하고 기나긴 투쟁에 들어갔다.[203]

《동아일보》는 어찌 되었을까? 국민 각계각층의 격려 광고는 계속됐지만 《동아일보》가 당면하게 된 경제적 위기를 해결할 수는 없었다. 《동아일보》 사주는 투쟁 의욕을 잃고 결국 박정희의 광고 탄압에 굴복하여 경영 악화로 기구를 축소한다는 이유로 사원 18명을 해고했다. 이의 부당성을 지적한 기협분회장 장윤환(張潤煥)과 박지동(朴智東)을 또 해고했다. 이렇게 시작된 《동아일보》의 기자 해고는 신임 분회장 권영자(權英子) 등 17명의 해고로 이어졌다.

《조선일보》 기자들이 강제 해산된 다음 날인 3월 12일, 《동아일보》 기자들은 제작 거부 농성과 함께 23명이 공무국을 점거, 단식 투쟁을 병행했다. 그러자 회사 쪽은 농성 엿새째인 3월 17일 새벽, 술 취한 보급소 직원 및 가판원 200여 명을 동원하여 농성 중이던 기자, 프로듀서, 아나운서, 엔지니어 등 160여 명을 폭력으로 축출했다. 이 장면은 그야말로 아비규환의 처절한 참상의 현장이었다. 산소용접기·해머·각목·소방호스 등을 동원하여 새벽 3시부터 6시경까지 진행된 이 강제 축출 작전에서 정연주(鄭淵珠) 기자 등 여러 명이 부상당했다. 방송국 강제 축출에서는 김학천(金學泉) 프로듀서가

---

203. 정대수, 「정부수립 후의 신문들」, 『새로 쓰는 한국 언론사』, 도서출판 아침, 2001, 342~343쪽.

1975년 3월 17일에 쫓겨난 《동아일보》 기자들이 서울 광화문 신문사 앞에 늘어서서 출근하는 사원들에게 「우리의 주장」이라는 유인물을 나누어 주고 있다._사진출처:《한겨레》

무수히 구타당해 탈장과 뇌진탕 증세로 입원하기도 했다.

한국기자협회 동아일보분회와 동아방송 자유언론실행위원회는 3월 17일 오전 10시 한국기자협회 사무실에서 기자회견을 갖고 "이제 동아는 어제의 동아가 아니다. 폭력을 서슴지 않는 언론이 어찌 민족의 소리를 대변할 것인가"라고 묻고, "인간의 영원한 기본권인 자유언론은 산소용접기와 각목으로 말살될 수는 없다"고 선언했다.

3월 17일 강제 축출당할 당시 제작 거부를 하고 있던 사원은 부·차장급 13명, 편집국 및 뉴스부 65명, 출판국 23명, 방송국 51명, 기구 축소로 3월 8일 해임된 18명 중 부·차장급 5명과 기자 6명 등 모두 163명이었다. 이들 가운데 134명이 '동아자유언론수호투쟁위원회(동아투위)'를 구성했고, 113명이 끝까지 남아 조선투위와 더불어 1970년대 후반 이후 한국의 자유언론 투쟁에서 선도 역할을 했다.[204]

2019년 10월 24일은 《동아일보》의 기자 등 언론 종사자들이 「자유언론실천선언」을 발표한 지 45주년이 되는 날이었다. 이날 '조선·동아 거짓과

---

204. 정대수, 「정부수립 후의 신문들」, 『새로 쓰는 한국 언론사』, 344~346쪽.

배신의 100년 청산 시민행동(이하 조선·동아 청산 시민행동)'[205]은 《동아일보》 사옥 앞에서 기자회견을 열고 "광산 개발로 거부가 되어 조선일보를 인수한 방응모와 호남의 대지주로 동아일보를 설립한 김성수는 노골적인 친일 경쟁에 나서 일제의 침략 행위를 미화하고 선전하는 데 앞장섰다"며 "유신 독재 시절 동아의 족벌 사주는 자유언론실천을 강력히 요구하는 113명의 언론인을 차가운 거리로 내몰았고 조선일보 역시 자유언론운동에 앞장선 32명의 기자들을 거리로 내몰았다"고 비판했다.

이부영[206] 자유언론실천재단 이사장은 "우리를 45년 전 차가운 거리로 내몰았던 동아일보는 아무 일도 없다는 듯이 오늘도 우뚝 서 있다"며, "자유언론실천선언 45주년이 다른 무엇보다도 언론 개혁의 계기가 되길 바란다"고 말했다. 김종철[207] 동아투위 위원장은 "우린 44년 8개월이 되도록 동아일보에 복직하지 못하고 밖에서 자유언론을 위해 싸우고 있다"며 "시민들이 언론자유가 살아나도록 격려와 지원해 주실 것을 부탁한다"고 덧붙였다. 신홍범[208] 조선투위 위원장은 "조선일보의 역사는 자랑할 100년이 아니라 부끄러운 100년"이라며 "일제강점기 시절 강제징용에 내몰고, 유신

---

[205] '조선동아 청산 시민행동'은 《조선일보》와 《동아일보》의 과거 청산을 위해 57개 언론·시민사회단체들이 참여해 발족한 단체이다.

[206] 이부영(李富榮, 1942~). 서울 출생. 용산고등학교, 서울대학교 문리과대학 정치학과 졸업. 동아일보 입사(1968), 동아투위 대변인(1974), 긴급조치 위반 투옥(1975), 계엄포고령 위반 투옥(1979), 개헌투쟁 관련 투옥(1986) 등 5차에 걸쳐 투옥. 국회의원(14·15·16대), 민주당 상임고문(2013), 자유언론실천재단 이사장(2019) 등 역임.

[207] 김종철(金鍾澈, 1944~). 충남 연기 출생. 서울대학교 문리과대학 국어국문학과 졸업. 동아일보 입사(1967) 및 해직(1975). 한겨레신문 논설간사, 논설위원(1988~1998), 연합통신 사장(1998), 자유언론실천재단 이사장(2000) 등 역임.

[208] 신홍범(愼洪範, 1941~). 충북 진천 출생. 청주고등학교, 서울대학교 문리과대학 외교학과 졸업. 조선일보 입사(1965) 및 해직(1974). 보도지침 사건으로 구속(1986). 도서출판 두레 대표(1983), 한겨레신문 논설주간(1989), 한겨레신문 자문위원회 위원장(1999) 등 역임.

체제를 지지하는 등 용서받기 어려운 죄를 저질러 놓고 100년 동안 국민과 역사 앞에 한 번도 사죄한 적이 없다"고 말했다. 기자회견을 마친 동아·조선 해직 언론인들과 언론시민단체 관계자들은 조선일보 사옥까지 330미터 정도 거리를 삼보일배로 행진했다.[209]

박정희의 용인술

용인술(用人術)이란 '사람을 부려 쓰는 방법이나 기술'을 말한다. 축구나 야구 같은 단체 스포츠는 선수 개개인의 능력도 중요하지만 선수를 적재적소에 활용할 줄 아는 감독의 용인술을 절대 무시할 수 없다. 그러나 스포츠와는 달리 정치에서는 국가 경영을 위한 인재의 적재적소 활용도 중요하지만, 권력자가 자신의 권력을 유지하기 위한 나름대로의 용인술도 필요하게 된다.

박정희는 어떤 용인술을 사용했을까? 박정희의 용인술이란 '분리-지배(Divide and Rule)', 쉽게 말하면 두 사람 중간에서 서로를 멀어지게 하는 '이간질'이었다. 이는 권력의 요직에 앉은 사람들을 갈라놓고 서로 경쟁하고 감시하게 만들어 오직 자신에게만 충성을 바치게 하는 용인술이다. 박정희의 '이간질' 용인술에 대한 김종필의 이야기를 들어 보자.

> 박 대통령이 김형욱에게 "김종필이가 왜 그렇게 당신을 미워하나. 당신을 갈아 치우라고 하던데"라고 하면 김형욱은 '아니, 지가 뭔데 나를 미워해. 어

---

[209]. PD저널(http://www.pdjournal.com)

디 두고 보자'라면서 나한테 앙심을 품게 된다. 그 다음엔 김형욱이 나의 약점을 찾아내려고 안간힘을 쓰고 박 대통령한테 내 문제를 조작해 만들어 보고하는 식이다. 전부 그렇게 떼어놔 각자가 수직으로 대통령을 받들게 하는 것이다. 밑의 사람들이 힘을 합쳐 대통령을 넘보지 못하게 하는 효과도 고려했을 것이다.

1965년 12월 민주공화당 총재인 박정희 대통령은 나를 당의장으로 임명했다. 그러나 당내엔 김성곤이 이끄는 4인 체제(김성곤·백남억·김진만·길재호)가, 당 밖에선 김형욱 정보부장과 이후락 비서실장이 자리를 잡고 있었다. 이들은 자기들끼리 협조와 경쟁을 반복하면서 유독 나를 상대로 '반(反)JP 공동전선'을 폈다. 친위부대 6인방은 나를 제거하면 권력의 2인자 자리를 자기들이 차지할 수 있다고 생각했다. 박 대통령도 6인방이 지어낸 말들로 나를 견제하곤 했다.[210]

박정희는 선거라는 합법적 방식을 통한 것이 아니라 쿠데타를 통해 권력을 잡았다. 이번에는 역으로 자신의 권력을 뒤집어엎을 쿠데타를 늘 두려워하고 있었다. 처음에는 사단장급 인사만 결재하다가 연대장 인사에까지 관심을 쏟았고 군 내부에 대한 동향 보고는 매일 받을 정도였다.

박정희는 1972년 5월 강창성 보안사령관실에 들러 다음과 같은 지시를 내리기도 했다. "강 장군! 만일 군이 경거망동해 쿠데타를 일으킬 가능성이 있다면 어느 기관이 그런 짓을 할 수 있을 것인지, 그 순서와 이유를 한번 연구해서 보고해."[211]

---

210. 「김종필 증언록 소이부답(笑而不答)」, 《중앙일보》 2015.6.10.
211. 노가원, 『청와대 경호실 2』, 도서출판 월간 말, 1994, 190~191쪽.

김종필(왼쪽)과 김형욱. 1963년 1월 7일 김종필 초대 중앙정보부장은 육군 준장으로 진급하면서 전역식을 갖고 예편했다. 전역식 직후 육사 8기 동기생인 김형욱 최고위원과 기념사진을 찍었다. 그때까지만 해도 김형욱은 "내가 권총 차고 네 호위병이 되겠다"라고 말할 정도로 김종필의 충실한 지지자였다._사진출처: 국가기록원

박정희는 '이간질'에 병행하여 '당근과 채찍' 용인술도 썼다. 이 방식은 자신이 심혈을 기울이던 군부 관리에도 사용했다. 군부에 대한 '당근'은 자리 보장과 돈이었다. 장성 출신뿐만 아니라 위관 및 영관급 군인들도 행정부에 참여시켜 1978년 당시 국가공무원 1급의 23%와 2급의 18.5%가 군부 엘리트였다.[212] 군부 실력자들을 만날 때마다 감격할 정도로 큰돈을 쥐어 줘 복종케 하는가 하면, 윤필용 사건에서 볼 수 있듯이 가차 없이 제거해 버리기도 했다.

박정희의 이러한 용인술도 15년이란 긴 세월이 지나감에 따라 시효를 다해 가고 있었다. 서로 이간(離間)을 붙여 자신의 위치를 보전해 가는 박정희 특유의 술책이 점차 빛을 잃어 가고 있었던 것이다. 이 같은 술책에 진절머리가 난 김종필이 떠나갔고 김형욱도 떠나갔으며, 이후락과 박종규도 주변

---

212. 한용원, 『한국의 군부정치』, 도서출판 대왕사, 1993, 254쪽.

1964년 2월 국회 국방위 소속 차지철 의원(오른쪽)이 6사단을 방문, 김재규 사단장(준장)을 옆에 앉힌 채 상석에 앉아 브리핑을 받고 있다. 포병 간부 출신인 차지철은 중령으로 예편했고, 육사(경비사) 2기 김재규는 차지철보다 여덟 살 위였다. 김재규는 차지철의 안하무인격 행동에 분격하곤 했다._사진출처: 국가기록원

을 지키지 못했고, 윤필용 등은 당했다. 어쨌든 최측근이라고 할 수 있는 김종필이 1975년 12월 18일 건강상의 이유를 들어 국무총리직에서 물러난 것은 무엇보다도 큰 타격이었다.

1976년 12월 6일 김재규가 중앙정보부장에 임명됐다. 임명 초기까지만 해도 김재규와 차지철의 사이는 좋았다고 한다. 그러나 자신을 거치지 않고 대통령을 만났다는 이유로 장관의 정강이를 발로 차는 차지철과 명색이 중앙정보부장인 김재규의 상호 충돌은 이미 예고된 것이나 다름없었다. 두 사람의 '충성 경쟁'에 따른 '정보 전쟁'과 그 여파는 박정희 유일 체제를 용납한 한국 사회의 비극이었다.[213]

이에 대한 김종필의 지적이다.

---

213. 강준만, 『한국 현대사 산책—1970년대편 2권』, 157쪽.

박정희 대통령은 차지철 경호실장의 월권행위를 다 알면서 허용했다. 대통령은 차지철이 하는 일을 잘한다고 말씀한 적은 없었다. 다만 "경호실장이 그렇게 한다는데 두고 봐야지"라는 말로 옹호했다. 잘한다는 말보다도 더 강력하게 차지철에게 신임을 주는 말이었다. 그러니 차지철은 갈수록 안하무인(眼下無人)이 됐다. 박 대통령 특유의 분할통치식 용인술은 무뎌졌고 세력 간 견제와 균형은 깨졌다. 쓸 만한 인사들은 박 대통령이 스스로 멀리했다. 차지철의 독주(獨走)는 가속화됐다.[214]

결국 1979년 10월 26일 밤 박정희와 함께 차지철도 김재규에 의해 살해당한다. "야수의 심정으로 유신의 심장을 쏘았다"는 것이 김재규의 살해 동기였지만, 살해 동기 중 어느 부분은 차지철의 독주 때문이었다는 것도 엄연한 사실이다. 그래서 오늘날 차지철이 엄청난 비난을 혼자 뒤집어쓰고 있다. 과연 차지철만의 잘못일까?

박정희가 "차지철의 월권행위를 다 알면서 허용했다"는 김종필의 말을 무시해서는 안 된다. 또한 차지철 어머니의 다음과 같은 말도 경청할 필요가 있다.

아들의 행동에 대한 사람들의 욕과 칭찬은 모두가, 박 대통령의 큰 신임을 받고 있었던 내 아들의 위치 탓이라고 나는 지금도 생각하고 있습니다. 아들이 사람들로부터 욕을 먹기 시작한 이유도 따지고 보면 상사를 모시기 위한 나름대로의 충성심의 발로가 아니겠습니까. 아들은 친지, 친구, 고향 사람들

---

214. 김종필, 『김종필 증언록 1』, 515쪽.

에게서 차츰 떨어져 외롭게 되어간 것입니다. 사람들 곁에 사람이 모이는 게 당연한 일인데, 자기 곁에 접근을 허락하지도 않았을 뿐더러, 창피나 면박을 주었을 뿐이니 말입니다.[215]

박정희의 죽음과 함께 그의 유신 시대도 종언을 고했다. 유신 시대는 중앙정보부장이 쏜 총 한 방에 와르르 무너질 정도로 취약했다. 그 시대가 어떤 시대였는지에 대한 한홍구의 설명을 들어 보기로 하자.

먼저 유신시대는 죽음의 시대였다. 최종길, 장준하와 인혁당 관련자들만 희생된 게 아니었다. 유신시대는 군대에서 1년에 근 1500명이 죽던 시대였다. 유신시대 전체가 아니라 1년에 1500명의 젊은이들이 군대에서 죽어갔다. 유신 전체로 치면 1개 사단이 전쟁도 치르지 않았는데 전멸한 것이다. 아니, 전쟁 없이 죽었다기보다는 박정희가 민주주의를 상대로 치른 전쟁에서 그렇게 많은 사람들이 희생된 것이다. 민주화가 이룬 가장 중요한 성과는 대통령을 우리 손으로 뽑는 것보다도 그 죽음의 행렬을 멈춘 것이라고 나는 생각한다. 1년에 1500명의 젊은이가 소리 소문 없이 죽어나가도 입 한번 뻥끗할 수 없는 것이 유신시대였다.

둘째, 유신시대는 박정희 한 사람이 자유롭기 위해 만인의 자유가 희생된 시대였다. 그의 딸 박근혜가 죽어라 하고 토론을 기피했던 것은 박정희를 닮아서이다. 박정희는 유세 다니고 토론하는 것이 싫어서 대통령 직선제를 없애버렸다. 그 시절 박정희는 천황과도 같은 절대적인 지위를 꿈꿨다.

---

215. 차지철 노모의 수기, 『그래도 내 아들은』, 학원사, 1985, 100~101, 104쪽.

셋째, 유신시대는 표현의 자유가 끔찍하게 유린당한 시대였다. '유신독재 타도하자'나 '유신헌법 철폐하라'가 아니라 대통령에게 헌법을 '고쳐주세요' 하고 부탁(청원)해도 영장 없이 체포해서 군법회의에서 징역 15년을 때려버리는 것이 유신체제였다. 오죽했으면 구속된 민주인사의 가족들이 입에 십자 모양으로 테이프를 붙이고 침묵시위를 했을까.

넷째, 유신시대는 표현의 자유를 넘어 인간 내면의 양심의 자유까지 침해된 시대였다. 친일파에서 광복군으로, 광복군에서 좌익이 군부에 침투시킨 최고 프락치로, 좌익 프락치에서 다시 우익으로 숨 가쁘게 변신한 박정희는 전향하지 않는 좌익수들의 꼴을 봐주지 못했다. 1975년 제정된 사회안전법은 형기를 다 살았어도 전향서를 제출하지 않거나, 형기를 마치고 밖에 나와 있는 사람들도 전향서를 쓰지 않으면 다시 잡아들여 보호감호란 이름으로 기약 없는 옥살이를 시켰다.[216]

이런 끔찍한 시대를 뒤로하고 박정희는 저 세상으로 떠나갔다. 김재규는 왜 박정희를 쏘았을까?

---

216. 한홍구, 『유신』, 439~440쪽.

제6장

박정희 유신 왕국의 종말

1. 김재규[1]는 왜 박정희를 쏘았는가

　박정희의 파란만장한 생애 그 자체가 한국 현대사의 한 단면이다. 박정희는 한 시대를 만들었고, 그 시대는 또 박정희를 변화시켰다. 박정희란 '개인' 속에는 그 시대를 살았던 우리의 모습들이 녹아 있다. 식민지의 경험, 가난, 해방, 좌·우익의 피비린내 나는 투쟁, 아내의 피살, 도덕의 황폐화 ···. 그것은 한 인간으로서 맛볼 수 있는 거의 모든 종류의 영욕이었다.[2]

　10·26 박정희 살해 사건의 도화선에 불을 댕긴 것은 부마항쟁이었다. 1979년 10월 부산과 마산은 큰 소용돌이에 휩싸였다. 그 소용돌이의 중심에는 유신 독재에 항거하는 민주화운동이 있었다. 마치 1980년 5월의 광주

---

1. 김재규(金載圭, 1926~1980). 경상북도 선산 출생. 안동농림학교 3년 수료(1943) 후 일본군 특별간부후보생으로 선발되어 일본의 52비행사단에서 비행사(가미가제 특공대) 훈련을 받던 중 해방을 맞아 귀국. 경북사대 중등교원양성소 수료(1945) 후 김천중학교에서 교직생활을 하다가 남조선경비사관학교 2기 졸업, 소위 임관(1946). 미군과의 충돌로 면관되어 귀향, 김천중학교와 대구의 대륜중학교에서 체육교사로 근무. 1948년 10월 소위로 복직, 5·16 쿠데타에 가담하지 않았으나 박정희에 의해 발탁되어 나주 호남비료 사장(1961)을 지낸 후 보병 제6사단장(1963~1973), 육군 제6관구사령관(1966), 육군 보안사령관(1968), 육군 제3군단장(1971), 건설부 장관(1974), 중앙정보부장(1976) 등 역임. 1980년 5월 24일 사형 집행.
2. 조갑제, 『유고(有故)!(1)』, 한길사, 1987, 5쪽.

를 예고하는 듯한 상황이 7개월 전에 이미 부산과 마산에서 전개됐다.

소용돌이는 1978년 12월 12일 시행된 제10대 국회의원 선거에서 시작됐다. 야당인 신민당의 득표율(32.8%)이 박정희의 민주공화당(31.7%)보다 1.1% 앞선 것이다. 또한 1979년 8월에는 YH 여공들의 신민당 당사 농성 사건도 일어났다. 1960년대 경제 성장의 축인 저임금 여성노동에 기반을 둔 노동집약적 경공업의 무리한 확장에 따른 결과였다. 이는 1970년대 중화학공업에 대한 중복 투자와 무리한 보조금으로 인한 부작용과 맞물리면서 박정희식 경제 정책이 한계에 다다랐음을 보여 주는 것이었다.

부마항쟁의 직접적 발단이 된 사건은 신민당 김영삼 총재가 미국이 유신체제를 도와주어서는 안 된다는 내용으로 《뉴욕타임스》와 가진 1979년 9월 16일자 인터뷰 기사였다. 이에 박정희 정부와 여당은 김영삼의 발언을 '사대주의'이자 '반국가적 발언'이라며 강력하게 비난했고, 1979년 10월 4일 김영삼을 국회에서 제명했다. 미국은 이에 대한 항의의 표시로 주한 미국 대사를 소환했다.

그러자 부산과 마산의 학생과 시민들이 김영삼 총재 제명에 대한 반대와 민주화를 요구하며 시위에 돌입했다. 10월 16일 부산에서 시작된 시위는 18일과 19일 마산과 창원으로 확대됐다. 위기의식을 느낀 정부는 18일 0시를 기해 부산 지역에 비상계엄을 선포하고 20일에는 마산과 창원 지역에 위수령을 발동했다.[3]

바로 이때 박정희의 유신 왕국은 종말의 최종점을 향해 최고 속도를 내며 돌진하고 있었다. 부마항쟁이라는 중대한 사태가 벌어졌는데도 여인들

---

3. 박태균, 『사건으로 읽는 대한민국—한국현대사의 그때 오늘』, 역사비평사, 2013, 337~338쪽.

10·26 박정희 살해 사건 발생 후 현장을 감식했던 국방부 과학수사연구소(당시 육군과학수사연구소) 지장현 당시 총기감식팀장이 1979년 10월 27일 새벽 5시에 현장에 도착하자마자 찍은 박정희 살해 현장 사진. 오른쪽에 차지철의 시체가 보인다._사진출처: www.featuring.co.kr

을 데리고 술판을 벌이며 대책이라는 걸 논의했다니 말하면 무엇 하랴.

박정희는 '대행사'와 '소행사'라는 술판을 정기적으로 벌이고 있었다. '대행사'는 두 명 이상의 여인과 비서실장·경호실장·정보부장 등 권력자 3~4명이 참석해 벌이는 연회였고, '소행사'는 대통령 혼자서 한 여인만을 불러서 즐기는 밀회였다. 한 달에 '대행사'가 2~3회, '소행사'가 7~8회, 도합 10회 안팎의 연회가 벌어졌다.

10·26 사건은 술판에서 일어났다. 1979년 10월 26일 밤 궁정동 중앙정보부 안가에서 벌인 '대행사' 술판에서 김재규가 박정희를 쏘아 죽였고,[4] 도화선이 된 것은 부마항쟁이었다. 부마항쟁에 대해 강경한 태도를 보인 대통령 박정희와 경호실장 차지철 그리고 중앙정보부장 김재규 간의 의견 차이에서 벌어진 일이었다. 참석자는 박정희, 김재규, 차지철 그리고 대통령 비

---

4. 이에 대해 '시해(弑害)'라는 말을 쓰기도 하지만, '시해'는 '부모나 왕을 죽임'이라는 뜻이다.

서실장 김계원[5]이었다.

이때 어떤 일이 있었을까? 조갑제의 기록을 보자.

이날 '대행사' 만찬자리에서 오갔던 대화들은, 당시 생존자들의 법정 증언을 종합할 때 대강 이러했다.

박정희: 신민당 공작은 어떻소?

김재규: 공화당이 발표했기 때문에 다 틀렸습니다.

차지철: 새끼들 까불면 신민당이고 학생이고 간에 전차로 싹 깔아뭉개 버리겠습니다.

박정희: 부산사태는 신민당이 개입해서 하는 일인데 괜히들 놀라가지고 야단이야. 오늘 삽교천 행사에 가보았더니 대다수 국민들은 열심히 일하는데, 부산 데모만 하더라도 식당 보이나 똘마니들이 많지 않아.

박정희 등이 뉴스를 보고 있는 사이 김재규는 슬그머니 일어나 바깥으로 나가 박흥주 대령과 박선호 과장을 불러 결행준비를 지시하고 들어왔다. 이후 가수 심수봉, 차지철 등이 노래를 부르던 중 김재규는 옆방으로 가서 박선호로부터 준비가 끝났다는 보고를 받고 돌아왔다. 화제가 다시 정치 쪽으로 흐르기 시작했다.

---

5. 김계원(金桂元, 1923~2016). 경상북도 영주 출생. 연희전문학교 2년 수료 후 일본군 학도병 육군 소위로 복무(1945). 해방 후 군사영어학교 수료, 육군 소위 임관(1946). 육군 제27사단장(1954), 육군 제1군 사령관(1963), 육군 참모총장(1966), 중앙정보부장(1969), 대통령 비서실장(1978) 등 역임.

박정희: 미국의 브라운 장관이 오기 전에 김영삼이를 구속 기소하라고 했는데 유혁인이가 말려서 취소했더니 역시 좋지 않아. 국방장관 회의고 뭐고 볼 것 없이 법대로 하는데 뭐가 잘못이란 말이야. 미국놈은 범법해도 처벌안 하나.

김재규: 김영삼은 사법조치는 아니지만 이미 국회에서 제명이 된 걸로 처벌했다고 국민들이 봅니다. 같은 것으로 두 번 처벌하는 인상을 줍니다.

박정희: 중앙정보부가 좀 무서워야지, 당신네는 (신민당 의원) 비행 조사서만 움켜쥐고 있으면 무엇 하나. 딱딱 입건해야지.

김재규: 알겠습니다. 대국적으로 상대방에게도 구실을 주고 국회에 나오라고 해야지 그러지 않고서는 나오지 않을 것입니다.

차지철: 신민당 놈들 그만두고 싶은 놈은 한 놈도 없습니다. 언론을 타고 반정부적인 놈들의 선동에서 그러는 거지 문제가 없다고 봅니다. 그 자식들, 신민당이고 뭐고 나오면 전차로 싹 깔아뭉개겠어요.

김재규: (오른쪽에 앉아 있던 김계원을 오른 손으로 툭 치면서) 각하를 똑바로 모십시오. (차 실장을 쳐다보며) 각하, 이 따위 버러지 같은 자식을 데리고 정치를 하니 올바로 되겠습니까? ("탕!", 권총 한 발 발사)

차지철: 김 부장, 왜 이래, 왜 이래.

박정희: 무슨 짓들이야!

김재규: (일어서면서 박정희를 향해서 한 발 발사)[6]

김재규의 이러한 행위에 대한 견해는 박정희를 평가하는 시각에 따라 극

---

6. 조갑제, 『유고(有故)!(2)』, 한길사, 1987, 137~139쪽.

1961년 12월 나주 호남비료 공장 준공식에 참석한 박정희 국가재건최고회의 의장(왼쪽)과 김재규 호남비료 사장(육군 준장). 박정희는 김재규가 5·16 쿠데타에 참여하지 않았음에도 그를 중용했다._사진출처:《동아일보》

명하게 갈린다. "국부(國父)를 죽인 패륜아"라는 시각과 "박정희의 폭정을 무너뜨린 민주 열사"라는 시각이 아직도 대립하고 있는 것이 현실이다.

'패륜아'라는 시각은 다음과 같은 두 사람의 관계를 고려한 평가이다.

박정희(1917년생)와 김재규(1926년생)는 나이 차이는 아홉 살이나 나지만 비슷한 점이 많다. 두 사람은 경상북도 동향(박정희는 구미, 김재규는 선산)이고 남조선경비사관학교 2기 동기로 일본 군사학교 경험(박정희는 일본 육사, 김재규는 일본군 소년항공병)이 있으며, 한때 교직(박정희는 문경공립보통학교, 김재규는 김천중학교와 대륜중학교 교사)에 몸담은 적이 있었다는 등 비슷한 점이 많다. 어쩌면 동향 후배로 군대 동기인 김재규를 마치 동생처럼 여기며 그 뒤를 봐준 것은 당연한 일일지도 모른다. 하지만 김재규를 보안사령관, 중앙정보부 차장과 부장 등 권력 핵심 중 핵심에 기용한 데에는 집권 의지가 희박한 고향 동생 같은 김재규를 통해 김형욱, 이후락, 윤필용 등 미래의 도전자

들을 견제하기 위한 박정희의 용인술도 작용했으리라.[7]

박정희 밑에서 비서실장과 외무부장관을 지낸 이동원[8]처럼 10·26 사건을 김재규의 '욱'하는 성격 탓으로 돌리는 견해도 있다.

사실 김재규는 그때 순전히 정신력으로 버티고 있었다. 그러므로 자칫 체력이 한계를 밑돈다면 자식까지 없는 그로선 막다른 골목일 수도 있다. 거기다 '욱'하는 성격이 튀어나올 구멍을 차지철이 뚫어준다. 본래 친했던 그 둘은 당시 심각한 의견 대립을 보이고 있었다. 사실 어떤 의미로 지도자는 좀 신비스러울 필요가 있다. 부하들과 똑같이 술 마시고 놀고 즐기면 아무래도 강력한 이미지는 무너지지 않는가.[9]

이동원의 말대로 10·26 사건이 김재규의 욱하는 성격 때문에 벌어진 일이라고 치자. 아무리 그렇다 해도 교사로서 학생들을 가르쳤고 한국전쟁에 군인으로 참전했으며, 박정희 덕분에 중앙정보부 부장까지 오른 사람이 아무 까닭 없이 욱했을 리는 없지 않은가? 당시의 시국에 대한 의견 차이가 심각했던 점을 제외하고 무엇이 그를 욱하게 했을까?

김재규가 존경하고 두려워했던 박정희에게 서슴없이 방아쇠를 당길 수

---

7. 장형원, 「김재규는 왜 박정희를 쏘았는가」, 『우리들의 현대침묵사』, 해냄출판사, 2006, 110~111쪽.
8. 이동원(李東元, 1926~2006). 함경남도 북청 출생. 연희전문학교 정치외교학과 졸업(1948), 영국 옥스퍼드 대학 정치학 박사(1958). 대통령 비서실장(1962), 외무부장관(1964), 국회의원(7·8·10·15대) 등 역임.
9. 이동원, 『대통령을 그리며』, 고려원, 1992, 346쪽.

있었던 것은, 그가 최후까지 정의감을 지니고 있었기 때문이다. 굴욕감이나 증오심만으로는 총알이 나갈 수 없었을 것이다. 여러 사람의 증언을 종합하면 1979년에 들어서 김재규는 서서히 대통령에 대해 절망해 가면서 모반의 마음을 키웠고, 끝내는 개인의 정분을 끊을 수 있을 만한 폭발력까지 축적할 수 있었던 것이다.[10]

김재규의 정의감은 무엇이었나?

2. 김재규의 항소심 최후진술

8선 국회의원이자 두 차례에 걸쳐 국회의장을 역임한 이만섭[11]은 박정희를 정치적 스승으로, 김재규를 중학교 때 은사로 두고 있는 특이한 존재이다. 그는 "1963년 박 대통령의 민족의식과 자립경제, 자주국방에 대한 확고한 신념에 공감하여 민정이양을 위한 대통령선거에서 박정희 후보의 당선을 위해 몸을 던졌다." 한편 김재규 중앙정보부장은 이만섭이 대구 대륜중학교 2학년 때 체육교사였다. 그는 김재규에 대해 "학교에 계시는 기간은 짧았으나 김 선생은 정이 많아 제자들과 형제처럼 지냈으며 당시 농구선수이자 학업 성적도 우수한 나를 누구보다도 좋아하셨다"고 회상하고 있다.[12]

---

10. 조갑제, 『유고(有故)!(2)』, 131~132쪽.
11. 이만섭(李萬燮, 1932~2015). 대구 출생. 대구 대륜고등학교(1950), 연세대학교 정치외교학과 졸업(1957). 동아일보 기자(1958~1963), 국회의원(6·7·10·11·12·14·15·16대), 국회의장(14·16대) 등 역임.
12. 이만섭, 『5·16과 10·26: 박정희, 김재규 그리고 나』, 나남, 2009, 9쪽.

이런 입장 때문인지 이만섭은 10·26 사건의 책임을 전적으로 제3자인 차지철 경호실장의 탓으로 돌리고 있다.

부마사태가 발생했을 때도 차 실장은 "각하, 걱정하실 것 없습니다. 탱크로 확 밀어붙이면 됩니다"라고 박 대통령에게 건의했다는 것은 널리 알려진 사실이다. 그 당시 차 실장의 횡포가 날이 갈수록 심해지자 김 부장은 나를 만나 "차지철 때문에 골치가 아파 죽겠다"고 한탄한 일이 있고, 심지어 아주 가까운 군 동기들에게는 "차지철 때문에 나라가 망할 것 같다. 차지철을 없애야겠다"고 말하기까지 했다는 것이다.[13]

그러나 이만섭은 역시 현명한 정치인이었다. 박정희도 김재규도 이 세상 사람이 아닌 마당에 판단의 기준을 하나 만들어 주었기 때문이다. 왜 박정희를 죽일 수밖에 없었는지에 대해 스승 김재규가 직접 한 말을 자신의 책에 실어 놓은 것이다. 그것은 1980년 1월 24일에 김재규의 항소심 최후진술이다. 다음은 그 요지이다.

최후의 기회이기 때문에 나의 진실을 말하고자 합니다. 이 나라에 있어서 자유민주주의 혁명은 필연적인 것이고, 그것이 바로 10·26 민주 국민혁명인 것입니다. 나는 정보부 책임자로서 다른 방법이 있을 수 없다고 생각했습니다. 7년이라는 유신체제의 억압이 계속되는 사이에 국민의 유신체제의 폭압에 대한 누적된 항거의식은 전체 국민 사이에 팽배해 있었습니다. 작년의 부

---

13. 이만섭, 『5·16과 10·26: 박정희, 김재규 그리고 나』, 10~11쪽.

김재규 등 박정희 대통령 살해 사건 관련 피고인 7명에 대한 항소심 3차 공판이 1980년 1월 24일 육군본부 대법정에서 육군계엄고등군법회의 재판부 심리로 열려 김재규 피고인(오른쪽)이 변호인단의 보충심문에 답하고 있다. 김재규는 이 자리에서 최후진술을 했다. 왼쪽은 김계원 피고인_출처: 연합뉴스

산과 마산사태는 그러한 국민적 항거의 표본이었고, 삽시간에 전국의 5대 도시로 확산될 것으로 확인되었습니다. 이승만 대통령은 4·19혁명의 마지막 순간에, 국민의 희생을 뒤늦게나마 염려하여 하야할 것을 결심하였으나, 박정희 대통령은 이승만 대통령과는 다릅니다. 그는 끝까지 권력을 유지하려 했을 것입니다. 그 과정에서 많은 수의 생명이 희생될 것임이 명약관화하였습니다. 나는 부마사태의 본질과 그것이 전국으로 확산될 조짐을 박 대통령에게 보고했으나, 박 대통령은 국민의 항거가 거세지면 스스로 저항하는 국민에 대해 발포명령을 하겠다고 하였습니다. 10·26사태가 없었더라면 과연 그 결과가 어떠하였겠습니까? 우리에게는 다른 길이 없었습니다. 더 이상의 길이 없었습니다. 박 대통령은 나 개인에게 있어 사적으로 친형제나 다름이 없었습니다. 나는 나의 개인적 정분을 야수와 같은 마음으로 끊었습니다. 나는 처음부터 이 나라의 자유민주주의를 위하여 나의 생명을 독재체제와 바꾸어야 한다고 생각하고 또 각오하였습니다. 민주화의 과정에서 희생은 불가피

한 것이었고, 그 희생을 줄이는 것이 나의 대의였습니다. 생명은 고귀한 것이며, 똑같은 것입니다. 많은 사람을 희생시키는 것보다는 한 사람의 생명을 희생시킬 수밖에 없었던 것입니다.

유신체제는 그 자체가 꽉 짜인 억압과 폭력의 조직이었기 때문에 그것을 풀 수 있는 길이 없었습니다. 구멍이 없었습니다. 박정희 대통령이 살아 있는 한 지속시키려 했을 것입니다. 따라서 조국의 민주화는 20~25년이 앞당겨진 것입니다. 자신의 생명을 걸지 않고는 그 누구도 그것을 타파하고 민주주의를 회생시킬 수 없었습니다.

긴급조치로 학생을 묶었고, 김영삼 신민당 총재를 제명하고, 또 구속기소 하도록 되어 있었습니다. 야당이 설 땅이 없었습니다. 모든 출구는 막혀 있었습니다. 주변은 깜깜한 절벽이었습니다. 민주주의는 찬성과 반대가 있어야 합니다. 99% 대통령 선거가 있을 수 있는 것입니까?

군인 여러분이 보는 눈은 지극히 국한되어 있습니다. 좁은 시각만을 가지고 있습니다. 오늘 군이 하는 일은 정치입니다. 그러나 나라의 정치를 좁게 보아서는 안 됩니다. 재판이 잘못되고 민주주의를 천연하면 혼란이 옵니다. 혼란이 와서 나라가 위태하면 김재규가 그렇게 만들었다고 할 것 아닙니까? 이것은 모두에게 불행한 일입니다. 내가 내 스스로 나의 목숨을 끊을 수 있도록 해주십시오. 10·26사태는 오로지 나의 책임 하에 이루어진 것입니다.

그 누구와도 사전(事前)이나 사후(事後)에 모의한 바 없습니다. 그러므로 그 모든 것이 나의 책임입니다. 정승화 총장도 책임이 없습니다. 다만 내가 불러들였을 뿐입니다. 이 사건과 관련 정승화를 문책해서는 안 됩니다. 김계원 비서실장도 아무런 책임이 없습니다. 김계원 실장과 나는 개인적으로는 형님, 동생 하는 처지입니다. 여러분이 만약 그 자리에 있었다면 어떻게 할 것입니까? 그에게 사형이란 말도 안 됩니다.

　유신체제가 박정희 대통령의 죽음으로 무너지듯이 10·26사태는 내가 죽으면 모든 것이 끝납니다. 그 모든 영예도 비판도 나의 책임입니다. 내 나이 56세. 병든 몸입니다. 나에게 만약 죄가 있다면, 내 스스로 목숨을 끊을 용의가 있습니다. 죽음을 두려워할 만큼 어리석지 않습니다. 내 부하와 내 부하의 불쌍한 가족들을 각별히 처리해주기 바랍니다. 나는 10·26사태의 처음이요, 전부요, 끝인 것입니다. 오직 나의 책임인 것입니다. 법리의 차원을 떠나서 역사적 관점에서 심판하십시오.

1980. 1. 24.[14]

　김재규의 최후진술을 한 마디로 요약하면, "유신체제는 그 자체가 꽉 짜인 억압과 폭력의 조직이었기 때문에 그것을 풀 수 있는 길"로 10·26 사건을 일으켰다는 것이다.

　이것은 그가 공식적으로 표명한 동기이고, 박정희의 여자관계, 딸 박근혜와 최태민의 관계, 아들 박지만의 일탈행위 등 박정희 자녀들의 철없는 행위에 대한 분노도 그의 동기 중 큰 자리를 차지한다.

　김재규는 1980년 1월 28일자 「항소이유보충서」에서 박근혜와 박지만의 행위가 10·26 사건의 동기였음을 분명히 밝히고 있다. 그는 10·26 사건을 '10·26 혁명'이라고 부르고 있다. 다음은 「항소이유보충서」 중 박근혜와 박지만에 대한 내용이다.

---

14. 이만섭, 『5·16과 10·26: 박정희, 김재규 그리고 나』, 255~256쪽.

1975년 6월 21일 서울 배제고등학교에서 열린 대한구국선교단 구국십자군 창군식에 참석한 박근혜와 최태민(왼쪽)_사진출처:《연합뉴스》

10·26혁명의 동기 보충

본인이 결행한 10·26혁명의 동기 가운데 간접적인 것이기는 하지만 중요한 것 한 가지는 박 대통령이나 유신체제 자체에 관한 것이 아니라 박 대통령의 가족에 관한 것이기 때문에 공개된 법정에서는 밝힐 수 없는 것이지만 꼭 밝혀둘 필요가 있으므로 이 자리에서 밝히고자 합니다.

(1) 구국여성봉사단과 관련한 큰 영애의 문제

구국여성봉사단이라는 단체는 총재에 최태민, 명예총재에 박근혜 양이었는바, 이 단체가 얼마나 많은 부정을 저질러왔고 따라서 국민, 특히 여성단체들의 원성의 대상이 되어왔는지는 잘 알려져 있지 아니합니다. 그럼에도 불구하고 큰 영애가 관여하고 있다는 한 가지 이유 때문에 아무도 문제 삼은 사람이 없었고 심지어 박승규 민정수석비서관조차도 말도 못 꺼내고 중정(중앙정보부) 부장인 본인에게 호소할 정도였습니다. 본인은 백광현 안전국장을 시켜 상세한 조사를 시킨 뒤 그 결과를 대통령에게 보고하였던 것이나 박 대통령은 근혜 양의 말과 다른 이 보고를 믿지 않고 직접 친국까지 시행하였고, 그 결과 최태민의 부정행위를 정확하게 파악하였으면서도 근혜 양을 그 단체에서 손 떼게 하기는커녕 오히려 근혜 양을 총재로 하여, 최태민을 명예총재로 올려놓은 일이 있었습니다. 중정 본부에서 한 조사보고서는 현재까지 안전국(6국)에 보관되어 있을 것입니다.

(2) 지만 군의 문제

육군사관학교는 전통적으로 honor system이 확립되어 있습니다. 그런데 육사에 입학한 지만 군은 2학년 때부터 서울시내에 외출하여 여의도 반도호텔 등지에서 육사생도로는 도저히 용납될 수 없는 오입을 하고 다녔습니다. 그래서 본인이 박 대통령에게 육사의 명예나 본인의 장래를 위하여 다른 학교로 전학시키거나 외국유학을 보내는 것이 좋겠다고 간곡하게 건의한 일이 있었습니다. 그러나 그러한 건의는 결코 받아들여지지 아니하였습니다.

(3) 위와 같은 문제는 아이들의 문제이기는 하지만 이 문제에 대한 박 대통령의 태도에서 본인은 그의 강한 이기심과 집권욕을 읽을 수 있었습니다. 비록 자녀들의 문제이지만 이런 일들이 있다는 것 자체가 국민을 우매하게 보기 때문에 일어나는 것임은 물론입니다. 따라서 이 문제를 이런 기회에서나마 밝혀두지 않을 수 없는 것입니다.[15]

박지만에 대해서는 다음과 같은 중앙정보부 간부의 증언도 있다.

---

15. 안동일, 『나는 김재규의 변호인이었다』, 김영사, 2017, 498~499쪽.

1979년 여름께 김 부장은 화가 난 표정으로 씩씩거리며 수표 두 장을 내던지며 입금인을 추적 조사하라고 했다. 한일은행 청계지점 발행의 5만 원짜리 두 장으로 기억된다. 박지만 군이 각하 말씀을 잘 듣지 않고 유흥장을 돌아다니며 쓴 수표라는 것이었다. 수표를 캐서 돈 대는 자를 알아 혼쭐을 내라는 뜻이었다. 그래서 엉겁결에 '어디서 나온 수표입니까'라고 부장에게 물었다. 김 부장은 '경호실이지 누구야. 차지철이한테 물어봐'라고 퉁명스럽게 말했다.[16]

당시 김재규의 신경에 가장 거슬렸던 것은 박정희의 딸과 아들에 관한 문제보다 박정희 자신의 여자 문제였음은 물론이다. 그러나 이에 못지않게 그의 속을 썩이던 것은 박근혜의 남자관계였다. 그 남자란 다름이 아닌 최태민이었다. 오죽했으면 김재규가 강신옥[17] 변호사에게 "나라의 앞날을 생각하면 최태민은 교통사고라도 내서 처치해야 할 놈"이라고 분개하며 말했겠는가.

이제 김재규를 분노하게 만들었지만 세상에 잘 알려지지 않았던 박정희 엽색 행각과 박근혜의 일탈 행위를 들여다보기로 한다.

---

16. 김충식, 『남산의 부장들』(개정증보판), 735~736쪽.
17. 강신옥(姜信玉, 1936~). 경상북도 영주 출생. 경북고등학교(1956), 서울대학교 법과대학 졸업(1960). 제10회 고등고시 행정과 합격(1958), 제11회 고등고시 사법과 합격(1959). 서울지방법원 판사(1962~1964), 민족문제연구소 소장(1986), 국회의원(13·14대) 등 역임.

3. 박정희의 엽색 행각

아래 그림에 등장하는 사람은 남자 넷에 여자가 둘이다. 이 남자들은 누구일까? 일어서서 권총을 쏘는 사람은 중앙정보부장 김재규이고, 김재규로부터 시계 방향으로 대통령 박정희, 대통령 경호실장 차지철, 대통령 비서실장 김계원이다. 그리고 보니 대한민국을 움직이던 수뇌부가 다 모였는데, 왼쪽 여성은 기타를 치며 노래를 부르고 있고 오른쪽 여성은 술을 따르고 있으니 웬일인가?

김재규의 이야기부터 들어 보자. 김재규는 1980년 1월 14일 면회에서 강신옥 변호사에게 구국여성봉사단의 전 총재 최태민을 비난했다. 1월 15일 면회에서 김재규는 박 대통령의 여자관계를 많이 털어놓았다. 유부녀와 간호장교도 소개해 주는 사람이 있었다든지, 고○○, 한○○, 양○○ 등 탤런트

10·26 사건을 묘사한 그림_그림출처: 박건웅 일러스트

의 이름을 들면서 설명을 했다. 임신한 여자의 낙태 문제 등의 뒤처리 관계도 이야기했다.[18]

당시 박정희의 유신 왕국에서 흔히 있던 일이었다. 박정희는 사실상 왕이었기 때문이다. 그는 조선 시대 왕보다 더 큰 권력을 누리다 죽었다. 굳이 왕에게 청렴결백을 따지는 것은 난센스다. 모든 국토와 신민(臣民)이 다 자기 것인데 굳이 자기 주머니를 따로 챙겨야 할 이유가 어디에 있었겠는가. 아마 여자에 대해서도 그렇게 생각했을 것이다. 박정희가 유부녀도 꽤 섭렵하긴 했지만, 그래도 끝까지 거절하는 유부녀는 건드리지 않았다고 하는데, 과연 그랬을까?

물론 박정희 예찬론자들도 있지만, 놀라운 건 그들이 박정희의 가공할 엽색 행각을 마치 '옥의 티'나 되는 것처럼 가볍게 넘긴다는 사실이다. 여기서 중요한 건 민주화 인사들에 대한 박정희의 무자비한 인권 유린도 그런 식으로 가볍게 넘긴다는 점일 것이다. 이런 지적에 나오는 반론은 뻔하다. 그것은 박정희가 이루었다는 물질의 영광과 위대함을 상징하는 '한강의 기적'일 것이다.[19] 그들은 박정희의 엽색 행각도 '한강의 기적' 수준이었다는 사실을 모르거나 알면서도 모른 체하고 있는 것이 아닐까?

그의 엽색 행각은 부인인 육영수가 죽기 전부터 자주 있었던 일이었다. 그때는 육영수가 엽색 행각 현장을 덮쳐 '육박전(육영수와 박정희 부부싸움)'이 자주 벌어졌다고 한다. 그런데 육영수가 죽고 난 후부터는 도에 지나칠 정도로 대담해졌다. 그러니 김재규의 총에 맞을 때 술시중 드는 두 여성, 가수 심수봉과 대학생 모델 신재순 정도는 점잖은 축에 속했다.

---

18. 조갑제, 『유고(有故)! (2)』, 243~244쪽.
19. 강준만, 『한국 현대사 산책: 1970년대편 3권』, 인물과사상사, 2002, 278~279쪽.

먼저 부인 육영수가 살아 있을 때의 이야기를 언론인 문명자[20]의 입을 통해 들어 보기로 하자. 다음은 문명자가 김창원[21] 부인의 점심 초대를 받아 세검정 집에 가서 나눈 대화이다.

김창원 부인은 자리에서 일어나더니 창문을 열고 나를 불렀다.
"저 담벼락 안에 이후락이가 주말이면 기생, 탤런트들을 불러놓고 대통령을 모시고 노는 안가가 있답니다. 저 집은 대문부터 안방까지 자동장치로만 열리게 되어 있는데, 문 손잡이나 수도꼭지까지 금으로 돼 있답니다. 이후락이가 자기가 봐주는 기업주들하고 노상 즐기는 데도 저기고."
"저 집을 대체 언제 지었답니까?"
"이후락이 비서실장일 때 지었답니다."
"대체 어떤 여자들이 드나드는 데요?"
"죽은 정인숙이도 왔었고, 영화배우 Y도 드나들고 스튜어디스도 있고, 심지어 육영수 여사 단골 미용사까지 불러다 즐긴답니다."[22]

이 같은 이야기를 듣고 문명자는 육영수를 데리고 세검정으로 갔다. 문명자는 그때의 일을 다음과 같이 기록하고 있다.

---

20. 문명자(文明子, 1930~2008). 경상북도 금릉 출생. 재미교포 언론인. 숙명여고, 일본 메이지 대학, 와세다 대학원 졸업. 조선일보, 동아일보, 경향신문, MBC TV 주미 특파원, 1973년 미국 망명, 김일성·김정일과 인터뷰.
21. 김창원(金昌源, 1917~1996). 충남 공주 출생. 일본 와카야마(和歌山)현 상업학교 졸업. 우리나라 자동차공업과 기계공업 분야의 개척자. 신진공업사(1955), 신진자동차공업(주)(1966~1976) 등 설립·경영.
22. 문명자, 『내가 본 박정희와 김대중』, 도서출판 월간 말, 1999, 124~125쪽.~

나는 육영수 여사와 같이 세검정으로 갔다. 문제의 안가가 있는 언덕배기에 차를 세웠다. 육 여사가 내게 물었다.

"그 집이 어디에요?"

"저 담벼락 보이시죠? 그 안이 안가랍니다. 이후락이가 온통 금으로 도배를 해놓고 재벌들하고 대통령 모시고 밤마다 여자들하고 노는 데랍니다."

그때 그 담장을 바라보던 육 여사의 표정을 지금도 잊을 수가 없다. '어쩌면 이럴 수가' 하는 비애에 찬 표정이었다. 나도 못된 일을 많이 한 셈이다.[23]

다음은 "이름만 대면 세상이 다 아는 박정희 일가 한 인사"의 증언이다. 당시의 경호실장은 박종규[24]였다.

박정희 대통령은 궁정동 안가를 만들기 전에는 위장번호를 단 사용차로 밤나들이를 하곤 했다. 당시에는 박종규만이 야행 시간과 장소를 아는 '천기'에 속했다. 육영수 여사는 별도의 정보망으로 야행을 감시, 꼬투리가 잡히면, 박 경호실장에게 따지고 심한 부부싸움을 하곤 했다. 박 대통령은 스태미나가 절륜했고 상대는 두세 차례 만난 뒤 꼭 바꾸었다. 그래서 교유 여배우 숫자가 많아지고 소문은 꼬리를 물고…[25]

---

23. 문명자, 『내가 본 박정희와 김대중』, 125~126쪽.
24. 박종규(朴鐘圭, 1930~1985). 경상남도 창원 출생. 1947년 조선국방경비대에 입대, 하사관으로 복무 중 육군종합행정학교 제5기로 입교, 육군소위로 임관. 5·16 쿠데타 후 국가재건최고회의 경호대장, 대통령 경호실장(1964~1974), 국회의원(10대), 대한체육회장(1979) 등 역임.
25. 김충식, 『남산의 부장들』(개정증보판), 201쪽.

육영수가 죽고 나서 '육박전'을 벌일 상대가 사라지자 박정희는 대한민국의 연산군이 되어 갔다. 연산군에 대한 다음과 같은 이야기는 박정희와 많이 닮지 않았는가?

연산군은 무오사화를 통해 집요한 간언으로 자신과 대립했던 사람을 축출하는 한편 일부 훈신 세력까지 제거하게 되었고 왕권을 강화하는 계기가 되었다. 이후 연산은 급속도로 조정을 독점하게 된다.

조정을 장악한 연산군은 매일같이 향연을 베풀고 기생을 궁으로 끌어들였으며 심지어는 여염집 아낙을 겁탈하거나 자신의 친족과 상간하는 등 패륜적인 행동을 끊임없이 자행했다. 이때 궁중으로 들어온 기생들을 흥청(興淸)이라고 했는데 여기서 마음껏 떠들고 논다는 뜻인 '흥청거리다'라는 말이 생겨났다.[26]

육영수의 죽음 후 박정희는 안가를 지어 여자들과 본격적으로 흥청거리기 시작했다. 안가란 무엇인가?

안가 즉 안전가옥(安全家屋, safe house)이란 사람을 적대적 행위나 보복 등에서 숨기기 위한 장소로, 보통 외부인이 알 수 없게 일반 주택이나 아파트에 비밀리에 보안장치를 해 사용하는 경우가 많다. 또한 대통령과 같은 최고위 인사가 사적으로 또는 비밀리에 사람을 만날 때 경호를 목적으로 설치하기도 한다. 이것은 어디까지나 원칙이고, 박정희는 여자들과의 '황음(荒淫)'을 위한 장소로 안가를 지었다.

---

26. 박영규, 『한권으로 읽는 조선왕조실록』, 웅진씽크빅, 2004, 203쪽.

10·26 사건이 일어난 궁정동 안전가옥(안가) 나동. 궁정동 안가는 가동, 나동, 다동 그리고 본관과 구관으로 구성되어 있었다._사진출처:《딴지일보》

10·26 사건의 현장이었던 궁정동 안가와 같은 대통령 전용 '관립(官立) 요정'은 모두 5~6곳이나 있었다. 중앙정보부 의전과장 박선호[27]가 박정희를 위한 '채홍사(採紅使)'[28] 역할을 맡았는데, 그의 증언에 따르면 그런 음탕한 술자리를 한 달에 10여 차례나 열었으며 궁정동 안가를 다녀간 연예인만 해도 100여 명이나 됐다고 한다.

다음은 박선호가 항소심 최후진술을 통해 박정희의 사생활을 폭로하는 대목이다. 검찰관이 궁정동 안가가 사람 죽이는 곳이냐는 추궁에 대한 해명으로 시작된다. 여기 나오는 법무사란 검찰관을 말하며, 박선호가 박정희의 여자 문제에 대해 증언하려 하자 "범죄에 관계되는 사항만" 진술하라

---

27. 박선호(朴善浩, 1934~1980). 경북 청도 출생. 김재규의 제자로 대구 대륜고등학교 졸업(1952), 해병간부후보 16기생으로 해병 소위로 임관 후 해병 대령 예편(1973). 1978년 8월부터 중앙정보부 비서실 의전과장으로 근무. 1980년 5월 24일 사형 집행.
28. 1504년의 갑자사화 이후 연산군이 음탕한 생활을 위한 미녀를 뽑기 위해 전국에 파견한 임시 관원.

며 진술을 막는 대목이 눈에 띈다.

> 박선호: 어제 여기에서 검찰관께서 그 집(궁정동 안가)은 사람 죽이는 집이야 하는 질문 같지 않은 질문도 받았습니다만, 그 집은 사람 죽이는 집이 아닙니다. 그와 같은 건물은 대여섯 개가 있는데, 이것은 각하만이 전용으로 사용하시는 건물로서…
>
> 법무사: 범죄에 관계되는 사항만…
>
> 박선호: 예, 그래서 이것을 제가 발표하면 서울 시민이 깜짝 놀랄 것이고, 여기에는 여러 수십 명의 일류 연예인들이 다 관련되어 있습니다. 명단을 밝히면 시끄럽고 그와 같은 진행 과정을 알게 되면, 이것은 세상이 깜짝 놀랄 일들이 많이 있습니다. 평균 한 달에 각하가 열 번씩 나오는데, 이것을…
>
> 법무사: 범죄사실에 관해서만![29]

'채홍사' 역할도 하며 술자리 여자를 최종 심사했던 경호실장 차지철은 요정에 소속돼 있는 여자들을 데려오지 못하게 했다. 고위층과 함께하는 술자리를 자랑스럽게 여기는 연예계 지망생이 가장 무난한 대상이었다. 그리고 또 하나의 원칙으로 같은 여자를 두 번 이상 들여보내지 않았다. 단골을 만들면 보안상이나 기타 부담스러운 문제가 생길 수 있기 때문이다.

그런가 하면 반강제 차출도 있었다. 박정희가 국산 영화를 시사 관람하거나 TV 연예프로 등을 보다가 마음에 든 배우나 가수의 이름을 대며 "한번 보고 싶다" 하면 큰 물의가 일어나지 않는 한 대개 불러왔다. 다만 유부

---

29. 김재홍, 『박정희살해사건 비공개진술(하)』, 동아일보사, 1994, 363쪽.

녀로서 본인이 거절하면 강제하지는 않았다.³⁰

채홍사가 구해 온 여자들은 술자리에 들어가기 전 경호실의 규칙에 따라 다음과 같은 내용의 보안 서약서에 이름을 적고 손도장을 찍었다. 참 별난 서약서까지 쓰던 시대였다.

> 첫째, 각하가 말을 시키기 전에는 먼저 말을 하지 말 것
>
> 둘째, 여기서 만난 다른 사람에게도 아무것도 묻지 말 것
>
> 셋째, 안가에서 보고 들은 것은 일절 외부에 발설하지 말 것
>
> 이를 어기면 어떤 처벌도 달게 받을 것을 서약합니다.³¹

"예외 없는 규칙은 없다." 박정희가 여자들과 '황음'에 빠져들 때 "유부녀로서 본인이 거절하면 강제하지는 않는다"든가 또는 단골(?)을 만들지 않는다는 게 규칙(?)이었다고 했다. 그런데 박정희가 속담처럼 예외를 만든 경우가 있었으니, 여배우 김삼화(金三和)였다.

서울 출생인 김삼화는 서울대학교 미술대학을 졸업한 재원(才媛)이었다. 6세부터 무용을 시작하여 조선무용연구소 한성준에게 사사했으며, 어린 시절부터 "천재 소녀 무용가"로 불리며 재능을 인정받았다. 1955년 영화 〈양산도〉(김기영 감독) 주연으로 데뷔한 후 〈논개〉, 〈대심청전〉, 〈대도전〉, 한국·홍콩 합작영화 〈이국정원〉 등 15편 안팎의 영화에 출연했다. 영화 데뷔 이후에도 '김삼화전통무용연구소'를 운영하며, 1962년 드라마센터의 〈한강은 흐른다〉로 연극 무대에 서기도 했다. 그러던 그녀가 어느 날 홀연히 자

---

30. 김재홍, 『누가 박정희를 용서했는가』, 책으로보는세상, 2012, 71쪽.
31. 문영심, 『김재규 평전: 바람 없는 천지에 꽃이 피겠나』, 참언론 시사IN북, 2013, 57쪽.

여배우 김삼화(金三和). 그녀는 박정희의 노리개였다._사진출처: 〈세상만사의 블로그〉

취를 감추었다. 무슨 사연이 있었을까?

하마터면 영원히 숨겨질 뻔했던 그녀의 슬픈 사연은, 그녀가 평소 가깝게 지내던 재미 언론인 김현철에게 털어놓아 세상에 알려지게 된다. 김현철이 쓴 그녀의 사연은 길지만, 박정희에게 당한 여성의 구체적 증언으로는 유일한 것이라고 여겨 글 전체를 옮겨 놓기로 한다.

그녀가 서울에서 '김삼화전통무용연구소'를 운영하며 주연급 영화배우로 잘 나가던 어느 날이었다. 갑자기 집 초인종이 울려서 나갔더니 신사복으로 말쑥하게 차려입은 젊은 남자가 정중히 인사를 하면서 "각하께서 모셔오라는 명령이십니다. 잠깐 다녀오시게 화장하시고 15분 이내로 떠나실 준비를 하세요" 하는 게 아닌가. 순간 눈앞이 캄캄해졌다. 이미 많은 연예인들이 각하의 부름을 받고 다녀왔다는 소식은 들었지만, 어린애가 있는 유부녀까지 데려갈 줄은 몰랐던 것이다.

이에 "이제 갓난애의 엄마로서 신혼 유부녀예요. 홀로 있는 연예인들이 많은데 저는 좀 빼줄 수 없을까요?" 하며 애원했다. 그러자 그는 "잠깐 다녀온다는데 웬 말이 그렇게 많아요?" 하며 처음 공손히 인사를 했던 자세와는 180도 바뀐 자세를 취했고, 더 반항했다가는 자신도 또 영화제작 스텝인 남편도 당장 영화계에서 매장될 것을 직감한 나머지 순순히 따라나설 수밖에 없었다.

도착한 곳은 청와대가 아니라 각하의 연회 장소였다. 각하는 침실에 들자 자신을 안으면서 "나는 부산에서 군수사령관으로 있을 때 네가 주연한 영화들을 보고 너에게 반했다. 그때부터 너를 꼭 만나고 싶었다"고 평소의 느낌을 털어놓았다. 그 후로도 같은 말을 몇 차례 되풀이한 걸로 보아 각하가 옛날부터 자신의 외모에 많은 호감을 가져왔음을 알았다.

밤새 자신의 운명을 비관하며 한 숨도 못 자고 눈이 퉁퉁 부은 채 새벽에 집에 돌아오니 남편도 뜬눈으로 밤을 샌 듯 초췌한 얼굴이었다. 눈물을 글썽이며 울고 있는 그녀의 설명을 듣더니 부드럽게 위로해줬다. 그리고는 "옆집에서 검은 차가 당신을 태우고 갔다기에 다른 연예인들처럼 우리에게도 올 것이 왔음을 알았다"며 부인을 부둥켜안고 부부 함께 한없이 울었다.

그런데 다른 여인들처럼 1회용으로 끝날 줄 알았던 생각은 큰 착오였다. 그 후로도 평균 1주일에 한 번씩 검은 차가 계속 찾아왔다. 그리고는 한동안 시간이 흘렀는데 남편이 어느 날 "여보, 놀라지마. 나 오늘 무시무시한 곳에 끌려갔다 왔어. 최단 시일 내에 당신과 헤어져야 두 사람 모두 심신이 편할 거라는 협박이야. 아무래도 우리 갈라서야 하나봐. 어쩌지?" 하며 울먹였다.

그리고는 어찌된 영문인지 남편은 바로 그 뒷날부터 자취를 감추었다. 방 안에서는 다음과 같은 남편이 쓴 쪽지 한 장이 발견됐다. "여보, 나를 데리러 온 사람이 밖에 기다리고 있어. 따라가야 해. 날 찾지 마. 그게 당신도 사는 길이야. 우리 아이를 잘 길러줘. 먼 훗날 다시 만나. 사랑해 여보." 이게 마지막이었다.

그렇게 우울한 세월이 오래 흐른 어느 날 밤, 각하는 밤일을 마친 후 냉혹한 얼굴로 돌변하더니 "내가 부자 미국인을 소개할 테니 당장 결혼해서 미국으로 가 살아라" 하고 단호하게 명령했다. 무슨 후환이 있을지 두려워 목은 위아래로 흔들었지만 내심은 싫고 무서운 각하의 속박에서 이제 해방된다는 기쁨도 있었다.

신랑감을 만난다는 다음 날 청와대 응접실에는 머리가 하얗고 얼굴에 주름이 깊이 진 60이 훨씬 넘어보이는 노인이 홀로 앉아 있었다. '설마 저 노인은 아니겠지' 하는 순간, 안쪽에서 각하가 들어오며 "인사드려라, 너와 결혼할 분이다"라고 하는 말에 크게 실망했다. 그토록 늙은 노인일 줄이야! 노인은 신붓감이 젊고 예뻤던지 좋아서 벙긋벙긋했다. 그는 유태계 사업가로서 청와대를 자유자재로 드나드는 돈 많은 미국인이라고 했다. 각하에 반항할 생각조차 할 수 없는 처지니 하는 수 없이 전 남편과의 사이에 태어난 아들을 데리고 이 노인을 따라 미국 마이애미로 올 수밖에 없는 운명이었다.

그런데 그 노인은 아들 둘을 낳은 어느 날 전 재산을 그녀에게 물려준 채 노환으로 사별하고 말았다. 돈은 평생 쓰고 남을 만큼 생겼다. 그러나 자신의 과거가 떳떳치 못하고 창피한 나머지 동포들과의 접촉을 꺼리며 계속 숨어 살았다. 영어도 못하는 처지에 동포들마저도 담을 쌓고 살았으니 그 외로움이야 말로 표현할 수 없었다.

이것이 그녀가 지금껏 미국 동포사회와 관계를 끊고 살아올 수밖에 없었던 이유였다.[32]

최고 통치자가 이런 생활을 했으니 대한민국이라는 나라가 굴러간 것 자체가 기적이었다. 그러고 보니 김재규의 10·26은 연산군을 몰아낸 중종 반정과 흡사하지 않은가?

4. 최태민과 박근혜

"나라의 앞날을 생각하면 최태민은 교통사고라도 내서 처치해야 할 놈"이라고 분개하며 "나라의 앞날"을 걱정했던 김재규의 판단은 옳았다. 박근혜-최태민의 관계가 박근혜-최순실 관계로 대를 이어 발전하여 결국 국정 농단 문제로 폭발하고 말았으니 그렇다. 김재규가 걱정하던 때로부터 37년이 지난 2016년 12월 9일, 헌법재판소에 의해 대통령 탄핵소추안이 인용됨으로써 대통령 박근혜가 파면되는 대한민국 초유의 불상사가 일어난 것이다.

박정희가 부하의 총에 사살당하고 딸 박근혜까지 파멸에 이르게 한 장본인 최태민과 그의 딸 최순실, 이들은 누구인가?

최태민[33]의 본명은 최도원(崔道源)으로 1927년 3월 황해도 재령보통학교를 졸업한 것이 최종 학력이다. 그는 여덟 번이나 이름을 바꿔 가며 문자 그대로 팔색조의 삶을 살았다. 최도원이라는 본명을 시작으로, 월남 후 최상훈(崔尙勳), 부산에서는 최봉수(崔峰壽), 승려가 되어 최퇴운(崔退雲), 천주교 중

---

32. 김현철, 『시대의 어둠을 밝힌다』, 서울의소리, 2015, 208~210쪽.
33. 최태민(崔泰敏, 1912~1994). 최태민의 정확한 나이는 분명치 않다. 그의 묘비에는 1918년 생이라고 써 있다.

림성당에서 영세를 받을 때는 공해남(孔亥南), 경찰의 추적을 받자 신의 계시에 따라 개명했다며 최방민(崔方敏)이라고 이름을 바꿨는데, 이 시기까지 그가 걸어온 길을 정리하면 다음과 같다.

- 1942년~1945년 8월. 일제하 황해도경 순사(巡査), 1945년 9월 월남
- 1946년 3월. 강원도 경찰국 순경, 직전에 이름을 최상훈(崔尙勳)으로 바꿈
- 1947년 3월. 대전경찰서 경사(警査), 4월에 인천경찰서 경위(警衛)로 승진
- 1949년 6월. 육군 제1사단 헌병대 비공식 문관, 7월에 해병대 사령부 공식 문관
- 1951년 3월. 사단법인 대한비누공업협회 이사장. 이름을 최봉수(崔峰壽)로 바꿈
- 1953년 초. 부산에 있는 대한행정신문사 부사장, 9월에 서울로 옴
- 1954년 초. 김제복(金濟福)과 결혼 후 여자 문제로 경남 동래 금화사로 도피, 삭발 승려가 되어 이름을 최퇴운(崔退雲)으로 바꿈
- 1955년 4월. 승려 생활을 청산하고 부산에서 다섯 번째 처 임선이(林先伊)와 결혼. 경남 양산에 개운중학교 설립(미인가로 포기)
- 1956년 12월. 대한농민회 조사부차장
- 1957년 2월. 국민회 경남본부 사업부장, 1958년 2월 상경
- 1959년 6월. 전국불교청년회 부회장
- 1960년 5월. 한국복지사회건설단 회장
- 1963년 5월. 민주공화당 중앙위원, 7월에 대한근민회 회장
- 1965년 1월. ㈜천일창고 회장. 2월 15일 유가증권 위조 혐의로 입건되자 도피

- 1969년 초. 천주교 서울 중림동성당에서 공해남(孔亥南)이라는 이름으로 영세 받음
- 1971년 10월. 서울 영등포구 '호국사'에서 불교·기독교·천도교·천주교를 복합하여 '영세계(靈世界)'를 창업, '영혼합일법'이라는 교리를 내세워 최방민(崔房敏)이라는 이름으로 독경 및 안찰기도를 함

최방민이라는 이름으로 활동한 이후 그의 행적이 포착된 것은 1973년 5월 13일자 《대전일보》의 광고에서였다. '영(靈)세계에서 알리는 말씀'이라는 제목의 광고로 그 내용은 다음과 같다.

영세계(靈世界) 주인이신 조물주께서 보내신 칙사(勅使)님이 이 고장에 오시어 수천 년간 이루지 못하고 바라고 바라던 불교에서의 깨침과 기독교에서의 성령 강림, 천도교에서의 인내천, 이 모두를 조물주께서 주신 조화로서 즉각 실천한다 하오니, 모두 참석하시와 칙사님의 조화를 직접보시라 합니다.
장소: 대전시 대흥동 현대예식장
일시: 1973년 5월 13일 오후 4시[34]

여기서 '칙사님'이란 바로 최태민이었다. 이때부터 최태민은 '영세교' 교주로 행세하며 병약자와 비정상적인 사람들을 모아 교리를 강의하고, 일종의 최면요법으로 난치병 치료를 하며 박수무당 짓을 계속했다. 자칭 '영세계의 칙사'라며 자신의 이름을 원자경이라고 소개했다. 일곱 번째로 이름

---

34. 김수길,『태자마마와 유신공주』, 간석출판사, 2012, 13쪽.

을 바꾼 것이다.

여기서 자신감을 얻은 원자경 교주는 활동 무대를 서울로 옮겨, 1973년 11월 서대문구 대현동에 '영세교' 간판을 걸고 신도들을 모았다. 그가 신통력을 과시하여 사람들이 몰려들자 1974년 5월 제기동으로, 그해 8월에는 서대문구 북아현동으로 장소를 옮겼고, 이때 신도는 3백여 명에 이르렀다고 한다.

이로부터 얼마가지 않아 최태민과 박근혜가 만나는 운명적 계기가 마련된다. 1974년 8월 15일 광복절 기념식장에서 박근혜의 어머니 육영수가 문세광의 총을 맞고 사망한 것이다. 이 사건으로 박근혜는 전국 각지로부터 온 위로의 편지를 받았는데 그중에는 최태민의 편지도 있었다. 그것이 1975년 2월의 일이었고, 3월 6일 박근혜가 최태민을 청와대로 불러 세 번을 만났다. 다음은 이에 대해 박근혜가 전여옥[35]에게 한 말이다.

"어머님을 잃고 위로해주는 분들이 많았어요. 전국에서 편지도 많이 오고 그 가운데 몇 분을 만났어요. 최태민 목사도 그런 분 중 한 분이었어요. 그분을 만났더니 꿈에 '어머님이 슬퍼하지 말아라, 나는 너를 위해 길을 비켜준 것이다. 너는 아시아의 지도자가 될 것이다'라고 하셨대요."[36]

세 번이나 만났다니 죽은 사람이 꿈에 나타나는 현몽(現夢) 이야기로만 끝났을 리가 없다. 최태민은 사람의 마음을 홀리게 하는 기술을 통해 그녀의

---

35. 전여옥(田麗玉, 1959~). 기자, 정치인, 작가. 서울 출생. 중앙여자고등학교(1978), 이화여자대학교 사회학과 졸업(1982). 한국방송공사 기자, 특파원, 앵커(1981~1994). 한나라당 대변인(2004), 국회의원(17·18대) 등 역임.
36. 전여옥, 『오만과 무능―굿바이, 朴의 나라』, 도서출판 독서광, 2016, 119쪽.

최태민과 박근혜_사진출처:《연합뉴스》

마음속에 대망의 불씨를 피워 넣었다. 다음은 이 두 사람을 지켜본 숭모회(崇慕會)[37] 간부의 좀 더 구체적인 증언이다.

    최태민은 박근혜한테 접근할 때부터 남달랐다. 슬픔을 기쁨으로 바꿔놓을 만한 특별한 말로 다가갔다. 그것은 세간에 널리 알려진 「육 여사의 현몽」 정도로는 부족하다. 그보다 단위가 더 높은 「국모(國母)」에서 시작해 「여자대통령」「아시아지도자」 주장까지 펼쳤다. 임진강 구국기도회에 나오도록 유도해 대중의 박수와 마주치게 해 빠져들게 한 것도 그 사람이다. 그리고 그즈음부터 '공화당이 있으면 안 된다'며 박근혜 면전에서 비판을 시작한다. 다른 한편으로 구국선교단이란 이름으로 사람을 불러 모아놓고 나중에 박근혜를 위해 필요한 조직이라고 설득하는 방법을 썼다. 그 고리로 박근혜를 포로처럼 사로잡은 것이다. 최태민은 처음부터 모두를 계산속에 넣어두고 일을 실행할 만한 사람이다.[38]

---

37. '박정희대통령 육영수여사 숭모회'로 1992년 문화체육관광부 소관 사단법인으로 설립.

최태민은 박근혜를 만난 후부터 발걸음이 빨라져 세 가지 면에서 재빠르게 변신했다. '영세교'를 '대한구국선교단'으로, 자칭 '영세계의 칙사'에서 자칭 '목사'로, 이름을 '원자경'에서 '최태민'[39]으로 바꾼 것이다. 여덟 번째의 개명이었다.

그렇다면 최태민은 왜 목사로 변신했으며 신학대학에서 신학 교육을 받은 적이 없음에도 어떻게 목사가 되었을까? 그것은 '영세교'라는 사이비 종교 간판을 갖고는 청와대를 움직일 수 없으니, 막강한 교세를 자랑하지만 중앙의 통제를 별로 받지 않는 개신교를 택한 것은 당연한 일이었다. 또한 당시에는 돈 몇 푼 내면 목사 안수를 받는 것이 부지기수였고, 유신 독재 시절이란 청와대 배경을 과시하기만 하면 안 되던 일도 되게 하는 때가 아니었던가? 실제 '영세교' 교주에게 목사 안수를 준 사람은 대한예수교장로회 종합총회 총회장 조현종(趙賢宗) 목사였다.[40] 그리고 더욱 한심한 것은 가짜 목사의 지휘에 따라 진짜 목사들이 우르르 달려 나와 가짜 목사가 만든 집단에 몰려들었다는 것이다.

최태민은 박근혜를 만난 지 50여 일 만에 대한구국선교단이라는 단체를 뚝딱 하고 만들어 냈다. 이후 단체 명칭도 그의 이름처럼 바뀌어 도합 네 개의 명칭을 갖게 된다.

- 대한구국선교단(大韓救國宣教團, 1975.4.29.~1976.12.9.)
- 대한구국봉사단(大韓救國奉仕團, 1976.12.10.~1977.12.7.)

---

38. 윤석진, 「박근혜-최태민, 20년 커넥션」,《월간중앙》1993년 11월호, 215쪽.
39. 호적상 이름을 최태민(崔太敏)으로 고친 것은 1977년 3월 9일이었다. 그때까지 그의 호적상 이름은 최퇴운(崔退雲)이었다.
40. 윤석진, 「박근혜-최태민, 20년 커넥션」, 211쪽.

대한구국선교단이 주최한 기독교 초교파 구국기도대회가 1975년 5월 11일 오후 5시 경기도 자유의 다리 앞 임진각 광장에서 목사·신도 5천여 명이 참석한 가운데 열렸다. 명예총재로 추대된 박근혜는 격려사를 했다. 《경향신문》 1975.5.12. 7면.

- 구국여성봉사단(救國女性奉仕團, 1977.12.8.~1979.4.30.)
- 새마음봉사단(1979.5.1.~1979.11.22.)

단체 이름이 바뀌어 가는 과정을 관찰해 보자. 대한구국선교단(총재: 최태민)이 창립된 후 1975년 5월 4일 마포구 중앙교회에서 개최된 '조국을 위한 구국기도회'에는 박근혜가 참석했다. 체육관에서 박정희가 혼자 출마하여 대통령을 뽑던 시절 2인자인 대통령 딸이 참석했으니 사람들이 부나방처럼 꼬이는 것은 당연했다.

최태민은 여세를 몰아 5월 11일 임진각 광장에서 초교파 구국기도회를 개최해 존재감을 과시했다. 그는 5천여 명이 모인 가운데 "승리를 위해서는 경제력 배양과 아울러 사상적 무장이 필요하다"고 전제하고 "한국 교회는 그리스도의 정신인 십자가를 지고 총화단결해 하나가 될 것을 다짐한다"

고 말했다.[41] 박근혜가 참석했음은 물론이다.

어쨌든 최태민의 술수는 능수능란했다. 대한구국선교단은 날이 갈수록 몸집이 커져 그 산하 단체만 10여 개에 이르렀다. 구체적으로 보면, 구국십자군, 구국여성봉사단, 구국여성후원회, 구국병원, 구국선교단 야간무료진료센터, 헌혈운동본부, 대한구국선교단 합창단, 중앙교회, 조국통일문제연구원, 한국청년학회 등이다. 이들 조직을 유지하는 데 소요되는 비용도 엄청났으니 부작용이 클 수밖에 없었다.

조직이 비대해지면서 단체 명칭을 바꾸었다. 대한구국선교단이라는 명칭에서 '선교'라는 말이 기독교도에게는 통하겠지만, 기독교도가 아닌 사람들에게는 저항감을 불러일으켜 단체의 영향력을 키우는 데 장애가 됐기 때문이다. 이런 이유로 1976년 12월 10일 단체의 명칭을 대한구국봉사단으로 바꾸었다.

여기서 그친 게 아니었다. 1977년 1월 19일 최태민을 본부장으로 하는 새마음갖기 국민운동본부가 출범했고, 2월 4일 박정희는 이에 발맞추어 충효사상에 바탕을 둔 도의교육을 실시하라고 지시했다. 이에 따라 3월부터 박근혜는 격려사를 한다며 전국을 누비고 다녔다. 최태민의 말대로 '아시아의 지도자'가 되기 위한 수련 단계였을까?

이처럼 최태민이 박근혜를 옆구리에 끼고 분탕질하여 시끄러워지자, 청와대 측근 참모 중 최태민 문제로 가장 고심했던 사람은 박승규[42] 민정수석 비서관이었다. 다음은 그의 증언이다.

---

41. 《경향신문》 1975. 5. 12. 7면.
42. 박승규(朴承圭, 1932~2012). 충남 홍성 출생. 홍성고등학교(1953), 고려대 법학과 졸업(1959). 고려대 교수(1966~1971), 대통령비서실 민정수석비서관(1971~1979), 환경청장(1981), 한보그룹 회장(1991~1996) 등 역임.

"우선 민정비서실로 진정서가 들어오기 시작했어요. 최태민이 이곳저곳 돌아다니며 기부금을 걷는다는 거였죠. 우리가 알아보니 실제로 돈을 줬다는 사람들이 많았어요. 겉으로 말은 안했지만 기업들은 '방위성금도 내는데 그런 돈까지 내야 하나'라는 불평도 있었죠.

또 정부부처에 찾아가 이권관계를 수소문한다는 이야기도 심심찮게 들리고…. 무엇보다 여론이 안 좋게 돌아갔어요. '도대체 구국이라니, 그러면 지금 나라가 큰일 날 위기라도 있단 말이냐. 설사 위기가 있더라도 왜 그런 단체에서 구국을 해야 하느냐'는 시선이 만만찮았죠.

봉사단에서 주관한 새마음갖기운동이란 것도 그래요. 충효사상을 고취시키는 행사를 한답시고 나이 지긋한 교장선생님들이나 동네어른들을 모아다 미리 박수치는 연습을 시키고 학생들을 동원해 거리청소까지 시키니 여론이 좋을 리가 있나요. 충효사상 같은 것은 유교단체나 노인회에서 해야 사람들이 고개를 끄덕이지, 결혼도 안한 대통령 딸이 '나라에 충성하고 부모에게 효도하라'고 하면 무슨 생각이 들겠습니까. 가뜩이나 유신에 대한 저항감이 고개를 들던 때인데 그 말은 정권에 대한 충성을 강요하는 것처럼 들리지 않겠습니까."[43]

최태민과 손잡고 각종 사업을 펼치는 박근혜를 박정희가 엄격하게 관리하지 못한 것이 결정적이었다. 최태민과 관련한 구두 보고를 몇 차례 받았던 박정희는 민정수석으로부터 최태민의 비리 의혹이 조목조목 나열된 서면 보고를 받고는 얼굴이 상기됐다. 그러나 박정희는 이 문제를 박근혜에

---

43. 김진, 『청와대 비서실』, 중앙일보사, 1992, 445~446쪽.

게 직접 따지지 않고 민정수석에게 떠넘겼고, 결국 민정수석과 박근혜 사이만 서먹서먹하게 만들고 말았다.[44]

그러자 김재규 중앙정보부장이 나섰다. 그러나 대한민국 최대 정보 분야 수장의 수사 내용을 믿지 않고 '친국(親鞫)'을 한 것이 최대 실수였다. '친국'이란 왕이 중죄인을 몸소 심문하는 것이고 당시 박정희는 대한민국의 왕이었으니 그럴 수가 있을지도 모르겠으나, 박근혜를 포함한 당사자들을 죄다 모아 놓고 따진다는 것 자체가 별로 효과를 기대할 수 없는 일이었다.

박정희가 청와대 집무실에서 친국을 벌인 것은 1977년 9월 12일 오전이었다. 모이게 한 사람은 김재규 중앙정보부장, 백광현 중앙정보부 7국장, 박근혜, 최태민 그리고 채병률 새마음갖기운동 조직국장 겸 최태민 구국봉사단 총재 특별보좌관이었다. 나는 새도 떨어뜨린다는 중앙정보부장이 가짜 목사와 논쟁을 벌여야 했으니, 김재규가 마음의 상처를 받게 된 것은 당연했다.

결국 퍼스트레이디 역할을 하는 박근혜의 체면을 세워 준다는 명분으로 대한구국봉사단을 해체하고 산하 단체인 구국여성봉사단은 유지하는 선에서 마무리됐다. 최태민은 10월 5일 대한구국봉사단 총재직을 사퇴하고, 구국여성봉사단은 사단법인으로 재출범시켜 12월 8일 박근혜가 총재에 취임했다. 그러나 최태민이 구국여성봉사단 명예총재를 맡아 막후에서 영향력을 행사했으니 모든 일이 말짱 도루묵이 되고 말았다.

---

44. 김용출·이천종·조병욱·박영준, 『비선권력―박근혜와 최태민의 만남부터 최순실 국정농단 사태까지』, 한울엠플러스, 2017, 75~76쪽.

5. 새마음갖기운동

친국에서 살아남은 최태민은 브레이크 없는 기관차처럼 질주했다. 1978년 7월 14일 최태민은 구국여성봉사단의 운영비 조달 목적으로 10명의 기업인을 봉사단 운영위원으로 위촉했다. 1979년 10월까지 여기에 참여하는 기업인 숫자는 재벌급 인사를 포함해 60명 선에 육박한 것으로 알려졌다. 최태민은 이들에게 1인당 입단 찬조비만 2천만~3천만 원에 매월 200만 원씩 운영자금을 조달받았다. 최태민은 구국여성봉사단 운영위원회 멤버가 아닌 기업체에 대해서도 박근혜의 이름을 팔아 수천만 원씩 갹출하게 했던 것으로 알려졌다. 그는 그 밖에도 비리, 이권 개입, 융자 알선 등 각종 개인 및 권력형 범죄를 저질렀다.[45]

여기서 근본적인 의문점을 짚고 넘어 가자. 최태민과 박근혜는 도대체 어떤 관계였냐는 것이다. 최태민이 1912년생이니 1952년생인 박근혜와는 40년이나 나이 차이가 난다. 이름을 일곱 번 바꾸고 결혼을 여러 번 했으며 사이비 목사에 사기·횡령 등 전과 44범인 사람이다. 그런데 박근혜는 대통령 딸이었다. 그것도 막강한 권력을 휘두르는 유신 독재자의 딸이었다. 이 둘 사이에 불꽃이 튀었다.

다음은 이 시절 청와대에 근무했던 사람이 전여옥에게 한 증언이다.

최태민에게 전화가 오면 밤 열두 시가 넘는 시간에도 만나러 갔습니다. 그 때는 통금이 있었지요. 갑자기 밤에 영애가 움직이니까 경호실이 발칵 뒤집

---

45. 김용출·이천종·조병욱·박영준, 『비선권력—박근혜와 최태민의 만남부터 최순실 국정농단 사태까지』, 84쪽.

히는 거지요. 그런데 그런 일이 수도 없이 있었습니다. 제가 모시던 박정희 대통령께서 영애와 최태민의 관계를 매우 걱정하셨어요. 그래서 영애의 모든 전화를 도청했습니다. 내용은 정말이지, 도저히 말씀드리기가…[46]

이들은 어디서 만났을까? 박근혜의 얼굴이 널리 알려져 아무데서나 만날 수가 없으니 밀회 장소는 최태민의 집이었다. 최태민의 처 임선이가 못 본 체하는 상황에서 벌어진 기묘한 밀회였다. 다음과 같은 조용래[47]의 증언으로 미루어 보면 최태민-박근혜의 밀회는 최태민 가족 전체의 성원(?) 속에서 이루어졌다. 이들은 '공동체'였다.

최태민과 박근혜는 최대한 남들의 눈을 피해 둘만의 시간을 갖는 데 집중했다. 두 사람의 은밀한 만남은 철저히 집안에서 이루어졌다. 최태민 일가가 역삼동의 새집으로 이사한 이후에도 밀회는 이어졌다. 밀회 장소는 누구도 근접할 수 없도록 장막이 쳐졌고, 발걸음을 조심하도록 눈치를 줬다. 박근혜가 오는 날에는 식구들 모두 자리를 피하고 숨었으며 숨소리조차 크게 내지 않았다. 이 일에 관심을 두는 것 자체가 금기시되었다.

남편이 외간 여자와 집 안에서 밀회를 나누는 상황을 어떻게 방조할 수 있을까? 하지만 아내인 임선이(林先伊) 입장에서 충분히 그럴 수 있었는지 모른다. 최태민과 결혼한 뒤에도 애 딸린 여자가 찾아오는 일이 드물지 않았다. 그때마다 있는 돈 없는 돈을 쥐어줘서 쫓아내야 했다. 하지만 박근혜는 차원이

---

46. 전여옥, 『오만과 무능—굿바이, 朴의 나라』, 114~115쪽.
47. 최태민의 처 임선이는 최태민과 결혼하기 전, 전 남편(조동찬, 1947년 사망)과의 사이에 아들 조순제가 있었고 조용래는 조순제의 장남이다. 그러니까 최태민과 임선이 사이에 낳은 딸 최순실의 의붓조카이다.

달랐다. 돈을 쥐어줘야 하기는커녕 오히려 가족에게 엄청난 돈과 권력을 안 겨주는 사람이었다.

최태민이 박근혜의 정신을 철저하게 지배할 수 있게 된 이유는 박근혜의 권력을 향한 욕망을 최태민이 이해하고 이끌어주었기 때문이다. 임선이는 낚시꾼 최태민이 끌어올린 물고기가 사실은 월척 정도가 아니라 용을 낚아 올린 것이라는 사실을 먼저 알아챈 사람이다. 그런 의미에서 본다면 진짜 낚시꾼은 임선이였고 최태민은 임선이가 낚싯바늘에 꿰놓은 미끼였는지도 모른다.[48]

당시 박근혜는 박정희와 최태민이라는 두 남자에 의해 조종되는 꼭두각시 노릇을 하고 있었다. 아버지 박정희는 권력 유지를 위해, 이상한(?) 관계였던 최태민은 돈을 목적으로 박근혜를 조종했다. 두 사람 다 '새마음갖기 운동'을 통해 박근혜를 조종했다는 공통점이 있었다.

'새마음'이라는 말은 언제부터 쓰기 시작했을까?

1972년 전라북도가 공무원 기강을 바로잡기 위해 새마음·새자세·새정신 등 세 가지 '새' 운동을 벌였는가 하면(《경향신문》 1972.1.21.), 주부인 이강옥 씨가 새마을운동과 더불어 새마음운동을 벌일 것을 제안했고(《경향신문》 1972.4.28.), 새싹회는 전국의 어린이들을 대상으로 '어린이 새마음운동'을 펴기도 했다(《경향신문》 1972.5.4.). 박정희 입에서 '새마음운동'이라는 말이 처음 나온 것은 1972년 5월 16일 5·16 민족상 시상식에서 "새마을운동은 무엇보다도 새마음운동으로부터 시작되어야 하겠습니다"라고 했을 때였다(《경향신

---

48. 조용래, 『또 하나의 가족—최태민, 임선이, 그리고 박근혜』, 모던아카이브, 2017, 63~64쪽.

1978년 10월 6일 오전 11시 대구 경북체육관에서 열린 경상북도 새마음 중·고등학생연합회 발대식에서 구국여성봉사단 총재 박근혜가 격려사를 하고 있다. 학생들이 군대식으로 정렬한 가운데 '충효'라고 쓴 큰 간판이 보인다. 박근혜의 나이 26세였다._사진출처: 헤럴드포토

문》 1972.5.16.).

 그렇다면 시간이 한참 지난 1977년 초에 '새마음'이라는 말이 본격적으로 등장한 까닭은 무엇인가?

 1972년 10월 유신 후 1974년 1월 8일의 긴급조치 제1호부터 1975년 5월 13일의 가장 강력한 긴급조치 제9호 선포에 이르기까지 박정희는 총력을 기울여 민주화 세력을 탄압했으나, 1975년 4월 11일 서울대 농대생이 할복 자살을 하는 등 학생들의 극단적인 저항이 있었고, 1976년 3월 1일에는 재야 민주인사들이 명동성당에서 「3·1민주구국선언」을 발표하기에 이른다.

 사태가 심각해지자 박정희는 긴급조치 선포의 한계를 통감하게 되어, 물리적인 힘에 의한 탄압뿐만 아니라 국민을 정신적으로 획일화하는 작업을 병행한다. 그래서 등장한 것이 '새마음갖기운동'이다. 그런데 엽색 행각 등으로 심신이 피폐해진 박정희는 스스로 나설 수 없게 되자 대타로 동원한 것이 딸 박근혜였다. 박근혜도 최태민의 세뇌 작전으로 '아시아의 지도자'

를 꿈꾸며 붕 떠 있는 마당에 마다할 까닭이 없었다.

최태민 또한 새로운 돈벌이 수단이 생겼으니 그야말로 누이 좋고 매부 좋고였다. 최태민이 다시 날뛸 수 있는 기반이 된 것은 자신이 본부장으로 1977년 1월 19일 출범했던 새마음갖기 국민운동본부였다. 이를 통해 새마음갖기 궐기대회를 전국에 걸쳐 개최했고 궐기대회를 열 때마다 박근혜가 등장해 남이 써 준 원고를 읽으며 격려사라는 걸 했으니, 전국에 '수금처(收金處)'가 새로 생긴 것이다.

'새마음'에 재미가 붙은 박(朴)-박(朴) 라인은 1979년 5월 1일 단체 이름을 구국여성봉사단에서 새마음봉사단으로 바꾸고 조직을 확대·개편했다. 얼마 후 큰 문제가 생기게 되는데, 박정희가 새마음봉사단의 명예총재가 된 것이다. 대통령 딸이 총재로 나선 것도 부담이 되는 판에 최고 통치자인 대통령이 딸이 운영하는 사조직에 끼어들었으니 이를 어쩌랴.

다음은 이에 대한 신문 기사 전문(全文)이다.

박정희 대통령은 5월 25일 "새마음운동이란 좋은 일이고 옳은 일이라고 생각하는 일이면 남이 보든 안 보든 간에 몸소 실천해나가자는 것이며 운동이라고 해서 요란하게 기세를 올리는 것보다도 조용하고 차분하게 실천 가능한 것부터 하나씩 하나씩 실천해나가야 할 것"이라고 말했다.

박 대통령은 이날 하오 2시 청와대 대접견실에서 큰 영애인 박근혜 새마음봉사단 총재가 서울 시내 각 신문·방송·통신사 회장 및 사장 13명에게 새마음봉사단 총재 자문위원 위촉장을 수여하는 한편 새마음봉사단 운영위원, 시·도 단장 및 봉사단 임원 등 61명을 위해 베푼 다과회 도중에 참석, 이와 같이 말했다.

박정희가 1979년 5월 25일 자신의 딸이 운영하는 사조직 새마음봉사단 명예총재로 추대된 것을 보도한 1979년 5월 26일자《경향신문》(1면)

박 대통령은 "새 마음과 대조되는 헌 마음이란 나쁜 것을 알면서도 나 하나쯤 해서 어떻겠느냐, 또는 남이 보지 않으니까 해도 괜찮겠지 하는 생각으로 자제를 못하는 마음"이라고 지적, "꾸준히 맑은 물줄기가 흘러들어 흐린 하천을 맑게 하듯이 일상생활에서부터 마음속에 서려있는 공해를 씻어내어 우리 사회를 밝고 명랑하고 건전하고 튼튼하게 해야 하는 것"이라고 강조했다.

이에 앞서 새마음봉사단 총재인 큰 영애는 자문위원 위촉장을 수여하는 자리에서 "여러분들께서 도와준다고 생각하니 힘이 솟는 것 같다"면서 "이 운동이 국민생활 속에 뿌리를 내리도록 격려하고 이끌어달라"고 당부했다.

이 자리에서 자문위원으로 위촉받은 각 신문·방송·통신사 대표들과 운영위원, 시·도 단장 등 새마음봉사단 임원들은 열렬한 박수로 박 대통령을 새마음봉사단 명예총재로 추대했다. 이날 새마음봉사단 임원들은 그동안 실시된 새마음운동 추진실적과 시·도별 대표적인 실천사례를 소개하고 더욱 알찬 노력을 다짐했다.

이 자리에는 구자춘 내무, 박찬현 문교, 김성진 문공부 장관 등이 배석했다.

위촉된 자문위원들은 다음과 같다.

▶이환의(李桓儀) 문화방송·경향신문 사장 ▶방우영(方又榮) 조선일보 사장 ▶홍진기(洪璡基) 중앙일보 사장 ▶김덕보(金德寶) 동양방송 사장 ▶김상만(金相万) 동아일보 회장 ▶김종규(金鍾圭) 서울신문 사장 ▶장기봉(張基鳳) 신아일보 사장 ▶최세경(崔世卿) 한국방송공사 사장 ▶김석원(金錫元) 동양통신 사장 ▶박용곤(朴容昆) 합동통신 사장 ▶장강재(張康在) 한국일보 사장 ▶김태동(金泰東) 코리아 헤럴드 사장 ▶조병직(趙炳直) 기독교방송 사장 직무대리[49]

박정희가 새마음봉사단 명예총재가 된 것은 10·26 사건이 일어나기 정확히 5개월 전이었다. 그런데 박근혜의 새마음봉사단은 국가기관도 공공기관도 아닌 사단법인 즉 법인체였다. 이런 조직에 대통령이 가담했다는 것은 따지지 말고 모두 모이라는 신호였다. 어떻게 대한민국의 유수한 언론기관의 사장을 모조리 끌어내어 대통령 딸이 운영하는 조직의 자문위원으로, 그것도 청와대에서 임명할 수 있단 말인가?

여기서 박근혜와 관련된 단체가 최태민의 경력만큼이나 복잡하니 이를 정리해 보자.

앞서 말한 것처럼 1977년 1월 19일 최태민을 본부장으로 하는 새마음갖기 국민운동본부가 출범했다. 이에 따라 박근혜가 꼭두각시로 등장해 남이 써 준 격려사를 읽기 시작한 것은 그해 3월 16일 서울 시민회관 별관에

49.《경향신문》1979.5.26. 1면.

서 벌어진 '새마음갖기 범국민궐기대회'부터였다. 박근혜는 이 자리에서 "충효를 기본 이념으로 하는 새마음갖기국민운동이 어느 단체나 지방에 국한되지 않고 국민 전체의 국민철학으로 심어져나갈 때 이 땅은 이상적인 복지국가가 될 것"이라는 거창한 격려사를 했다.

이후 최태민의 행동이 말썽이 나자 1977년 9월 12일의 박정희 '친국'으로 최태민이 총재였던 구국봉사단은 해체되지만, 최태민은 여전히 새마음갖기 국민운동본부의 본부장이었고 12월 8일 사단법인으로 재출범한 구국여성봉사단의 명예총재였다. 구국여성봉사단은 1979년 5월 1일 새마음봉사단으로 명칭이 바뀌고 5월 25일 박정희가 명예총재가 됐지만, 최태민은 새마음갖기 국민운동본부의 본부장으로서 영향력을 행사하고 있었다.

이즈음 최태민의 딸 최순실까지 등장해 후일 박근혜가 탄핵으로 대통령 자리에서 쫓겨나는 씨앗을 뿌리게 된다. 최순실도 아버지를 닮았는지 이름을 바꿔 세 개의 이름을 갖고 있다. 1956년생인 그녀의 원래 이름은 최필녀(崔畢女)였고, 1979년 최순실(崔順實)로 바꾼다. 그 후 2013년 2월 25일 박근혜가 대통령에 취임한 후인 2014년 2월 최서원으로 이름을 다시 바꾼다. 사람들이 그녀를 '최순실'로 부르는 것은 함께 활동하여 박근혜가 대통령이 될 때까지 쓰던 이름이 그것이었기 때문이다.

박근혜가 최태민과 밀회를 즐기던 장소가 그녀가 기거하던 집이었으니, 최순실이 박근혜를 알게 된 것은 오래된 일이었음에 틀림없다. 그러나 그녀의 이름이 언론에 등장한 것은 1979년에 들어서서의 일이었다. 그것도 '최순실'과 '최필녀'라는 두 개의 다른 이름을 사용했는데, 그 까닭을 도무지 이해할 수 없다.

두 개의 이름이 등장하는 언론 보도를 보자. 먼저 '최순실'이다.

1979년 6월 10일 한양대학교 운동장에서 벌어진 '새마음제전'에 참석한 박근혜. 그 왼쪽이 전국새마음대학총연합회 회장 최순실이고, 오른쪽이 당시 현대건설 사장 이명박이다. 박근혜의 위력을 보여 주는 사진이다._사진출처: KBS 2TV

　　서울 시내 33개 대학교의 새마음봉사단원 750여 명을 비롯, 서울시새마음봉사대 각 구 단원 750명, 새마음연예봉사단원 등 1,550여 명이 한양대 운동장을 꽉 메운 '새마음제전'은 1979년 6월 10일 오전 10시 20분 최순실(崔順實)(단국대 대학원 1년)[50] 전국새마음대학생총연합회장의 개회선언으로 시작됐다.

　　오전 10시 30분 예고 없이 박근혜 총재가 식장에 들어서자 젊은 학생들은 '새마음'이라는 힘찬 구호를 외쳤으며 박 총재는 손을 흔들어 이들의 환호에 답했다. 박 총재는 개회식에 이어 진행된 각종 경기를 약 1시간 30분 동안 흥미 있게 관람하고 12시께 1부 경기가 끝나자 본부석에서 나와 운동장 스타디움의 응원석을 찾아 수많은 학생들과 일일이 악수를 하며 이들을 격려했다.[51]

---

50. 최순실은 단국대학교 청강생이었다. 당시 사립대학들은 돈벌이 수단으로 학생들을 '청강생'으로 마구 뽑았다. '청강생'이란 입학시험을 통하지 않고 뽑은 학생으로, 문교부에 등록된 명단에 기록되지 않아 학위 증서를 발급받을 수 없었다.
51. 《경향신문》 1979.6.11. 7면.

1979년 6월 10일에는 '전국새마음대학생총연합회 회장'으로 등장했던 최순실이 9월 3일에는 박정희가 명예총재가 된 새마음봉사단 사무총장 '최필녀'로 등장한다.

> 새마음봉사단 박근혜 총재는 9월 3일 봉사단에서 모금한 수해지역학생 돕기 의연금 1억 원을 최필녀(崔畢女) 사무총장을 통해 문교부에 전달했다. 이 의연금은 새마음봉사단 전국 시도지부와 159개 대학생 새마음봉사대, 연예인 새마음봉사대 및 각 직장봉사대가 전국에 걸쳐 모금한 성금과 전 국회의원, 운영위원, 장학위원, 자문위원들이 갹출한 것이다.[52]

여기서 알 수 있는 것은 이제 최순실이 새마음봉사단 사무총장이 되어 최태민의 후계자로 등장했다는 사실이다. 그런데 이해할 수 없는 것은 왜 사무총장이 되고나서 최필녀라는 이름을 썼느냐는 점이다. 하기야 최씨들에게서 이상한 것은 어디 이름뿐이겠는가?

아버지 최태민을 이어받아 국정 농단을 일삼다가 박근혜와 함께 구속된 최순실은, 2020년 6월 발간된 『나는 누구인가』라는 책에서 사람들이 바뀐 이름인 최서원으로 부르지 않고 최순실이라고 하는 데 대해 불평하고 있다. 그녀가 쓴 책 제목에 따라 "당신은 도대체 누구인가"라고 되묻고 싶다.

그녀의 책은 이렇게 시작된다.

> 내 이름은 최서원이다. 그런데 나를 모두 최순실이라 부른다. 그러고 보면

---

52. 《경향신문》 1979. 9. 3. 7면.

나 최서원은 이 세상에 없는 투명인간이나 마찬가지다. 정호성 비서관이 헌법재판소 증언에서 "세상에 없는 사람이어야 할 사람이 알려진 게 문제"라고 했다는 말에 온몸에 전율을 느낀 적도 있지만 그렇게 그들 모두 나를 투명인간 취급하였던 것이다.[53]

책의 말미에서 국민의 힘을 믿는다 했다. 그녀가 말하는 국민의 힘이란 무엇일까?

박근혜 대통령은 진실로 아무런 죄를 저지르지 않았고 저지를 분도 아니다. 원래 성격이 칼 같고 딱 부러지는 성격이다. 본인이 갖고 있는 결백성을 스스로 망치실 분이 절대 아니다. 나는 이 사태를 여기까지 끌고 온 특검과 검찰 그리고 배후 세력들이 이제 무슨 생각으로 조선 시대도 아닌 이 시대에 이런 일을 만들어 내는지 궁금해지고 꼭 알아야겠다는 생각이 든다. 그걸 알아낼 수 있는 힘은 오로지 국민의 힘이다.[54]

최태민은 제정 러시아 말기의 라스푸틴(Grigory Yefimovich Rasputin, 1869~1916)에 비견되기도 한다. 1916년 12월 30일 러시아 귀족들에 의해 살해된 라스푸틴은 어떤 인물이었는가?

20세기 초의 러시아 왕가는 환속한 성직자이며 심령술사 겸 점쟁이 라스푸틴의 카리스마에 완전히 압도되었다. 라스푸틴은 차르의 왕세자 알렉세이

---

53. 최서원, 『나는 누구인가』, 하이비젼, 2020, 18쪽.
54. 최서원, 『나는 누구인가』, 278쪽.

의 건강을 안정시키는 특별한 능력을 갖고 있었다. 심각한 빈혈을 앓고 있던 왕세자를 잘 보살폈기 때문에 자연히 러시아 왕가에 막강한 영향력을 행사하게 되었다. 그는 자신의 영향력을 이용하여 추종자들을 권력의 요직에 앉혔고, 왕후 알렉산드라에게 부탁하여 각종 청탁을 들어주게 한 다음 청탁자들로부터 엄청난 뇌물을 챙겼다. 라스푸틴은 이미 국가적인 물의를 일으키고 있었지만 1915년에는 왕후의 수석 고문이 되었다.[55]

---

55. 데이비드 사우스웰, 『미궁에 빠진 세계사의 100대 음모론』, 이종인 옮김, 이마고, 2004, 232~233쪽.

제7장

전두환 쿠데타

1. 전두환과 하나회

박정희와 전두환

박정희, 그는 고려 시대 이래로 791년 만에 쿠데타로 정권을 쥔 무인(武人)이었고 그 뒤를 전두환과 노태우가 이어 갔다. 박정희는 18년 5개월 10일 동안 권력을 움켜쥐고 있었으니, 왕이 아닌 무인으로서는 한국 역사를 통틀어 세 번째로 장기 집권한 인물이다. 박정희보다 장기간 집권한 사람은 무인들이 100년간 집권했던 고려 무신정권 시대(1170~1270)의 최충헌(崔忠獻)과 그의 아들 최우(崔瑀)뿐이다. 최충헌은 23년간(1196~1219), 최우(崔瑀)는 30년간(1219~1249) 집권했다.

전두환은 5·16 쿠데타 초기부터 박정희 사단에 입문했으나 집권 기간은 박정희에 비할 바가 못 된다. 그렇다고 전두환이 꼭 박정희에 뒤진다고 할 수만은 없다. 박정희는 5·16 쿠데타 즉시 권력을 잡았다. 그러나 전두환은 1979년 12·12 쿠데타에서 시작해 1980년 5·17 쿠데타를 거쳐 264일 만인 1980년 9월 1일 꿈에 그리던 대통령 자리에 올랐으니, 세계 역사상 가장 오래 걸린 쿠데타 기록을 갖고 있다.[1] 박정희도《민족일보》사장 조용수, 인혁당계 8인 등 사람을 많이 죽였지만, 1980년 5월 18일부터 불과 10일 만에 사망자 166명, 상이 후 사망자 375명, 행방불명자 65명의 기록을 세운[2] 전두환에는 비할 바가 못 된다.

전두환 그리고 그와 함께 움직인 노태우, 이들은 누구인가?

전두환(全斗煥)은 1931년 1월 18일 경상남도 합천군 율곡면 내천리에서 6남 4녀 중 넷째아들로 태어났다. 아버지 전상우(全相禹)는 농부였지만 제법 언변도 좋고 약간의 학식도 갖춘 인물이었다. 그래서 마을 구장을 맡기도 했고, 의학 지식도 조금 있어서 마을에서 민간 요법을 행하는 의원 행세를 하기도 했다.

전두환이 다섯 살 때 대구로 이사했다. 그러나 그가 여덟 살이었던 1939년 가을 아버지가 일본 순사와 싸우다 불상사가 일어나 가족이 전부 만주 지린성(吉林省)으로 도피했다. 이후 1년 3개월이 지나 대구로 돌아와, 1944년 희도국민학교 4학년에 편입해 1947년 졸업했고, 그해 9월 대구공립공업중학교에 입학했다. 그 후 학제개편에 따라 6년제이던 중학교가 3년제 중학교와 3년제 고등학교로 개편되어 1950년 4월 전두환은 대구공업중학교 3년 과정을 마치고 대구공업고등학교 기계과 1학년에 진학했다.[3]

이번에는 노태우(盧泰愚)를 보자. 1932년 12월 4일 경상북도 달성군 공산면 신용동에서 2남 중 장남으로 태어난 그는 1938년 교통사고로 아버지를 잃고 홀어머니 밑에서 성장했다. 국민학교를 졸업하고 1945년 3월 경북중

---

1. 노가원,『264일의 쿠데타 1』, 시아컨텐츠그룹, 2017, 5쪽.
2. 민주화운동기념사업회 한국민주주의연구소,『한국민주화운동사 3』, 돌베개, 2010, 137쪽 각주.
3. 전두환,『전두환 회고록 3』, 자작나무숲, 2017, 16~32쪽.

한국전쟁으로 육군사관학교가 휴교한 지 1년 6개월 만인 1952년 1월 20일, 진해 임시교정에서 이승만 대통령이 참석한 가운데 육사 11기 생도들이 재개교 행사를 하고 있다._사진 출처: 육군사관학교

학교에 응시해 낙방한 후 대구공립공업중학교 전기과에 입학했고 1948년 경북중학교 편입시험에 합격했다.

1950년 6월 25일, 이들의 운명을 바꾸는 한국전쟁이 발발했다. 적령기 남자라면 누구나 입대해야 하던 참에 노태우는 '헌병 모집' 광고를 보고 헌병학교에 들어가 우등으로 졸업하여 교수부로 발령을 받았다. 1951년 초가을, 육군사관학교(육사)가 4년제 정규 과정으로 재개교하여 사관생도를 모집한다는 공고문[4]이 게시됐고, 노태우는 헌병학교 교수부장의 추천으로 응시해 합격했다. 육사 11기 생도가 된 것이다.[5]

당시 육사 11기 생도들 중 절반 이상이 학생 신분으로 한국전쟁에 참전했던 학도병 출신이었다. 그중에는 이미 장교가 된 사람도 있었고 무공을 세워 훈장을 탄 사람도 있었다. 그러나 이들 모두 1952년 1월 20일 거행된

---

4. 공고문의 내용은 이러했다. "만 17세 이상 20세 미만의 고교 졸업 및 예정인 미혼남자. 4년 교육 후 육군 소위 임관 및 이학사 학위. 외국 유학에 우선권…." 김재홍, 『군(軍)①: 정치장교와 폭탄주』, 동아일보사, 1994, 188쪽.
5. 노태우, 『노태우 회고록(상권)』, 조선뉴스프레스, 2011, 26~50쪽.

재개교식을 통해 정식 4년제 사관생도로 출발했다.[6]

전두환은 어떻게 되었나? 1951년 중국군의 참전으로 인한 1·4 후퇴로 국군과 유엔군은 낙동강 전선을 마지노선으로 삼아 필사적으로 방어전을 펼치고 있었다. 이때 전두환은 학교에 가는 둥 마는 둥 하고 일자리를 구하러 다니다가 그해 가을 육군종합학교 보병간부후보생 모집 공고를 보고 응시해 합격했으나 어머니의 반대로 무산됐고, 그로부터 한 달 후 '제11기 육군사관학교 생도 모집' 공고문을 보고 응시해 합격했다.[7] 그는 예비 합격생이었다가 정식 합격자가 등록하지 않아 합격생에 포함된 경우였다.[8]

1955년 9월 30일 4년제 육사 생도를 처음으로 배출한 육사 11기 졸업식이 있었다. 육사 11기생들에게는 이전의 졸업생들과 몇 가지 점에서 다른 면이 있었다. 무엇보다도 이들은 강한 동료의식과 강한 엘리트 의식을 갖고 있었다. 이것은 육사 졸업생들 가운데 최초로 4년제 정규 교육을 받았다는 데서 기인했다. 또한 이들은 이전 졸업생들과 달리 정치화의 계기를 일찍 경험했다.[9]

전두환의 육사 졸업 성적은 126등으로 11기 전체 졸업생 156명 중에서 거의 꼴찌 수준이었지만, 어떤 동기생보다도 현실 문제에 적극적으로 뛰어들어 기회를 자기 것으로 만들었다. 전두환과 함께 군 내 정치장교 비밀 사조직인 '하나회'를 결성한 11기생들의 성적은 대체로 중간 정도였다. 대구 출신으로 하나회 회원이었지만 가장 색깔이 약했던 김복동(국민당 국회의원

---

6. 이기윤, 『별: 대한민국 육군사관학교 60년』, 북앳북스, 2006, 253쪽.
7. 천금성, 『황강에서 북악까지』, 동서문화사, 1981, 130~134쪽.
8. 노가원, 『264일의 쿠데타 2』, 시아컨텐츠그룹, 2017, 254쪽.
9. 강창성, 『일본/한국 군벌정치』, 해동문화사, 1991, 359~360쪽.

역임)이 13등으로 성적이 가장 좋은 편이었다. 나머지 노태우(전 대통령) 67등, 권익현(민자당 사무총장 역임) 55등, 정호용(국방부장관 역임) 86등, 손영길(수경사 참모장 역임) 81등으로 중간 정도였다.[10]

전두환은 어떻게 박정희와 인연을 맺었을까?

전두환이 박정희의 눈에 든 것은 5·16 쿠데타 직후였다. 박정희는 쿠데타를 일으켰으나 48시간이 경과하도록 해군·공군 참모총장과 해병대 사령관의 지지를 받지 못해 조바심을 내고 있었다. 당시 서울대학교 ROTC 교관이던 전두환(당시 대위)은 5월 16일 아침 쿠데타 성격 파악에 들어가 그날 밤 주동자가 박정희임을 알아내고, 5월 17일 육군본부를 방문해 박정희를 만나 쿠데타의 진의를 확인했다. 이후 육사로 가서 북극성회(육사 총동창회) 회장, 교관, 훈육관, 생도대표 등을 만나 육사 생도들의 쿠데타 지지 시가행진을 성사시켰다.[11]

다음은 육사 생도들의 5·16 지지 시가행진에 대한 언론 보도이다.

군사혁명 사흘 만인 18일 상오 서울 교외 태릉에 자리 잡고 있는 육군사관학교의 사관생도와 장병들은 종로, 세종로, 태평로 등 수도의 심장부를 꿰뚫고 보무당당히 시가행진을 하면서 5·16 군사혁명을 지지 성원하였다. 이날 상오 9시경 동대문에 집결한 이들은 혁명군의 선봉부대인 공수특전단 용사들의 선도에 따라 시가를 행진, 연도에 모여든 수만 시민들로부터 박수를 받았다.

---

10. 김재홍, 『박정희 유전자—우리는 왜 죽은 박정희와 싸워야 하는가』, 도서출판 개마고원, 2012, 130~131쪽.
11. 천금성, 『황강에서 북악까지』, 220~230쪽.

전두환이 박정희와 처음 인연을 맺을 때의 사진. 국가재건최고회의 박정희 의장 비서실장 윤필용(앞줄 가운데), 전두환 민정담당비서(뒷줄 오른쪽), 이낙선 공보담당비서(앞줄 오른쪽), 조상호 의전비서(앞줄 왼쪽)_사진출처:《월간조선》

행진 도중 육사생 대표는 마이크를 통해 "군사혁명이 어떤 권력을 탐해서 이루어진 것이 아니며 기성 정치인을 불신하고 도탄에 빠져 헤매는 민생을 건져내기 위한" 우국 장병들의 의거라는 점을 지적하고 이를 지지 성원하도록 호소하였다. 이 같은 결의문과 국민에게 보내는 격문은 모두 우리말과 영어로 되풀이 되었으며 행진대열은 남대문에서 코스를 꺾어 동화·미도파백화점 앞을 통과, 을지로입구에서 미국대사관·반도호텔 앞을 거쳐 시청 앞 광장에 이르렀다.[12]

육사 생도들의 쿠데타 지지 행진은 박정희가 3,600여 명에 불과한 병력으로 60만의 국군을 물리치는 데 결정적인 역할을 했다. 이처럼 전두환은 박정희에게 그야말로 넝쿨 채 굴러 들어온 복덩이였고 박정희는 이 복덩이를 놓치지 않았다. 국가재건최고회의 의장실의 민원비서관으로 전두환을

12.《동아일보》1961.5.19. 3면.

처음 곁에 둔 이래 그를 키워, 한국 현대사에서 악역을 번갈아 맡아 가며 암흑시대를 이끌게 된다.

육사 생도들의 쿠데타 지지 행진에 대한 다음과 같은 견해도 주목할 만하다.

> 5월 18일 생도들과 육사 장교단이 5·16 지지 시가행진을 벌이고 지지 성명을 발표한 것은 그들의 자발적 의사로는 보기 힘들다고 하겠다. 5·16에 참여한 당시 부대장인 박창암 대령과 제11기생들인 전두환, 이동남, 이상훈 대위 등의 설득과 회유에 의한 것이라고 볼 수밖에 없는 것이다. 그렇지 않다면 학교의 지휘부의 핵심 요인이었던 교장 강영훈 중장과 생도대장 김익권 준장이 나타나지 않은 이유를 어떻게 설명할 것인가.[13]

정치장교 비밀결사 '하나회'

1963년은 5·16 쿠데타 주체세력이 대혼란을 겪는 시기였다. 1963년 2월 민주공화당이 창당되고 민정 이양을 준비하면서 원대복귀를 할 것인지 민정에 참여할 것인지를 결정해야 했다. 전두환의 정치적 후각은 역시 타의 추종을 불허했다. 1963년 2월 18일 당시 국가재건최고회의 의장이던 박정희[14]가 원대복귀와 민정 불참을 선언한 직후 전두환은 육사 11기 동기인 노태우, 권익현, 손영길, 박갑룡 등과 함께 의장 공관으로 박정희를 찾아가 원

---

13. 이기윤, 『별 : 대한민국 육군사관학교 60년』, 283쪽.
14. 윤보선 대통령의 사임으로 박정희는 대통령 권한대행(1962.3.22.~1963.12.26.)을 겸하고 있었다.

대복귀를 만류한 것이다. 육사 11기로 하나회 결성에 깊이 개입했던 인사는 이때의 상황을 다음과 같이 증언하고 있다.

응접실에서 기다리는데 육영수 여사가 먼저 나오더니 "이 양반이 일을 저질러놓고 다시 군에 돌아가겠다니, 여러분들이 생각을 바꾸시도록 건의 좀 해주세요"라고 하더라는 거예요. 전두환 등이 박정희 의장에게 원대복귀는 안 된다고 하자 박 의장은 "여러분의 뜻은 잘 알아. 그러나 정치는 그렇게 하는 거야"라며 민정불참 선언이 여론 무마용이라는 것을 은근히 내비쳤다는 겁니다. 그리고 나서 박 의장은 "앞으로 일을 하려면 정규 육사 출신들이 똘똘 뭉쳐 나를 도와주어야겠어"라며 곁에 있던 박종규 경호실장에게 "박 실장, 앞으로 이 친구들 일하는 데 적극 도와줘"라고 지시하더랍니다. 박 의장의 독려를 받은 전두환 등은 곧바로 육사 11기 이하를 단합시킬 조직결성에 착수한 것이지요.[15]

그로부터 한 달 뒤인 3월 18일 노태우 대위가 육사 총동창회인 북극성회 회장에 선출됨으로써 하나회의 세력화 계기가 마련된다.[16] 그리고 1952년 부산정치파동 당시 박정희가 이승만 대통령을 제거하려는 쿠데타 모의에 가담했던 것과 흡사한 사태가 벌어졌다. 하나회 멤버들이 김종필 계열의

---

15. 김진, 『청와대비서실』, 중앙일보사, 1992, 56~57쪽.
16. 1972년 8월 박정희에 의해 해체될 때까지의 북극성회 회장 명단은 다음과 같다. ▷강재륜(61년 4월·육사 교수) ▷노태우(63년 4월·하나회) ▷이대호(64년 4월·육사 교수) ▷김복동(66년 4월·하나회) ▷전두환(68년 4월·하나회) ▷김광욱(69년 4월·육사 교수) ▷전두환(70년 4월·하나회) ▷권익현(71년 4월·하나회) ▷손영길(72년 3월·하나회). 김재홍, 『군(軍)①: 정치장교와 폭탄주』, 215쪽.

외유를 떠나는 김종필(왼쪽)과 후임 중앙정보부장 김재춘(1963.2.25.)_사진출처:《한국일보》

요인 40여 명을 제거해 박정희 의장의 정치 기반을 굳히겠다며 친위 쿠데타를 시도한 것이다.

 이들이 움직이려고 한 동기는 무엇이었을까? 박정희와 그의 일행은 "모든 부패의 구악을 일소" 등을 외치며 5·16 쿠데타를 했지만 그 후 1년이 지난 1962년 6월 이른바 '4대 의혹 사건'이라는 부패 사건이 터져 나왔다. '4대 의혹 사건'이란 주가 조작으로 일어난 '증권파동', 건축비 가운데 상당 부분을 횡령한 '워커힐 사건', 일제 완성차를 수입해 막대한 폭리를 취한 '새나라자동차 사건', 도박기구 빠찡꼬를 일본에서 수입해 돈을 챙긴 '빠찡꼬 사건'을 말한다.

 이 '4대 의혹 사건'은 정치자금 확보를 위한 박정희와 김종필의 합작품이었지만, 김종필의 중앙정보부가 주도했기 때문에 비난의 화살이 김종필과 육사 8기에게로 집중됐다. 결국 김종필은 이 사건에 책임을 지고 중앙정보부장을 사임하고 1963년 2월 25일 외유에 나섰다. 이후 수사 결과가 발표되기는 했으나 '증권파동'에 대해 무죄가 선고되는 등 사건은 흐지부지되고 말았다.

1963년 2월 21일 김종필 등 육사 8기와 극심하게 대립했던 육사 5기 김재춘[17]이 중앙정보부(중정) 부장에 오른다. 김재춘은 부임하자마자 중정에 근무하던 육사 8기생들을 몰아내고 육사 11기 출신을 영입하는 등 분위기를 일신하면서 조직을 강화했다. 중정 인사과장에는 전두환 대위, 감찰실의 주요 과장에는 최찬욱·권익현·박갑용·주경헌 대위 등을, 서울시 지부 학원팀장에 김복동 대위를 임용했다.[18]

1963년 3월 노태우 대위가 주동이 돼 전두환 소령 등 육사 11기 출신 7~8명이 최성택 소령 집에 모여 '4대 의혹 사건'이 흐지부지된 것을 성토하며 김종필 등 육사 8기 출신 40여 명을 제거하려는 쿠데타를 모의했다. 16년 후인 1980년에 벌어질 12·12 쿠데타의 예행연습이라고나 할까?

이들이 내세운 쿠데타 명분은 아이러니컬하게도 '정치군인 숙정'이었다. 김종필 등 육사 8기들이 중앙정보부를 창설하고 군으로 복귀하지 않은 채 장기 집권을 위해 부당한 방법으로 정치자금을 만들었으니 제거해야 한다는 것으로, 전방에 근무하던 후배 장교들에게도 가담을 종용했다. 김재춘 부장의 만류에도 1963년 7월 6일을 거사일로 정하고 쿠데타를 모의하던 중 방첩부대 요원에게 음모가 발각됐다. 이것이 7·6 쿠데타 미수 사건이다.[19]

이들은 방첩부대장 정승화 준장의 지시로 체포돼 구속 조사를 받았다. 다행히 김재춘 부장이 정승화 방첩부대장과 수사 회의를 하는 자리에서 다

---

17. 김재춘(金在春, 1927~2014). 경기도 김포 출생. 조선경비사관학교(육사 전신) 5기 졸업(1948). 육군 제6관구 사령부 참모장(1960), 국가재건최고회의 최고위원(1961), 제3대 중앙정보부장(1963), 무임소 장관(1963), 국회의원(8·9대) 등 역임.
18. 노태우, 『노태우 회고록(상권)』, 122~123쪽.
19. 노태우는 이 사건에 대해 허위 정보를 만들어 자신들을 반혁명으로 몰았다고 주장하고 있다. 노태우, 『노태우 회고록(상권)』, 123쪽.

음과 같이 말해 사건은 무마됐지만, 전두환·노태우 등을 구속하라는 박정희와의 의견 대립으로 김재춘은 결국 정보부장 자리에서 물러나게 된다.

혈기왕성하고 정의감 넘치는 청년 장교들이 일시적인 판단 착오로 어떠한 거사 계획을 이야기했다고 해서 입건 처벌한다는 것은 조급한 결정이라고 생각해. 그들이 모여서 어떠한 모의를 하였다고 해도 구체적으로 거사하기 위한 작업을 진행시킨 것은 없다. 사전에 발각되어 이 정도로 끝난 것만으로도 다행으로 생각한다. 이제 그만 덮어두는 것이 좋을 것이다.[20]

이런 전두환과 노태우를 중심으로 하여 하나회가 결성된다. 언제 정식으로 결성되었는지에 대해서는 1963년, 1964년, 1967년 등 의견이 분분하다. 당사자들이 함구하고 있기 때문인데, 여기서는 '1963년 설'이 가장 유력한 것으로 보여 이에 따르기로 한다.

하나회의 뿌리는 육사생도 시절로 거슬러 올라간다. 시작은 고향이 경상도인 생도 전두환, 노태우, 김복동, 최성택, 박병하 등 다섯 명이 모여 장차 장성이 될 꿈을 갖고 결성한 서클 '오성회(伍星會)'[21]였다. 5·16 쿠데타 후인 1961년 말 전두환·노태우·김복동·최성택에 손영길·정호용·권익현이 가세하여 명칭도 '칠성회(七星會)'로 바뀌었다. 역시 전원 경상도 출신이었다.

1963년 2월 이들은 모임을 갖고 '칠성회'에다 박갑룡·남중수를 추가시켰고, 출신이 경상도 일색이기 때문에 다른 지역 출신으로 구색도 맞출 겸 전

---

20. 김충식, 『남산의 부장들』(개정증보판), 메디치미디어, 2012, 101쪽. 김재춘과 장승화는 육사(경비사) 5기 동기였다.
21. 노태우, 『노태우 회고록(상권)』, 68쪽.

왼쪽부터 전두환 소령, 박정희, 육영수, 손영길 중령(1967.8.17.). 손영길은 청와대 외곽 경비를 책임지는 수도경비사령부 제30대대장 후임에 전두환을 추천했다. 전두환은 이때부터 하나회를 비밀 사조직으로 키웠다는 주장도 있다._사진출처:《신동아》

남 장흥 출신 노정기를 넣었다. 이렇게 해서 '텐(10) 멤버'가 구성됐다.[22] 이 때 모임의 명칭을 하나회로 정했다고 한다.

'태양(박정희)을 위하고 조국을 위하는 하나같은 마음'이라는 뜻에서 만들어진 하나회는 정규 육사출신 매기의 5% 수준의 엘리트 장교들을 포섭해 회원으로 확보함으로써 육사 총동창회인 북극성회를 장악할 수 있었을 뿐만 아니라 1960년대 말 군부의 실력자 윤필용 등의 적극적 비호에 힘입어 성장해 가게 된다.[23]

하나회는 ① 정규 육사 출신을 매기별(每期別)로 정원제를 유지해 가입시키되 약 5% 수준인 10명 내외로 하고, ② 회원의 다수는 경상도 출신이 점하고 여타 지역 출신은 상징적으로 가입시키며, ③ 비밀 점 조직 방식으로 조직하되 가입 시 조직에 충성을 바쳐 충성할 것을 맹세케 하고, ④ 고위층

---

22. 강창성, 『일본/한국 군벌정치』, 357~358쪽; 김진, 『청와대비서실』, 55~60쪽; 김재홍, 『군(軍)①: 정치장교와 폭탄주』, 258~266쪽.
23. 한용원, 『한국의 군부정치』, 도서출판 대왕사, 1993, 320쪽.

으로부터 활동비를 지급받거나 재벌로부터 자금을 수령하며, ⑤ 회원이 누릴 수 있는 가장 큰 혜택은 진급 및 보직상의 특혜였다.[24]

이들은 지하운동 단체들이 흔히 원칙으로 삼던 불기불문(不記不文)을 적용해 기록을 남기지 않았다. 새 회원이 포섭되면 가입 의식을 가졌다. 이따금 비밀요정을 이용하기도 했지만 대개의 경우 전두환의 사저에서 가입 선서를 했다. 새 가입자의 선서를 받는 대상은 보스인 전두환과 총무 그리고 가입 추천자였으며 서약 내용은 다음과 같은 4개 항이었다.

> 국가와 민족을 위해 신명을 바친다.
> 하나회의 선후배 동료들에 의해 합의된 명령에 복종한다.
> 하나회원 상호간에 경쟁하지 않는다.
> 이상의 서약에 위반할 시는 '인격말살'을 감수한다.

가입자는 오른손을 어깨 높이로 들고 엄숙하게 선서문을 낭독한다. 이 같은 가입 의식이나 인격말살을 감수한다는 배신 방지 조항으로 미루어 하나회는 마피아 조직과 다를 바 없었다.[25] 이런 성격의 하나회는 첫째, 특전사, 수경사, 경호실, 보안사 등 군 내 핵심 기구의 주요 보직을 독차지했다. 그런 점에서 그들은 군 내부의 특권층이었다. 둘째, 박정희의 친위세력적 성격을 지니고 있었다. 그것은 그들이 사실상 박정희에 대한 군부 쿠데타를 예방하는 역할을 수행하고 있었기 때문[26]으로 이런 점이 하나회의 성장

---

24. 한용원, 『한국의 군부정치』, 321쪽.
25. 김재홍, 『군(軍)①: 정치장교와 폭탄주』, 285쪽.
26. 정해구, 『전두환과 80년대 민주화운동』, 역사비평사, 2011, 32쪽.

동력이기도 했다.

　박정희는 민기식, 김용배, 김계원, 서종철, 노재현 등 군부 핵심 인사들에게는 군부의 탈정치화를 추진해 군의 전문직업화가 정착되도록 주문하면서도, 전두환을 중심으로 한 정규 육사 출신들의 하나회를 친위세력으로 육성해 군부 내에 잠재적인 정치세력으로 성장하게 만들었다.[27]

　특히 1979년 3월 5일자로 전두환 소장을 국군보안사령관으로 전격 등용한 것은 군은 물론 청와대와 정치권에서도 충격적인 인사로 여겨졌다. 박정희의 총애를 받는 정규 육사 출신으로 잘 알려진 인물이긴 하지만, 중장이 지휘하는 군단장급 직위인 보안사령관[28]에 1사단장이던 전두환 소장이 전격 임명되자 군내에서도 말들이 많았다.

　당시 사단장 임기는 2년 정도가 관례였는데 전두환은 1사단장을 지낸 지 1년 2개월밖에 안 됐었다. 더욱 예사롭지 않았던 것은 보안사령관의 실질적 권력 서열이 차지철 경호실장, 김계원 비서실장, 김재규 중앙정보부장에 이어 4위에 해당됐기 때문이었다.[29]

　물론 박정희가 자신의 운명을 예감하고 전두환을 보안사령관에 임명했을 리는 없었겠지만, 김재규에 의해 12·12 사건이 일어났을 때 보안사령관 전두환이 합동수사본부장이 되어 김재규를 체포·처단한 것은 우연치고는 참으로 기막힌 우연이었다.

---

27. 한용원, 『한용원 회고록: 1980년 바보들의 행진』, 도서출판 선인, 2012, 59쪽.
28. 국군 보안사령부의 변천 과정은 다음과 같다. 육군본부 정보국 '특별조사대'(1948.11.)→육군본부 정보국 '방첩대'(1949.10.)→육군본부 직할 '특무부대'(1950.10.)→육군방첩부대(1960.7.)→육군보안사령부(1968.9.)→국군보안사령부(1977.9.)→국군기무사령부(1991.1.)→군사안보지원사령부(2018.9.).
29. 노재현, 『청와대비서실 2』, 중앙일보사, 1993, 300~301쪽.

2. 전두환 쿠데타

전두환, '서울의 봄'을 강탈하다①—12·12 쿠데타

'서울의 봄'이란 박정희가 김재규에 의해 살해된 1979년 10월 26일부터 비상계엄 확대 조치가 내려진 1980년 5월 17일 사이에 벌어진 민주화운동 시기[30]를 말한다. 이 말은 1968년 체코슬로바키아의 '프라하의 봄'[31]에 비유한 것이다. 박정희가 사라지자 생긴 '서울의 봄'은, 박정희의 '구군부' 대신 등장한 전두환의 '신군부'가 광주에 병력을 투입해 수많은 사람을 학살하며 5·18 민주화운동을 무력으로 진압하면서 종결된다.

박정희의 죽음으로 18년여의 독재가 끝나자 모두가 민주화된 사회에서 살게 되기를 기대했다. 그러나 박정희 독재의 종식은 1945년 8월 15일 일제의 패망과 마찬가지로 돌연히 발생한 사태였다. 일제의 패망이 우리 민족 스스로의 힘에 의한 것이 아니었기 때문에 친일파가 득세해 박정희가 쿠데타를 일으킬 토양을 마련해 준 것과 마찬가지로, 박정희의 유신체제 역시 국민 스스로의 힘으로 타도된 것이 아니었기 때문에 박정희에 의해 양성된 세력이 발호할 가능성이 도사리고 있었다.

박정희에 대항한 민주화운동 세력은 크게 두 갈래로 구분할 수 있다. 하

---

30. 한성훈, 「서울의 봄」, 『한국민족문화대백과사전』, 한국학중앙연구원, 2015.
31. 1968년 소련의 위성 국가였던 체코슬로바키아에서 민주자유화운동이 일어났던 시기를 말한다. 1968년 1월 5일 개혁파 알렉산데르 둡체크가 집권했고 그해 4월 '인간의 얼굴을 가진 사회주의' 즉 민주자유화 노선을 제창하는 강령을 채택했다. 그러나 소련은 1968년 8월 20일 소련군을 비롯한 바르샤바 조약기구 5개국 군 약 20만 명을 동원·침공하여, 자유화운동을 저지하고 개혁파 주도자들을 숙청했다.

1968년 8월 20일 소련이 주도하는 바르샤바 조약기구 군대가 탱크를 몰고 체코슬로바키아의 수도 프라하를 덮쳐 '프라하의 봄'은 종말을 고했다._사진출처: https://hyungang.tistory.

나는 박정희 정권에 대항한 야당과 민주화운동에 진력한 재야 세력이었고, 다른 하나는 박정희 집권 기간 내내 끈질기게 투쟁한 학생운동권 세력이었다. 이들 세력 가운데 박정희의 죽음으로 공백 상태가 된 정치권력을 승계할 수 있는 세력은 김영삼과 김대중으로 대표되는 야당 진영이었다.

이들은 정권 획득을 위한 경쟁에 몰두한 나머지 전두환이 '서울의 봄'을 강탈하는 것을 방관했다는 비난을 받기도 한다. 물론 이러한 비난이 타당한 면도 있지만, 1945년 8월 15일 이승만의 집권부터 1979년 10월 26일 박정희가 죽을 때까지의 기나긴 독재 기간 동안 이들은 정치권력의 근처에 가 본 적이 거의 없었다는 점을 고려할 필요가 있다. 이들이 민간 정치 영역에서는 이른바 '정치 9단'이었고 반독재 투쟁에는 익숙해 있었지만, 독재 정치권력 특히 정치군인의 집단 내부의 속성을 파악할 수 있는 기회는 전혀 없지 않았는가?

반면에 앞에서 살펴본 것처럼 전두환은 5·16 쿠데타 다음 날부터 박정희에게 접근하여 박정희가 죽기 직전까지 권력 주변을 맴돌던 정치군인이었다. 그는 18년이라는 오랜 세월에 걸쳐 권력의 단맛을 경험했고, 그 권력이 사라졌을 때 자신이 어떻게 될지를 잘 알고 있었다. 이보다 더 중요한 것은 전두환에게는 언제든지 무력을 동원할 수 있는 군부를 움켜쥐고 있는 하나회라는 비밀조직이 있었다는 것이었다. 1979년 12월 12일 전두환이 서둘러 쿠데타를 일으킨 주요 동기가 박정희와 비슷했다는 점도 주목할 만하다.

쿠데타를 계획하고 있던 박정희가 눈에 핏발이 선 채로 5·16 쿠데타를 서둘렀던 것은 자신이 미국의 압력으로 좌천됐을 뿐만 아니라, 남로당 경력을 문제 삼아 보안 부적격자로 몰아 전역시키려 했기 때문이었다. 실제로 박정희는 1960년 7월 28일 군수기지사령관에서 한직인 광주의 1관구 사령관으로 좌천됐고, 1961년 1월 12일 육군본부에서 열린 개인 보안심사위원회는 박정희를 예편시키기로 결의했다.[32] 군복을 벗기 직전에 이르렀던 것이다.

전두환은 어떠했나? 강창성의 이야기를 들어 보자.

1979년 12월 9일(일요일) 정승화 육군 참모총장은 태릉골프장에서 노재현 국방부 장관과 함께 골프를 쳤다. 이 자리에서 정 총장이 노 장관에게 "이러한 시기일수록 군이 정치적 중립을 지키면서 정치적 혼란을 수습하기 위해 뒷받침을 해야 하는 데도 전두환 소장이 합동수사본부장직을 이용해서 정권에 욕심을 내는 듯하니 전역을 시키든가 동방사 사령관(동해안지역 방위사령관)으로 전임시키는 것이 어떻겠습니까"라고 건의하자 노 장관도 동의했다고 한다. 노 장관은 이 같은 사실을 김용휴 국방차관에게 알리고 의견을 묻자

---

32. 조갑제, 『박정희 3—혁명 전야』, 조갑제닷컴, 2007, 185~186, 212~213쪽.

김 차관도 동의하는 척했다는 후문이다. 그러나 김 차관은 이를 곧 전두환 보안사령관에게 귀띔해 줌으로써 12·12 사태를 촉발시킨 직접적인 도화선이 됐다는 설(說)도 있다.[33]

이것은 '설'이 아니라 '사실'이었다. 이처럼 전두환이 밀리기 직전에 있었던 것은 5·16 쿠데타 직전의 박정희와 마찬가지였지만, 주변 여건은 박정희 때보다 훨씬 단순했다.

당시 최고 권력 주변의 그림을 보자. 최고 권력자 박정희와 당시 제2인자 행세를 하던 차지철은 김재규의 총에 맞아 죽고 없었다. 그다음의 권력자인 김재규는 대통령을 살해한 죄목으로 당시 계엄사령관이자 육군참모총장이었던 정승화[34]의 명령에 따라 합동수사본부장인 전두환 자신이 구속했다. 대통령 비서실장인 김계원도 김재규와 함께 구속됐지만, 구속되지 않았다 해도 신경 쓸 만한 인물이 못 된다.

그렇다면 국무총리였다가 박정희의 죽음으로 얼떨결에 최고 통치자인 대통령에 오른 최규하[35]는 어떤가? 안타까운 일이었지만 당시 대통령이던 최규하의 존재 역시 크게 신경 쓸 필요가 없었다. 왜냐하면 그는 "돌다리를 두들겨 보고도 한참을 기다렸다가 남이 먼저 건너기를 기다려 그 뒤를 따

---

33. 강창성, 『일본/한국 군벌정치』, 384쪽.
34. 정승화(鄭昇和, 1929~2002). 경상북도 김천 출생. 육사(경비사) 5기 졸업, 소위 임관(1948). 제2군단 작전참모(1961), 방첩부대장(1962), 육군종합행정학교 교장(1968), 육군 제3군단장(1973), 육군사관학교 교장(1975), 제1군 사령관(1977), 육군참모총장(1979) 등 역임.
35. 최규하(崔圭夏, 1919~2006). 강원도 원주 출생. 경성제일공립고등보통학교(경기고등학교, 1937), 도쿄고등사범학교 영어영문학과(1937), 만주국립대동학원 정치행정학과(1943) 졸업. 서울대학교 사범대학 교수(1945), 외무부 통상국장(1951), 주일본대표부 공사(1959), 외무부장관(1967), 국무총리(1976), 대통령(1979) 등 역임.

라 건너는 사람"³⁶이었기 때문이다. 또한 최규하가 직업 공무원 출신으로 권력의지가 전혀 없던 사람이라서 자신이 얼마든지 쥐고 흔들 수 있다는 것도 전두환은 잘 알고 있었다.

자, 여기서 해답이 나오지 않는가? 자신을 전역시키거나 한직으로 보내려는 당시 1인자였던 계엄사령관 정승화와 그의 계열만 제거하면 된다. 그런데 정승화가 마침 김재규가 박정희를 살해할 때 안가에 있었으니 제거 명분치고는 기막히다.

결과론적인 이야기이지만, 그때의 상황은 박정희가 전두환을 보안사령관에 임명한 것이 마치 자신의 운명을 예감하고 유신 독재를 연장하기 위한 조치였던 것처럼 보였다. 중앙정보부장 김재규가 체포된 마당에 10·26 사건을 수사할 수 있는 위치에 있던 사람이 전두환 보안사령관이었다. 그가 합동수사본부장이 되었기 때문이다.

마침내 전두환의 하나회 중심의 신군부 세력이 정승화 제거 작전에 나섰다. 전두환은 이미 1979년 11월 중순 국방부 군수차관보 유학성(兪學聖), 1군단장 황영시(黃永時), 수도군단장 차규헌(車圭憲), 9사단장 노태우(盧泰愚) 등과 함께 모의한 후 12월 12일을 거사일로 정하고, 20사단장 박준병(朴俊炳), 1공수여단장 박희도(朴熙道), 3공수여단장 최세창(崔世昌), 5공수여단장 장기오(張基梧) 등과 사전 접촉했다.

그리고 12월 초순 보안사령부 대공처장 이학봉(李鶴捧)과 보안사 인사처장 허삼수(許三守), 육군본부 범죄수사단장 우경윤(禹慶允)에게 정승화 연행 계획을 수립하도록 지시했다. 전두환 합동수사본부장의 지시에 따라 12월

---

36. 김승웅, 『파리의 새벽, 그 화려한 떨림』, 도서출판 선, 2008, 293쪽.

12·12 쿠데타 참여자 명단[37]

성명	직책	계급	육사	하나회
전두환	보안사령관	소장	11기	O
정도영	보안사 보안처장	준장	14기	O
권정달	보안사 정보처장		15기	-
허화평	보안사령관 비서실장	대령	17기	O
허삼수	보안사 인사처장	대령	17기	O
이학봉	보안사 대공처장	중령	18기	O
우국일	보안사 참모장	준장		-
차규헌	수도군단장	중장	8기	-
황영시	1군단장	중장	10기	-
노태우	9사단장	소장	11기	O
정호용	50사단장	소장	11기	O
백운택	71방위사단장	준장	11기	O
박준병	20사단장	소장	12기	O
박희도	1공수여단장	준장	12기	O
장기오	5공수여단장	준장	12기	O
최세창	3공수여단장	준장	13기	O
송응섭	9연대장	대령	16기	O
이필섭	9사단 29연대장	대령	16기	O
구창회	9사단 참모장	대령	18기	O
안병호	29연대		20기	O
이상규	2기갑여단장	준장		-
유학성	국방부 군수차관보	중장	8기	-
정동호	청와대 경호실장 대리	준장	13기	O
고명승	청와대 경호실 작전과장	대령	15기	O
우경윤	육본 범죄수사단장	대령	13기	O
성환옥	육본 헌병감실 기획과장	대령	18기	O
이종민	육본 헌병대장	중령		-
박희모	수경사 30사단장	소장		-
장세동	수경사 30경비단장	대령	16기	O
김진영	수경사 33경비단장	대령	17기	O
김진선	수경사 33경비단		19기	O
최석립	수경사 33헌병대장	중령		-
조홍	수경사 헌병단장	대령		
신윤희	수경사 헌병부단장	중령	21기	O

37. 김행선, 『1980년대 전두환 정권의 수립』, 47~48쪽.

정병주 특전사령관이 부대장들의 인사를 받고 있다. 뒤편 왼쪽에 전두환 1공수단장, 노태우 9공수단장의 모습이 보인다. 5년 뒤 정병주 사령관은 전두환 신군부에 의해 체포된다._
사진출처:《신동아》

12일 저녁 허삼수·우경윤 등 보안사 수사관과 수도경비사령부 제33헌병대 병력 65명은 한남동 육군참모총장 공관에 난입했다. 이들은 총격을 가해 경비병들을 제압한 뒤 정승화를 보안사령부 서빙고 분실로 강제로 연행했다.

그 사이 1공수여단과 5공수여단 병력이 육군본부와 국방부를 점령했으며 9사단 병력 등은 중앙청으로 진입했다. 이에 대해 진압군 병력을 출동시키려 했던 장태완(張泰琓) 수도경비사령관과 정병주(鄭柄宙) 특전사령관, 이건영(李建榮) 3군사령관, 윤성민(尹誠敏) 육군참모차장, 문홍구(文洪球) 합참본부장 등 육군 수뇌부는 모두 체포되어 서빙고 분실로 불법 연행됐다.

이와 같은 반란군의 정승화 연행과 병력 이동은 대통령인 최규하의 재가 없이 이루어진 쿠데타였다. 전두환은 최규하에게 육군참모총장 연행에 대한 사후 승인을 요청했으나, 최규하는 국방부장관의 '동의'가 없이는 재가할 수 없다며 거절했다. 그러나 당시 미 8군 벙커에 피신해 있던 노재현(盧載鉉) 국방부장관이 나타나 '동의'하자 최규하는 12월 13일 새벽 정승화의 연행을 결국 재가하게 된다. 13일 오전 9시 9사단장 노태우와 50사단장 정호용은 각각 수도경비사령관과 특전사령관에 취임함으로써 당시의 군부가 반란의 주도세력에 의해 장악되어 12·12 쿠데타가 성공하게 된다.[38]

이것은 명색이 대한민국 대통령인 최규하가 전두환 일파의 협박에 굴복해 벌어진 일이었다. 이러한 사실은 당시 민주공화당(공화당) 총재였던 김종필의 다음과 같은 증언으로도 분명해진다.

> 이튿날 12월 13일 아침 나는 여의도 의사당의 공화당 총재실에 나가 있었다. 마침 최규하 대통령한테서 전화가 왔다. 최 대통령은 상기된 목소리로 대뜸 "아, 총재님이십니까. 저 어젯밤에 죽을 뻔했시유"라고 말했다. 내가 "무슨 소립니까. 대체 어떤 놈이 대통령을 죽이려 했다는 겁니까?"라며 되물었다. 최 대통령은 "전두환 합수부장을 비롯해 장군 여러 명이 몰려와 결재해 달라고 난리를 쳤다"며 전날 밤에 있었던 일을 털어놨다.[39]

전두환은 이처럼 대한민국 대통령을 일종의 포로로 삼아 허수아비를 만들어 버렸으니 무슨 짓이든지 저지를 수 있었다. 그리고 6개월 후 두 번째의 쿠데타에 들어간다.

전두환, '서울의 봄'을 강탈하다② - 5·17 쿠데타

박정희의 구군부가 쿠데타를 일으켜 정권을 탈취하고 급기야 유신체제

---

38. 이완범, 「12·12군사반란」, 『한국민족문화대백과사전』; 윌리엄 글라이스틴, 『알려지지 않은 역사』, 황정일 옮김, 중앙M&B, 1999, 121~123쪽.
39. 김종필, 『김종필 증언록 2』, 미래엔, 2016, 68~69쪽.

"비상계엄 전국에 확대"를 보도한 《경향신문》 1980년 5월 18일자 호외

를 구축한 것처럼, 박정희가 죽은 후 전두환의 신군부가 쿠데타를 일으켜 신유신체제를 이룩한 것이 전두환 쿠데타의 본질이다. 차이가 있다면 박정희가 속전속결로 정권 탈취를 이룩한 데 반해, 전두환은 12·12 쿠데타로 시작해서 5·17 쿠데타로 비상계엄 지역을 전국으로 확대하고 광주에서 잔혹한 살육을 저지르고 나서 1980년 8월 16일 최규하 대통령을 사임시킨 후 그해 9월 1일 대통령 자리에 올라 정권 탈취를 완성할 때까지 264일이라는 긴 시간이 필요했다는 점이다.

5·17 쿠데타는 1980년 5월 17일 24시를 기해 비상계엄 선포 지역을 제주도를 포함한 전국에 확대한 조치로부터 시작됐다. 비상계엄의 전국 확대는 무엇을 의미하는가?

1979년 10월 26일 김재규에 의해 박정희가 살해되자 10월 27일 새벽 4시를 기해 제주도를 제외한 전국 일원에 비상계엄이 선포됐다. 이 계엄에서 '전국'이라는 표현은 있지만 제주도가 제외됐기 때문에 '부분계엄'이었다. '부분계엄'에서는 계엄사령부가 국방부장관의 통제를 받지만, 제주도를 포함시켜 '전국계엄'이 되면 계엄사령부가 대통령 직속 기관으로 변경되어 전국의 모든 행정·입법·사법기관을 통제할 수 있게 된다.

여기서 전두환이 계엄령을 활용해 5·17 쿠데타를 일으킨 그림을 들여다보자. 당시 육군참모총장 겸 계엄사령관은 이희성(李熺性)[40]은, 12·12 쿠데타로 정승화를 내쫓고 사실상 전두환 자신이 임명한 인물이다. 이처럼 전두환이 대통령과 계엄사령관을 자신의 허수아비로 만들어 놓았으니, '전국계엄'만 만들어 내면 대한민국이 통째로 그의 손아귀에 들어가는 것이다.

전두환은 왜 5·17쿠데타를 서둘렀을까? 가장 중요한 목적은 국회 해산이었다. 당시 정치권은 국민의 강렬한 민주화 요구에 힘입어 1980년 5월 14일 '비상계엄 해제 촉구안'을 국회에 제출했다. 5월 16일에는 김영삼과 김대중이 정국 수습 대책을 논의하고 "비상계엄령 즉시 해제", "모든 정치범 석방 복권", "정치 일정 연내 완결 확정" 등의 내용을 담은 6개 항의 시국 수습 대책을 공동 발표했다. 5월 20일로 예정된 임시국회에서 '계엄 해제안'을 신민당과 공화당이 공동으로 처리할 가능성이 높아졌다.

이 같은 사태 변화로 전두환의 발등에 불이 떨어진 것이었다. 만약 국회에서 계엄 해제안이 가결되면 군대를 동원할 수 없으니 권력 탈취의 희망은 물거품이 된다. 그러니 무슨 명분이라도 만들어야 했다. 전두환은 학생들의 민주화 요구가 극도의 사회 혼란을 가져왔으니 사회 질서를 확립해야 한다는 명분과, 사회 혼란을 틈타 북한의 남침 움직임이 가시화되고 있다는 반공 논리를 명분으로 내세웠다. 이런 것을 명분으로 비상계엄을 전국으로 확대시켜 권력 장악에 본격적으로 나선 것이 5·17 쿠데타였다.[41]

---

40. 이희성(李熺性, 1924~). 경상남도 고성 출생. 육사 제8기 졸업, 육군 소위 임관(1949). 육군 제1군단장(1975), 육군참모차장(1979), 중앙정보부장 서리(1979), 육군참모총장 겸 계엄사령관(1979), 교통부 장관(1982), 대한주택공사 이사장(1984) 등 역임.
41. 민주화운동기념사업회 한국민주주의연구소, 『한국민주화운동사 3』, 돌베개, 2010, 73~

비상계엄 전국 확대와 동시에 허수아비 계엄사령관은 5월 17일자로 정치 활동의 금지, 정치 활동 이외의 옥내외 집회의 신고 및 언론의 사전 검열, 대학의 휴교, 태업 및 파업의 금지, 유언비어 날조 및 유포 금지, 선동적 발언 및 질서 문란 행위 금지, 포고령 위반자는 영장 없이 체포, 구금, 수색 등을 규정한 포고령 10호를 공포했다.

포고령 10호에 따라 심지어 유신헌법에서조차 보장됐던 국민 기본권은 무시됐다. 그리하여 한국 사회는 1979년 10월 26일 이전의 긴급조치보다 더 강력한 계엄령이 작동하는 시대로 되돌아갔다. 계엄법에 따르면 계엄령 해제는 국회의 권한이었지만, 탱크와 완전 무장한 군인들이 지키는 국회는 문을 열 수 없었다.[42]

비상계엄의 전국 확대 조치와 더불어 전두환 신군부 세력은 '권력형 부정 축재 혐의자' 및 '사회불안 조성 및 학생 및 노조 소요의 배후 조종 혐의자'라며 26명을 연행했다. 전자의 혐의로 김종필, 이후락, 박종규, 김치열, 김진만, 오원철, 김종락, 장동운, 이세호 등의 기성 정치인 및 전직 고위 관료들이 연행됐다. 후자의 혐의로는 김대중을 비롯해 문익환, 예춘호, 김동길, 인명진, 고은, 리영희 등이 연행됐는데, 이들은 이후 계엄사령부에 의해 김대중 내란음모사건의 주모자로 엮였다. 김영삼에 대해서는 연금 조치를 취했고 운동권에 대한 대대적인 검거가 시작됐다.[43]

쿠데타란 국회, 정부, 법원 등 헌법기관의 기능 정지를 의미한다. 박정희는 5·16 쿠데타로 헌법기관의 기능을 정지시키고 국가재건최고회의라는

75쪽; 5·18기념재단, 『5·18 열흘간의 항쟁』, 5·18기념재단, 2017, 94~95쪽.
42. 노영기, 『그들의 5·18』, 도서출판 푸른역사, 2020, 111~112쪽.
43. 정해구, 『전두환과 80년대 민주화운동』, 53쪽.

"소요 조종 혐의로 김대중 씨 연행"을 보도한 《경향신문》 1980년 5월 18일자 호외 제2호

국가 최고통치의결기구를 설치했다. 18년 동안 박정희를 따라 배운 전두환이 같은 길을 걷는 것은 당연했지만, 박정희와는 달리 전두환의 앞길에는 민주화를 요구하는 거대한 세력이 가로막고 있었다. 결국 1980년 5월 18일부터 열흘간 광주에서 무자비한 살육을 통해 이를 제압한 후 5월 31일 국가보위비상대책위원회(국보위)를 설치해 본격적으로 정권 장악에 들어갔다.

광주의 항쟁과 살육은 전두환의 민주주의에 대한 신념의 결여와 비인간적인 품성에서 비롯된 것이지만, 박정희가 남기고 간 부마항쟁의 교훈을 간과한 것도 무시할 수 없는 원인이었다. 부마항쟁의 주요 원인 중 하나가 그 지역 출신의 야당 지도자 김영삼을 국회에서 제명한 것이 아니었는가? 그런데도 전두환은 '사회 불안 배후 조종 혐의자'라며 김대중을 구속했고, 이것이 광주항쟁의 불쏘시개가 되어 버린 것이다.

전두환, '서울의 봄'을 강탈하다③ — 5·18 광주민중항쟁

전두환의 신군부는 5·17 쿠데타와 그 결과 일어난 광주에서의 학살을 오래전부터 그리고 치밀하게 준비했다. 이들의 준비는 '충정훈련'[44]이라 불린 시위 진압 훈련을 통해 이루어졌다. '충정훈련'이란 학생이나 대중 시위가 경찰 통제의 수준을 넘어 격화됐을 때 군을 투입·진압하는 훈련이었다. 1980년 2월 18일 육군본부는 충정부대 및 후방 주요 부대에 '충정훈련' 실시를 지시했다. 이 지시에 따라 특전부대에서부터 대도시 부근에 주둔한 일반 부대에 이르기까지 '충정훈련'에 대규모로 참여했다.

이 같은 '충정훈련' 실시는 비상계엄에도 불구하고 개학과 함께 일어날 가능성이 큰 학생 시위에 대비하기 위한 것이었다. 그러나 당시 실시된 '충정훈련'은 규모나 강도에서 단순한 시위 진압 훈련을 넘어서고 있었다. 당시 '충정훈련'에는 대다수 특전부대가 참여했는데, 비정규 특수전을 수행하는 최정예 특전부대가 '충정훈련'에 대거 참여했다는 사실은 그것이 통상적인 시위 진압 훈련을 넘어섰음으로 보여 주고 있었다. 더구나 특전부대원들은 2월부터 정규 교육조차 중단한 채 '충정훈련'에만 매진해 왔다.[45]

1976년 특전사에 지원 입대하여 근무하던 중 1980년 5월 광주에 투입된 공수부대 하사관의 수기를 통해 광주에서 어떤 일이 벌어졌는지 들여다보

---

44. 충정훈련(忠情訓鍊): 공세적 폭동 진압 훈련. 신군부는 수도권 주위에 배치된 이른바 '충정부대'를 중심으로 강도 높은 충정훈련을 실시했고, 충정훈련을 받은 공수부대는 1980년 5월 광주 시민들의 시위 진압에 투입되어 과격한 진압과 학살을 주도했다. '충정부대'는 수방사(육군수도방위사령부) 예하 사단과 특전사(육군특수전사령부) 1·3·7·9여단, 수도권의 20·26·30·33사단 등을 지칭한다. 대(對)정부 전복 행위와 소요를 진압하기 위한 작전에 투입되는 부대들이다.
45. 정해구, 『전두환과 80년대 민주화운동』, 40~41쪽.

기로 하자. 이 하사관은 5월 18일 광주에 투입되어 27일까지 진압 활동을 했다. 지면 관계상 그의 수기 중 일부만을 발췌·소개한다. 이 수기는 K형에게 쓰는 편지 형식으로 되어 있다.

  1980년 2월부터는 모든 교육훈련을 거의 포기한 채 오로지 충정훈련에만 여념이 없더군요. 그해 4월 초순경 수도권으로 이동명령이 떨어지더군요. 언제 다시 돌아올 줄도 모르고 눈물을 글썽이는 아내들과 자식들을 멀리하고 우리는 전 여단 병력이 약 100여 대의 트럭으로 꼬불꼬불한 기나긴 산길을 넘어, 춘천에서 열차로 새벽녘에 도착하여 김포 비행장 근처의 부대에 여장을 풀었답니다. 그날부터 또다시 충정훈련이 시작되더군요. 직접 최루탄도 500MD헬기가 공중을 선회하면서 터뜨리고 지난날 우리 부대에서보다 훨씬 더 강한 훈련의 연속이더군요.
  그때 학생들의 데모는 연일 서울 시내 및 지방도시를 휩쓸고 사병들 간에는 "우리가 누구 때문에 집 나와서 이 고생하느냐"고, 학생들에게 극도로 적개심이 불타고 있었소. 또한 지휘관들의 정신교육도 주로 출동하면 머리를 제외한 신체 전 부분을 무자비하게 진압봉[46]으로 구타를 하라고 하더군요. 왜 그랬을까요. 지금도 그 의구심을 떨쳐버릴 수가 없어요.[47]

---

46. 진압봉은 4월 부대가 김포로 이동하기 전, 강원도 산골짜기에서 물푸레나무 혹은 박달나무 등을 베어다가 민간인 제재소에서 만든 것이다. 봄철 물이 한창 오른 나무이기 때문에 쇠처럼 단단하고 직경이 5~6㎝ 정도인 나무로만 만들었다(「내가 보낸 '화려한 휴가': 광주사태 당시 투입됐던 한 공수부대원의 수기」, 윤재걸, 『작전명령—화려한 휴가』, 실천문학사, 1987, 34~35쪽). 5월 20일 오후에는 진압봉이 교체됐다. 3공수 710개, 7공수 420개, 11공수 638개, 전교사 545개 등이 지급된 이 진압봉은 길이가 기존 것보다 길고, 타격을 해도 잘 부러지지 않게 만든 것이었다(5·18기념재단, 『5·18 열흘간의 항쟁』, 134~135쪽).
47. 「내가 보낸 '화려한 휴가': 광주사태 당시 투입됐던 한 공수부대원의 수기」, 31~32쪽.

1980년 5월 19일 광주 금남로의 모습. 오전 10시경 금남로에 모여든 사람은 2~3천 명으로 불어났고 일반 시민이 대부분이었다. 11시 30분경 공수부대의 시위 진압이 본격화되면서 전날과 마찬가지로 잔인한 진압작전이 전개됐다._사진출처: 5·18기념재단

1980년 5월 18일 광주민주화운동은 당초 전남대생 등 학생을 중심으로 한 시국 성토 시위였다. 그러나 진압에 나선 군이나 경찰과 충돌하면서 사상자가 잇달아 나오자 격화되기 시작, 점점 확대되어 19일부터는 시민이 가담하는 데모가 됐다. 시민들은 감정이 격화된 데다 갖가지 유언비어까지 끼어들어 시내버스·트럭·택시 운전사들도 데모에 가담했다. 이들은 계엄 철폐, 김대중 석방 등의 구호를 외치며 시위를 벌였다.[48]

다시 공수부대 하사관의 이야기를 들어 보자.

그토록 오랜 기간 동안 영내 대기와 극심한 충정훈련, 며칠씩 취침도 제대로 하지 못한 상태로 학생이나 시민들에 대한 증오심, 특히 10·26 이전 부마사태가 저희 부대는 참여하지 않았지만 다른 특전사 병력의 강력한 대응조

---

48. 김행선, 『1980년대 전두환 정권의 수립』, 67쪽.

치로 진압되었다는 자부심 등으로 충만되어 있는 이 병력이 광주시 전역을 무력시위 한다는 것은 지휘관의 판단착오였다고 나는 생각하오.

금남로의 비극은 1980년 5월 18일 10시 30분쯤 이미 시작되었답니다. 차량에서 하차하니 누군가에 이 증오심을 풀어야겠는데 시위대는 이미 다 뿔뿔이 도망치고 없고, 그래서 근처 관광호텔, 다방, 이발소 등등 건물을 수색하기 시작했답니다. 그때 나를 포함해 7~8명이 관광호텔 뒤에 있는 미도장인가 하는 여관을 수색하러 갔더니 철문이 닫혀있어 담 넘어 들어가 문을 여니 종업원들이 나와서 아무도 없다고 하더군요.

차라리 뒷문을 통해 피했으면 좋았을 텐데. "이 개새끼들이 겁대가리 없네" 하면서 일부는 2단 뛰어차기로, 일부는 진압봉으로 구타를 시작했습니다. 4~5명의 종업원이 불과 2~3분 사이에 시멘트 바닥 위에 나뒹구는 것이었습니다. 마침 지역대장 소령이 오더군요. 구타에는 장교, 사병이 따로 없었습니다. 무릎을 꿇게 한 다음 군화발로 있는 힘을 다해서 얼굴을 한 번씩 차는 것이었습니다. 얼굴은 뭉개지고 피는 쏟아지고 뒷머리를 시멘트벽에 강하게 부딪쳤지만 쓰러진 사람은 없더군요. 다만 눈뜨고 볼 수 없는 처참한 얼굴로 변했지요.

한편 함께 수색하던 2~3명은 각 객실을 수색하여 10여 명 이상의 젊은 사람은 무조건 밖으로 집합시키고 있었습니다. 그중 30대 중반의 사나이는 신혼여행 왔다고 사정을 하더군요. 저희하고는 대화가 필요 없었습니다. 무조건 무자비한 구타요, 연행 이외의 방법은 통하지가 않았습니다. 신부가 나와서 사정사정하더군요. 피도 눈물도 없었습니다.[49]

49.「내가 보낸 '화려한 휴가': 광주사태 당시 투입됐던 한 공수부대원의 수기」, 35~36쪽.

진압군은 시민을 붙잡으면 일단 구타한 후 옷을 벗기고 팬티만 입게 하고 손을 뒤로 묶었다. 기합으로 기를 죽이고 나서 차에 태워 목적지로 끌고 가 또다시 집단 구타했다._사진출처: 5·18기념재단

    5월 20일 밤 10시경 광주역 부근에서 공수대원 1명이 시위대의 화물트럭에 깔려 사망했다. 사고로 인한 사망이었다. 이 소식이 알려지자 광주역을 방어하던 공수대원들은 강력하게 실탄 지급을 요구했고 최세창 3공수여단장은 실탄을 지급하라고 지시했다. 시위대가 차량을 앞세워 군의 저지선 돌파를 시도하자 일제히 발포를 시작했다. 이날 밤 광주역에서 최소 5명 이상의 시민이 목숨을 잃었고, 수십 명의 부상자가 발생했다. 계엄군에 의한 최초의 '집단 발포'였다.[50]

    항쟁 나흘째인 5월 21일은 '부처님 오신 날'이었다. 그날 아침부터 금남로에 모인 수많은 시민과 계엄군은 일정한 간격을 두고 대치하고 있었다. 오전 9시 25분 시위대 대표 3명이 장형태 도지사에게 공수부대 철수 등을 요구했다. 시위대와 계엄군의 간격은 숨소리도 들릴 만큼 가깝게 좁혀졌다.

    시위대 대표가 공수부대에게 5분 내에 철수하라고 '최후통첩'을 했다.

---

50. 5·18기념재단, 『5·18 열흘간의 항쟁』, 139~140쪽.

61대대장이 협상을 시도하며 상부의 지시를 기다리는데, 화염병이 날아와 대기 중인 장갑차에 불이 붙었다. 급히 장갑차를 후진시키는데 시위대가 성난 파도처럼 밀려왔고, 피하지 못한 공수대원 1명이 장갑차에 깔려 즉사하고 1명은 중상을 입었다.

오후 1시 정각 도청 옥상에 설치된 스피커를 통해 애국가가 울려 퍼지는 순간 공수대원들이 금남로를 가득 메운 시위대를 향해 '집단 발포'를 시작했다. 공수대원들은 시민들을 향해 '무릎쏴'·'서서쏴' 자세를 취하고 조준사격을 했다. 잠시 사격이 멈추자 청년 몇 명이 도로에 뛰어나와 쓰러져 있는 시신들과 꿈틀거리는 부상자들을 끄집어냈다. 다른 청년들이 태극기를 들고 금남로 한가운데로 뛰쳐나와 구호를 외쳤다. 또 총성이 울렸다. 그 청년들도 피를 뿌리며 금남로 한가운데서 맥없이 쓰러졌다.[51]

이후 광주항쟁은 5월 27일까지 열흘 동안 계속된다. 그 원인은 어디에 있었을까? 당시 주한 미국대사로 근무하며 10·26, 12·12, 5·18을 경험한 글라이스틴[52]의 생각을 들어 보자.

> 1980년 5월 17일 한국 전역에 걸쳐 군부에 의한 강압된 '질서'가 유지되고 있었으나, 계엄령으로도 전라도 지방의 역사적 중심지인 광주의 학생시위를 중단시키지는 못했다. 광주에서 시위가 계속된 직접적인 원인은 서울에서 있었던 강경 시위의 책임을 물어 전라도 지역이 배출한 그들의 영웅 김대중을

---

51. 황석영·이재의·전용호, 『죽음을 넘어 시대의 어둠을 넘어』(전면개정판), 창비, 2017, 199~202쪽.
52. 윌리엄 글라이스틴(William H. Gleysteen, 1922~2002). 중국 베이징에서 태어나 성장. 예일 대학교 졸업. 1951년부터 외교관 생활을 시작해 동아시아 관련 업무를 맡았고, 1978년 6월부터 1981년 7월까지 한국 현대사의 격동기에 주한 미국대사를 역임.

체포한 데 있었다.

그러나 그 이면에는 오래 지속돼온 뿌리 깊은 지역감정이 자리 잡고 있었다. 서울의 지도층과 많은 한국인들은 전라도 사람들을 차별해 그들을 2등 시민 내지는 상대 못할 인간으로 취급했다. 지역감정은 전라도와 이웃의 경상도 사이가 특히 심했다.[53]

전두환도 이런 사실을 잘 알고는 있었지만, 광주의 힘을 과소평가했다. 당사자인 김대중의 생각도 그렇다.

군부 측은 나를 체포한 사실이 알려지면, 반드시 광주와 목포 시민이 일어설 것으로 예상했다. 그래서 혼란을 의도적으로 조장하려 했던 것이다. 그런데 사태가 예상외로 커져버렸다.[54]

물론 이런 점도 크게 작용했겠지만, 광주항쟁의 가장 큰 동력은 민주화 의지가 아니었을까? 당시 《뉴욕타임스》 서울 주재 기자로 현장에서 취재했던 심재훈의 이야기를 들어 보자.

박정희·전두환·노태우로 이어지는 군사독재 시절 만약 광주항쟁이 없었다면 우리의 민주화운동은 세계에 깊은 인상을 남기지 못했을 것이라고 나는 확신한다. 그런 의미에서 광주는 우리 민족의 자존심이다. 5·18 광주민중

---

53. 5·18기념재단, 『5·18 열흘간의 항쟁』, 139~140쪽.
54. 일본NHK 취재반 구성, 김용운 편역, 『김대중 자서전② : 역사와 함께 시대와 함께』, 도서출판 인동, 1999, 120쪽.

항쟁을 완성시키는 일은 광주 사람들만의 것이 아니라 전 국민이 함께 지고 나가야 할 몫이다. 호남의 한(恨)일 뿐 아니라 우리 민족 전체의 한이다.[55]

5월 21일의 계엄군 '집단 발포' 후 격분한 시민들은 무장을 서둘렀다. 계엄군의 총격에 대항하기 위해서는 시민들도 총이 필요했고, 총기 확보를 위해 시위대 중 일부는 광주 근교의 화순, 나주, 영산포, 장성, 영광, 담양 등지로 달려갔다. 이렇게 하여 무장한 시위대 즉 시민군이 탄생했고, 그날 오후 3시 20분경 광주 금남로에 무장 청년 시위대 즉 시민군이 등장했다.

다량의 총기류와 탄약이 광주에 반입된 이후 수백 명의 시민군은 도청 앞 저지선을 향해 진격해 들어갔다. 공수대원과 시민군의 총격전이 시작되어 어느새 시가전의 양상을 띠었다. 공수부대원들은 도청 건물과 관광호텔·전일빌딩을 중심으로 각종 돌출물을 은폐물 삼아 응사했다. 이 같은 시가전은 계엄군이 도청에서 철수한 오후 5시 30분까지 계속됐다. 수많은 부상자와 사망자가 거리마다 쓰러져 있었다.[56]

5월 22일 아침 일찍부터 시민들이 도청 앞 광장으로 모여들었다. 광주 시내에서 공수부대가 철수했다는 사실을 안 시민들은 서로를 얼싸안고 승리와 해방의 기쁨을 만끽했다. 계엄군이 철수하고 5월 27일 재진입할 때까지 닷새 동안 광주는 무정부 상태인 해방구(解放區)였다.

무정부 상태라고 해도 약탈과 무질서가 난무하는 그런 모습과는 사뭇 달랐다. 불미스러운 일이 아예 없지는 않았지만 스스로 질서와 규율을 유지하며 평소보다도 훨씬 더 높은 수준의 자치능력을 보여 주었다. 광주공원

---

55. 심재훈, 「광주사건은 폭동이 아니라 봉기였다」, 『5·18 특파원리포트』, 풀빛, 1997, 78쪽.
56. 윤재걸, 『작전명령-화려한 휴가』, 실천문학사, 1987, 110쪽.

1980년 5월 22일. 항쟁 5일째 계엄군이 물러가고 시민군이 도청을 장악하자 많은 사람이 도청 앞 광장으로 몰려들었다._사진출처: 5·18기념재단

을 중심으로 활동하던 시민군은 대열을 정비해 오전 8시 30분경 도청을 '접수'했고, 꾀죄죄한 옷차림에 카빈 소총이나 M1 소총 같은 형편없는 구식 무기를 들고 있었지만 그래도 공수부대와 싸워 몰아냈다는 자긍심만은 충만했다.[57]

한편 광주 시내에서 철수한 계엄군은 광주 '해방' 기간 광주 주변의 외곽도로를 차단함으로써 광주를 봉쇄하려 했다. 그러나 계엄군의 도로 차단과 광주 봉쇄 과정에서 많은 시민이 희생됐다. 광주 주변 지역을 넘나들던 시위대 차량들이 계엄군의 공격을 받았고, 봉쇄 사실을 모르고 통과하던 일반 시민이 자주 계엄군의 공격을 받았다.

광주교도소 앞길에서 자행된 총격 사건, 주남마을 앞 총격 사건을 비롯해 광주-화순 간 도로에서 발생한 사건들이 그 대표적인 사례였다. 그뿐만 아니라 계엄군은 부대 이동 중에도 원제마을에서 참극을 벌이는 등 마을의

---

57. 정문영, 「5·18민주화운동, 열흘간의 드라마」, 『너와 나의 5·18』, 도서출판 오월의봄, 2019, 84~85쪽.

죄 없는 양민을 학살하고, 심지어 자신의 부대끼리 오인 사격하는 경우도 발생했다.[58]

앞에서 소개한 공수부대 하사관의 수기를 통해, 이때 계엄군이 벌인 참극의 실례(實例) 하나를 보기로 하자.

> 그쪽 야산에서 젊은이 2명을 시위대라고 잡아왔습니다. 양손을 뒤로 꽁꽁 묶이고 얼굴은 형체를 알 수 없게 구타를 당해서 오는 시위대에게 너도나도 개머리판으로 때리기 시작했습니다. 그리고 옆에 흐르는 물에 "엎드려" 하고 시켰습니다. 온몸을 파르르 떨고 있는 모습이 눈에 보였습니다. 자신들은 절대 시위대가 아니라고 주장했습니다. 근처의 모 연탄공장에 다닌다고 했습니다. 제가 보기에도 그랬습니다. 하지만 변명이 통하지 않았습니다. … 그때까지 아까 잡혀왔던 젊은 사내 2명은 엎드려 있었습니다. 그때 모 장교가 "어이 ○○○ 사살시키라"고 말하자, "예" 하면서 M16 자물쇠를 풀더니 앞의 젊은이에게 3발을 탕, 탕, 탕 하고 쏘고 뒤의 젊은이에게 3발을 쏘자 파르르 물속에서 떠는 것입니다. 사람의 모습이 너무나도 보잘것없고 비참했습니다. 다시 모 하사관은 확인사살을 한다고 사격을 가하는 것입니다. 눈앞에 전개되는 모든 것이 꿈만 같았습니다.[59]

3·7·11공수여단 특공대는 5월 26일 오후 2시부터 6시까지 광주비행장 격납고에서 예행연습을 완료했다. 이들은 밤 11시까지 헬리콥터로 주남마을로 이동한 다음, 5월 27일 새벽 1시 30분경 조선대 뒷산에 집결했고 새벽 4시

---

58. 정해구, 『전두환과 80년대 민주화운동』, 69쪽.
59. 「내가 보낸 '화려한 휴가': 광주사태 당시 투입됐던 한 공수부대원의 수기」, 57쪽.

직전까지 각기 전남도청, YWCA, 전일빌딩, 관광호텔 등 목표 지점을 향해 은밀히 침투해 들어갔다. 계엄군은 작전이 시작되기 직전 광주시와 전남 일원 사이의 전화를 모두 차단했다.

새벽 4시 무렵, 교회당 종소리와 함께 총성이 울려 퍼졌다. 도청에 있던 시민군은 도청 전면과 측면 담장을 따라 늘어선 방호초소마다 2~4명씩 한 조가 되어 배치됐다. 본관 건물 안에서는 1층부터 3층까지 정문을 향한 복도에서 유리창 너머로 분수대 광장 쪽을 내려다보았다.

3공수여단 특공조는 4개 조로 나뉘어 도청을 포위했다. 특공조는 도청 내부로 돌격해 들어간 다음 각 방의 문을 걷어차면서 닥치는 대로 총을 쏘았고, 도청은 삽시간에 아비규환으로 변했다. 총소리와 비명이 난무한 가운데 인기척이 나는 곳에는 무조건 총격이 가해졌다.

오전 5시 10분경 동이 터오기 시작할 무렵 YMCA, YWCA, 계림초등학교, 전일빌딩, 관광호텔 등이 계엄군에 의해 완전히 진압 당했다. 불과 1시간 30분 만에 항전이 끝난 것이다. 완전한 소탕을 확인한 3공수 특공조는 20사단에게 도청을 인계한 후 7시경 시민들의 눈에 띄지 않게 광주비행장으로 돌아갔다.

1980년 5월 27일 아침 7시 30분, 전남도청 앞마당에서는 스피커를 통해 군가가 울려 퍼졌다. 도청을 비롯한 시가 전역을 장악한 계엄군이 울리는 승리의 노래였다. 곧이어 장갑차와 탱크를 앞세우고 헤드라이트를 켠 20여 대의 트럭 위에 집총한 군인들을 가득 태우고 시가를 누비며 시위를 벌였다. 이렇게 하여 1980년 5월 열흘간의 광주 민중의 투쟁은 막을 내렸다.[60]

---

60. 5·18기념재단, 『5·18 열흘간의 항쟁』, 178~183쪽.

5·18 민주화운동으로 희생된 사람들의 시신이 담긴 관이 상무관에 놓여 있다.(1980.5.27.)_
사진출처:《광주일보》

항쟁이 끝난 이틀 후 도청 앞 상무관에 안치되어 있던 129구의 시체가 짐짝처럼 덤프트럭에 실려 망월동으로 옮겨졌다. 아무도 지켜보지 않는 가운데 '장례'는 마치 진짜 '폭도들'의 시체처럼 숨조차 제대로 쉴 수 없는 공포와 불안 속에서 치러졌다. 다른 곳에서 발견된 시신도 바로 망월동으로 옮겨졌다.[61]

항쟁에 참여한 사람은 그렇다 치고, 광주 사람이라는 것을 빼고는 시위와 아무 관계가 없는 사람도 죽었다. 무심코 걸어가다 죽었다. 심지어는 광주를 피해 피난을 가다가 공수부대의 조준된 총알세례를 맞고 죽었다. 버스를 타고 가다가 단지 나이가 젊다는 이유로 마구 얻어맞고 끌려가서 죽은 사람도 적지 않았다. 시위와 관계가 없는 사람들이 이런 식으로 죽었으니, 시위에 직간접적으로 관계를 가진 사람은 더 말할 것도 없었다. 관을 구하러 버스를 타고 가던 사람도 기습공격을 당해 한 사람만 살아남고 다

---

61. 민주화운동기념사업회 한국민주주의연구소, 『한국민주화운동사 3』, 136쪽.

죽었다.62

5·18 유족회가 밝힌 공식 사망자 수는 항쟁 당시 사망자 166명, 상이 후 사망자 375명, 행방불명자 65명, 군경 사망자 27명 등 모두 633명이다.63

공수부대 하사관은 다음과 같이 자신의 수기를 마무리하고 있다.

> K형, 지금 생각컨대 시민에게 '폭도'라는 누명을 벗기고, 그때 핵심 인물들은 모든 것을 공개하고 사과하고, 사태 진압에 투입되었던 계엄군과 시민이 다시 만나서 화해의 자리를 마련하는 것이 유일한 해결책이라고 나는 생각하오. 시민도, 계엄군도 모두가 현재는 피해자이기 때문이죠. 처음 과잉진압, 무자비한 구타로 광주사태는 불을 당겼고 고위층의 사과가 없이 계속 포고령 등으로 시민의 요구조건은 묵살한 채 있으므로 시민이 총을 놓지 않고 무력진압이 되었던 것입니다. 지금도 원한에 차 있는 사태의 피해 입은 광주 시민 여러분께 깊은 반성과 사과를 드리면서 삼가 이 글을 적어보았습니다.
>
> 1987년 11월 25일64

5월의 광주에 대해 전두환은 무어라고 말하고 있는가?

지금 와서 되돌아볼 때 정보기관 책임자로서 아쉽기도 하고, 또 책임감을 느끼는 점은 광주사태의 전조(前兆)를 전혀 알아챌 수 없었다는 것과 5월 19일 이후 상황이 폭동사태로 악화될 때 정보 기능이 제대로 역할을 하지 못했

---

62. 김진국·정창현, 『www.한국현대사.com』, 도서출판 민연, 2000, 245쪽.
63. 민주화운동기념사업회 한국민주주의연구소, 『한국민주화운동사 3』, 137쪽 각주.
64. 「내가 보낸 '화려한 휴가': 광주사태 당시 투입됐던 한 공수부대원의 수기」, 60쪽.

다는 사실이다. 물론 계엄사의 합동수사본부장인 보안사령관은 상관인 계엄사령관의 참모 중 한 사람으로서 그 어떤 조언을 하거나 건의를 할 수 있다. 그러나 그 당시 나는 광주에서 진행되는 작전상황과 관련해 조언이나 건의를 할 수 없었다.[65]

전두환의 변명은 이렇다. 자기는 보안사령관 겸 합동수사본부장인 정보책임자였지만, '광주사태'에 대한 정확한 정보가 없어서 상관인 계엄사령관에게 조언이나 건의를 할 수 없었다는 것이다.

이것부터가 그야말로 새빨간 거짓말이다. 전두환은 계엄사령관의 참모가 아니었다. 계엄사령관인 육군참모총장 이희성을 실질적으로 임명한 사람이 바로 전두환이었다. 실질적 임명자가 전두환이었다는 사실은, 「5·18민주화운동 등에 관한 특별법」[66]에 의해 징역 7년을 선고받고 사면된 이희성이 1995년 12월 12일 서울지방검찰청에서 작성한 진술조서 내용에도 분명히 나온다.

다음은 12·12 쿠데타에 대한 이희성의 진술 내용이다.

▷진술인은 보안사로 가서 무엇을 했나요.

사령관실에 전두환을 비롯해 유학성, 황영시, 노태우, 차규헌 등 사람들이 다

---

65. 전두환, 『전두환 회고록 1』, 자작나무숲, 2017, 383쪽.
66. "1979년 12월 12일과 1980년 5월 18일을 전후하여 발생한 헌정질서 파괴범죄행위에 대한 공소시효 정지 등에 관한 사항 등을 규정함으로써 국가기강을 바로잡고 민주화를 정착시키며 민족정기를 함양함을 목적으로" 1995년 12월 21일 제정된 법률. 1995년 7월 검찰이 12·12 및 5·18 사건 관련자를 불기소 처분하여 사회 각계로 부터 거센 비난을 받은 후 이 법률이 제정됐다.

모여 있었습니다. 저는 그 사람들이 불법으로 모였다는 것을 지적해야겠다는 생각이 들어 전두환, 유학성을 제외하고 위수지역을 이탈한 황영시, 차규헌, 노태우 등에게 "당신들은 누구 승인을 받고 모였느냐"고 꾸짖었습니다. 그러자 전두환 장군이 저에게 쪽지를 보여주었는데 거기에 "육군참모총장 이희성"이라고 적혀 있기에 불쾌해서 누구 마음대로 총장을 임명하느냐고 화를 내었더니 유학성이 제 손을 잡아끌고 다른 방으로 데리고 가 "이 난국을 수습할 사람은 당신밖에 없으니 총장을 맡아 달라"고 간청했습니다.[67]

백번 양보해서 전두환에게 '광주사태'에 대한 정확한 정보가 없었다 치자. 정확한 정보를 몰랐던 사람이 어떻게 오늘날 '광주사태'가 민주화를 위한 평화 시위가 아니었고 시민군의 공격에 대응하기 위한 공수부대의 자위권 발동[68]이라고 단정할 수 있단 말인가? 시민군이 무장한 것이 공수부대의 집단 발포 때문이었다는 사실을 알기나 하고 하는 말인가?

한쪽은 공수부대 하사관으로, 다른 한쪽은 육군 대장으로 전역한 사람이다. 인간의 품성이란 결코 계급의 상하와는 관계가 없음을 웅변하는 대목이다.

---

67. 김용삼, 「이희성 계엄사령관 진술조서, "모든 것은 전두환의 뜻대로…"(上)」, 《펜앤드마이크》 2018.12.20.
68. 전두환, 『전두환 회고록 1』, 380~381쪽.

3. 아름다운 사람들

"경찰은 시민을 향해 총을 겨눌 수 없다"–안병하 전라남도 경찰국장

2017년 11월 22일 오전 11시 전라남도 무안군에 있는 전남지방경찰청에서 고 안병하(安炳夏) 전라남도 경찰국장 흉상 제막식이 열렸다. 그는 '경찰영웅' 제1호로 선정됐고 경무관에서 치안감으로 1계급 특진이 추서된 바 있는 인물이었다. '경찰영웅' 제1호가 된 안병하는 누구인가?

1928년 7월 13일 강원도 양양에서 태어난 안병하는 1948년 9월 육군사관학교 8기로 입교하여 임관한 군인이었다. 그러니까 육사 기수로 보면 김종필, 김형욱, 윤필용, 강창성, 이희성, 유학성, 차규헌 등과는 동기이고 그를 '직무유기' 혐의로 고문하고 강제 해직시킨 전두환보다는 3기 선배였다. 한국전쟁 시기에는 춘천전투, 음성전투 등에 참전해 화랑무공훈장을 받기도 했다.

육군사관학교 8기. 숫자만으로도 어마어마한 기수이다. 임관한 사람만 1,264명이고, 406명이 전사했으며, 별을 단 사람도 110명이나 된다. 박정희의 오른팔로 쿠데타를 성공시켜 대한민국의 무인(武人) 시대를 개막한 김종필 국무총리 외에도 국회의원, 장관, 대사 등 이른바 '출세'한 사람은 부지기수였다.

여건이 이랬으니 안병하에게도 기회가 없었던 것은 아니었다. 다만 정치는 자신이 가야 할 길이 아니라고 여겨 그 길을 가지 않았을 따름이었다. 1961년 소령에서 중령으로 승진했고, 군대에 뼈를 묻을 각오를 할 나이인 34세가 된 다음 해 안병하는 갑자기 경찰로 전직했다. 그 이유가 무엇이었

1970년 7월 안병하는 전국에서 학생 시위가 가장 치열한 곳으로 꼽혔던 서대문 지역의 경찰서장으로 부임했다. 그는 시위 진압에 나선 경찰이 최루탄이나 진압봉의 사용을 최대한 자제토록 지시했다. 그 결과 서대문경찰서 관내에서는 시위로 인한 불상사가 거의 발생하지 않았다(이재의, 『안병하 평전』, 29~30쪽)._사진출처: 안호재

을까?

당시 군사 정권이 군의 인사 적체를 해소하고 경찰 조직을 혁신한다는 목적으로 육사 출신 장교들에게 전직할 경우 인센티브를 부여한 것이 그 이유 중 하나였고, 다른 하나는 자신의 승진을 축하하는 회식 후 부하들이 교통사고로 사망한 사건에 대한 충격 때문이었다.69

안병하는 1962년 11월 3일 내무부 치안국 정보과 1계장으로 임명되어 총경으로 경찰생활을 시작했다. 그 후 부산 중부경찰서장, 치안국 작전계장, 서대문경찰서장을 지내고 1971년 경무관으로 승진해 치안국 소방과장, 방위과장, 강원도 경찰국장, 경기도 경찰국장을 거쳐, 1979년 2월 20일 '운명'의 전라남도 경찰국장으로 발령받았다.

여기서 '운명'이라는 말을 쓴 까닭이 있다. 원래 전라남도 경찰국장에 가

---

69. 이재의, 『안병하 평전』, 도서출판 정한책방, 2020, 262~263쪽.

기로 내정된 사람은 안응모[70] 경무관이었다. 그런데 바로 다음 날 안응모는 충청남도 경찰국장으로, 전라남도에는 안병하가 가는 것으로 바뀌어 버렸으니 '운명'이라는 게 바로 이런 게 아닌가? 이렇게 '운명'이 바뀌어 버린 것은, 임명권자인 내무부장관이 여러 경로를 통한 인사 청탁에 화가 나서 발령지를 뒤섞어 놓았기 때문이라는 것이 안응모의 회고이다. 안응모는 안병하에 대해 다음과 같이 말하고 있다.

> 결국 내가 내정되어 있던 전남경찰국장 자리로 나갔던 안병하 경무관은 그 와중에 그만 안타깝게도 정든 경찰의 울타리를 떠나고 말았다. 당시에는 치안책임을 지고 물러난 것인데 세월이 훨씬 지난 오늘날에는 오히려 민주화운동 시위자들을 보호한 공로를 인정받게 되었다. 공직자는 당시의 행동보다는 오랜 시간이 지난 후에야 그 공과가 판명되는 것 같다.[71]

안병하는 무슨 '치안책임'을 지고, 왜 '정든 경찰의 울타리'를 떠나게 되었는가?

1980년 5월 전두환의 신군부가 시위 진압에 군대를 투입한 것은 박정희 시절부터 오랫동안 길들여진 관행을 실행에 옮긴 것이었다. 이 무렵 육군본부는 「충정작전 대비지침」이라는 문건을 작성했다. 이 문건의 시행 '방침'은 "경찰 능력 최대 활용, 경찰 능력 초과 시 지원, 군 투입 시 강력한 응

---

70. 안응모(安應模, 1932~). 황해도 벽성 출생. 단국대학교 법학과 졸업(1953) 후 순경으로 경찰에 입문. 치안본부 교통과장(경무관, 1973), 충청남도 경찰국장(1979), 해양경찰대장(치안감, 1980), 치안본부장(치안총감, 1982), 충청남도지사(1984), 조달청장(1987), 국가안전기획부 제1차장(1988), 내무부 장관(1990) 등 역임.
71. 안응모, 『순경에서 장관까지』, 도서출판 현대기획, 2008, 161~163쪽.

징"이었는데도, 군(軍)은 5월 18일 이후 광주에서 시위를 진압하는 과정에서 경찰력을 제대로 활용하지 않았다. '방침'을 지킨 것은 오로지 "강력한 응징"뿐이었다.[72]

5·17 쿠데타 이전까지만 해도 전라남도경찰국(전남도경) 국장 안병하는 시위대와 큰 충돌 없이 '치안책임'을 순조롭게 수행하고 있었다. 안병하의 경찰이 어떻게 '치안책임'을 수행했는지 그 실례를 들어 보면 다음과 같다.

5월 15일 서울에서는 각 대학 총학생회 회장단의 결정에 따라 가두시위를 중단하는 이른바 '서울역 회군'이 이루어졌지만, 광주에서는 5월 16일 전남대, 조선대 등 9개 대학 학생과 시민 등 3만여 명이 도청 앞 광장에 모여 시국성토대회를 열었다. 그리고 야간에는 횃불시위로 이어졌다.

이런 가운데 경찰은 주변의 질서유지에만 힘쓰고 학생들도 담배꽁초와 휴지를 줍는 등 평화롭게 가두시위와 집회를 마쳤다. 횃불시위를 마친 학생운동 지도부는 사태를 관망한 뒤 5월 19일 다시 성토대회를 열기로 하고 해산했다. 5월 18일까지 시국을 관망하자는 전국 총학생회장단의 결의안에 따른 것이다. 경찰이 시위를 지켜보는 것에서 한걸음 더 나아가 시위 대열을 보호해주는 가운데 아무런 불상사 없이 끝난 것이다.[73]

5월 17일 자정을 전후해서 안병하는 전남대와 조선대에 공수부대 2개 대대가 배치됐다는 보고를 받았다. 사흘 전 도지사실에서 '학원사태 대책회의'가 열렸을 때까지만 해도 계엄군 투입에 대해 아무런 언질도 없었다. 공

---

[72] 노영기, 『그들의 5·18』, 72~73쪽.
[73] 노영기, 『그들의 5·18』, 120~123쪽; 5·18기념재단, 『5·18 열흘간의 항쟁』, 88~89쪽.

수부대의 배치는 도경국장인 안병하마저도 모르게 극비리에 진행됐다. 다음과 같이 안병하가 철저히 대비했는데도 말이다.

안병하 국장은 치안과 질서 유지를 위해 사전 예방활동에 철저했다. 1980년 4월에는 기존 경찰력에다 기동대 1개 중대를 추가로 증설했다. 5월 17일 현재 전남도경에서 시위 현장에 직접 투입 운용할 수 있는 경찰의 규모는 기동대 1·2·3중대와 118전경대 728명이었다. 여기에 전남대를 담당하던 서부경찰서 215명(간부와 일반경찰 각각 11/204), 조선대 담당 광주경찰서 270명(13/257) 등 485명(24/461), 그리고 도경 본국의 진압부대 95명(8/87)까지 합치면 모두 1,308명(46/1262)이었다.[74]

신군부는 "경찰 능력 최대 활용, 경찰 능력 초과 시 지원, 군 투입 시 강력한 응징"이라는 '원칙'을 철저히 무시했을 뿐만 아니라, 전라남도 경찰 총수인 안병하에게 알리지도 않은 채 공수부대를 투입해 사태를 키웠던 것이다. 즉 광주에서 일이 커진 것은 호미로도 넉넉히 막을 수 있는 것을 가래로 막는다고 나섰기 때문이었다. 왜 이렇게 됐을까?

호미를 쥐고 있는 안병하와 가래를 쥐고 있는 전두환은 목표가 전혀 상반됐기 때문이다. 안병하가 볼 때 헌법에 규정된 시민의 집회·결사의 자유를 존중하되 무질서와 파괴를 막는 것이 자신이 져야 하는 '치안책임'이었고, 전두환으로서는 5·17 비상계엄 확대 조치의 목적이 헌법적 절차를 무시한 정권 탈취였기에 민주화를 외치는 세력은 수단과 방법을 가리지 않고

---

74. 이재의, 『안병하 평전』, 32쪽.

진압해야 하는 것이 급선무였다.

그러니 양자 간의 충돌은 불 보듯 뻔한 일이었다. 안병하는 경찰 지휘관들에게 "경찰이 흥분하거나 시위대를 자극하지 말라", "시민의 안전이 최우선이다"라는 지시를 반복해서 내렸다. 급기야 내무부 장관으로부터 "경찰이 수습은커녕 방관만 하고 있어 사태가 더욱 악화되고 있다"는 질책을 받기에 이르렀다.[75]

이런 가운데 5월 25일 오후 5시 30분경 최규하 대통령이 전두환의 요청으로 광주 상무대 전남북계엄분소를 방문하여 간담회를 가졌다. 대통령까지 동원한 것은 전남도청에서 저항하고 있는 시민군을 소탕하기 위한 '상무충정작전'의 명분을 쌓기 위해서였다. 이 자리에서 도지사가 "더 이상 희생이 없어야겠다"는 취지의 발언을 하자 계엄사령관 이희성은 공개적으로 도지사를 힐책했다. 간담회가 끝난 후 이희성은 안병하에게 경찰이 나서서 시민군을 소탕하라고 명령했다. 두 사람은 육사 8기 동기생이었고 가족 간에도 친분이 있던 사이였다. 이들의 대화 내용을 보자.

이희성 계엄사령관: 경찰이 무장을 하고 도청을 접수하시오.

안병하 국장: 경찰은 시민군의 형제, 가족도 있을 테고 이웃도 있는데 경찰이 어떻게 시민들에게 무기를 사용하면서 진압할 수 있겠습니까. 그렇게 하기는 어려울 것 같습니다.

이희성 계엄사령관: 아니, 저런 사람이 전남 치안을 맡고 있는 경찰국장이요?[76]

---

75. 이재의, 『안병하 평전』, 86쪽.
76. 이재의, 『안병하 평전』, 172쪽.

안병하 전남도경 국장의 지시 사항 가운데 특이한 점은 "시위 진압 시 각급 지휘관이 진압 대열 선두에 위치하여 시민·학생들의 안전을 보호"하라는 지시였다._그림출처:《한국일보》 2018.3.11.

안병하는 계엄사령관 이희성의 강한 지시 즉 경찰이 총을 들고 앞장서서 전남도청을 사수하고 있던 시민군을 진압하라는 압박을 조용하지만 단호하게 거부했다. 만약 이때 경찰이 시민을 향해 총을 겨누고 발포했다면 경찰에게는 학살자라는 오명이 영원히 따라다녔을 것이다. 안병하는 신군부의 부당한 명령을 거부함으로써 광주 시민의 목숨을 살렸고 경찰의 명예를 지켰다. 그러나 이러한 안병하의 소신은 자신에게는 독이 되어 돌아왔다.

5월 26일 오후 안병하는 광주비행장 임시 막사에서 치안본부 요원 2명에 의해 서울로 압송됐다. 전두환의 합동수사본부는 거칠었다. 약 8일간 강도 높은 조사를 받았다. 육체적 고통도 고통이지만 정말 참기 힘들었던 것은 '치욕'이었을 것이다. 신군부를 주도한 자들은 육군사관학교 후배들이었다. 그들에게 당한 수모는 너무도 깊은 정신적 상처를 남겼다. 트라우마는 건

강했던 그의 육신을 피폐하게 만들어 버렸다.[77]

5월 27일자 신문에는 "전 전남도경찰국장 안병하 경무관 수사"라는 제목의 다음과 같은 짤막한 기사가 실렸다.

> 계엄사령부는 5월 27일 전 전남도경국장 안병하 경무관을 광주 소요사태에 관련, 지휘권 포기 등의 직무유기 혐의로 수사 중인 것으로 알려졌다. 안전 도경국장은 광주사태와 관련, 26일자로 직위 해제, 치안본부 대기발령을 받은 후 조사를 받았었다.[78]

시민을 지키다 희생된 경찰관은 안병하(직위해제, 사직)뿐만이 아니었다. 이준규 목포경찰서장(파면), 안수택 도경 작전과장 등 전남도경 소속 총경급 간부 11명(의원면직)이 한 달 뒤인 1980년 7월 16일 경찰복을 벗었다. 강제해직됐던 것이다. 일반직원 64명도 감봉(16), 견책(5), 계고(31), 전배(12) 등의 징계를 받았다. 모두 75명이 처벌됐다.[79]

안병하는 이때에 받은 정신적 충격과 고문 후유증으로 1988년 10월 10일 세상을 하직했다. 그 후 안병하는 철저하게 잊혀졌다. 한국전쟁에 참전해 화랑무공훈장을 받은 '전쟁영웅'인데도 국립묘지에 안장되지 못했다. 유족들이 명예회복을 위해 백방으로 뛰어다녔지만 누구도 관심을 가져 주지 않았고, 경찰도 마찬가지였다.

그러다 참여정부가 들어선 뒤 2005년 국가유공자로 인정돼 서울현충원

---

77. 이재의, 『안병하 평전』, 173, 188~189쪽.
78. 《경향신문》 1980.5.27. 1면.
79. 이재의, 『안병하 평전』, 177쪽.

에 안장될 수 있었다. 그때까지 정권의 눈치를 보던 경찰은 문재인 정부가 5·18 항쟁 진상 규명을 다짐하자 뒤늦게 첫 '경찰영웅' 칭호를 수여하고 치안감으로 추서했다. 문재인 대통령은 2018년 3월 10일 열린 안병하의 치안감 추서식에 즈음해 다음과 같은 글을 페이스북에 올려 고인을 추모했다.

고 안병하 경무관의 치안감 추서식이 오늘 국립현충원에서 열렸습니다.

안병하 치안감은 5.18민주항쟁 당시 전남 경찰국장으로 신군부의 발포명령을 거부하였습니다. 시민의 목숨을 지키고 경찰의 명예를 지켰습니다. 그러나 이를 이유로 전두환 계엄사령부에서 모진고문을 받았고 1988년 그 후유증으로 사망했습니다.

그 뒤 오랫동안 명예회복을 못했던 안 치안감은 2003년 참여정부에서 처음 순직판정을 받았습니다. 2006년에는 국가유공자가 되었고 2017년 경찰청 최초의 경찰영웅 칭호를 받았습니다. 위민정신의 표상으로 고인의 명예를 되살렸을 뿐 아니라 고인의 정신을 우리 경찰의 모범으로 삼았습니다.

그 어느 순간에도 국민의 안전보다 우선되는 것은 없습니다. 시민들을 적으로 돌린 잔혹한 시절이었지만 안병하 치안감으로 인해 우리는 희망의 끈을 놓지 않을 수 있었습니다.

뒤늦게나마 치안감 추서가 이뤄져 기쁩니다. 그동안 가족들께서도 고생 많으셨습니다. 안병하 치안감의 삶이 널리 알려지길 바랍니다.

민주적 신념과 기자 정신—김사복과 힌츠페터

기록이란 참으로 중요하다. 어떤 의미에서는 무섭기까지 하다. 다음 페이지에 실린 사진 한 장도 그렇다.[80] 이 사진은 아름다운 두 사람, 김사복[81]과 힌츠페터[82]의 이야기와 자리를 함께한 사람들의 사연을 전해 주고 있기 때문이다.

우선 이 두 사람과 자리를 함께하고 있는 대표적인 재야 민주운동가였던 함석헌(咸錫憲)과 계훈제(桂勳梯)가 어떤 인물이었는지에 대한 이야기부터 시작해 보기로 한다. 그래야 김사복이 어떤 인물이었는지를 유추할 수 있기 때문이다.

함석헌(1901~1989), 장준하(1918~1975), 계훈제(1921~1999), 이들은 성만 다를 뿐 박정희의 폭압에 맞서 형제처럼 힘을 합쳐 저항했다.

평안북도 용천 출신인 함석헌은 일찍이 1919년 3·1 운동에 참가했고, 1940년과 1942년 일제에 의해 투옥됐다. 해방 후에는 신의주학생사건[83]의 배후

---

80. 이 사진은 1975년 10월 3일 촬영된 것이다. 사진에 등장하는 인물이 누구인지를 김사복의 아들 김승필에게 자세히 알려준 사람은 함석헌의 외손자 정현필이었다. 그는 함석헌의 차녀 함은삼의 둘째아들로 캐나다 토론토에 거주하고 있다.
81. 김사복(金土福, 1932~1984). 함경남도 원산시 신풍리 출생. 한국전쟁 중 부모를 사고로 잃고 강릉 고모댁에 의탁해 강릉상고를 다님. 군 복무 후 결혼하여 부산 거주. 부산에서 원단 공장을 운영했으나 실패 후 상경, 개인택시를 시작으로 회현동 파레스호텔 소속 외국인 전용 택시 2대의 운영권을 취득. 1980년 5월 광주민중항쟁 때 독일인 기자와 함께 세 차례 광주에 들어감. 1984년 12월 19일 간암으로 별세.
82. 위르겐 힌츠페터(Jürgen Hinzpeter, 1937~2016). 1963년 독일 제1공영방송 ARD 함부르크 지국의 TV방송국 카메라맨으로 입사. 1969년 베트남 전쟁 취재 중 부상당함. 1973년 ARD 도쿄 지국으로 옮겨 1989년까지 특파원으로 근무하는 동안 박정희 치하의 공안 사건, 가택연금 중인 김영삼 등을 취재. 1980년 5월 김사복이 운전하는 차를 타고 세 차례 광주에 들어가 광주민중항쟁을 취재. 그 후 프리랜서로 활동.

975년 10월 3일 포천 약사봉에서 찍은 사진. 오른쪽부터 최응일(함석헌 외손자), 정미희(함석헌 외손녀), 김사복, 위르겐 힌츠페터, 헤닝 루모어, 변찬린(물 마시는 사람), 한 사람 건너 계훈제, 박선균(모자 쓴 사람), 장익근, 전병호, 함석헌, 조양례_사진출처: 김승필

로 북한 당국에 의해 투옥됐다가 풀려난 후 1947년 3월 17일 월남했다. 그 후 장준하가 발간한 월간지 《사상계》를 통해 이승만 독재를 비판했고, 《사상계》 1961년 7월호에 실린 「5·16을 어떻게 볼까」라는 글을 통해 5·16 쿠데타를 신랄하게 비판하며 박정희와 맞서기 시작했다. 1964년에는 박정희 정권의 한일회담에 반대했고, 1967년에는 장준하의 옥중 출마를 지원하는가 하면, 1972년 10월 유신 이후에는 민주화운동에 앞장서 수차례 투옥됐다. 그리고 1974년 7월에는 인혁당재건위 사건 관련자에 대한 탄원서에 서명하기도 했다. 그는 '독립운동가', '종교인', '언론인', '사회운동가' 등의 칭호가 따라붙는 시대의 '어른'이었다. 계훈제는 함석헌에 대해 다음과 같이 썼다.

---

83. 1945년 11월 23일 평안북도 신의주에서 6개 남녀중학교 학생들이 벌인 반소(反蘇)·반김일성(反金日成) 시위. 이 사건으로 피살된 학생은 23명, 중경상자는 700여 명이었고, 사건 이후 검거·투옥된 학생과 시민은 무려 2,000여 명에 달했다. '신의주반공학생의거', 『한국민족문화대백과사전』.

선생의 글은 저항의 그것이요, 외침 또한 저항의 그것이다. 선생의 삶은 저항 운동이요 저항의 역사이다. 창조주는 선생에게 저항의 일을 위촉하고 격려하는 듯하다. 불란서의 루소, 독일의 루터, 러시아의 톨스토이, 이태리의 마찌니, 미국의 소로우, 중국의 노신, 인도의 간디, 일본의 내촌감삼(內村鑑三), 그리고 한국의 함석헌을 통해 저항의 삶을 본다.[84]

이 글을 쓴 또 다른 '어른' 계훈제를 보자. 계훈제는 평안북도 선천 출신으로, 1943년 경성제국대학 재학 중 학병 징집을 거부하다 체포되어 채석장에서 중노동을 하면서도 '조선민족해방협동단'에 가입해 항일운동을 벌였다. 해방 후에는 서울대학교 문리과대학 학생회장으로 백범 김구(金九)의 민족주의 노선에 서서 반탁운동, 남북협상 지지 등 학생운동을 주도했고, 4·19혁명 후에는 교원노조운동에 참여했다. 5·16 쿠데타 후 군사독재와 한일회담을 반대하는 투쟁을 전개했고, 함석헌·장준하 등과 함께 자유언론수호협의회를 결성해 언론자유를 위해 투쟁했다. 1973년에는 함석헌이 장준하 등의 도움으로 설립한 구화(龜化)고등공민학교[85] 교장에 취임하기도 했으나, 1975년에는 긴급조치 제9호 위반으로 구속됐다가 집행유예로 석방됐다. 계훈제는 항상 흰 고무신을 신고 다녀 화제가 된 인물이다.

그러면 사람들은 왜 이 두 '어른'과 함께 포천 약사봉으로 간 것일까? 함석헌은 일제강점기에는 성서에, 군사독재 시절에는 '노장사상' 즉 노자(老子)와 장자(莊子)의 사상에 의존했다. 함석헌의 외손자 장현필의 설명에 의하면,

---

84. 계훈제, 『흰 고무신: 계훈제, 미완의 자서전』, 도서출판 삼인, 2002, 139쪽.
85. 고등공민학교(高等公民學校): 경제적 여건 등으로 중학교를 다닐 시기를 놓친 사람들을 위해 설립된 학교로 고등학교 입학 검정고시에 일부 특전을 주었다.

함석헌이 이끌던 '노장사상' 연구 모임에서 1년에 한 번 야외 소풍을 갔는데, 1975년에는 10월 3일 개천절 휴일을 맞아 그해 8월 17일 장준하가 의문사한 현장인 포천 약사봉으로 소풍을 간 것이라고 한다.

1975년은 박정희의 폭압 정치가 절정에 이른 시기였다. 사람들은 장준하의 의문사를 박정희의 소행으로 여겨, 별일이 없었는데도 공연히 좌우를 살피며 조심하던 시기였다. 또한 중앙정보부나 보안사령부 같은 정보기관이 국민의 일거수일투족을 주도면밀하게 감시하던 시기였다. 그러니 물론 이 야외 소풍도 정보기관의 보고서에 기록됐을 것이다. 이런 때 김사복은 함석헌·계훈제 같은 반역자(?)들과 함께 산행을 했다. 그것도 외국인 기자들과 함께. 김사복이 어떤 사람이었는지를 짐작케 하는 대목이다.

여기서 우리는 몇 가지 사실을 유추할 수가 있다.

첫째, 김사복은 이전부터 함석헌, 장준하, 계훈제 등 민주운동가들과 잘 아는 사이로 이미 신뢰가 쌓여 있는 상태였다. 그가 함석헌의 '노장사상' 연구 모임의 정식 멤버인지는 정확히 알 수 없지만, 상호 신뢰 관계는 장준하·함석헌과 함께 찍은 다른 사진에서도 확인된다. 그러니 외신 기자들과 동행했을 것이다.

다음으로, 김사복은 힌츠페터와는 이전부터 친분이 있던 사이였다. 힌츠페터가 1973년부터 독일 제1공영방송 ARD-NDR 도쿄 지국에서 근무를 시작했고 그 후 취재차 몇 차례 한국을 방문했으니, 김사복이 힌츠페터와 알게 된 것은 1973년 이후 어느 시점이었다.

셋째, 힌츠페터가 이 산행에 참여한 것은 취재를 위한 목적이었다. 그의 근무지가 일본 도쿄인데 한가하게 산행을 하러 서울에 온 것은 아니지 않겠는가? 산행이 장준하 의문사 후 두 달도 안 된 시점이니, 함석헌 등을 상대로 장준하 의문사에 대해 취재차 한국에 왔을 가능성이 크다. 그와 함께 사진에 나오는 또 한 명의 독일인 녹음기사 헤닝 루모어(Henning Ruhmor)가 그 가능성을 말해 주고 있다. 카메라 기자였던 힌츠페터는 취재 시 녹음기사와 함께 움직였기 때문이다.[86]

넷째, 김사복이 무얼 믿고 반역자(?)들과 행동을 같이했는지, 그것도 외국인 기자들과 동행했는지 그 용기가 가상하다. 운전기사라는 그의 사회적 신분이 정보기관에서 두려워할 정도가 아니었으니 알게 모르게 압력과 감시를 받았을 테니 그렇다. 1980년 5월 힌츠페터와 함께 광주항쟁 현장에 들어간 것이 이런 용기와 더불어 평소에 갖고 있던 민주적 신념에서 비롯된 것이 아니었을까?

이상이 김사복이 남긴 단 한 장의 사진을 토대로 유추해 낼 수 있는 사실이다. 거듭 말하거니와 기록이란 참으로 중요하다.

이번에는 힌츠페터 쪽으로 시선을 돌려 보자. 김사복은 사진으로 기록을 남겼지만 힌츠페터는 당시 그가 촬영한 영상과 함께 취재 중 겪은 일을 적어 놓은 글을 남겼다.[87] 그는 1980년 5월 19일 오후 김포공항에서 김사복과 만나는 장면을 다음과 같이 쓰고 있다.

---

86. 힌츠페터는 5·18 광주 취재 당시에도 헤닝 루모르와 함께 왔었다. 당시 힌츠페터에게 취재 지시를 내린 ARD-NDR 도쿄 지국 특파원이었던 페터 크렙스(Peter Krebs)는 김사복이 남긴 이 사진 속의 인물이 힌츠페터와 루모어라는 사실을 확인했다. 「'택시운전사' 김사복·힌츠페터, 함께 찍은 사진 확인」, 《노컷뉴스》, 2017.9.5.

87. Jürgen Hinzpeter, "I Bow My Head," Henry Scott-Strokes and Lee Jai Eui eds., *The Kwangju Uprising : Eyewitness Press Accounts of Korea's Tiananmen*, M. E. Sharpe, 2000, pp.63~76(위르겐 힌츠페터, 「카메라에 담은 5·18광주 현장」, 『5·18특파원 리포트』, 도서출판 풀빛, 1997, 119~130쪽).

(김포공항) 밖에서는 운전사 김사복(Kim Sa Bok)이 우리를 기다리고 있었다. 우리는 인사를 나눈 후, 서울 중심가에 있는 조선호텔을 향해 급히 떠났다. 차를 타고 가는 동안 김사복은 우리들에게 상황 설명을 간단히 해주었다. 수백 킬로나 떨어져 있는 광주로 향하기에는 너무 늦은 시간이라서 그날 밤은 호텔에 투숙했다.[88]

그 후 힌츠페터의 일정은 그야말로 '신출귀몰(神出鬼沒)' 그 자체였다. 그리고 그 '신출귀몰'의 연출자는 김사복이었다.

5월 20일 아침, 힌츠페터는 녹음기사 루모어와 함께 김사복이 모는 차편으로 서울을 출발, 광주에 도착해 취재에 들어갔으니 외신 기자 가운데 가장 먼저였다. 광주에 도착하고 나서부터 그다음 날까지 광주에서 취재한 후 5월 21일 오후 서울로 돌아왔다. 취재 필름을 도쿄 지국으로 보내 한시 바삐 보도하기 위해서였다.

5월 22일 아침 결혼 선물로 위장한 취재 필름을 손가방에 넣고 일본항공편으로 나리타 공항에 도착해 필름을 회사 직원에게 인계했다. 그의 취재 필름은 즉시 독일로 보내져 뉴스를 통해 방영됐고, 9월 17일에는 〈기로에 선 한국〉이라는 제목의 다큐멘터리로 제작·방송됐다.

힌츠페터는 필름을 회사 직원에게 전달하고 나서 3시간 후 항공편으로 서울로 돌아와 이튿날인 5월 23일 오전 광주에 두 번째로 진입해 취재에 들어갔다. 역시 이동 수단은 김사복이 모는 자동차였다. 두 번째 취재 자료를 독일로 보낸 후 최후 항전이 벌어졌던 5월 27일 3차로 광주에 들어갔으나

---

[88]. Jürgen Hinzpeter, "I Bow My Head," p.66.

1980년 5월 23일 힌츠페터 기자가 전남도청 앞 광장에서 열린 집회를 취재하고 있다. 아래쪽에 녹음기사 루모어의 모습이 보인다._사진출처:《한국일보》

계엄군의 진압으로 모든 것이 끝난 후였다.

힌츠페터는 광주에서 목격한 치열하고 처참한 장면에 대한 영상뿐만 아니라 글로도 남겼다. 다음은 광주에서 민중항쟁이 전면적으로 벌어지기 시작한 5월 20일 그가 목격한 것을 글로 옮긴 것이다.

우리는 어느 병원 뒤로 들어갔다. 그것은 고통스러운 경험이었다. 친척과 친구들로 이루어진 사람들은 자기들이 사랑하는 사람들의 모습을 내게 보여주었다. 그들은 열 지어 놓여 있는 수많은 관을 열었다. 대부분은 아주 젊은 사람들, 틀림없이 학생들의 시신이었다. 모두 머리에 상처를 입고 있었다. 잔인하게 몽둥이로 때려 이들을 사망케 한 것이다. 눈물을 참기가 어려웠다. 나는 이 슬픈 모습을 내 능력이 닿는 대로 촬영했다. 내 평생, 베트남에서도 이같은 광경을 목격한 적이 없었다. 나는 분노와 연민의 정이 뒤엉킨 감정에 휩싸였다.[89]

힌츠페터 일행이 최초로 광주에 진입했지만, 당시 광주에 들어간 외신 기자는 이들 외에도 여럿이었다. 다른 기자들은 대부분 취재 기사와 사진을 남겼다. 그러나 힌츠페터는 촬영 기자였기 때문에 광주에서 일어난 여러 장면을 필름에 담았고, 현재 남아 있는 광주 관련 컬러 영상 자료의 많은 부분이 그가 남긴 것이라는 데 큰 의미가 있다.[90] 또한 영상이 기사나 사진보다 사실성이 뛰어나서 감동 유발 효과가 훨씬 크다는 장점도 있었다.

힌츠페터가 남긴 영상 자료는 광주항쟁에 대한 실상을 그대로 전달했을 뿐만 아니라, 이후의 민주화운동에도 큰 영향을 미쳤다. 그의 영상 자료를 중심으로 만든 '광주 비디오'가 해외에서 은밀히 유입되어 수천 개가 복제됐고, 성당과 대학가 등에서 비밀리에 상영됐다. 사람들은 사무실에서는 커튼을 쳐 놓고 보초까지 세워 가며 '광주 비디오'를 보면서 민주화운동에 대한 결의를 다지기도 했다.

2017년 8월 2일, 김사복과 힌츠페터를 주인공으로 한 영화 〈택시운전사〉[91]가 개봉되어 누적 관객수 1,200만 명을 돌파하는 기염을 토했다. 또한 2018년 5월 17일에는 힌츠페터가 광주에서 촬영한 영상을 토대로 제작된 다큐멘터리 영화 〈5·18 힌츠페터 스토리〉[92]가 개봉되어 사람들에게 깊은 감동을 주었다.

광주의 대부 박석무[93]는 김사복과 힌츠페터, 이 아름다운 두 사람을 다

---

89. Jürgen Hinzpeter, "I Bow My Head," p.69.
90. 한국에서 최초의 컬러 TV방송이 시작된 것은 1980년 12월 1일이었다. 따라서 광주에 대해 취재한 국내 영상물의 대부분이 흑백으로 되어 있고, 컬러 영상이라 해도 광주항쟁을 왜곡한 것이 대부분이다.
91. 감독: 장훈, 출연: 송강호, 토머스 크레치만, 유해진, 류준열 등.
92. 감독: 장영주(KBS PD). 장영주는 KBS 일요스페셜 〈80년 5월, 푸른 눈의 목격자〉(2003년 5월 18일 오후 8시 방영)도 연출했다.

음과 같이 평가하고 있다.

　　만약 광주의 실상이 독일 방송을 통해 전 세계로 알려지지 않았다면 광주의 진실이 어떻게 밝혀질 수 있었겠는가. 지금도 극우파 사람들은 광주운동은 북한군이 내려와 일으켰느니 폭도들이 싸우느라 사상자가 나왔지 계엄군이 양민을 학살한 것이 아니라고 주장하고 있는데, 그때의 생생한 방송 내용이 없었다면, 우리 광주 관련자들의 힘으로 어떻게 무자비한 군인들의 주장을 반박할 길이 있었겠는가. 참으로 끔찍한 생각이 들지 않을 수 없다. 우리는 다시 한 번 힌츠페터와 김사복의 위대한 기자 정신과 민주주의 정신에 머리 숙여 고마운 마음을 전하고 싶다.[94]

광주 구 망월동 묘역에 있는 위르겐 힌츠페터 추모비

---

93. 박석무(朴錫武, 1942~). 전남 무안 출생. 광주고등학교(1961), 전남대학교 대학원(1972) 졸업. 전남대 6·3 항쟁으로 투옥(1964), 북성중·석산고·대동고 교사(1970~1977), 《함성》지 사건으로 투옥(1973), 5·18 광주민중항쟁으로 투옥(1980). 민주쟁취운동 전남본부 공동의장(1987), 국회의원(13·14대), (사)다산연구소 이사장(2004), 단국대 이사장(2005), 단국대 석좌교수(2010) 등 역임.
94. 박석무, 「5·18과 택시운전사 김사복」, 《한국일보》 2018.9.13.

아아 광주(光州)여! 우리나라의 십자가여!

_김준태[95]

아아, 광주여 무등산이여
죽음과 죽음 사이에
피눈물을 흘리는
우리들의 영원한 청춘의 도시여

우리들의 아버지는 어디로 갔나
우리들의 어머니는 어디서 쓰러졌나
우리들의 아들은
어디에서 죽어 어디에 파묻혔나
우리들의 귀여운 딸은
또 어디에서 입을 벌린 채 누워있나
우리들의 혼백은 또 어디에서
찢어져 산산이 조각나 버렸나

하느님도 새떼들도
떠나가 버린 광주여
그러나 사람다운 사람들만이
아침저녁으로 살아남아
쓰러지고, 엎어지고, 다시 일어서는
우리들의 피투성이 도시여
죽음으로써 죽음을 물리치고

---

[95] 김준태(金準泰, 1948~). 전라남도 해남 출생. 조선대학교 독어독문학과 졸업. 신북중학교, 전남고등학교 교사, 광주매일신문 편집국 부국장, 광주대학교 및 조선대학교 초빙교수, 5·18기념재단 이사장 등 역임.

1980년 5.18 민주항쟁 기간 중 열흘 동안 나오지 못한 《전남매일신문》은 6월 2일 발행 재개를 앞두고 있었다. 사진은 광주 동구 5·18민주화운동기록관에 전시된 6월 2일자 《전남매일신문》 대장(최종판 이전 검토·편집을 위해 만든 원장부)이다. 계엄사령부가 검열한 '빨간 펜' 흔적이 곳곳에 남아 있다. 이날 실릴 예정이던 김준태 시인의 109행짜리 시 「아아, 광주여! 우리나라의 십자가여!」는 33행으로 짤려 인쇄됐다. _사진출처: 소중한(오마이뉴스)

죽음으로써 삶을 찾으려 했던
아아 통곡뿐인 남도의
불사조여 불사조여 불사조여

해와 달이 곤두박질치고
이 시대의 모든 산맥들이
엉터리로 우뚝 솟아 있을 때
그러나 그 누구도 찢을 수 없고
빼앗을 수 없는
아아, 자유의 깃발이여
살과 뼈로 응어리진 깃발이여
아아! 우리들의 도시
우리들의 노래와 꿈과 사랑이

때로는 파도처럼 밀리고
때로는 무덤을 뒤집어쓸지언정
아아, 광주여 광주여
이 나라의 십자가를 짊어지고
무등산을 넘어
골고다 언덕을 넘어가는
아아, 온몸에 상처뿐인
죽음뿐인 하느님의 아들이여

정말 우리는 죽어버렸나
더 이상 이 나라를 사랑할 수 없이
더 이상 우리들의 아이들을
사랑할 수 없이 죽어버렸나
정말 우리들은 아주 죽어버렸나

충장로에서 금남로에서
화정동에서 산수동에서 용봉동에서
지원동에서 양동에서 계림동에서
그리고 그리고 그리고……
아아, 우리들의 피와 살덩이를
삼키고 불어오는 바람이여
속절없는 세월의 흐름이여

아아, 살아남은 사람들은
모두가 죄인처럼 고개를 숙이고 있구나
살아남은 사람들은 모두가
넋을 잃고 밥그릇조차 대하기

어렵구나 무섭구나
무서워 어쩌지도 못하는구나

(여보 당신을 기다리다가
문 밖에 나가 당신을 기다리다가
나는 죽었어요.……
왜 나의 목숨을 빼앗아갔을까요
아니 당신의 전부를 빼앗아갔을까요
셋방살이 신세였지만
얼마나 우린 행복했어요
난 당신에게 잘해주고 싶었어요
아아, 여보!
그런데 나는 아이를 밴 몸으로
이렇게 죽은 거예요 여보!
미안해요, 여보!
나에게서 나의 목숨을 빼앗아 가고
나는 또 당신의 전부를
당신의 젊음 당신의 사랑
당신의 아들 당신의
아아, 여보! 내가 결국
당신을 죽인 것인가요?)

아아, 광주여 무등산이여
죽음과 죽음을 뚫고 나가
백의의 옷자락을 펄럭이는
우리들의 영원한 청춘의 도시여
불사조여 불사조여 불사조여

이 나라의 십자가를 짊어지고
골고다 언덕을 다시 넘어오는
이 나라의 하느님 아들이여

예수는 한 번 죽고
한 번 부활하여
오늘까지 아니 언제까지 산다던가
그러나 우리들은 몇 백 번을 죽고도
몇 백 번을 부활할 우리들의 참사랑이여
우리들의 빛이여, 영광이여, 아픔이여
지금 우리들은 더욱 살아나는구나
지금 우리들은 더욱 튼튼하구나
지금 우리들은 더욱
아아, 지금 우리들은
어깨와 어깨 뼈와 뼈를 맞대고
이 나라의 무등산을 오르는구나
아아, 미치도록 푸르른 하늘을 올라
해와 달을 입맞추는구나

광주여 무등산이여
아아, 우리들의 영원한 깃발이여
꿈이여 십자가여
세월이 흐르면 흐를수록
더욱 젊어져갈 청춘의 도시여
지금 우리들은 확실히
굳게 뭉쳐있다 확실히
굳게 손잡고 일어선다.[96]

김수환 추기경은 광주의 5월에 대해 다음과 같이 다음과 같이 말했다.

광주의 아픔이 잊혀지려면 적어도 1세기는 걸릴 것이라고 누군가 말했다. 광주의 5월은 우리 민족의 가슴에 너무나 깊은 상처를 남겼다. 희생자들의 민주화 공로가 뒤늦게나마 인정된 것은 다행이다.[97]

---

96. 김준태, 「아아 광주(光州)여! 우리의 십자가(十字架)여!」, 『한국현대대표시선 Ⅲ』, 창작과 비평사, 1993, 34~38쪽.
97. 김수환 추기경 구술, 평화신문 엮음, 『추기경 김수환 이야기』(증보판), 평화방송·평화신문, 2009, 330쪽.

책을 마치며

1. 송상근 기록

송상근(宋相根, 1913~2010). 필자 부친 성함이다. 충청남도 천안시 성환읍에서 태어나신 부친께서는 어린 시절 단신 상경해 휘문고등보통학교(현 휘문고등학교)와 세브란스의학전문학교(현 연세대 의과대학)를 졸업하신 의사였다. 필자가 대학 4학년이던 1964년에는 국립철도병원 원장으로 근무 중이었다.

필자가 학생운동에 본격적으로 뛰어든 것은 이때부터였다. 1964년 3월 24일 박정희 정권이 굴욕적 자세로 임한 한일회담 반대 시위에 가담한 것을 시작으로 4월 23일에는 박정희 정권의 학원 사찰을 조사해 폭로했고, 5월 20일 박정희가 주창한 민족적 민주주의를 비판한 '민족적 민주주의 장례식'을 주도하고 조사(弔辭)를 낭독했다. 이 '장례식' 후에는 엄청난 규모의 시위가 벌어졌다.

이러한 활동에 주목한 것은 중앙정보부였다. '민족적 민주주의 장례식'을 마치고 친구 집으로 도피하자 중앙정보부는 도청을 통해 도피처를 알아낸 후, 5월 20일 새벽 0시 30분경 남산 중앙정보부로 납치해 학원 사찰 폭로에 대한 보복과 주동 학생들의 도피처 확인을 위해 필자에게 극심한 고문을 가했다.

　필자가 풀려난 후 이 고문 사건은 엄청난 파문을 일으켜 학생들을 중심으로 한 대규모 시위가 벌어졌고 결국 6월 3일 박정희가 비상계엄령을 선포해 주동자들을 현상금까지 걸어 수배하기에 이르렀다. 또한 인민혁명당(인혁당)이 학생 시위의 배후인 것처럼 조작했다. 필자는 계엄령하에서 친구의 부모님 등 주변 사람들의 도움으로 긴급 도피해 체포를 면했다.

　부친께서 학생운동을 중심으로 한 기록물을 수집·정리하기 시작한 것이 이 무렵부터였다. 아들이 쫓기는 상황에서 이에 대한 객관적인 기록을 남기고 또한 마음의 평정을 찾기 위해 자료를 모아 정리하기 시작했고, 이듬해인 1965년 9월 필자가 내란음모 등 혐의로 중앙정보부에 의해 구속되자 부친의 자료 수집과 정리는 본격화됐다.

　다음 해 출감한 후 건국대학교·동국대학교 등에서 강의를 하는 등 아들의 생활이 안정되는 듯이 보이자 부친의 자료 정리는 잠시 중단됐다. 그 사이 필자는 박정희 체제를 비판하는 잡지 《신시대》 창간을 준비하고, 민주화운동 자금 마련을 위해 주점 '레지스탕스'를 운영하는 등 활발히 움직이고 있었다.

　그런 가운데 1971년 10월 야당기관지 《민주전선》의 원고 청탁을 받고 박정희 체제를 맹렬히 비판하는 글을 썼고, 그 글이 10월 15일자 《민주전선》에 실렸다. 공교롭게도 바로 이날 박정희가 위수령을 발동해 수배령이 내려 부산으로 피신했다. 부친께서는 이때를 전후해 자료 정리를 재개했다. 그러나 아들의 반정부 활동 때문에 지속적으로 사퇴 압력을 받자 결국 철도병원 원장직을 사임하고 이듬해 형제들이 있는 미국으로 떠나시게 되어 '송상근 기록'은 여기서 마침표를 찍는다.

송상근 원장의 스크랩북. 송 원장은 1964년부터 1971년까지 수집한 자료로 총 45권 6,570페이지에 달하는 스크랩북을 만들었다. 주로 파지를 활용해 손으로 만든 스크랩북에는 신문·잡지 등의 스크랩뿐만 아니라 학생운동 유인물, 각종 문건, 편지, 메모 등 소중한 자료들이 보존돼 있다._사진출처:《동아일보》

부친께서 떠나신 후에도 필자의 활동은 계속되어 결국 박정희 시절인 1976년 건국대학교 교수직에서 해직됐다. 이후 생계를 위해 취업한 입시학원 영어강사직에서도 전두환 시절인 1987년 축출 당했다.

문제는 이런 게 아니었다. 더 큰 문제였던 것은 '송상근 기록'의 보존이었다. 오늘날은 한국 현대사의 구멍 뚫린 부분을 메워 줄 수 있는 훌륭한 자료로 평가되지만, 박정희나 전두환의 눈으로 볼 때 '송상근 기록'은 영락없는 '불온문서'였다. 그러니 이들이 이 기록의 존재를 알게 되면 압류해 없애 버릴 것은 불 보듯 뻔한 일이었다.

어떻게 할까? 궁리 끝에 땅속에 묻어 보관하기로 했다. 그 결과 다소 손상되기는 했으나 부친의 기록을 거의 원형대로 보존할 수 있었다. 그리고 다시 세월이 흘러 '송상근 기록'을 자랑스럽게 내보일 수 있게 된 것은 전두환에 노태우까지 완전히 가 버리고 난 1993년부터였다. 이 기록의 존재가 알려지자 몇몇 연구자들이 참고자료로 들춰보기 시작했다.

또다시 세월이 흘러 '송상근 기록'이 세상에 널리 알려지게 된 것은 《신동아》(2007년 6월호)를 통해서였다. 《신동아》는 「눈물로 모은 6·3의 기록, 40년 만에 드러난 진실」(410~421쪽)이라는 제목으로 '송상근 기록'의 내력을 상세히 취재·보도했다. 이후 몇몇 기관으로부터 이 기록의 보존에 대한 제안이 들어오기 시작했다.

2. 현대사기록연구원

'송상근 기록'의 보존 가치를 가장 먼저 그리고 강렬하게 인식한 것은 국가기록원이었다. 2007년 국가기록원이 주최한 '기록엑스포 2007'(2007.11.1.~11.3)에서 '송상근 기록'을 대대적으로 소개하고 보존 의사를 강력히 피력한 것이다. 이에 필자는 이 기록을 개인이 보존하기가 어렵다고 여겨 국가기록원에 기증하기로 했다.

2008년 5월 29일 오후 2시 정부 중앙청사 별관 국제회의장에서 열린 기증식에서 '송상근 기록'이 공식적으로 국가기록원에 기증됐고, 기증식 후 '6·3항쟁기록세미나'와 '송상근 기록' 전시회가 개최됐다.

이후 필자는 부친의 기록 정신을 이어받아 민주화운동을 중심으로 한 기록 사업에 전념하기로 하고 2008년 10월 9일 사단법인 현대사기록연구원(현기연)을 설립했다. 설립 후 현기연은 이승만·박정희·전두환 시대를 온 몸으로 살았던 사람들의 구술 채록을 중심으로 사업을 진행했다. 이제까지 현기연이 수행한 기록 사업의 주요 내용은 다음과 같다.

- 2008년 12월: 6·3 항쟁 관련 구술기록 수집 연구용역(1차)
- 2008년 12월: 6·3 항쟁 관련 스크랩북 DB 구축 사업
- 2009년 10월: 역대 대통령 관련 구술채록 연구용역—노태우 정부
- 2009년 10월: 6·3 항쟁 관련 구술기록 수집 연구용역(2차)
- 2009년 12월: 경부고속도로 건설 관련 구술기록 수집 연구용역
- 2009년 12월: 현대한국구술사 연구사업 – 정치 분야
- 2010년 8월: 4·19 혁명 참여자 구술 수집 연구용역
- 2010년 12월: 역대 대통령 관련 구술채록 연구용역—박정희 정부
- 2012년 12월: 한일협정 반대운동 구술자료 수집 사업(1차)
- 2013년 12월: 한일협정 반대운동 구술자료 수집 사업(2차)
- 2014년 12월: 한국 해운 60년 재조명 구술 채록 사업
- 2015년 12월: 스포츠·수송산업·의료 분야에 대한 구술자료 수집 사업
- 2016년 11월: 3선 개헌 반대운동 구술사료 수집 사업
- 2017년 9월: 1980년대 민주화운동 구술 채록 사업
- 2018년 10월: 1980년 민주화운동 구술 채록 사업
- 2018년 12월: 생태농업·환경운동 종사자 구술 채록 사업
- 2019년 10월: 유신 이전 민주화운동 역사정리 구술 수집 사업
- 2019년 12월: 협동조합 지도자 및 활동가 구술 채록 사업
- 2020년 12월: 유화 국면 이후 학생운동 구술 채록 사업(현재 진행 중)

현기연을 설립한 주요 목적 중 하나는 한국 현대사의 격동기 특히 이승

만·박정희·전두환의 시대를 기록하기 위한 자료 수집이었다. 이들 시대를 겪은 사람들의 생생한 증언을 담는 구술 채록 사업을 지난 12년 동안 수행한 결과, 당시 일어난 주요 사태에 대한 정확한 실태를 파악할 수 있었고 필자가 내린 판단이 단순한 편견만은 아니었음을 확인할 수 있었다.

필자가 이들 시대에 대해 글을 쓰기 시작한 것은 2009년 4월 30일부터였다. 인터넷을 통해 글을 공유하는 《마르코 글방》에 「아, 문리대!」라는 제목의 글을 92회에 걸쳐 연재한 것이다. 「아, 문리대!」는 1946년부터 박정희 시대인 1975년까지 동숭동에 존재했다가 사라졌지만, 그 이전에는 학생운동의 본거지였던 서울대학교 문리과대학 학생들의 낭만과 저항을 필자의 경험에 따라 쓴 글이었다.

이어서 「독재의 추억」을 14회에 걸쳐 연재했다. 이 글에서 1939년 박정희가 만주 군관학교에 입학하여 일본군이 된 경위와 1946년 귀국한 후 남조선경비사관학교(육군사관학교 전신)를 졸업하고 한국군으로 변신해 5·16 쿠데타를 일으키는 과정을 상세히 분석·기록했다. 「아, 문리대!」와 「독재의 추억」은 『박정희 쿠데타 개론』을 쓰는 데 기본 자료로 활용됐다.

이와 병행하여 박정희를 중심으로 하여 이승만과 전두환에 대한 기본 자료를 철저히 수집하기 시작했다. 이제까지 수집한 서적만 해도 신간 서적에서 중고 서적에 이르기까지 천 권이 훨씬 넘을 뿐만 아니라 입수한 서적의 내용이 이들에 대해 긍정적이냐 부정적이냐를 가리지 않았다. 그것은 현재까지도 평가가 엇갈리고 있는 이들에 대한 필자의 견해를 확인하기 위해서였다.

또다시 2015년경부터 책을 쓰기 위한 준비 작업으로 주제를 정해 놓고 글을 쓰기 시작했지만, 이때 쓴 글은 책을 만들기 위한 자료였기 때문에 발표하지는 않았다. 예를 들면 춘원 이광수를 비롯한 친일파의 정체, 반민특위의 실패와 외국에서의 과거사 청산, 일본군 성노예 문제, 이승만의 부산 정치파동과 부정 선거, 식민사관의 정리와 박정희의 친일성, 박정희가 내세운 가짜 이순신의 정체, 박정희와 하우스만의 관계, 박정희의 부활 등등 여러 가지 소재를 가지고 정리해 나갔다. 이것 역시 『박정희 쿠데타 개론』을 쓰는 데 밑거름이 됐다.

3. 『박정희 쿠데타 개론』

2019년에 들어서 박정희를 중심으로 한 자료 정리에 본격적으로 들어갔다. 그리고 자료들을 심도 있게 검토하기 위해 정기적으로 모여 함께 공부하는 '역사공부방'을 8월 9일 개설했다. 이 '역사공부방'은 2주에 한 번씩 각자 자유의사에 따라 모여 관련 자료를 함께 공부하는 모임으로, 참여한 사람은 김청식 '역사공부방' 반장 그리고 김윤기 씨를 비롯하여 김명자, 김승필, 김은정, 박삼규, 박춘식, 온현정, 이정열, 임진희, 장영주, 최수동(가나다순) 씨 등이었다.

2020년 2월부터는 필자가 책의 제목을 『박정희 쿠데타 개론』으로 정하고 원고를 쓰기 시작하자 '역사공부방'은 책의 내용을 읽어 가며 검토하고 교정을 보는 등의 역할을 하게 됐다. 이렇게 하여 『박정희 쿠데타 개론』이 세상에 나오게 됐다. '역사공부방' 여러분께 감사드린다.